W0067994

Checkliste für Ihre Meditation

Grundlegende Hilfsmittel

✔ Meditationskissen, Meditationsbank oder Lieblings-stuhl oder -sessel

✔ Ruhiger, aufgeräumter Ort, der möglichst nur zur Meditation dient

✔ Regelmäßiger Zeitabschnitt, falls möglich

✔ Lockere, bequeme Kleidung

✔ Abgestelltes Telefon oder leise gestellter Anrufbeant-worter

✔ Bequeme Sitzhaltung

✔ Bevorzugte Meditationstechnik(en)

Optionale Hilfsmittel

✔ Streckungen, um den Körper auf das Sitzen vorzu-bereiten

✔ Ein Altar mit speziellen Objekten, Bildern, Kerzen oder Weihrauch

✔ Ein warmer Pullover oder Schal (falls Sie zum Frie-ren neigen)

✔ Eine Halle oder ein Pfad, die bzw. der sich für die Gehmeditation eignet, falls Sie diese durchführen wollen

✔ Ein Meditationslehrer, den Sie befragen können, falls Sie feststecken oder mehr in die Tiefe gehen wollen

Zehn Tipps, um das Beste aus Ihrer Meditation zu machen

✔ Meditieren Sie regelmäßig – möglichst jeden Tag.

✔ Probieren Sie die verschiedenen Techniken aus, wählen Sie eine aus, und bleiben Sie dabei – wenigstens für einige Wochen oder Monate.

✔ Schaffen Sie sich eine ruhige Nische, wo Sie ungestört meditieren können.

✔ Finden Sie eine für Sie bequeme Sitzhaltung heraus – und sorgen Sie dafür, dass Sie Ihre Wirbelsäule sanft aufrichten.

✔ Legen Sie vorher fest, wie lange Sie meditieren wollen – und halten Sie diese Zeit durch, egal wie rastlos oder gelangweilt Sie werden.

✔ Fangen Sie damit an, dass Sie sich kurz vergegenwärtigen, warum Sie meditieren.

✔ Atmen Sie einige Male tief durch, bevor Sie beginnen, und entspannen Sie Ihren Körper bewusst bei der Aus-atmung.

✔ Lassen Sie alle Erwartungen darüber fahren, was Sie beim Meditieren erreichen oder erfahren sollen, und ak-zeptieren Sie sich genau so, wie Sie sind.

✔ Seien Sie geduldig, und gehen Sie sanft mit sich selbst um.

✔ Übertragen Sie die Eigenschaften Ihres Geistes und Ihres Herzens, die Sie in der Meditation entwickeln, mehr und mehr auf alle Bereiche Ihres Lebens.

Zehn Vorteile einer regelmäßig ausgeübten Meditation

✔ Verringerung von Anspannung, Angst und Stress

✔ Senkung des Blutdrucks und des Cholesterinspiegels

✔ Verbesserung der Aufmerksamkeit und der Konzentration

✔ Klareres Denken und Verringerung emotionaler Probleme

✔ Größere Kreativität und bessere Leistungen bei der Arbeit und in der Freizeit

✔ Bessere Selbsterkenntnis und gesteigerte Selbstakzeptanz

✔ Mehr Freude, Liebe und Spontaneität

✔ Besserer Kontakt zu Freunden und Familienmitgliedern

✔ Tieferes Empfinden für den Sinn und Zweck des Lebens

✔ Einblicke in eine spirituelle Dimension des Seins

Fachbegriffe der Meditation

Achtsamkeit. Die gezielte Anstrengung, mit seinem Bewusstsein von Moment zu Moment im Hier-und-Jetzt, also im gegenwärtigen Augenblick präsent zu sein; eine Kerntechnik des Meditierens, die bei jeder Handlung und in jeder Situation angewendet werden kann.

Bewusstsein/-heit. Die Kernfähigkeit oder -eigenschaft (die Sie wie einen Muskel trainieren können, wenn Sie meditieren), gegenwärtig, offen und aufmerksam zu sein.

Chakren. Zentren spiritueller und emotionaler Energie (im Allgemeinen sieben an der Zahl), die in einer Reihe von der Basis Ihrer Wirbelsäule bis zu Ihrer Schädeldecke angeordnet sind.

Einsicht. Das direkte, aus der eigenen experimentellen Erfahrung erwachsende Verstehen der Arbeitsweise des eigenen Geistes. Einsicht wird durch Meditation entwickelt und ermöglicht es Ihnen, Ihre gewohnheitsmäßigen Reaktionsmuster zu ändern – und dadurch Ihren Stress zu vermindern.

Flow (dt. Fluss oder Flusserlebnis). Ein belebender, zutiefst befriedigender Zustand, der sich durch Konzentration entwickelt und eintritt, wenn man vollständig in einer Tätigkeit aufgeht.

Fokus. Der Punkt, die Stelle oder das Objekt, auf das die Konzentration, das Bewusstsein oder die Achtsamkeit gelenkt wird.

Geist des Anfängers. Ein offener Geist, frei von vorgefassten Meinungen und Erwartungen; die beste Einstellung, die man der Meditation gegenüber einnehmen kann.

Kontemplation. Meditation, bei der Sie über ein bestimmtes Problem, eine Erfahrung oder eine spirituelle Wahrheit nachdenken, um eine größere Einsicht und ein besseres Verständnis zu gewinnen.

Konzentration. Achtsamkeit, die auf ein bestimmtes Objekt oder eine bestimmte Aktivität gerichtet wird; ein Schlüsselbestandteil bei der Meditation.

Liebende Güte. Unbedingte Liebe und Sorge um das Wohlergehen aller Wesen (das eigene eingeschlossen); kann in der Meditation entwickelt und vertieft werden.

Mantra. Ein sinntragender verbaler Ausdruck (ein Wort oder mehrere Wörter), den Sie beim Meditieren laufend wiederholen, um Ihre Entspannung zu fördern, um Ihren Stress zu reduzieren, um geistige Ruhe zu erlangen und um Ihr spirituelles Wachstum zu fördern.

Selbst (auch Wesenskern, reines Wesen, wahre Natur oder Seele genannt). Die tiefere Wahrheit, die in Ihnen ruht und Ihrer Persönlichkeit und Ihren Verhaltensmustern zugrunde liegt und durch die Übung der Meditation zugänglich gemacht werden kann.

Visualisierung. Eine Form der Meditation, bei der man sich eine bestimmte Eigenschaft, eine Energie, ein Objekt oder ein Wesen vorstellt, um einen bestimmten Zweck zu erreichen, beispielsweise Heilung oder Leistungssteigerung.

Weicher Punkt. Die empfindsame Stelle innerhalb Ihres Herzens, an der Sie jenseits aller Härte und Abwehr Liebe und Mitgefühl (sowie Traurigkeit und emotionale Verletzungen) empfinden.

Zafu. Ein rundes, festes, großes Kissen, das für das Meditieren auf dem Fußboden verwendet wird.

Zehn beliebte Meditationstechniken

Die folgende Liste nennt zehn der gebräuchlichsten Techniken:

- ✔ Einen sinntragenden verbalen Ausdruck (ein Wort oder mehrere Wörter), ein so genanntes *Mantra*, wiederholen
- ✔ Die Atemzüge beobachten oder zählen
- ✔ Die Achtsamkeit auf die Körperempfindungen richten
- ✔ Liebe, Mitgefühl, Vergebung und andere heilende Emotionen kultivieren
- ✔ Sich auf eine geometrische Form oder ein anderes einfaches visuelles Objekt konzentrieren
- ✔ Einen friedlichen Ort oder eine heilende Energie oder ein heilendes Licht visualisieren
- ✔ Inspirierende oder heilige Schriften studieren
- ✔ Das Bild eines heiligen Wesens oder eines Heiligen betrachten
- ✔ Die Schönheit in der Natur, Kunst oder Musik kontemplieren
- ✔ Dem gegenwärtigen Augenblick mit bewusster Achtsamkeit begegnen

Meditation
für Dummies

Stephan Bodian

Meditation für Dummies

Für ein entspanntes und bewussteres Leben

Übersetzung aus dem
Amerikanischen von
Reinhard Engel

mitp

Die Deutsche Bibliothek – CIP-Einheitsaufnahme:

Bodian, Stephan:
Meditation für Dummies / Stephan Bodian. Übers. aus dem Amerikan. von
Reinhard Engel. - Bonn: MITP-Verlag, 2000
    Einheitssacht.: Meditation For Dummies <dt.>
    ISBN 3-8266-2903-5

ISBN 3-8266-2903-5
1. Auflage 2000

Übersetzung der amerikanischen Originalausgabe:
Stephan Bodian: Meditation For Dummies

Printed in Germany

Ein Unternehmen der verlag moderne industrie AG & Co. KG, Landsberg

Lektorat: Sabine Müthing
Korrektorat: Friedericke Daenecke
Herstellung: Carin Lebenstedt
Druck: Media-Print, Paderborn
Umschlaggestaltung: Sylvia Eifinger, Bornheim
Satz und Layout: Lieselotte und Conrad Neumann, München

Inhaltsverzeichnis

Einführung **15**

    Über dieses Buch   15
    Wie Sie dieses Buch verwenden   16
    Wie dieses Buch aufgebaut ist   17
        Teil I: Was ist Meditation?   17
        Teil II: Der Einstieg in die Meditation   17
        Teil III: Problemsituationen und Feinanpassungen der Meditiation   18
        Teil IV: Meditation in Aktion   18
        Teil V: Die Top Ten   18
        Teil VI: Anhang   18
    Symbole in diesem Buch   19
    Bitte um Feedback   19

Teil I
Was ist Meditation? **21**

Kapitel 1
Was Meditation ist – und was nicht **23**

    Die Reise der Meditation antreten   23
        Verschiedene Wege auf denselben Berg   25
        Der Blick vom Gipfel – und von anderen Spitzen auf dem Weg dorthin   27
        Der Geschmack einer reinen Bergquelle   29
        Kein Ort ist mit dem Zuhause vergleichbar – und Sie sind bereits dort!   29
    Die Achtsamkeit entwickeln: Das Geheimnis der Meditation   32
        Die Konzentration entwickeln   33
        Das rezeptive Bewusstsein öffnen   34
        Größere Einsicht durch Kontemplation erlangen   35
        Positive, heilende Zustände des Geistes kultivieren   35
    Andere Reisen, die sich als Meditation maskieren   36

Kapitel 2
Warum meditieren? **39**

    Wie das Leben Sie antreibt – zum Meditieren   39
        Der Mythos vom perfekten Leben   40
        Wenn alles zerfällt   41
        Mit der postmodernen Zwangslage umgehen   42
        Vier verbreitete »Lösungen«, die nicht wirklich funktionieren   45

Mit Meditation im 21. Jahrhundert überleben 46
   Eine fortgeschrittene Technik für den Geist und das Herz 47
   Die körperlichen und geistigen Vorteile der Meditation 49
Elf weitere gute Gründe, um zu meditieren 52

Kapitel 3
Die Ursprünge der Meditation   55

Indische Wurzeln 56
   Klassischer Yoga: Der Pfad der seligen Einheit 57
   Früher Buddhismus: Die Wurzeln der Achtsamkeits-Meditation 58
   Indisches Tantra: Das Heilige in der Welt der Sinne finden 59
Zum Dach der Welt – und weiter 59
   Ch'an (Zen): Den Ton, den eine Hand beim Klatschen macht 60
   Vajrayana-Buddhismus: Der Weg der Transformation 61
Vom mittleren Osten zum Rest des Westens 61
   Christliche Meditation: Das kontemplative Gebet praktizieren 62
   Meditation im Judentum: Näher zu Gott gelangen 63
   Sufi-Meditation: Sich mit jedem Atemzug dem Göttlichen unterwerfen 65
Die Amerikanisierung der Meditation 65
   Transzendentalismus und Theosophie: 1840 bis 1900 65
   Yoga und Zen bereiten den Boden vor: 1900 bis 1960 66
   Die Meditation erreicht die Hauptstraße: 1960 bis heute 67

Kapitel 4
Das Fundament legen: Motivation, Einstellung und Anfängergeist   71

Mit Anfängergeist anfangen (und aufhören) 72
Was motiviert Sie zum Meditieren? 74
   Verbesserung Ihres Lebens 77
   Sich selbst verstehen und annehmen 77
   Ihre wahre Natur verwirklichen 78
   Andere erwecken 78
   Die angeborene Perfektion zum Ausdruck bringen 78
Wie Sie mit Ihrer Meditation in Harmonie leben können 79

Kapitel 5
Wie Sie durch Ihren Geist gestresst werden und was Sie dagegen tun können   83

Eine Rundreise durch Ihr inneres Terrain machen 83
   Die Schichten der inneren Erfahrung durchkämmen 84
   Entdecken Sie, wie die Turbulenz Ihren Geist und Ihr Herz bewölkt 88
Die schlechte Nachricht: Wie Ihr Geist gestresst wird 91
   Beschäftigung mit der Vergangenheit und der Zukunft 94

Widerstand, die Dinge so zu akzeptieren, wie sie sind 94
Widerstand gegen den Wandel 94
Widerstand gegen den Schmerz 95
Der beurteilende und vergleichende Geist 95
Erlernte Hilflosigkeit und Pessimismus 95
Überwältigende Emotionen 96
Fixierung der Aufmerksamkeit 97
An einem getrennten Selbst hängen 97
Die gute Nachricht: Wie die Meditation Stress reduziert 98
Fokus und Konzentration entwickeln 98
Spontane Befreiung zulassen 99
Ihre Erfahrungen mit Einsicht durchdringen 100

Teil II
Der Einstieg in die Meditation 105

Kapitel 6
Grundkurs in Meditation: Den Körper entspannen und den Geist beruhigen 107

Ihre Aufmerksamkeit nach innen richten 108
Ihren Körper entspannen 109
Achtsamkeit entwickeln: Bewusstsein des Hier-und-Jetzt 111
Auf den Atem fokussieren 112
Erweiterung auf die Empfindungen 116
Alles willkommen heißen, was auftaucht 117
Ihren jungen Hund dressieren 118

Kapitel 7
Vorbereitung auf die Meditation: Haltung, Strecken und Stillsitzen 121

Eine Schlange in einen Bambusstab stecken – oder die hohe Kunst
des stillen Sitzens 122
Wie man aufrecht sitzt 123
Was von der Taille abwärts zu tun ist – und andere Fantasien 125
Die Wirbelsäule gerade machen 130
Zafus, Bänke und anderes exotisches Zubehör 134
Den Körper auf das Sitzen vorbereiten 134
Stellung der Katze mit Variationen 136
Stellung der Kobra 137
Stellung der Heuschrecke 138
Ausfall-Stellung 139
Stellung des Schmetterlings 140
Wiegenstreckung 141

Kapitel 8
Bekleidung, Ort, Zeit, Dauer und andere praktische Hinweise   143

Die passende Kleidung: Bequem, nicht modisch   144
Der richtige Zeitpunkt zum Meditieren: Jederzeit   144
Die Dauer der Meditation: Von Quickies zu langen Sitzungen   146
Essen und trinken vor der Meditation: Was ist erlaubt, was sollten Sie vermeiden?   148
Wo meditieren: Einen heiligen Raum schaffen   149
    Warum es am besten ist, an einer Stelle zu bleiben   150
    Den richtigen Platz wählen   151
    Einen Altar einrichten – und warum das hilfreich sein könnte   152

Kapitel 9
Anstrengung, Disziplin und Loslassen   155

Disziplin bedeutet einfach »immer wieder«   155
    Sich festlegen – und sich daran halten   156
    Konsequent bleiben, Tag für Tag   157
    Selbstbeherrschung, sowohl auf dem Kissen als auch sonst   158
Die richtige Anstrengung: Nicht zu viel und nicht zu wenig   159
    100 Prozent seiner Energie geben   159
    Mit Ernsthaftigkeit ans Werk gehen   160
    Sich mühelos anstrengen   160
Loslassen – wie und was   163

Kapitel 10
Ihr Herz öffnen: Liebe, Mitgefühl und Vergebung   167

Wie sich Ihr Herz schließt – und wie Sie es wieder öffnen können   168
    Einige Faktoren, die Ihr Herz immer wieder schließen   168
    Einige gute Gründe dafür, das Herz offen zu halten   169
    Entdecken Sie Ihren »zarten Punkt«   172
    Liebe beginnt bei Ihnen   173
    Vier Dimensionen von Liebe   174
Wie man Liebe für sich selbst und andere erzeugt   175
    Die Tore öffnen   175
    Den Fluss lenken   176
Wie man Leiden mit Mitgefühl umwandelt   178
    Einige vorbereitende Übungen für die Erzeugung von Mitgefühl   178
    Leiden mit der Macht des Herzens umwandeln   180
Die eigenen Widerstände mit Dankbarkeit und Vergebung überwinden   183
    Vergebung: Das universelle Lösungsmittel   183
    Dankbarkeit: Die Quelle der Freude   185

Teil III
Problemsituationen und Feinheiten der Meditation   189

Kapitel 11
Schwierige Emotionen und gewohnheitsmäßige Muster in der Meditation   191

Wie man mit seiner Erfahrung Freundschaft schließt	192
Ihre Gedanken und Gefühle umarmen	192
Ihre Erfahrung benennen	193
Alles willkommen heißen, was auftaucht	194
Mit schwierigen Emotionen meditieren	194
Mit Ärger meditieren	196
Mit Furcht und Angst meditieren	197
Mit Traurigkeit, Kummer und Depression meditieren	198
Gewohnheitsmäßige Muster auflösen – mit Bewusstsein	199
Nennen Sie Ihre »Melodie«	200
Ihr Bewusstsein erweitern	200
Ihre Gefühle fühlen	201
Ihre Widerstände und Anhaftungen bemerken	201
Weisheit finden	201
In den Kern der Materie vordringen	203
Die Blockadestelle mit Wesen durchdringen	203
Mit Mustern arbeiten, bevor Sie blockiert werden	204
Wie man Muster – im Augenblick! – beiseite schiebt	205
Loslassen – oder sein lassen	205
Die Aufmerksamkeit verlagern	205
Die Energie verschieben	205
Emotionen in der Vorstellung ausagieren	206
Achtsamkeit im wirklichen Leben ausagieren	206
Wie (und wann) Hilfe bei Verhaltensmustern suchen	208
Reden ist wichtig – aber Sie müssen mehr tun	209
Fragen Sie herum	209
Wählen Sie die Person, nicht die Empfehlungsschreiben	209
Entscheiden Sie, ob Spiritualität für Sie wichtig ist	210

Kapitel 12
Mit Hindernissen und Nebenwirkungen umgehen   211

Wie Sie die Hindernisse auf Ihrer Meditationsreise umgehen	211
Schläfrigkeit	212
Unruhe	213
Langeweile	213
Angst	213

Zweifel 214
Aufschieben 215
Übereifer 215
Selbstbewertung 216
Anhaften und Verlangen 217
Stolz 217
Fliehen 218
Umgehen 218
Die Nebenwirkungen genießen – ohne sich ablenken zu lassen 219
Entzücken und Seligkeit 220
Visionen und andere Sinneserfahrungen 221
Emotionale Achterbahn 221
Energetische Öffnungen 222

Kapitel 13
Spiritualität kultivieren 229

Was bedeutet Spiritualität überhaupt? 230
Die »ewige Philosophie«: Wo alle Religionen konvergieren 232
Vom Glauben zur Reife: Die Ebenen der spirituellen Verbundenheit 233
Das Selbst auflösen oder erweitern: Der Zweck spiritueller Praxis 235
Der Weg der Hingabe: Auf der Suche nach der Einheit 240
Mantra: Das Göttliche in jedem Moment hervorrufen 241
Die Übung der Gegenwart Gottes 242
Guru-Yoga: Die tibetische Hingabe-Meditation 243
Der Weg der Einsicht: Entdecken, wer Sie sind 245
Ihre Grenzen erweitern 246
In die Natur des Geistes blicken 247
Fragen Sie sich »Wer bin ich?« 249
Wie man einen Lehrer findet – und warum Sie sich darum kümmern sollten 250
Die richtige Art Lehrer wählen 251
Warum Sie möglicherweise einen Lehrer benötigen 252
Worauf Sie bei einem Lehrer achten müssen 253
Wie man einen Lehrer findet 255

Kapitel 14
Ein eigenes Meditationsprogramm entwickeln 257

Die Puzzlestücke zusammenfügen 257
Jedem das Seine 259
Stärken ausbauen oder Schwächen kompensieren? 260
Experimentieren Sie, vertrauen Sie Ihrer Intuition,
und legen Sie sich dann fest 261
Ein regelmäßiges Übungsprogramm zusammenstellen 262

Zwei oder mehr beisammen: Mit anderen meditieren   264
    Einer Meditationsgruppe beitreten oder eine gründen   264
    Ihren ersten Workshop oder Ihr erstes Retreat besuchen   265
    Mönch für einen Tag: Ihr eigenes einsames Retreat durchführen   266

Teil IV
Meditation in Aktion   269

Kapitel 15
Meditation im Alltag   271

Jeden Schritt in Frieden tun: Meditation auf das Handeln ausdehnen   271
    Zu Ihrem Atem zurückkehren   274
    Auf die Glocke des Bewusstseins hören   276
    Einen Ausdruck wiederholen, um die Achtsamkeit zu unterstützen   276
    Beachten Sie, wie Situationen Sie beeinflussen   277
    Meditation auf Ihre gewöhnlichen Aktivitäten anwenden   278
In der Familie meditieren: Partner, Kinder und andere geliebte Personen   281
    Mit Kindern meditieren   281
    Mit Partnern und Familienmitgliedern meditieren   282
    Meditative körperliche Liebe   283

Kapitel 16
Heilung und Leistungsverbesserung durch Meditation   287

Auch die Meditation hat die Macht, die Heilung Ihres Körpers zu unterstützen   288
    Was Heilung wirklich bedeutet   289
    Wie die Meditation heilt   290
    Die heilende Kraft der Vorstellung   293
    Sechs heilende Meditationen   294
    Meditation kann Ihre Leistung bei Arbeit und Spiel verbessern   302
    Vergangene Erfolge genießen   306
    Spitzenleistungen üben   306

Teil V
Die Top Ten   309

Kapitel 17
Antworten auf zehn übliche Fragen über Meditation   311

Entspannt mich die Meditation nicht zu sehr, oder lenkt sie mich zu weit von meiner Arbeit oder meinem Studium ab?   311

Wie finde ich bei meinem engen Zeitplan Zeit zum Meditieren?　312
Wenn ich nicht auf dem Fußboden sitzen und meine Beine kreuzen kann,
kann ich dann auf einem Stuhl oder im Liegen meditieren?　312
Was kann ich gegen die Unruhe oder das Unbehagen tun, das ich fühle,
wenn ich versuche zu meditieren?　313
Was sollte ich tun, wenn ich beim Meditieren immer wieder einschlafe?　313
Wie kann ich feststellen, ob ich richtig meditiere? Woher weiß ich,
dass meine Meditation funktioniert?　314
Kann ich meditieren, während ich Auto fahre oder an meinem
Computer sitze?　314
Muss ich meine religiösen Glaubenssätze aufgeben, um zu meditieren?　315
Was soll ich tun, wenn mein Partner oder andere Familienmitglieder
meine Meditationsübung nicht unterstützen?　315
Kann die Meditation tatsächlich meine Gesundheit verbessern?　316

Kapitel 18
Zehn beliebte Allzweck-Meditationen (plus zwei)　317

Sich entspannen　317
Ihren Atem beobachten　318
Gehmeditation　319
Achtsam essen　319
Schönheit finden　320
Liebende Güte kultivieren　321
Den Bauch entspannen　322
Mit Licht heilen　323
Sich erden　324
Der Himmel des Geistes　325
Ein halbes Lächeln praktizieren　325
Der Ort des Friedens　326

Teil VI
Anhang　327

Meditationsressourcen　329

Organisationen und Zentren　329
Bücher　330

Stichwortverzeichnis　331

Einführung

Heutzutage scheint jeder wissen zu wollen, wie man meditiert. Baby-Boomer oder Angehörige der Generation-X, neugierige Teenager und Leute im Rentenalter, gequälte Hausfrauen und gehetzte Manager, Opfer von Herzinfarkten und Wochenendathleten – mehr und mehr Leute suchen Auswege aus dem stressreichen, von Termindruck und Reizüberflutung geprägten Alltagsleben. Da es die Medien und die Schulmedizin nicht geschafft haben, zufrieden stellende Antworten zu geben, wenden sich immer mehr Menschen althergebrachten Praktiken wie der Meditation zu, um bewährte Abhilfen für die Lasten des Lebens zu finden.

Ich habe eine großartige Nachricht für Sie: Meditation funktioniert. Egal, ob Sie Ihre Konzentration verbessern wollen, um effizienter arbeiten zu können, ob Sie Ihren Stress vermindern und Ihre Geistesruhe steigern wollen oder ob Sie die Schönheit und Fülle des Lebens mehr ausschöpfen möchten – mit der einfachen Übung, sich hinzusetzen und Ihre Aufmerksamkeit nach innen zu lenken, können Sie Wunder bewirken. Ich spreche aus Erfahrung – ich praktiziere und lehre Meditation seit mehr als 25 Jahren.

Um Ihnen die Wahrheit zu sagen: Sie können die Grundlagen der Meditation in fünf Minuten erlernen. Setzen Sie sich einfach bequem hin, richten Sie Ihren Rücken auf, atmen Sie tief durch, und beobachten Sie Ihren Atem. So einfach ist das! Wenn Sie diese Übung regelmäßig durchführen, werden Sie nach kurzer Zeit feststellen, dass Sie entspannter sind und mehr Spaß am Leben haben.

Doch so einfach diese Übung erscheinen mag – die Meditation führt Sie auch in eine unglaublich reichhaltige und tiefe Erfahrungswelt, wenn Sie sich auf ihren Weg einlassen. Meditation ist mit dem Malen vergleichbar: Sie können Material kaufen, einige Malstunden nehmen und dann Ihren Spaß dabei haben, Farbe auf die Leinwand zu bringen. Sie können aber auch Lehrgänge bei einschlägigen Bildungsanstalten besuchen, sich in Ihrer Kunstausbildung auf ein bestimmtes Medium spezialisieren und das Malen in den Mittelpunkt Ihres Lebens stellen. Mit der Meditation können Sie es wie mit der Kunst halten: Sie können ein einfaches Programm bewältigen, indem Sie sich beispielsweise jeden Tag ruhig für fünf oder zehn Minuten hinsetzen, – oder Sie können die Feinheiten der Meditation nach Herzenslust in alle Richtungen ausloten. Was Sie tun, hängt ganz von Ihren Bedürfnissen, Ihren Absichten und dem Grad Ihres Interesses und Ihres Einsatzes ab.

Über dieses Buch

Als Meditationslehrer wurde ich immer wieder nach einem einzelnen Buch gefragt, das die Grundlagen vermittelt, das einen umfassenden Überblick über die Techniken und Praktiken bietet und das eine Anleitung gibt, um tiefer in die Materie eindringen zu können. Globale Übersichten vernachlässigen im Allgemeinen die handwerklichen Details – worauf man sich konzentrieren soll, wie man sitzt, wie man mit seinem verrückten Geist umgehen soll. Bücher, die Ihnen beibringen, wie man meditiert, beschreiben in der Regel nur einige wenige Techniken. Andere Bücher, die Ihnen zeigen, wie man die reichhaltige innere Welt der Meditation erforschen kann, tun dies häufig aus einer sektiererischen spirituellen Perspektive, welche die Breite ihrer Darstellung begrenzt. (Anders ausgedrückt: Sie müssen Buddhist oder Yogi oder Sufi sein, um zu verstehen, wovon sie handeln.)

Im Gegensatz zu den anderen Büchern, die ich kennen gelernt habe, behandelt dieses Buch alle wesentlichen Punkte. Wenn Sie nach einfachen, leicht nachvollziehbaren Meditationsunterweisungen suchen, finden Sie hier Anleitungen, die den neuesten Erkenntnissen entsprechen, sowie hilfreiche Tipps von erfahrenen Meditierenden und althergebrachte Weisheiten der großen Menschheitslehrer. Wenn Sie einen Überblick über das Gebiet der Meditation bekommen wollen, bevor Sie sich auf eine bestimmte Methode oder Lehre einlassen, werden Sie mit den Hauptansätzen bekannt gemacht, die heutzutage angeboten werden. Wenn Sie nach einer bestimmten Methode meditiert haben und Ihren Horizont erweitern und andere Techniken kennen lernen wollen, werden Sie sicher mit Freude feststellen, dass dieses Buch Dutzende verschiedener Meditationstechniken beschreibt, die aus zahlreichen Quellen und Traditionen stammen und verschiedenen Zwecken dienen. Auch wenn Sie nur verstehen wollen, warum andere Leute – Ihr Partner, Ihre Freunde, Ihre Kollegin im Büro – meditieren, kommen Sie an Bord! Es gibt ganze Kapitel darüber, warum Leute meditieren und wie auch Sie davon profitieren können.

Meiner bescheidenen Meinung nach ist das Beste an diesem Buch die Tatsache, dass es Spaß macht, es zu lesen. Meditation muss nicht langweilig oder ernst sein. Ganz im Gegenteil: Der Hauptgrund, überhaupt zu meditieren, liegt ja gerade darin, das Leben aufzuhellen, eine größere innere Ruhe zu erfahren und mehr Freude in Ihr Leben zu bringen. Vergessen Sie deshalb die Stereotypen des verklemmten Zen-Mönchs oder des zurückgezogenen Nabelbeschauers! Sie können sich alles aneignen, was es über Meditation zu lernen gibt, und dabei Ihre Freude haben.

Wie Sie dieses Buch verwenden

Dieses Buch erfüllt mehrere Funktionen: Es ist eine Bedienungsanleitung, eine übergreifende Einführung in das Gebiet der Meditation und ein Führer, der Sie zu einer tiefergehenden Erforschung anleiten will. Sie können es von Anfang bis Ende lesen oder einzelne Kapitel herausgreifen, die für Sie gerade von Interesse sind. Im ganzen Buch finden Sie Meditationen und Übungen, die Sie ausprobieren und genießen können.

Abhängig von Ihren Interessen und Bedürfnissen können Sie dieses Buch auch auf die folgenden speziellen Weisen nutzen:

✔ Wenn Sie besser verstehen wollen, was Meditation wirklich ist und was sie anzubieten hat, beginnen Sie mit Teil I, in dem all Ihre Fragen beantwortet und all Ihre Probleme gelöst werden. (Das macht dann bitte 150 DM!)

✔ Wenn Sie einen Crash-Kurs in der Praxis der Meditation absolvieren wollen, gehen Sie zu Teil II, wo Sie alles finden, was Sie wissen müssen. Sie erfahren, wie Sie ruhig sitzen und Ihren Geist fokussieren können. Sie lernen, wo und wann Sie meditieren sollten, welche Art von Ausrüstung Sie dazu benötigen und wie Sie diese benutzen sollten.

✔ Wenn Sie Expertenrat zu Problemen suchen, die auftauchen können, wenn Sie einige Zeit meditiert haben, lesen Sie Teil III.

✔ Wenn Sie einen Überblick über das Gebiet der Meditation suchen, finden Sie in Kapitel 3 einen historischen Überblick und in Kapitel 13 eine Beschreibung der verschiedenen Ansätze zur Entwicklung der Spiritualität.

✔ Wenn Sie eine Meditation für einen speziellen Zweck oder ein bestimmtes Bedürfnis suchen, lesen Sie die Kapitel mit den passenden Titeln, oder schlagen Sie in Teil V, *Die Top Ten*, nach, wo die besten Meditationen für alle Gelegenheiten beschrieben sind.

Wie dieses Buch aufgebaut ist

Obwohl ich das Buch so aufgebaut habe, dass Sie es von Anfang bis Ende durchlesen können – es gibt noch Leute, die so etwas tun, nicht wahr? – habe ich auch dafür gesorgt, dass Sie Dinge, die Sie suchen, schnell und leicht finden können. Jeder Teil behandelt eine andere Phase Ihrer Begegnung mit der Meditation.

Teil I: Was ist Meditation?

Falls Sie nichts über Meditation wissen, sollten Sie hier beginnen. Sie werden erfahren, was Meditation ist (und was nicht), woher sie kommt und wie Sie Meditation verwenden können, um Ihren Stress zu verringern, Ihre Gesundheit zu verbessern sowie Ihre innere Ruhe und Ihr Wohlbefinden zu steigern. Dieser Teil macht Sie auch mit der verschlagenen Arbeitsweise Ihres eigenen Geistes bekannt (falls Sie diese noch nicht bemerkt haben sollten) – und erklärt Ihnen, wie die Meditation Ihnen helfen kann, ruhig und fokussiert zu bleiben.

Teil II: Der Einstieg in die Meditation

Hier beginnen Sie mit Ihrer Meditationspraxis. Sie lernen, wie Sie sich am besten setzen und mit Ihrem Geist (und Herzen!) arbeiten. Falls Ihnen schon der Gedanke daran Angst macht, ruhig zu sein und sich nach innen zu wenden, gebe ich Ihnen leicht nachvollziehbare Anweisungen, die Sie Schritt für Schritt sanft in diesen Prozess einführen. Der Teil enthält ein separates Kapitel über die vielen kleinen Details, die in den meisten anderen Meditationsbüchern als selbstverständlich vorausgesetzt werden – beispielsweise wie Sie Ihren Rücken (mehr oder weniger) aufrecht halten können, ohne sich zu verkrampfen, was Sie mit Ihren Augen und Händen tun sollen und wie Sie Ihren Körper durch Strecken und andere Übungen auf das Sitzen vorbereiten können. Sie können sogar im Liegen meditieren, falls Sie dies vorziehen.

Teil III: Problemsituationen und Feinanpassungen der Meditation

Wenn Sie für einige Zeit regelmäßig meditiert haben, werden Sie feststellen, dass von Zeit zu Zeit Fragen und sogar Probleme auftreten können. Vielleicht fragen Sie sich, wie Sie die vielen Einzelheiten zusammenfügen können, so dass sie zu Ihrer einmaligen Bedürfnislage passen. Vielleicht erleben Sie Ablenkungen, mit denen Sie nicht umgehen können, wie beispielsweise wiederkehrende Fantasien oder schwierige Emotionen. (Ein Beispiel: »Wie kann ich meinen Geist bloß dazu bringen, nicht immer wieder dieselbe Melodie der Beastie Boys zu spielen?«) Möglicherweise haben Sie sogar gelegentlich ein _Aha-Erlebnis_ und möchten die Meditation dazu verwenden, Antworten auf spirituelle Fragen zu erlangen. Dieser Teil behandelt die feineren Aspekte sowie die Schwierigkeiten der Praxis.

Teil IV: Meditation in Aktion

Es ist eine Sache, in der ruhigen Atmosphäre seiner Privatwohnung seinen Geist zu beruhigen und sein Herz zu öffnen, aber es stellt eine ganz andere Herausforderung dar, die Meditation den ganzen Tag über zu praktizieren, wenn Ihr Chef (oder Ihre Kunden), Ihr Partner, Ihre Kinder und der Fahrer des Wagens vor Ihnen in Sicht- oder Hörweite sind. Dieser Teil zeigt Ihnen, wie Sie die Vorteile der Meditation auf jeden Bereich Ihres Lebens ausdehnen können. Er enthält auch ein Kapitel über die Verwendung der Meditation zum Zweck des Heilens und der Leistungssteigerung.

Teil V: Die Top Ten

Ich habe die Tendenz, das Ende eines Buches zuerst aufzuschlagen, weshalb ich Listen wie diese liebe. In diesem Teil finden Sie Antworten auf die am häufigsten gestellten Fragen über die Meditation sowie eine Zusammenfassung der besten Meditationstechniken für alle Gelegenheiten.

Teil VI: Anhang

Falls Sie nicht genau wissen, was Sie als Nächstes tun sollten, wenn Sie dieses Buch gelesen haben, oder wenn Sie mehr über eine bestimmte Technik oder Richtung der Meditation wissen wollen oder wenn Sie einfach nur Kontakt mit anderen Leuten aufnehmen wollen, um mit ihnen zu meditieren, prüfen Sie diese kommentierte Liste der Organisationen, Zentren und Bücher, die sich mit Meditation befassen.

Symbole in diesem Buch

 Diese kurzen Übungen ermöglichen Ihnen eine erfrischende Pause in der Alltagshektik. Sie sollen Sie aus Ihrem Kopf heraus in das Hier-und-Jetzt führen.

 Wenn Sie dieses Symbol sehen, sollten Sie Ihre gegenwärtige Tätigkeit unterbrechen, einige Male tief durchatmen und anfangen zu meditieren. Dies ist für Sie eine Gelegenheit, eine bestimmte Technik auszuprobieren!

 Falls ich es nicht bereits vorher gesagt habe: Dies ist eine wichtige Information, die Sie sich einprägen sollten.

 Dieses Symbol weist Sie auf Gedanken hin, die eher philosophischer Natur sind.

 Falls Sie Ihre Meditationen einfacher und wirksamer gestalten wollen, befolgen Sie diese Insider-Ratschläge.

 Die Menschen meditieren seit Tausenden von Jahren. Hier finden Sie – in der Form einer Anekdote oder Geschichte – einige Weisheiten, die sie dabei entdeckt haben.

Bitte um Feedback

Der Autor und der Herausgeber dieses Buches würden gern von Ihnen, den Lesern, hören. Um Kontakt mit dem Verleger (oder Autoren anderer ... *für Dummies*-Bücher) aufzunehmen, besuchen Sie die Website des Verlegers: www.dummies.com in Amerika oder www.mitp.de in Deutschland. Um direkt mit mir Kontakt aufzunehmen, besuchen Sie meine Website, www. meditationsource.com, senden Sie mir eine E-Mail an info@meditationsource.com, oder schicken Sie mir einen echten Brief:

Stephan Bodian
P.O. Box 45
Fairfax, CA 94978
USA

Teil I

Was ist Meditation?

The 5th Wave — By Rich Tennant

»Noch ein Tipp für Sie: Falls Sie sich selbst schnarchen hören, ist Ihre Meditation zu tief.«

In diesem Teil...

erfahren Sie alles, was Sie überhaupt über Meditation fragen könnten, um Ihr Interesse zu wecken, Ihre Motivation zu entwickeln und letztlich mit dem Meditieren anzufangen. Wussten Sie, dass die Meditation auf eine berühmte multikulturelle Geschichte zurückblicken kann? Dass die regelmäßige Praxis Dutzende von wissenschaftlich bewiesenen Vorteilen bietet, angefangen von reduziertem Stress, über einen verringerten Blutdruck und Cholesterinspiegel bis hin zu einem größeren Einfühlungsvermögen und einer gesteigerten Kreativität? Oder dass die wahre Ursache von Leiden und Stress nicht darin liegt, was mit Ihnen passiert, sondern darin, wie Ihr Geist darauf reagiert? Lassen Sie sich überraschen, und lesen Sie weiter! Außerdem können Sie für sich selbst herausfinden, was Sie zur Meditation hinzieht – und was Sie sich von der Meditation versprechen.

Was Meditation ist – und was nicht

1

In diesem Kapitel

▶ Den Berg der Meditation besteigen

▶ Auf dem Weg Picknickplätze und flachere Hügel entdecken

▶ Die Hauptmeditationstechniken prüfen

▶ Was Sie sehen, wenn Sie oben ankommen

▶ Konzentration, ein rezeptives Bewusstsein und Kontemplation entwicklen und kultivieren

---

Das Großartige an der Meditation ist, dass sie tatsächlich ganz einfach ist. Setzen Sie sich einfach hin, seien Sie ruhig, richten Sie Ihre Aufmerksamkeit nach innen und fokussieren Sie Ihren Geist. Das ist alles – wirklich! (Lesen Sie den Einschub *Meditation: Es ist einfacher, als Sie denken*.) Vielleicht fragen Sie sich: Wenn dies so einfach ist, warum werden dann so viele Bücher und Artikel über die Meditation geschrieben – einschließlich detaillierter Bücher wie dieses hier? Warum werden nicht einfach einige kurze Anweisungen gegeben und die vielen Worte weggelassen?

Nehmen wir beispielsweise an, dass Sie eine lange Autofahrt planen, die Sie in eine malerische Landschaft bringen soll. Sie können einfach nur die Etappen aufschreiben und sie dann nacheinander hinter sich bringen. Nach einigen Tagen kommen Sie wahrscheinlich ans Ziel. Aber Sie werden die Fahrt viel intensiver genießen, wenn Sie einen Reiseführer zur Seite haben, der Sie auf die Sehenswürdigkeiten hinweist, die auf dem Weg liegen. Vielleicht fühlen Sie sich auch sicherer, wenn Sie eine Bedienungsanleitung bei sich haben, die Ihnen sagt, was Sie tun müssen, wenn Sie Probleme mit Ihrem Auto haben. Möglicherweise möchten Sie auch einige Abstecher zu Sehenswürdigkeiten machen oder sogar Ihren Reiseplan ganz umwerfen und Ihr Ziel auf einer ganz anderen Route – oder mit einem anderem Fahrzeug – ansteuern!

Auf ähnliche Weise können Sie die Praxis der Meditation als eine Art Reise betrachten – und das Buch, das Sie in den Händen halten, als Reiseführer. Dieses Kapitel bietet Ihnen einen Überblick über Ihre Reise, zeigt einige alternative Routen zu Ihrem Ziel auf und erklärt die grundlegenden Fähigkeiten, die Sie benötigen, um dorthin zu gelangen. Außerdem macht es Sie auf einige Abstecher aufmerksam, die möglicherweise dieselben Vorteile versprechen, aber nicht wirklich halten, was sie versprechen.

Die Reise der Meditation antreten

Zweifellos haben Sie dieses Buch gewählt, weil Sie etwas mehr in Ihrem Leben suchen – mehr Geistesruhe, mehr Energie, mehr Wohlbefinden, mehr Bedeutung, mehr Glück, mehr Freude. Sie haben von Meditation gehört, und Sie fragen sich, was sie anzubieten hat. Um bei der Reisemetapher zu bleiben, könnte man sagen, dass die Übung der Meditation dort beginnt, wo Sie sich gegenwärtig befinden, und Sie dorthin bringt, wo Sie sein möchten.

Als Abenteurer vergleiche ich die Meditation gern mit dem Besteigen eines Berges. Sie haben Schnappschüsse des Gipfels gesehen, und vom Fuß des Berges können Sie den Gipfel durch die Wolken kaum erkennen. Aber der einzige Weg dorthin führt nach oben – ein Schritt nach dem anderen.

Meditation: Es ist einfacher als Sie denken

Meditation ist einfach eine Übung, bei der Sie Ihre Aufmerksamkeit auf ein bestimmtes – im Allgemeinen einfaches – Objekt richten, beispielsweise auf ein Wort oder einen Ausdruck, auf eine Kerzenflamme, auf eine geometrische Figur oder auf das Kommen und Gehen Ihres Atems. Im Alltag verarbeitet Ihr Geist permanent große Mengen von Empfindungen, visuellen Eindrücken, Emotionen und Gedanken. Wenn Sie meditieren, verengen Sie Ihren Fokus, begrenzen Sie die Reize, die Ihr Nervensystem bombardieren – und bringen bei diesem Prozess Ihren Geist zur Ruhe.

Um einen schnellen Eindruck von der Meditation zu bekommen, führen Sie die folgenden Anweisungen durch. (Ausführlichere Unterweisungen finden Sie in Kapitel 6.)

1. **Suchen Sie sich einen ruhigen Ort, und setzen Sie sich bequem hin, wobei Sie Ihren Rücken relativ aufgerichtet halten.**

   Falls Sie in Ihrem Lieblingssessel zu tief versinken, suchen Sie sich eine Sitzgelegenheit, die Ihre aufrechte Haltung besser unterstützt.

2. **Atmen Sie einige Male tief durch, schließen Sie die Augen, und entspannen Sie den Körper so weit wie möglich.**

   Wenn Sie nicht wissen, wie man sich entspannt, lesen Sie Kapitel 6.

3. **Wählen Sie ein Wort oder einen Ausdruck, das bzw. der für Sie eine spezielle persönliche oder spirituelle Bedeutung hat.**

   Einige Beispiele: »es gibt nur Liebe«, »don't worry, be happy«, »vertrau auf Gott«.

4. **Beginnen Sie (falls Sie können), durch die Nase zu atmen, und wiederholen Sie beim Atmen das Wort oder den Ausdruck ruhig für sich selbst.**

   Sie können das Wort oder den Ausdruck vor sich hin flüstern, Sie können es subvokalisieren (d.h., Sie bewegen Ihre Zunge, als wollten Sie das Wort aussprechen, ohne dabei Geräusche zu machen), oder Sie können das Wort oder den Ausdruck einfach im Geist wiederholen. Falls Sie abgelenkt werden, kehren Sie einfach zum Objekt Ihrer Meditation zurück.

   Alternativ können Sie Ihren Atem beobachten, wie er durch Ihre Nasenlöcher kommt und geht. Falls Sie abgelenkt werden, kehren Sie einfach zu Ihrem Atem zurück.

5. **Führen Sie die Meditation fünf Minuten oder länger durch. Stehen Sie dann auf, und gehen Sie Ihrem Tagewerk nach.**

Wie haben Sie sich gefühlt? War es sonderbar, immer wieder dasselbe zu sagen oder den Atem so lange zu beobachten? War es schwierig, den Fokus zu bewahren? Haben Sie das Wort oder den Ausdruck mehrfach variiert? Falls dies der Fall war, machen Sie sich keine Gedanken darüber. Mit regelmäßiger Übung und den Anleitungen in diesem Buch werden Sie nach und nach diese Technik in den Griff bekommen.

Natürlich können Sie ohne weiteres viele fruchtbare und angenehme Jahre damit verbringen, die Feinheiten und Komplexitäten der Meditation zu meistern. Aber die gute Nachricht ist, dass die grundlegende Übung tatsächlich ziemlich einfach ist und dass Sie kein Experte sein müssen, um sie durchzuführen – oder ihre außergewöhnlichen Vorteile zu genießen.

Verschiedene Wege auf denselben Berg

Stellen Sie sich vor, dass Sie sich darauf vorbereiten, diesen Berg zu besteigen. (Vielleicht besorgen Sie sich für diesen Zweck auch die passende Ausgabe von *National Geographic*!) Wie kommen Sie auf den Gipfel? Sie können einige Stunden Unterricht im Bergsteigen nehmen, die passende Ausrüstung kaufen und sich über eine der steinigen Oberflächen nach oben arbeiten. Alternativ könnten Sie einem der vielen Pfade folgen, die sich den Berg hinaufwinden, und gemütlich auf den Gipfel wandern. (Natürlich könnten Sie auch schummeln und mit dem Auto fahren – aber das würde meine Metapher ruinieren!)

Obwohl jeder Pfad an derselben Stelle endet, haben alle Pfade ihre eigenen einmaligen Eigenschaften. Der eine mag Sie allmählich ansteigend durch Wälder und über Wiesen führen, während ein anderer über trockenen, felsigen Grund steil bergauf führt. Von einem haben Sie möglicherweise traumhafte Ausblicke auf fruchtbare Täler voller Blumen; von anderen aus könnten Sie auf Felder oder Wüstengebiete blicken.

Abhängig von Ihrer Energie und Motivation machen Sie möglicherweise unterwegs an den passenden Picknickstellen einige Stunden (oder auch Tage) Rast und genießen den Frieden und die Ruhe. Vielleicht gefällt es Ihnen sogar so gut, dass Sie beschließen, nicht weiterzuklettern. Vielleicht möchten Sie lieber einen der niedrigeren Gipfel auf dem Weg besteigen, anstatt bis ganz nach oben aufzusteigen. Alternativ können Sie auch darauf drängen, den Gipfel so schnell wie möglich zu erreichen, ohne zwischendurch zu bummeln.

 So gesehen hat die Reise der Meditation sehr viel mit dem Besteigen eines Berges gemeinsam. Sie können den Gipfel anstreben oder sich einfach einen grasbewachsenen Hügel oder eine weniger hohe Spitze in halber Höhe als Ziel wählen. Doch welches Ziel Sie sich auch setzen mögen – Sie können auf dem Weg Freude finden und die Vorteile des tiefen Atmens und der Übung von Muskeln ernten, von deren Existenz Sie bis dahin nichts wussten.

Seit Tausenden von Jahren haben Menschen in der ganzen Welt den Berg der Meditation bestiegen. (Nähere Einzelheiten zur Geschichte der Meditation finden Sie in Kapitel 3.) Als Folge davon gibt es zahlreiche topografische Karten und Anleitungen, die jeweils ihre spezielle Version beschreiben, wie Sie den Berg besteigen können, und dabei ihre eigenen Empfehlungen aussprechen, wie Sie gehen und welches Gepäck Sie mitnehmen sollten. (Wenn Sie einen Eindruck davon gewinnen wollen, wie vielfältig das Angebot an Meditationsmaterialien heutzutage ist, brauchen Sie nur einen Blick in die Reagle Ihres örtlichen Buchhändlers zu werfen.)

Traditionell beschreiben die Anleitungen einen spirituellen Weg als einen Satz von – oft geheimen – Glaubenssätzen und Praktiken, die von einer Generation zur nächsten weitergegeben wurden (siehe den Einschub _Die spirituellen Wurzeln der Meditation_). In den letzten Jahrzehnten haben jedoch westliche Forscher und Lehrer die Meditation aus ihren spirituellen Ursprüngen herausgelöst und bieten sie jetzt als Abhilfe für eine Reihe von Leiden des 21. Jahrhunderts an. (Nähere Informationen über die Vorteile der Meditation finden Sie in Kapitel 2.)

Obwohl die Landkarten und Bücher den Gipfel unterschiedlich beschreiben – einige betonen die riesigen offenen Räume, andere richten die Aufmerksamkeit mehr auf den Frieden oder die heitere Gelassenheit, den bzw. die Sie dort empfinden, und wieder andere behaupten sogar, dass es mehrere Gipfel gibt –, schließe ich mich der Meinung eines alten Weisen an, der sagte: »Meditationstechniken sind nur verschiedene Wege, die auf denselben Berg führen.«

Die folgende Liste führt einige der vielen Techniken auf, die im Laufe der Jahrhunderte entwickelt wurden:

✔ Ein sinntragendes Wort oder einen sinntragenden Ausdruck, ein sogenanntes _Mantra_, wiederholen (siehe Kapitel 3 und 13).

✔ Das achtsame Bewusstsein im gegenwärtigen Augenblick entwickeln (Näheres über die _Achtsamkeit_ (_mindfulness_) finden Sie in den Kapiteln 6 und 15).

✔ Den Atem verfolgen oder zählen (siehe Kapitel 6).

✔ Die Aufmerksamkeit auf den Fluss der Körperempfindungen richten (siehe Kapitel 6).

✔ Liebende Güte, Mitgefühl, Vergebung und andere heilende Emotionen entwickeln (siehe Kapitel 10).

✔ Sich auf eine geometrische Form oder ein anderes einfaches visuelles Objekt konzentrieren.

✔ Einen friedlichen Ort oder eine heilende Energie oder Wesenheit visualisieren (siehe Kapitel 16).

✔ Inspirierende oder heilige Schriften lesen und reflektieren (siehe Kapitel 13).

✔ Das Bild eines heiligen Wesens oder eines Heiligen betrachten.

✔ Die Natur kontemplieren.

✔ Das Göttliche in Gebeten und Gesängen preisen.

In diesem Buch werden Sie immer wieder die Gelegenheit haben, viele dieser Techniken auszuprobieren. Außerdem erhalten Sie eine ausführliche Anleitung zur Übung einer bestimmten Fähigkeit – der _Achtsamkeit_ –, wobei Sie mit Ihrem Atem beginnen und dann Ihre Meditation auf alle Aspekte Ihres Lebens ausweiten.

Der Blick vom Gipfel – und von anderen Spitzen auf dem Weg dorthin

 Was sehen Sie, wenn Sie den Gipfel des Meditationsberges erreichen? Wenn wir den Berichten der Meditierenden und Mystiker trauen können, die den Berg vor uns erklommen haben, können wir mit einiger Sicherheit sagen, dass auf dem Gipfel des Berges die *Quelle* aller Liebe, aller Weisheit, allen Glücks und aller Freude zu finden ist. Einige Leute nennen es *Spirit* oder *Seele, wahres Wesen* oder *höheres* oder *wahres Selbst,* die *ultimative Wahrheit* oder den *Grund des Wesens* (oder einfach nur das *Wesen* selbst). Andere nennen es *Gott* oder *Das Göttliche, Heiliges Mysterium* oder einfach *Das Eine.* Es gibt fast so viele unterschiedliche Namen für diese Erfahrung, wie Menschen, die sie machen. Einige spirituelle Traditionen betrachten die Erfahrung als so heilig und mächtig, dass sie zögern, ihr einen Namen zu geben.

Die *Erfahrung,* den Gipfel zu erreichen, wird von langjährig Meditierenden mit Worten wie *Erleuchtung* (aus dem Zustand des Unwissens), *Erwachen* (aus einem Traum), *Befreiung* (von Fesseln), *Freiheit* (von Begrenzungen) und *Einheit* (mit Gott oder dem Sein) bezeichnet.

 Eine alte Weisheit vergleicht all diese Worte und Namen mit einem Finger, der auf den Mond zeigt: Wenn Sie Ihre Aufmerksamkeit zu sehr auf den Finger richten, laufen Sie Gefahr, den wundervollen Mond zu verpassen, der doch den eigentlichen Grund darstellt, überhaupt erst mit dem Finger zu zeigen. Letztlich geht es darum, dass Sie den Mond – oder in diesem Fall den Gipfel – selbst erfahren.

Die spirituellen Wurzeln der Meditation

Obwohl heutzutage viele normale Leute meditieren (möglicherweise einschließlich einiger Personen aus Ihrem Bekanntenkreis), waren die Praktiken nicht immer so leicht verfügbar. Über Jahrhunderte hinweg haben Mönche, Nonnen, Mystiker und Wanderasketen sie im Geheimen bewahrt und verwendet, um höhere Bewusstseinszustände und letztlich das Ziel ihres speziellen Weges zu erreichen.

Hochmotivierte Laien, die viel Zeit hatten, konnten immer einige Techniken lernen. Aber die strenge Übung der Meditation blieb ein heiliges Unterfangen, das einer kleinen Elite vorbehalten blieb, die bereit war, auf das weltliche Leben zu verzichten, um sich ganz der Meditation zu widmen. (In Kapitel 3 finden Sie Näheres über die Geschichte der Meditation.)

Wie sich die Zeiten geändert haben! Angefangen vom Beat Zen in den 50er Jahren über die Zuwanderung indischer Yogis und Gurus in den 60er Jahren bis hin zur gegenwärtigen Faszination des Buddhismus hat sich die Meditation definitiv zu einer Mainstream-Bewegung entwickelt, und ihre praktischen Vorteile werden in jedem Medium sowohl der tatsächlichen als auch der virtuellen Welt gelobt. (Haben Sie schon einmal Websites gesucht, die sich mit Meditation beschäftigen?)

Meditation ist in den Laboratorien der Psychologen intensiv erforscht und auf einfache Formeln wie die Entspannungsreaktion reduziert worden. Sie hat jedoch ihre spirituellen Wurzeln nie ganz verloren. Tatsächlich liegt der Grund dafür, warum die Meditation so wirksam ist, darin, dass sie Sie mit einer spirituellen Dimension verbindet, die von verschiedenen Kommentatoren unterschiedlich bezeichnet wird. Ich möchte diese Dimension einfach nur das *Sein* nennen.

Natürlich haben Sie möglicherweise kein Interesse an abgehobenen Zuständen und Erfahrungen wie Erleuchtung oder Einheit. Vielleicht haben Sie dieses Buch einfach nur gekauft, weil Sie Ihren Stress reduzieren, einen Heilungsprozess unterstützen oder mit schwierigen Emotionen klarkommen wollen. Vergessen Sie einfach das »Heilige Geheimnis« – ein wenig mehr Klarheit und Geistesruhe wird Ihnen gut bekommen und danke der Nachfrage!

Nun ja, die Wahrheit ist, dass Sie denselben Weg gehen werden, egal wie hoch Sie den Berg besteigen wollen. Die grundlegenden Anweisungen bleiben dieselben – aber Sie müssen Ihr Ziel festlegen. Zu den beliebtesten Rastplätzen und Vorgebirgen auf dem Weg zum Gipfel gehören die folgenden Stationen:

✔ Verbesserung des Fokus und Stärkung der Konzentration

✔ Verringerung der Spannung, der Angst und des Stresses

✔ Klareres Denken und weniger emotionale Probleme

✔ Geringerer Blutdruck und niedrigere Cholesterinwerte

✔ Unterstützung bei der Bekämpfung des Suchtverhaltens und anderer selbstschädigender Verhaltensweisen

✔ Größere Kreativität und gesteigerte Leistung bei der Arbeit und in der Freizeit

✔ Größere Selbsterkenntnis und Selbstakzeptanz

✔ Mehr Freude, Liebe und Spontaneität

✔ Größere Vertrautheit mit Freunden und Familienmitgliedern

✔ Tieferes Empfinden von Sinn und Bedeutung

✔ Einblicke in eine spirituelle Dimension des Seins

 Wie Sie sehen, ist jede dieser Zwischenstationen tatsächlich für sich ein eigenständiges, erstrebenswertes Hauptziel. (Nähere Informationen über die Vorteile der Meditation finden Sie in Kapitel 2.) Vielleicht sind Sie zufrieden damit, auf der halben Höhe des Berges zu verweilen, wenn Sie Ihren Stress reduziert, Ihre Gesundheit verbessert und ein größeres allgemeines Wohlbefinden erreicht haben. Vielleicht werden Sie aber auch inspiriert, die höheren Gefilde anzustreben, die von den großen Meditierenden beschrieben werden.

Der Geschmack einer reinen Bergquelle

Wir wollen unsere Bergmetapher ein wenig ausbauen und uns vorstellen, dass es auf dem Gipfel des Berges eine Quelle gibt, der das *Wasser des Seins* entspringt und die nie austrocknet. (Andere Richtungen bezeichnen dieses »Wasser« auch als *Wasser der Gnade* oder *des Geistes* oder auch als *unbedingte Liebe*.) Diejenigen, die den Gipfel erreichen, können in den kleinen See springen, der die Quelle umgibt und sich selbst komplett in das Wasser eintauchen. Tatsächlich vereinigen sich einige sogar mit dem Wasser und werden mit dem Sein selbst identisch. (Keine Bange, Sie vereinigen sich nicht, wenn Sie dies nicht wollen!)

Aber Sie müssen nicht den ganzen Weg zum Gipfel erklimmen, um den *Geschmack des Wesens* zu kosten. Das Wasser fließt den Berg in Strömen und Bächen hinab und ernährt die tiefer liegenden Felder und Städte. Anders ausgedrückt: Sie können das *Sein* überall in allem kosten, weil das Sein die Essenz ist, die das Leben auf jeder Ebene aufrecht erhält. Bevor Sie anfangen zu meditieren, werden Sie möglicherweise jedoch nicht wissen, wie das Sein schmeckt.

 Wenn Sie meditieren, kommen Sie der Quelle des Wassers näher, und Sie lernen, wie Sie ihren Geschmack erkennen können. (Abhängig von ihrer Persönlichkeit und ihrer Position auf dem Berg verwenden Menschen unterschiedliche Begriffe, um den Geschmack des Wassers zu beschreiben, wie beispielsweise Ruhe, Frieden, Wohlbefinden, Ganzheit, Klarheit und Mitgefühl.) Es spielt keine Rolle, was Sie anstreben oder wo Sie auf dem Weg zum Gipfel des Berges anhalten. Sie müssen auf jeden Fall Ihre Hände selbst in das Wasser des Seins eintauchen und es selbst kosten. Dann können Sie beginnen, den Geschmack des Seins überall zu finden, wohin Sie gehen!

Kein Ort ist mit dem Zuhause vergleichbar – und Sie sind bereits dort!

Jetzt, nachdem ich die Metapher des Berges konstruiert habe, werde ich sie mit einer Handbewegung hinwegfegen – wie eine Welle, die eine Sandburg hinwegspült. Es stimmt schon – die Reise der Meditation erfordert ein ständiges Bemühen und eine laufende Anwendung wie das Besteigen eines Berges. (Nähere Informationen über die Anstrengung und Disziplin finden Sie in Kapitel 9.) Aber diese Metapher verbirgt einige wichtige Paradoxa:

✔ Erstens: Der Gipfel existiert nicht an einem weit entfernten Ort außerhalb von Ihnen selbst. Er existiert in den Tiefen Ihres Wesens – einige Traditionen sagen »im Herzen« – und wartet darauf, dass Sie ihn entdecken. (Siehe den Einschub *Den Schatz im eigenen Haus entdecken* später in diesem Kapitel.)

✔ Zweitens: Sie können den Gipfel in einem Augenblick erreichen. Es ist nicht unbedingt notwendig, jahrelang zu üben. Ein Beispiel: Während Sie meditieren – wenn sich Ihr Geist beruhigt und Sie einen tiefen Frieden oder eine innere Ruhe erfahren oder wenn Sie eine Verbundenheit mit allen Wesenheiten oder ein Aufwallen von Frieden oder Liebe verspüren, dann trinken Sie das süße *Wasser des Seins* direkt aus Ihrer inneren Quelle. Es sind diese Momente, die Sie auf eine Art und Weise informieren und ernähren, die Sie unmöglich abschätzen können.

Den Schatz im eigenen Haus entdecken

In der jüdischen Tradition gibt es eine Geschichte, die in der einen oder anderen Form in allen großen Meditationslehren auf der ganzen Welt wiederkehrt. Simon, ein einfacher Schneider, fantasiert Tag und Nacht von einem großen Schatz, den er eines Tages finden wird, wenn er sein kleines Dorf und das Heim seiner Familie verlassen wird und in die Welt hinauszieht. Eines Nachts macht er sich mit einigen wenigen Habseligkeiten auf dem Rücken auf den Weg.

Jahrelang wandert Simon von einer großen Stadt zur nächsten und verdient sich seinen Lebensunterhalt durch das Flicken von Kleidern, während er nach dem Schatz sucht, der ihm seiner Überzeugung nach gehört. Aber alle Leute, die er nach dem Schatz fragt, haben ihre eigenen Probleme und können ihm nicht helfen.

Eines Tages trifft er auf eine Hellseherin, die weit und breit für ihre außergewöhnlichen Fähigkeiten berühmt ist. »Ja«, sagt sie, »es gibt tatsächlich einen riesigen Schatz, der dir und nur dir allein gehört.« Als er dies hört, leuchten Simons Augen vor Aufregung. »Ich werde dir sagen, wie du den Schatz finden kannst«, fährt sie fort und gibt Simon komplexe Anweisungen, die er sorgfältig aufzeichnet.

Als sie mit ihren Anweisungen fertig ist und exakt die Straße und das Haus beschreibt, in dem der Schatz vergraben sein soll, kann Simon seinen Ohren kaum trauen. Denn dabei handelt es sich genau um das Heim, das er vor Jahren verlassen hat, um sich auf die Suche zu machen.

Schnell dankt er der Hellseherin, steckt die Anweisungen in die Tasche und eilt zurück in die Richtung, aus der gekommen war. Und siehe da, zu seiner großen Überraschung findet er tatsächlich einen riesigen und unergründlichen Schatz, der direkt unter dem Herd seines eigenen Hauses vergraben war.

Der Sinn der Geschichte ist offensichtlich: Obwohl wir auf der Suche nach innerem Frieden weit wandern mögen und alle möglichen meditativen Praktiken ausprobieren, sind der Frieden und die Liebe und die Weisheit, die wir suchen, unveräußerlich immer schon da, verborgen in unseren eigenen Herzen.

✔ Drittens: Die Bergmetapher suggeriert eine fortschreitende, zielorientierte Reise, wogegen ein wesentlicher Punkt der Meditation gerade darin besteht, alle Ziele und alles Streben beiseite zu stellen und einfach nur zu *sein*. Jon Kabat-Zinn, ein Experte zur Stress-Verringerung, drückt dies in einem Bestseller aus jüngerer Zeit folgendermaßen aus: »Wo immer du auch hingehst, dort bist du.« Oder wie Dorothy im *The Wizard of Oz* sagt: »Es geht nichts über das Zuhause.« – und die Wahrheit ist, dass Sie – wie Dorothy – immer schon dort sind!

Natürlich werden Sie nicht sofort Ihre normalen Tätigkeiten und Ziele aufgeben und einfach nur sein, selbst wenn Sie meditieren. Dies ist etwas, dem Sie sich langsam nähern, indem Sie regelmäßig meditieren, sich allmählich fokussieren und Ihr Leben vereinfachen, bis Sie beim Meditieren immer weniger tun – und immer mehr *sind*. Die folgende Liste nennt einige Stufen, die Sie auf Ihrem Weg zum reinen Sein durchlaufen können:

✔ Sie gewöhnen sich daran, still zu sitzen.

✔ Sie entwickeln die Fähigkeit, Ihre Aufmerksamkeit nach innen zu richten.

✔ Sie kämpfen darum, Ihre Aufmerksamkeit zu fokussieren.

✔ Sie werden immer wieder abgelenkt.

✔ Ihre Fokussierung verbessert sich.

✔ Sie fühlen sich beim Meditieren entspannter.

✔ Sie erleben flüchtige Momente, in denen Ihr Geist zur Ruhe kommt.

✔ Sie erfahren kurze Einblicke der Ruhe und des Friedens.

Dabei ist das vielleicht größte aller Paradoxa: Wenn Sie die Meditation fleißig üben, kommen Sie möglicherweise an den Punkt, an dem Sie erkennen, dass Sie Ihr Zuhause nie verlassen haben, nicht einmal für einen einzigen Augenblick.

Sich des eigenen Bewusstseins bewusst werden

Meistens richten Sie wahrscheinlich Ihre Aufmerksamkeit nicht intensiv auf Ihr Bewusstsein. Dennoch spielt es in Wahrheit bei allem, was Sie tun, eine entscheidende Rolle. Wenn Sie Fernsehen gucken, sich auf eine Prüfung vorbereiten, ein Essen kochen, mit dem Auto fahren, Musik hören oder mit einem Freund reden, sind Sie bewusst oder aufmerksam. Bevor Sie anfangen, auf formelle Weise zu meditieren, könnte es Ihnen helfen, Ihre eigene Bewusstheit zu erforschen.

Achten Sie zunächst darauf, was es heißt, bewusst zu sein. Gibt es Zeiten in Ihrem Leben, in denen Sie sich nicht irgendeines Objekts bewusst sind? Vervollständigen Sie jetzt den folgenden Satz: »Ich bin mir ... bewusst.« Machen Sie diese Übung immer wieder, und achten Sie darauf, wohin Sie durch Ihr Bewusstsein geführt werden.

Sind Sie sich eher Ihrer internen oder Ihrer externen Empfindungen bewusst? Achten Sie mehr auf Ihre Gedanken und Fantasien oder mehr auf Ihre von Moment zu Moment wechselnden Sinneserfahrungen? Beachten Sie, dass eine Beschäftigung mit mentalen Aktivitäten Ihr Bewusstsein dafür reduziert, was im Hier-und-Jetzt passiert.

Richten Sie als Nächstes Ihre Aufmerksamkeit darauf, ob sich Ihr Bewusstsein eher auf ein bestimmtes Objekt oder eine bestimmte Empfindung richtet oder sich eher ausweitet und alles zu umfassen versucht. Vielleicht stellen Sie fest, dass Ihr Bewusstsein einem Scheinwerfer ähnelt, der von Objekt zu Objekt wandert. Beachten Sie, wie Ihr Bewusstsein wandert, ohne zu versuchen, dies zu ändern.

Wandert es schnell von einem Ding zu einem anderen, oder bewegt es sich langsamer und stellt es Kontakt mit jedem Objekt her, bevor es weitergeht? Experimentieren Sie damit, den Fluss des Bewusstseins zu beschleunigen oder zu verlangsamen, und achten Sie darauf, wie sich das anfühlt.

Vielleicht entdecken Sie, dass Ihr Bewusstsein immer wieder zu bestimmten Arten von Objekten und Ereignissen hingezogen wird, aber nicht zu anderen. Wohin wandert Ihr Bewusstsein immer wieder? Welche Erfahrung versucht es auszuklammern oder zu vermeiden?

Experimentieren Sie damit, Ihr Bewusstsein sanft von einem Fokus zum nächsten zu lenken. Wenn Sie Ihre Aufmerksamkeit auf Töne richten, stellen Sie möglicherweise fest, dass Sie zeitweilig Ihre Hände oder das Unbehagen in Ihrem Rücken oder in Ihren Knien vergessen. Versuchen Sie, Ihre Aufmerksamkeit so lange auf ein Objekt zu fokussieren, wie Sie können. Wie lange können Sie ohne Ablenkung bei dem Objekt bleiben, bevor Ihr Geist zum nächsten Objekt springt?

Die Achtsamkeit entwickeln: Das Geheimnis der Meditation

 Gemäß eines alten Sprichworts beginnt eine tausend Meilen lange Reise mit dem ersten Schritt. Falls dies stimmt, beginnt die Reise der Meditation damit, die *Bewusstheit* (awareness), das Bewusstsein oder die *Aufmerksamkeit* (attention) zu entwickeln. Tatsächlich ist die Bewusstheit der mentale Muskel, der Sie auf Ihrer Reise weiterträgt und Sie auf Ihrer Reise unterhält, und das nicht nur zu Beginn der Reise, sondern bei jedem Schritt des Weges. Egal, welchen Weg oder welche Technik Sie wählen – das Geheimnis der Meditation liegt darin, Ihre Achtsamkeit zu entwickeln, zu fokussieren und zu lenken. (Nebenbei bemerkt: *Aufmerksamkeit* ist einfach eine leicht fokussierte (gerichtete) Form der Bewusstheit. Ich benutze diese beiden Fachbegriffe in diesem Buch mehr oder weniger austauschbar (siehe den Einschub *Sich des eigenen Bewusstseins bewusst werden*).

Um ein besseres Gefühl für die Funktionsweise der Achtsamkeit zu bekommen, betrachten Sie eine weitere Metapher aus der Natur: das Licht. Vielleicht ist Licht für Sie selbstverständlich, aber falls Sie nicht die speziellen Fähigkeiten und die gesteigerte Empfindsamkeit eines Blinden entwickelt haben, kommen Sie kaum ohne Licht zurecht. (Haben Sie jemals versucht, in einem pechdunklen Raum etwas zu finden?) Dasselbe gilt für die Achtsamkeit: Vielleicht sind Sie sich dessen nicht bewusst, dass Sie bewusst sind, aber Sie benötigen Ihr Bewusstsein, um selbst die einfachsten Aufgaben auszuführen.

Sie können Licht auf verschiedene Weisen benutzen. Sie können ein indirektes Licht installieren, das einen Raum weich und diffus erhellt. Sie können Licht im Strahl einer Taschenlampe fokussieren, um Dinge zu finden, wenn ein Raum dunkel ist. Sie können dasselbe Licht auch so stark in einem Laserstrahl konzentrieren, dass Sie damit Stahl zerschneiden oder Nachrichten zu den Sternen senden können.

Analog dazu können Sie in der Meditation Ihr Bewusstsein auf verschiedene Weisen verwenden. Zunächst einmal können Sie die Fähigkeiten Ihres Bewusstseins steigern, indem Sie Ihre *Konzentration* auf ein bestimmtes Objekt verstärken. (Eine kurze Liste möglicher Meditationsobjekte finden Sie weiter oben in diesem Kapitel im Abschnitt *Verschiedene Weg auf denselben Berg.*)

Danach können Sie, wenn Sie Ihre Konzentration stabilisiert haben, durch Üben des *rezeptiven Bewusstseins* Ihr Bewusstsein erweitern, so dass es – wie indirektes Licht – den gesamten Bereich Ihrer Erfahrung erhellt. Dann können Sie sich sogar noch weiter konzentrieren, um positive Emotionen und Geisteszustände zu *kultivieren.* Sie können Ihr Bewusstsein auch dazu verwenden, um Ihre innere Erfahrung und die Natur der Existenz als solche zu *kontemplieren.* Diese vier Punkte – *Konzentration, rezeptives Bewusstsein, Kontemplation und Kultivierung* – bilden die Hauptfunktionen des Bewusstseins in den großen Meditationstraditionen der Welt.

Die Konzentration entwickeln

Um überhaupt etwas gut ausführen zu können, müssen Sie Ihr Bewusstsein *konzentrieren* oder *fokussieren.* (Anmerkung des Übersetzers: In diesem Buch kommen immer wieder die Ausdrücke *konzentrieren* und *Konzentration* einerseits und *fokussieren* und *Fokus* andererseits vor. Diese Begriffe sind nicht scharf gegeneinander abgegrenzt und werden teilweise synonym verwendet. Am besten begreift man den *Fokus* als den Punkt, auf den sich die *Konzentration* richtet. *Fokussieren* ist das Auswählen und Verweilen bei diesem Punkt. *Konzentrieren* ist das Aufwenden der mentalen Kraft, die dazu erforderlich ist.) Die kreativsten und produktivsten Leute in jedem Beruf – beispielsweise große Sportler, Schauspieler, Geschäftsleute, Wissenschaftler, Künstler, Schriftsteller – haben die Fähigkeit, Ablenkungen auszuschalten und sich vollkommen ihrer Arbeit hinzugeben. Falls Sie jemals gesehen haben, wie Michael Jordan (ein berühmter amerikanischer Basketballspieler, A.d.Ü.) nach dem Basketballkorb strebt oder wie Meryl Streep sich in den Charakter verwandelt, den sie darstellt, sind Sie Zeuge davon geworden, welche Früchte eine totale *Konzentration* tragen kann.

Einige Leute haben eine angeborene Fähigkeit, sich zu konzentrieren, aber die meisten Menschen müssen diese Fähigkeit durch Übung entwickeln. Buddhisten vergleichen den Geist gern mit einem Affen – ständig schwätzt er und hüpft von Ast zu Ast, von Thema zu Thema. Ist Ihnen jemals aufgefallen, dass Sie die meiste Zeit nur eine sehr schwache Kontrolle über die Launen und Schwankungen Ihres affenartigen Geistes haben, der sich in einem Moment ausklinken und im nächsten an einer Sache festhaken kann? Wenn Sie meditieren, beruhigen Sie Ihren »Affengeist«, indem Sie ihn *auf einen Punkt richten* statt zerstreut und abgelenkt machen.

Viele spirituelle Traditionen lehren ihren Schülern die Konzentration als Hauptmeditationsübung. Danach sollen Sie Ihren Geist einfach auf das Mantra oder das Symbol oder die Visualisierung fokussieren, um irgendwann in den Zustand zu gelangen, der als *Absorption* oder *Samadhi* bezeichnet wird.

Im Zustand der Absorption verschwindet das Empfinden eines getrennten »Ichs«, und es bleibt nur das Objekt Ihrer Aufmerksamkeit übrig. Die natürliche Schlussfolgerung daraus ist, dass die Übung der Konzentration zu einer Erfahrung der Einheit mit dem Objekt Ihrer Meditation führen kann. Wenn Sie sich für Sport begeistern, kann dieses Objekt Ihr Tennis- oder Golfschläger sein; wenn Sie ein strebsamer Mystiker sind, könnte es sich bei diesem »Objekt« um Gott, das Sein oder das Absolute handeln.

Auch wenn Sie noch nicht gelernt haben zu meditieren, haben Sie zweifellos Augenblicke der totalen Absorption erfahren, in denen das Empfinden des Getrenntseins verschwunden war: bei der Betrachtung eines Sonnenuntergangs, beim Hören von Musik, beim Schaffen eines Kunstwerks oder beim Blick in die Augen Ihres oder Ihrer Geliebten. Wenn man so vollkommen in einer Aktivität aufgeht, egal ob bei der Arbeit oder beim Spiel, dass die Zeit stehen bleibt und das Bewusstsein des Selbst verschwindet, treten Sie in einen Bewusstseinszustand ein, den der Psychologe Mihaly Csikszentmihalyi als *Flow* (dt. *Fließen*) bezeichnet. Tatsächlich behauptet Csikszentmihalyi, dass Aktivitäten, die den Flow fördern, den Inbegriff dessen darstellen, was die meisten Menschen mit Vergnügen verbinden. Flow kann außergewöhnlich erfrischend, belebend und sogar zutiefst sinntragend sein – und er ist die unvermeidbare Folge einer ungebrochenen Konzentration.

Das rezeptive Bewusstsein öffnen

 Die großen Weisen Chinas lehren, dass alle Dinge aus dem permanenten Wechselspiel von *Ying und Yang* bestehen – den femininen und den maskulinen Kräften des Universums. Wenn die Konzentration dem Yang der Meditation entspricht – fokussiert, mächtig, durchdringend – dann repräsentiert das *rezeptive Bewusstsein* das Ying – offen, ausgreifend, aufnehmend.

Während die Konzentration den Geist diszipliniert, stabilisiert und erdet, lockert und erweitert das rezeptive Bewusstsein die Grenzen des Geistes und schafft einen größeren inneren Raum, der es Ihnen ermöglicht, sich näher mit dem Inhalt Ihres Geistes vertraut zu machen. Wo die Konzentration zusätzliche Reize als Ablenkungen vom gegenwärtigen Fokus abblockt, da umfasst und assimiliert das rezeptive Bewusstsein jede auftretende Erfahrung.

Die meisten Meditationen arbeiten mit dem Zusammenspiel von Konzentration und rezeptivem Bewusstsein, obwohl einige fortgeschrittenere Techniken allein die Übung des rezeptiven Bewusstseins lehren. Wenn Sie einfach nur offen und bewusst bleiben und alles willkommen heißen, was im Geist auftaucht, werden Sie letztendlich »zur Wahrheit geführt«. Daraus kann man schließen, dass das rezeptive Bewusstsein Sie anleitet, Ihre Identität von Ihren Gedanken, Emotionen und den Geschichten, die Ihnen Ihr Geist erzählt, zu Ihrer wahren Identität zu verlagern, die im Sein selbst besteht. (Nähere Informationen über Gedanken, Emotionen und Geschichten finden Sie in Kapitel 5.)

Natürlich ist es unmöglich, diesen Anweisungen zu folgen, wenn Sie nicht wissen, wie Sie mit Ihrer Achtsamkeit arbeiten müssen. Deshalb beginnen die meisten Traditionen mit Konzentrationsübungen. Durch die Konzentration beruhigen und festigen Sie den Geist so weit, dass er nicht von einer Flut irrelevanter Gefühle und Gedanken hin- und hergeworfen wird. Damit schaffen Sie ein solides Fundament, auf dem die Übung der Meditation gedeihen kann.

Größere Einsicht durch Kontemplation erlangen

 Obwohl Konzentration und rezeptives Bewusstsein enorme Vorteile bieten, sind letztlich Einsicht und Verständis die Ziele, mit denen Sie sich vom Leiden befreien können. Sie müssen verstehen, wie der Geist funktioniert, wie Sie Ihre Leiden verlängern und verewigen, wie Sie dem Ausgang von Ereignissen verhaftet sind und wie unkontrollierbar und flüchtig diese Ereignisse sind. Im Alltagsleben ist es das kreative Denken – die Freiheit von den üblichen begrenzten und ständig wiederholten Gedankenmustern –, das Lösungen für Probleme findet. Deshalb ist die _Kontemplation_ die dritte Schlüsselkomponente, welche die Meditation von einer beruhigenden, entspannenden Übung in ein Vehikel der Freiheit und des kreativen Ausdrucks umwandelt.

Nachdem Sie Ihre Konzentration entwickelt und Ihre Bewusstheit erweitert haben, werden Sie mit der Zeit feststellen, dass Sie eine immer tiefer gehende Einsicht in das Wesen Ihrer Erfahrung erlangen. Sie können diese Fähigkeit benutzen, um Ihre innere Landschaft zu erkunden und allmählich die Tendenz Ihres Geistes zu verstehen und zu vermeiden, Leiden und Stress zu verursachen (siehe Kapitel 5 und 11). Wenn Sie ein spiritueller Sucher sind, können Sie mit dieser Fähigkeit das Wesen des Selbst erkunden oder sich mit den Mysterium Gottes und der Schöpfung auseinandersetzen. Wenn Sie eher praktischen Dingen zuneigen, können Sie sich mit dem nächsten Schritt in Ihrer Karriere oder Beziehung befassen oder ein scheinbar unlösbares Problem in Ihrem Leben in Angriff nehmen.

Positive, heilende Zustände des Geistes kultivieren

Einige Meditationen haben das Ziel, das Herz zu öffnen und bestimmte lebensbejahende Qualitäten wie Mitgefühl, liebende Güte, Gleichmut, Freude oder Vergebung zu entwickeln (siehe Kapitel 10). Auf einer praktischeren Stufe können Sie die Meditation dazu verwenden, ein proaktives, gesundes Immunsystem zu kultivieren oder Sicherheit und Präzision in einer bestimmten Sportart zu entwickeln. Beispielsweise können Sie Killer-T-Zellen visualisieren, die Ihren Krebs angreifen, oder Sie können sich vorstellen, wie Sie einen Sprung vom Zehnmeterbrett ohne Fehler ausführen (siehe Kapitel 16). Dies sind die Meditationsarten, für die ich die Bezeichnung _Kultivierung_ (_cultivation_, dt. auch _Förderung_ oder _Pflege_) gewählt habe.

Wo die Kontemplation das Ziel hat, zu erforschen, zu untersuchen und schließlich die tiefste Natur der Dinge zu ergründen, kann Ihnen die Kultivierung dabei helfen, Ihr inneres Leben umzuwandeln, indem sie die Konzentration, die Sie entwickeln, zur Stärkung positiver, gesunder Geisteszustände verwendet und Energie von den mehr reaktiven und selbstzerstörerischen Tendenzen abzieht.

Achtsamkeit: Meditation als Lebensstil

Obwohl ich Ihnen eine Reihe verschiedener Techniken vorstelle, mit denen Sie mehr Freude erleben und Ihren Geist erforschen können, bietet dieses Buch als Hauptansatz eine Technik an, die die Buddhisten als *Achtsamkeit* bezeichnen. Dabei wird die Aufmerksamkeit fortwährend auf alles gerichtet, was von Augenblick zu Augenblick erscheint.

Aufgrund meiner jahrelangen Erfahrung beim Meditieren und Lehren habe ich festgestellt, dass die Achtsamkeit, in der Konzentration und rezeptives Bewusstsein vereint sind, zu den Techniken zählt, die für Anfänger am einfachsten zu erlernen sind. Gleichzeitig kann sie leicht an die engen zeitlichen Einschränkungen angepasst werden, mit denen die meisten Menschen leben müssen. Schließlich sind Sie, wenn es Ihnen wie mir geht, hauptsächlich damit beschäftigt, ein harmonischeres, liebevolles, stressfreies Leben zu führen, und nicht damit, in einen körperlosen, spirituellen Bereich zu entschweben, in dem Sie von den Menschen und Orten getrennt sind, die Sie lieben.

Tatsächlich sind die Schönheit, die Zusammengehörigkeit und die Liebe, die Sie suchen, direkt hier und jetzt vorhanden – Sie müssen nur Ihren Geist klären und Ihre Augen öffnen; und dies ist genau das, was Ihnen die Übung der Achtsamkeit beibringen soll! Wenn Sie Ihre Aufmerksamkeit auf die Erfahrungen richten, die Sie von Moment zu Moment machen, wachen Sie aus den Tagträumen und Sorgen auf, die Ihr Geist laufend zusammenspinnt, und kehren zu der Klarheit, der Präzision und der Einfachheit der Gegenwart zurück, in der das Leben wirklich gelebt wird.

Das Großartige an der Achtsamkeit ist, dass Sie Ihre Übung nicht auf bestimmte Orte und Zeiten beschränken müssen – Sie können die Übung des Aufwachens und der Achtsamkeit an jedem beliebigen Ort zu jeder Tages- und Nachtzeit praktizieren.

Andere Reisen, die sich als Meditation maskieren

Nachdem Sie jetzt einen Überblick über die meditative Reise bekommen haben, wollen wir einen Blick auf einige Wege werfen, die oberflächlich der Meditation ähneln, Sie aber in ganz andere Richtungen führen. Natürlich kann jede Aktivität zu einer Meditation werden, wenn Sie sie mit Achtsamkeit oder Konzentration ausführen. Beispielsweise können Sie meditativ das Geschirr spülen, Auto fahren oder telefonieren. (Nähere Informationen darüber, wie Sie dies tun können, finden Sie in Kapitel 15.) Aber in der öffentlichen Vorstellung werden bestimmte Aktivitäten mit Meditation verwechselt, obwohl sie eine vollkommen andere Absicht verfolgen. Einige Leute behaupten sogar, dass das Lesen einer Zeitung oder das Betrachten ihrer Lieblings-Soap im Fernsehen als Meditation anzusehen ist – nun ja, was soll ich dazu sagen?

Die folgende Aufzählung nennt einige »Ersatzmeditationen«, die sicher ihren Platz im Repertoire der Freizeitbeschäftigungen haben, die aber im Allgemeinen nicht die Vorteile der Meditation bieten:

✔ **Denken:** Im Westen wurde das Wort *Meditation* häufig zur Bezeichnung einer Art fokussierten Nachdenkens über ein bestimmtes Thema verwendet, beispielsweise wenn man sagt: »Ich werde über dieses Problem eine Zeitlang meditieren.« Obwohl eine höherrangige Kontemplation oder Erforschung in einigen Meditationstechniken ein Rolle spielt, hat diese wenig Ähnlichkeit mit dem häufig verschlungenen und widersprüchlichen Prozess, der gemeinhin als Denken bezeichnet wird. Außerdem werden Sie durch das Denken ermüdet, während Sie durch die Meditation erfrischt und angeregt werden.

✔ **Tagträumen:** Tagträumen und Fantasien haben einen eigenen einzigartigen Vergnügungswert und bieten gewisse Vorteile, einschließlich der gelegentlichen Lösung von Problemen und der zeitweiligen Flucht aus schwierigen oder mühsamen Umständen. Aber anstatt Ihren Erlebnisraum zu weiten und Ihnen ein Gefühl einer tieferen Verbundenheit mit dem Sein zu vermitteln, wie dies die Meditation tut, verstrickt Sie das Tagträumen häufig noch stärker in das Drama Ihres Lebens.

✔ **Unterbrechung des Gedankenstroms (spacing out):** Manchmal wird der ständige Strom der Gedanken und Gefühle, die Ihr Bewusstsein überfluten, durch eine Art »leeren Raum« unterbrochen, in dem nichts zu passieren scheint, sondern nur das Sein selbst aufscheint. Eine solche echte *Unterbrechung des Gedankenstroms* bildet den Kern der Meditation. Sie kann gezielt kultiviert und erweitert werden. Doch leider handelt es sich bei den meisten Unterbrechungen des Gedankenstroms nur um eine andere Form des Tagträumens!

✔ **Wiederholung von Affirmationen:** Diese gebräuchliche New-Age-Übung – eine zeitgenössische Version des früher so genannten positiven Denkens – gibt vor, ein Gegenmittel zu Ihren negativen Glaubenssätzen zu sein, indem sie diese durch positive Alternativen ersetzt. Im Allgemeinen ist jedoch die Negativität so tief verwurzelt, dass die Affirmationen kaum die Oberfläche ankratzen. Sie schwimmen wie Schaum auf dem Ozean und dringen niemals wirklich zu den Tiefen vor, in denen Ihre Kernglaubenssätze verankert sind.

✔ **Selbsthypnose:** Durch eine progressive Entspannung Ihres Körpers und die Visualisierung eines sicheren, geschützten Ortes können Sie sich selbst in einen offenen Zustand erhöhter Suggestibilität bringen, der als *leichte Trance* bezeichnet wird. In diesem Zustand können Sie anstehende Auftritte durchspielen, vergangene Ereignisse noch einmal durchleben, um positivere Ergebnisse aufzuzeichnen, und Ihr Gehirn mit Affirmationen umprogrammieren. Obwohl sich die Selbsthypnose von der Achtsamkeitsmeditation unterscheidet – der Haupttechnik, die in diesem Buch gelehrt wird und die das Schwergewicht auf die fortwährende Aufmerksamkeit auf den gegenwärtigen Augenblick legt –, hat sie vieles mit den heilenden und leistungssteigernden Techniken gemeinsam, die in Kapitel 16 beschrieben werden.

✔ **Beten:** Normale Gebete oder Bittgebete, die sich an Gott wenden und um Hilfe oder bestimmte Dinge bitten, können meditativ ausgeführt werden, aber sie haben wenig mit der Meditation gemeinsam, wie ich sie beschrieben habe. Das kontemplative Gebet – auch *Orison* genannt, das Verlangen der Seele, sich mit dem Göttlichen zu vereinigen – ist tatsächlich eine Form der konzentrierten Kontemplation, deren Fokus Gott ist.

✔ **Schlaf:** Auch wenn Schlaf erfrischend sein mag, ist er keine Meditation – es sei denn, Sie sind ein Yoga-Experte, der im Schlaf meditieren kann. Forschungen haben gezeigt, dass sich die

Gehirnwellen, die beim Schlafen erzeugt werden, deutlich von den Wellen unterscheiden, die beim Meditieren entstehen. Natürlich stellen Meditierende oft fest, dass sie eingeschlafen waren – und dann, wie einer meiner Lehrer zu sagen pflegte, gute Nacht! (Nähere Informationen über die Schläfrigkeit beim Meditieren finden Sie in Kapitel 12.)

 ### Ein Stück Obst essen

Stellen Sie sich für den Zweck dieser Übung-für-den-Augenblick vor, dass Sie gerade von einem anderen Planeten auf der Erde gelandet sind und noch niemals zuvor eine Orange gekostet haben.

1. **Legen Sie eine Orange auf einen Teller, und schließen Sie die Augen.**

2. **Schieben Sie alle Gedanken und vorgefassten Meinungen beiseite, öffnen Sie die Augen, und versuchen Sie, die Frucht so wahrzunehmen, als sähen Sie sie zum ersten Mal.**

   Beachten Sie ihre Form, ihre Größe, ihre Farbe und ihre Oberfläche.

3. **Wenn Sie anfangen, die Orange zu schälen, achten Sie darauf, wie Sie sich in Ihrer Hand anfühlt, wie sich das Fruchtfleisch und die Schale unterscheiden und wie das Gewicht der Frucht in Ihrer Hand liegt.**

4. **Führen Sie langsam ein Stück der Orange an die Lippen, und warten Sie einen Moment, bevor Sie anfangen zu essen.**

   Achten Sie darauf, wie sie duftet, bevor Sie anfangen zu essen.

5. **Öffnen Sie den Mund, beißen Sie in das Stück, und fühlen Sie die Beschaffenheit des weichen Fruchtfleisches und den ersten Schwall des Saftes in Ihrem Mund.**

6. **Beißen Sie nochmals hinein, und kauen Sie die Orange. Bleiben Sie mit Ihrer Achtsamkeit bei den von Moment zu Moment wechselnden Empfindungen in Ihrem Mund.**

   Indem Sie sich vorstellen, dass dies die erste und die letzte Orange sein könnte, die Sie jemals essen werden, versuchen Sie, jeden Moment frisch und neu und als eine eigenständige Erfahrung zu erleben. Beachten Sie, wie sich diese Erfahrung, eine Orange zu essen, davon unterscheidet, wie Sie normalerweise ein Stück Obst essen.

Warum meditieren?

In diesem Kapitel

▷ Einen scharfen Blick darauf werfen, warum Ihr Leben
Ihre Erwartungen nicht erfüllt

▷ Die hohen Kosten des permanenten, schnellen Wandels berechnen

▷ ·Meditation als Mittel gegen die Krankheiten des 21. Jahrhunderts –
Stress, Angst und Entfremdung – verwenden

▷ Die vielen Vorteile der Meditation katalogisieren

*I*ch gehöre zu den Menschen, die vorher wissen wollen, was sie für ihren Zeitaufwand und ihre Energie bekommen werden, bevor sie sich auf eine Aktivität einlassen. Ich meine, warum soll man einen Vorturner für die Plackerei im Aerobic-Unterricht bezahlen oder sich in einem Fitness-Studio kasteien, wenn man nicht erwarten kann abzunehmen, stärkere Muskeln zu bekommen und ausdauernder zu werden? Warum sollte man einmal die Woche einen Gourmet-Kochkurs besuchen, wenn man keine umwerfenden Fettucini oder Ente à l'orange zubereiten will?

Dasselbe gilt für die Meditation. Warum sollten Sie jeden Tag 10 oder 15 oder sogar 20 Minuten Ihrer hart verdienten Freizeit damit verbringen, Ihren Atem zu beobachten oder denselben Ausdruck laufend zu wiederholen, wenn Sie stattdessen joggen, vor der Glotze abschalten oder im Internet surfen könnten? Der Grund sind die zahllosen Nutzeffekte, die damit verbunden sind!

Aber bevor wir uns mit diesen Vorteilen auseinander setzen, untersucht dieses Kapitel einige der Probleme, zu deren Lösung die Meditation beitragen kann. Sie kennen die alte Aussage: »Wenn es nicht kaputt ist, repariere es nicht.« Nun ja, in der Wirklichkeit sind viele Menschen der Ansicht, dass ihr Leben in ziemlich bedeutenden Aspekten »kaputt« ist. Schließlich haben Sie ein oder zwei Gründe dafür gehabt, sich dieses Buch zu kaufen. Jetzt ist es an der Zeit, einige dieser Gründe herauszufinden.

Wie das Leben Sie antreibt – zum Meditieren

Obwohl Sie es vielleicht nicht gern zugeben – wenigstens nicht in der Öffentlichkeit – erfüllt das Leben nicht immer Ihre Erwartungen. Als Folge davon leiden Sie – unter Stress, Enttäuschungen, Furcht, Ärger, Empörung, Verletzungen oder einer Reihe anderer unangenehmer Emotionen. Meditation lehrt Sie, wie Sie mit schwierigen Umständen umgehen und den Spannungen und Emotionen, die sie auslösen, mit Gelassenheit, Gleichmut und Mitgefühl begegnen können. Aber bevor ich die positiven Lösungen beschreibe, die die Meditation anzubieten hat – und seien Sie versichert, dass es viele gibt – möchte ich mit Ihnen im Schnelldurchgang die Probleme behandeln, die damit gelöst werden sollen.

Der Mythos vom perfekten Leben

In meinen Jahren als Psychotherapeut und Meditationslehrer habe ich festgestellt, dass viele Leute leiden, weil sie ihr Leben mit einem vorgestellten Idealbild vergleichen, wie das Leben zu sein habe. Zusammengeflickt aus Konditionierungen in der Kindheit, Bildern und Geschichten in den Medien und persönlichen Wünschen, lauert dieses Idealbild jetzt irgendwo im Schatten und dient als Maßstab, an dem jeder Erfolg oder Misserfolg, jeder Umstand oder jede Wendung der Ereignisse gemessen und beurteilt wird. Nehmen Sie sich einen Moment Zeit, um einen Blick auf Ihr Idealbild zu werfen.

Vielleicht haben Sie Ihr Leben damit verbracht, um den Traum des bürgerlichen Daseins zu erfüllen – zwei Kinder, ein Haus in der Vorstadt, eine brilliante Karriere, also das, was Zorba der Grieche als die »absolute Katastrophe« bezeichnete. Schließlich ist dies das, was Ihre Eltern hatten (oder nicht hatten), und Sie beschlossen irgendwann, dass Sie es Ihren Eltern und sich selbst schuldig seien, Erfolg zu haben. Doch jetzt rotieren Sie in zwei Jobs, um das Geld für die Raten zusammenzubekommen, Ihre Ehe bricht auseinander, und Sie haben Schuldgefühle, weil Sie nicht genügend Zeit mit Ihren Kindern verbringen.

Vielleicht glauben Sie auch, dass das ultimative Glück Ihren Weg kreuzen wird, wenn Sie nur die perfekte Figur (oder das perfekte Aussehen) erreichen. Das Problem ist: Diäten funktionieren nicht, Sie können sich nicht zu einem strengen Fitnessprogramm durchringen, und jedes Mal, wenn Sie in den Spiegel schauen, fühlen Sie sich, als könnten Sie ohnmächtig werden. Vielleicht besteht Ihre Idee eines irdischen Nirvanas auch in der perfekten Beziehung. Leider gehen Sie auf die Vierzig zu und haben Frau oder Herrn Richtig immer noch nicht gefunden. Sie waschen wie verrückt Ihre privaten Körperteile, während Sie heimlich fürchten, dass Sie unter einer furchtbaren sozialen Krankheit leiden.

 Wie immer Ihre Version des perfekten Lebens – perfekte Urlaube, perfekter Sex, perfekte Gesundheit, sogar perfekte Geistesruhe oder totale Freiheit von Spannung und Stress – aussehen mag, Sie bezahlen ein hohen Preis dafür, solch hohe Erwartungen zu haben. Wenn das Leben diese Erwartungen nicht erfüllt, wie es unvermeidlich der Fall sein wird, enden Sie im Leiden und weisen sich selbst die Schuld zu. (Glauben Sie mir – ich bin selbst immer wieder in diese Falle getappt!) Wenn ich nur mehr verdient hätte, mehr Zeit zu Hause verbracht hätte, ein besserer Liebhaber gewesen wäre, wieder zur Schule gegangen wäre, diese zusätzlichen Pfunde abgespeckt hätte … die Liste ist endlos. Egal, wie Sie die Liste zerlegen, Sie sind den Anforderungen einfach nicht gewachsen.

Vielleicht gehören Sie aber auch zu der Elite den wenigen Menschen, die es schaffen, alles zu bekommen, was sie wollen. Das Problem ist, dass die Situation für Sie irgendwann langweilig wird und Sie mehr wollen – oder Sie kämpfen jeden freien Moment darum, Ihren Besitz zu schützen oder zu kontrollieren.

 Die großen Meditationstraditionen haben eine menschlichere Botschaft für Sie. Sie lehren, dass das ideale irdische Leben ein Mythos ist. Ein alter christlicher Spruch drückt dies folgendermaßen aus: »Der Mensch denkt, Gott lenkt.« Oder um es mit einem beliebten Scherz auszudrücken: »Wenn Sie Gott zum Lachen bringen wollen,

teilen Sie ihm Ihre Pläne mit.« Diese Traditionen erinnern uns daran, dass im Universum weit mächtigere Kräfte am Werk sind, als Sie oder ich haben. Sie können sich alles vorstellen, was Sie wollen. Sie können es zu Ihrem Ziel machen, Sie können es anstreben, und Sie können versuchen, es zu kontrollieren – und letztlich können Sie sogar ein geringes Maß an Erfolg erreichen. Aber die Wahrheit ist, dass Sie und ich langfristig nur höchst begrenzt die Umstände unseres Lebens beeinflussen können! (Nähere Informationen über das Loslassen finden Sie in Kapitel 9.)

Wenn alles zerfällt

Weil sie allem zuwider läuft, was Ihnen jemals beigebracht worden ist, haben Sie möglicherweise Schwierigkeiten damit, die grundlegende spirituelle Wahrheit zu akzeptieren, dass Sie und ich nur eine begrenzte Kontrolle über die Ereignisse in unseren Leben haben. Geht es schließlich im Leben nicht gerade darum, auszugreifen und dem Werbespruch von Nike, »Just do it!« (»Tu es einfach!«), zu folgen? Ja, auch das stimmt. Sie müssen Ihren Träumen folgen und Ihre Wahrheit leben; dies ist eine entscheidende Komponente der Gleichung.

Aber wenn sich das Leben ändert und Ihnen der Wind ins Gesicht bläst, wie es manchmal passiert, wie reagieren Sie dann? (Denken Sie nur an die olympischen Skiläufer, die jahrelang trainiert haben, nur um zu erleben, wie ihre Medaillenhoffnungen in einem Augenblick durch schlechtes Wetter oder eine vereiste Stelle begraben wurden!) Oder wenn das Leben Sie vollkommen in die Knie zwingt und Ihnen alles nimmt, was Sie erworben haben, einschließlich Ihrer Zuversicht und Ihres hart erarbeiteten Selbstvertrauens – wo gehen Sie dann hin, um Hilfe und Unterstützung zu finden? Wie gehen Sie mit dem Schmerz und der Verwirrung um? Auf welche inneren Ressourcen können Sie zurückgreifen, die Sie durch dieses Furcht erregende und unbekannte Terrain leiten? Überdenken Sie die folgende Geschichte:

 Eines Tages kam eine Frau mit ihrem toten Kind im Arm zu Buddha (dem großen spirituellen Lehrer, der vor etwa zweieinhalbtausend Jahren in Indien lebte). Von Kummer gebeugt war sie von Ort zu Ort gewandert und hatte die Leute nach einer Medizin gefragt, um das Kind wiederzubeleben. Buddha war ihre letzte Hoffnung. Sie fragte ihn, ob er ihr helfen könne. »Ja«, sagte er, »aber zuerst musst du mir einige Senfsamen aus einem Haus bringen, in dem es noch nie ein Todesfall gegeben hat.«

Voller Hoffnung klopfte die Frau an eine Tür nach der anderen, um zu fragen, aber niemand konnte ihr helfen. Jedes Haus, das sie betrat, hatte seinen Teil Todesfälle erlebt. Als sie das Ende des Dorfes erreichte, hatte sich ihr Geist so weit geklärt, dass sie erkannte, dass Krankheit und Tod unvermeidbar sind. Nachdem sie ihren Sohn begraben hatte, kehrte sie zu Buddha zurück, um spirituelle Unterweisungen zu erhalten. »Nur ein Gesetz im Universum ändert sich niemals«, erklärte er, »nämlich dass alle Dinge sich ändern und dass alle Dinge unbeständig sind.« Als sie dies hörte, wurde die Frau seine Schülerin und nach einiger Zeit, so wird überliefert, erlangte sie die Erleuchtung.

Natürlich bietet das Leben weit mehr als Krankheit und Tod; es hält für uns auch Augenblicke außergewöhnlicher Liebe, Schönheit, Wunder und Freude bereit. Aber wie die Frau in der Geschichte tendieren wir im Westen dazu, die dunkle Seite des Lebens zu verleugnen. Wir schieben unsere Alten und Sterbenden in Altersheime ab, ignorieren unsere Obdachlosen, drängen unsere verarmten Minderheiten in Ghettos ab und sperren unsere Geisteskranken und Entwicklungsgestörten in Krankenhäusern und Irrenanstalten ein, während wir auf unseren Werbetafeln und in unseren Zeitschriften die lächelnden Gesichter der Jugend und des Wohlstands zeigen. Tatsache ist, dass das Leben ein reichhaltiges und verblüffendes Zusammenspiel von Licht und Dunkel, von Erfolg und Misserfolg, von Jugend und Alter, von Vergnügen und Schmerz und – jawohl – von Leben und Tod ist. Die Umstände ändern sich permanent, scheinen in dem einen Augenblick auseinander zu fallen, nur um sich im nächsten wieder zusammenzufinden. Der zeitgenössische Zen-Lehrer Shunryu Suzuki drückt dies so aus, dass alles laufend »sein Gleichgewicht vor einem Hintergrund eines perfekten Gleichgewichts verliert.«

 Der Schlüssel zur Ihrer Geistesruhe liegt nicht in Ihren Umständen, sondern in Ihrer Reaktion auf die Umstände. Die Buddhisten sagen, dass das Leiden darin besteht, zu wollen, was man nicht hat, und nicht zu wollen, was man hat, während das Glück genau im Gegenteil besteht – nämlich darin, das zu genießen, was man hat, und nicht nach dem zu gieren, was man nicht hat. Dieses Konzept bedeutet nicht, dass Sie Ihre Werte, Träume und Bestrebungen aufgeben müssen – nur dass Sie sie mit der Fähigkeit ins Gleichgewicht bringen müssen, die Dinge zu akzeptieren, wie sie sind.

Meditation bietet Ihnen eine Gelegenheit, Ihren Gleichmut zu kultivieren, indem Sie Ihnen beibringt, auf eine Bewertung zu verzichten und sich jeder Erfahrung zu öffnen, ohne zu versuchen, diese zu verändern oder zu verdrängen. Dann können Sie, wenn einmal rauhe Zeiten kommen, diese Fähigkeit nutzen, um Ihre zerzausten Federn zu glätten und Ihre Geistesruhe zu bewahren. (Wenn Sie lernen wollen, die Dinge so zu akzeptieren, wie sie sind, lesen Sie die Kapitel 6 und 11.)

Mit der postmodernen Zwangslage umgehen

Natürlich ist es für niemanden etwas Neues, dass sich die Umstände laufend ändern – Gelehrte und Weise haben diese Wahrheit seit langen Zeiten ausgesprochen. Aber noch niemals in der Geschichte war der Wandel so augenfällig und unwiderstehlich – oder hat so tief in unser Leben eingegriffen – wie während der letzten zehn bis fünfzehn Jahre. Wenn wir die Abendnachrichten sehen oder eine Zeitung lesen, werden wir mit Statistiken und Bildern der Gewalt und des Hungers, der Umweltzerstörung und der wirtschaftlichen Instabilität überflutet, die alle das Bild einer Welt zeichnen, die zunehmend auseinander zu fallen scheint.

Auf einer eher persönlichen Stufe haben Sie möglicherweise Ihren Arbeitsplatz verloren, weil Ihr ehemaliges Unternehmen »schlanker« gemacht wurde. Vielleicht haben Sie auch eine Beziehung beendet, weil Ihr Partner in ein anderes Bundesland versetzt wurde. Möglicherweise wurden Sie Opfer eines Gewaltverbrechens oder haben beträchtliche Summen an einer schwankenden Börse verloren. Vielleicht verbringen Sie Ihre Freizeit damit herauszufinden, wie Sie bei der Konkurrenz auf dem Arbeitsmarkt wettbewerbsfähig bleiben können. Oder vielleicht liegen Sie einfach jede Nacht wach und machen sich Sorgen darüber, wann die Flutwelle des Wandels Sie endlich erreichen und fortreißen wird. Kommt Ihnen eines dieser Szenarien bekannt vor?

Soziologen bezeichnen dieses Zeitalter als *Postmoderne*. In ihr wird der permanente Wandel zu einem Lebensstil, und die althergebrachten Werte und Wahrheiten werden rasend schnell demontiert. Wie finden Sie Ihren Weg durch das Leben, wenn Sie nicht mehr wissen, was wahr ist, und wenn Sie nicht einmal mehr sicher sein können, wie Sie das herausfinden können? Suchen Sie Im Internet nach der Wahrheit, oder versuchen Sie, die Wahrheit irgendwie aus den neuesten Verkündigungen der Orakel in den Medien oder aus den Worten der Vorstandsvorsitzenden der großen Unternehmen herauszulesen?

Trotz der unbestreitbaren Vorteile aller elektronischen Spielereien, die seit den 80er Jahren unverzichtbar geworden sind, haben Sie möglicherweise Folgendes bemerkt: Je schneller Sie kommunizieren, desto weniger nehmen Sie mit anderen eine wirklich bereichernde und sinnhaltige Beziehung auf. Ein Cartoon, der in *Newsweek* abgedruckt wurde, fasst die Situation eindrucksvoll zusammen: Unter dem Titel »Urlaub in den 90ern« zeigt er eine Familie am Strand. Jede Person benutzt ihr eigenes persönliches elektronisches Gerät: Die Mutter telefoniert, der Vater surft im Internet, der eine Sohn nimmt ein Fax entgegen, ein zweiter reagiert auf seinen Beeper, und die Tochter ruft ihre Voice-Mail ab – und alle sind sich der Anwesenheit der anderen gar nicht bewusst!

Die Unbeständigkeit schätzen

In seinem Buch *Gedanken ohne Denker* gibt der Psychiater Mark Epstein die folgende Lehre des thailändischen Meditationsmeisters Achaan Chaa wieder. »Siehst du diesen Pokal?«, fragt Achaan Chaa. »Für mich ist dieses Glas bereits zerbrochen. Ich genieße es; ich trinke daraus. Es hält bewunderswert das Wasser zusammen und spiegelt manchmal sogar die Sonne in wunderschönen Mustern. Falls ich darauf klopfe, ertönt ein lieblicher Klang. Aber wenn ich dieses Glas auf die Ablage stelle und der Wind es umstößt oder wenn ich es mit meinem Ellbogen vom Tisch stoße und es auf den Boden fällt und zerbricht, dann sage ich: ‚Natürlich.' Wenn ich verstehe, dass dieses Glas bereits zerbrochen ist, dann ist jeder Augenblick mit ihm kostbar.«

Dieser unwiderstehliche Wandel fordert einen hohen emotionalen und spirituellen Preis. In unserem kollektiven Versuch, das Positive zu betonen und das Negative zu verdrängen, neigen wir dazu, diesen Preis zu verleugnen. Das Leben in der Postmoderne hat unter anderem die folgenden negativen Nebenwirkungen:

✔ **Angst und Stress:** Wenn der Boden unter Ihren Füßen zu schwanken beginnt, besteht Ihre erste Reaktion, während Sie versuchen, Ihr Gleichgewicht zu halten, in Angst oder Furcht. Diese aus dem Bauch kommende Reaktion wurde über Millionen von Jahren des gefährlichen Lebens am Abgrund in unsere Gene einprogrammiert. Heutzutage hören die Erschütterungen unglücklicherweise niemals auf, und die kleinen Ängste sammeln sich an und verdichten sich zu einer Dauerspannung und Stress. Ihr Körper wartet in ständiger Anspannung auf den nächsten Ansturm weiterer Schwierigkeiten und Verantwortungen – eine Situation, die es praktisch unmöglich macht, sich zu entspannen und das Leben voll zu genießen. Die Meditation kann

Ihnen helfen, Ihren Körper zu entspannen und den Stress zu reduzieren, und bietet damit eine dringend benötigte Abhilfe.

✔ **Zersplitterung:** Die meisten Menschen verbrachten früher ihr Leben in immer der gleichen Gemeinschaft. Dort arbeiteten sie, kauften ein, zogen sie ihre Kinder groß und verbrachten sie ihre Freizeit. Sie sahen jeden Tag dieselben Gesichter, arbeiteten ein Leben lang im selben Beruf, blieben mit derselben Person verheiratet und sahen zu, wie ihre Kinder ihre eigenen Kinder nur einen Häuserblock entfernt aufzogen. Heute bringen wir häufig unsere Kinder mit dem Auto oder dem Bus zur Schule oder in den Kindergarten und fahren über weite Entfernungen zur Arbeit, während wir die Nachrichten auf unserem Handy abfragen. Auf dem Weg nach Hause halten wir in einem Einkaufszentrum, und abends surfen wir möglicherweise im Internet. Wir wechseln den Beruf und den Partner häufiger als je zuvor, und wenn unsere Kinder erwachsen werden, ziehen sie oft in ein anderes Bundesland – ins Ausland! Obwohl wir diese Woge der Zersplitterung nicht eindämmen können, können wir die Meditation dazu benutzen, uns mit einer tieferen Ganzheit zu verbinden, die durch externe Umstände nicht gestört werden kann.

✔ **Entfremdung:** Wenn unser Leben aus losen Teilen eines Puzzles zu bestehen scheint, die nicht zusammenpassen, ist es kein Wunder, dass wir uns vollkommen gestresst fühlen. Trotz der Statistiken, die Zeiten des Wohlstands verkünden, haben viele Leute einen Billigjob, mit dem sie gerade ihre Rechnungen bezahlen, der ihnen aber kein tieferes Gefühl des Eigenwerts oder einer sinnvollen Tätigkeit vermittelt. Gemäß einem Artikel in der Fachzeitschrift *American Demographics* drängt es immer mehr Leute in kleinere Städte, um zu dort zu versuchen, ein Gefühl der Gemeinschaft wiederzugewinnen, und immer weniger Menschen gehen zu den Wahlurnen, weil sie offensichtlich der Meinung sind, dass sie sehr wenig Macht haben, die Dinge zu ändern. Wie es scheint, haben sich niemals zuvor so viele Menschen so entfremdet gefühlt, nicht nur von ihrer Arbeit und ihrer Regierung, sondern auch von anderen, von sich selbst und von ihrem eigenen Wesenskern – und die meisten Menschen verfügen nicht über die Fähigkeiten oder das Know-how, um die Verbindung wiederherzustellen! Indem die Meditation den Abgrund überbrückt, der uns von uns selbst trennt, kann sie dabei helfen, unsere Entfremdung von anderen und der Welt im Allgemeinen zu heilen.

✔ **Einsamkeit und Isolation:** Mit der wachsenden Mobilität der Menschen werden Familien immer häufiger zersplittert und über den ganzen Globus verstreut. Immer seltener gibt es einen regelmäßigen Kontakt mit den Leuten, die Sie kennen und lieben – und selbst wenn Sie die Möglichkeit dazu haben, sind Sie häufig zu beschäftigt, um eine gegenseitig erfüllende Beziehung herzustellen. Neulich hörte ich eine Werbung im Radio, die ein so genanntes *Family Net*, ein separates Handy für Mutter, Vater und Kinder, mit dem die Familie in Kontakt bleiben kann, mit der Begründung anbot, dass das gemeinsame Essen der Familie der Vergangenheit angehörte! Auch hier können Sie wahrscheinlich nicht die Kräfte eindämmen, die uns trennen. Aber Sie können die Meditation dazu verwenden, aus jedem gemeinsamen Augenblick »Qualitätszeit« zu machen.

✔ **Depression:** Wenn wir uns einsam, entfremdet, gestresst und von einer tieferen Quelle des Sinns und Zwecks getrennt fühlen, ist es kein Wunder, das einige Leute sich deprimiert fühlen. In Amerika ist *Prozac* zu einem Alltagsbegriff geworden. Millionen von Menschen nehmen tagtäglich stimmungsaufhellende Drogen, um die Schmerzen des postmodernen Lebens nicht zu fühlen. Die Meditation kann Sie mit Ihrer eigenen inneren Quelle der Zufriedenheit und Freude verbinden, die auf natürliche Weise die Wolken der Depression hinwegbläst.

✔ **Stressinduzierte Krankheiten:** Angefangen vom Spannungskopfschmerz und der Magenübersäuerung bis hin zu Herz- und Kreislaufkrankheiten und Krebs gibt es eine ständige Zunahme stressinduzierter Krankeiten, die unsere kollektive Unfähigkeit zum Ausdruck bringt, mit der Instabilität und Zersplitterung unserer Zeit umzugehen – und die eine milliardenschwere Krankheitsindustrie antreibt, die häufig nur die tieferen Probleme der Furcht, des Stresses und der Orientierungslosigkeit maskiert. Wie zahlreiche wissenschaftliche Studien gezeigt haben, kann die regelmäßige Ausübung der Meditation tatsächlich die Folgen vieler stressinduzierter Leiden rückgängig machen (siehe den Abschnitt *Mit Meditation im 21. Jahrhundert überleben* später in diesem Kapitel).

Die Dinge so akzeptieren, wie sie sind

In der Zen-Tradition wird die Geschichte eines armen Bauern erzählt, dem sein einziges Pferd entlaufen war. Seine Freunde und Nachbarn bedauern ihn in seiner Notlage, aber er schien davon nicht berührt zu sein. »Wir werden sehen«, sagte er mit einem geheimnisvollen Lächeln.

Mehrere Tage später kehrte sein Pferd mit einer Horde von fünf wilden Hengsten zurück, die sich ihm unterwegs angeschlossen hatten. Seine Nachbarn frohlockten angesichts dieses günstigen Schicksals, aber er schien nicht aufgeregt zu sein. »Wir werden sehen«, sagte er wieder.

In der folgenden Woche stürzte sein geliebter einziger Sohn bei dem Versuch, einen der wilden Hengste zu reiten und zu zähmen, vom Pferd und brach sich ein Bein. Die ewig besorgten Nachbarn waren außer sich vor Kummer, aber der Bauer, obwohl er den Sohn tröstete und versorgte, schien sich nicht allzu sehr um die Zukunft zu sorgen. »Wir werden sehen«, gab er tiefsinnig von sich.

Am Ende desselben Monats kam der hiesige Kriegsherr in das Dorf des Bauern, um alle gesunden jungen Männer für seinen nächsten Kriegszug einzuziehen. Aber der Sohn des Bauern ... nun ja, Sie können sich den Rest der Geschichte ausmalen.

Falls Sie es noch nicht bemerkt haben: Das Leben gleicht einer Fahrt auf einer Achterbahn, und Sie können das Auf und Ab nicht steuern. Wenn Sie Ihre körperliche und geistige Gesundheit erhalten wollen, müssen Sie lernen, Ihre Geistesruhe zu bewahren.

Vier verbreitete »Lösungen«, die nicht wirklich funktionieren

Bevor ich die Litanei der postmodernen Leiden beende und einige Lösungen vorschlage, die tatsächlich funktionieren, möchte ich Ihnen einen schnellen Überblick über einige verbreitete Ansätze für den Umgang mit Stress und Unsicherheit geben, die mehr Probleme erzeugen, als sie lösen:

✔ **Sucht:** Süchte imitieren einige Vorteile der Meditation, indem sie die Menschen von ihrem Schmerz ablenken, indem sie sie ermutigen, ihre normalen Sorgen und Beschäftigungen beiseite zu stellen und indem sie die Gehirnchemie ändern. Leider tendieren Süchte auch dazu, den Geist auf eine Sucht erzeugende Substanz oder Aktivität zu fixieren – Drogen, Alkohol, Sex, Spielen usw. –, und es den Menschen dadurch noch schwerer zu machen, sich den Wundern des Augenblicks zu öffnen oder sich mit einer tieferen Dimension des Seins zu verbinden. Außerdem sind die meisten Süchte mit einem selbstzerstörerischen Lebensstil verbunden, der letztendlich die Probleme verstärkt, denen der Süchtige zu entkommen versuchte.

✔ **Fundamentalismus:** Durch das Eintreten für einfache, eindimensionale Antworten auf komplexe Probleme, durch die Vermittlung eines Gefühls von Bedeutung und Zugehörigkeit und durch die Ablehnung vieler der offensichtlichen Übel des postmodernen Lebens bietet der – religiös oder politisch begründete – Fundamentalismus ein Refugium vor der Mehrdeutigkeit und Entfremdung. Leider trennen Fundamentalisten die Welt in Schwarz und Weiß, gut und böse, wir und sie – und nähren damit nur das Feuer der Entfremdung, der Konflikte und des Stresses in der Welt insgesamt.

✔ **Unterhaltung:** Wenn Sie sich einsam oder entfremdet fühlen, schalten Sie einfach den Fernseher ein oder gehen Sie in Ihren örtlichen Multiplex-Kinopalast und ziehen sich den neuesten Film rein. Das wird Ihre Angst beruhigen oder Ihren Schmerz lindern – oder etwa nicht? Die Medien scheinen uns nicht nur zu unterhalten, sondern zusätzlich eine Gemeinschaft zu schaffen, indem sie uns mit anderen Menschen und den Ereignissen in unserer Umgebung zusammenbringen. Aber Sie können kein von Herz zu Herz gehendes Gespräch mit einer TV-Berühmtheit führen oder Ihren Lieblingsschauspieler umarmen. Außerdem manipulieren die Medien (absichtlich oder nicht) Ihre Emotionen, füllen Ihren Geist mit den Ideen und Bildern der populären Kultur und fokussieren Ihre Aufmerksamkeit auf etwas außerhalb Ihres Selbst – anstatt Ihnen die Möglichkeit zu geben herauszufinden, was Sie wirklich denken, fühlen und wissen.

✔ **Konsumieren:** Diese Scheinlösung für die Leiden des Lebens will Ihnen weismachen, dass die Antwort darin besteht, mehr zu wollen und zu haben – mehr Nahrung, mehr Eigentum, mehr Urlaub, mehr von jedem Dies-und-das, das man für Plastik kaufen kann. Wie Sie möglicherweise bemerkt haben, lässt die Faszination jedoch schnell nach, und bald planen Sie Ihren nächsten Kauf – oder versuchen krampfhaft eine Möglichkeit zu finden, wie Sie die Rechnung Ihrer Kreditkarte bezahlen können, die pünktlich wie ein Uhrwerk an jedem Monatsende in Ihrem Briefkasten liegt. Muss ich noch mehr sagen?

Mit Meditation im 21. Jahrhundert überleben

Doch jetzt zu den guten Nachrichten! Wie ich bereits weiter oben in diesem Kapitel erwähnt habe, ist die Meditation ein althergebrachtes Heilmittel gegen Zersplitterung, Entfremdung, Isolierung, Stress und sogar gegen stressinduzierte Krankheiten und Depression. Obwohl sie nicht die externen Probleme Ihres Lebens löst, hilft sie Ihnen dabei, Ihre innere Zähigkeit, Ihren Gleichmut und Ihre Widerstandskraft gegen Schicksalschläge zu entwickeln und kreative Lösungen zu finden.

Um ein Gefühl dafür zu bekommen, wie Meditation funktioniert, stellen Sie sich für einen Moment vor, dass Ihr Körper und Geist einen komplexen Computer bilden. Anstatt darauf programmiert zu sein, inneren Frieden, Harmonie, Gleichmut und Freude zu erfahren, wurden Sie darauf programmiert, auf das unvermeidbare Auf und Ab des Lebens mit Stress, Angst und Unzufriedenheit zu reagieren. Aber es liegt in Ihrer Macht, Ihre Programmierung zu ändern. Indem Sie jeden Tag für zehn oder fünfzehn Minuten alle anderen Aktivitäten beiseite schieben, sich ruhig hinsetzen und sich auf den gegenwärtigen Augenblick einlassen, entwickeln Sie einen ganz neuen Satz gewohnheitsmäßiger Reaktionen und programmieren sich selbst darauf, positivere Emotionen und Geisteszustände zu erfahren. (Nähere Informationen über die tatsächliche Ausübung der Meditation finden Sie in den Kapiteln 6 und 10.)

Natürlich können Sie sich auch – wenn die Vorstellung, ein Computer zu sein, nicht nach Ihrem Geschmack ist – das Leben als einen Ozean vorstellen und das ständige Auf und Ab Ihrer Erfahrung mit den Wellen vergleichen, die an seiner Oberfläche aufgewühlt und aufgeschäumt werden. Wenn Sie meditieren, tauchen Sie durch die Oberfläche in die Tiefe, wo das Wasser ruhiger und gleichmäßiger ist.

Doch egal, welche Metapher Sie bevorzugen, der Punkt ist, dass die Meditation Ihnen ein Mittel an die Hand gibt, Stress und Leiden in Gleichmut und Ruhe zu verwandeln. In diesem Abschnitt werden Sie erfahren, wie Meditierende seit Jahrtausenden den bemerkenswerten Nutzen der Meditation geerntet haben – und wie Sie dies auch können!

Eine fortgeschrittene Technik für den Geist und das Herz

Traditionell hat die westliche Welt die externe Leistung betont, während der Osten mehr Wert auf die innere Entwicklung gelegt hat. Die großartigen wissenschaftlichen und technischen Fortschritte der vergangenen fünfhundert Jahre hatten ihren Ursprung im Westen, während die Yogis und Roshis in den Klöstern und Ashrams Asiens die inneren Künste der Meditation weiterentwickelten. (In Kapitel 3 erfahren Sie mehr über die Geschichte der Meditation.) Heute haben sich Osten und Westen und Norden und Süden zusammengetan und vermischen sich, um eine im Entstehen begriffene globale Kultur und Wirtschaft zu bilden. Als Folge davon können wir die Techniken für die innere Entwicklung, die im Osten perfektioniert wurden, benutzen, um die Exzesse der schnellen technischen Innovationen auszugleichen, die im Westen perfektioniert wurden!

Wie meisterliche Computerprogrammierer haben die großen Meditationsmeister im Laufe der Geschichte die Fähigkeit entwickelt, ihren Körper, ihren Geist und ihr Herz so zu programmieren, dass sie sehr fortgeschrittene, feine Zustände des Seins erfahren konnten. Während wir im Westen damit beschäftigt waren, den Himmel zu kartografieren und die Industrielle Revolution durchzuführen, haben die Meditationsmeister einige ziemlich bemerkenswerte Fähigkeiten entwickelt:

✔ Durchdringende Einsicht in die Natur des Geistes und des Prozesses, durch den er Leiden und Stress erzeugt und aufrechterhält

✔ Tiefe Zustände der ekstatischen Absorption, in denen der Meditierende vollkommen in der Einheit mit dem Göttlichen versunken ist

✔ Die Weisheit, zwischen der relativen Wirklichkeit und der heiligen Dimension des Seins zu unterscheiden

✔ Einen unerschütterlichen inneren Frieden, der durch externe Umstände nicht gestört werden kann

✔ Die Kultivierung von positiven, vorteilhaften und lebensbejahenden Geisteszuständen, wie beispielsweise Geduld, Liebe, Freundlichkeit, Gleichmut, Freude und – insbesondere – Mitgefühl für das Leiden anderer

✔ Die Fähigkeit, Körperfunktionen zu kontrollieren, die normalerweise als unwillkürliche Funktionen gelten, wie beispielsweise die Anzahl der Herzschläge, die Körpertemperatur und den Stoffwechsel

✔ Die Fähigkeit, Vitalenergien zu mobilisieren und zum Zweck der Heilung oder persönlichen Transformation durch die verschiedenen Zentren und Kanäle des Körpers zu lenken

✔ Spezielle psychische Fähigkeiten, wie beispielsweise das *Hellsehen* (die Fähigkeit, Dinge wahrzunehmen, die außerhalb der Reichweite der normalen Wahrnehmung liegen) und die *Telekinese* (die Fähigkeit, Objekte aus der Ferne zu bewegen, ohne sie zu berühren)

Natürlich haben die großen Meditierenden der Vergangenheit diese Qualitäten dazu verwendet, Befreiung vom Leiden zu erreichen – entweder indem sie sich aus der Welt in eine abgehobenere Wirklichkeit zurückzogen oder indem sie weit reichende Einsichten in die Natur der Existenz gewannen. Jedoch können die Meditationstechniken, die sie entwickelt haben und die in den vergangenen wenigen Jahrzehnten im Westen auf breiter Basis verfügbar wurden, auch von uns in normaler, alltäglicher Weise angewendet werden, um einige außergewöhnliche Vorteile zu erlangen.

Kontakt mit Ihrem Körper aufnehmen

Wie Mr. Duffy in dem Roman *Ulysses* von James Joyce leben die meisten Menschen »in einem kurzen Abstand« zu ihrem Körper. Die folgende Meditation, zu der es Gegenstücke im Yoga und Buddhismus gibt, hilft Ihnen, den Kontakt mit dem Körper wiederherzustellen, indem sie die Aufmerksamkeit sanft von einem Körperteil zum anderen lenkt. Während die Übung die Achtsamkeit kultiviert und ebenfalls die Muskeln und internen Organe entspannt, stellt sie eine sehr brauchbare Vorübung zu formaleren Meditationsübungen dar. Reservieren Sie wenigstens 20 Minuten für die Durchführung.

1. **Legen Sie sich auf einer bequemen Oberfläche auf den Rücken – aber nicht zu bequem, damit Sie nicht einschlafen.**

2. Schließen Sie die Augen, und spüren Sie einige Momente in Ihren Körper insgesamt hinein, einschließlich der Stellen, an denen er Kontakt mit der Oberfläche des Bettes oder des Fußbodens hat.

3. Lenken Sie Ihre Aufmerksamkeit auf die Zehen Ihres rechten Fußes.

   Nehmen Sie ohne Unterschied alle Empfindungen in diesem Bereich wahr. Falls Sie keine Empfindungen verspüren, fühlen Sie einfach, »dass Sie nichts empfinden«. Stellen Sie sich beim Atmen vor, dass Ihr Atem durch die Zehen hinein und hinaus fließt. (Falls Ihnen dies zu verrückt oder zu unbequem erscheint, atmen Sie einfach ganz normal.)

4. **Wenn Sie mit Ihren Zehen fertig sind, gehen Sie nacheinander zur Fußsohle, zur Ferse, zum Fußrücken und zum Knöchel weiter, und spüren Sie jeden Teil auf dieselbe Art und Weise, wie Sie Ihre Zehen gespürt haben.**

   Nehmen Sie sich Zeit. Bei dieser Übung geht es nicht darum, etwas Bestimmtes zu erreichen, nicht einmal Entspannung, sondern darum, mit Ihrem Bewusstsein so weit es Ihnen möglich ist, an der Stelle präsent zu sein, an der Sie sich gerade befinden.

5. **Bewegen Sie sich allmählich Ihren Körper hinauf, und bleiben Sie wenigstens drei oder vier Atemzüge bei jedem Körperteil stehen.**

   Halten Sie die folgende Reihenfolge ein: unteres rechtes Bein, rechtes Knie, rechter Oberschenkel, rechte Hüfte, linke Zehen, linker Fuß, unteres linkes Bein, linker Oberschenkel, linke Hüfte, Becken, unterer Unterleib, unterer Rücken, Solarplexus, oberer Rücken, Brust, Schultern; konzentrieren Sie sich jetzt auf die Finger, Hände und Arme auf beiden Seiten und dann auf den Nacken und die Kehle, das Kinn, die Kiefer, das Gesicht, die Rückseite des Kopfes und die Spitze des Kopfes.

   Wenn Sie die Spitze Ihres Kopfes erreicht haben, fühlen Sie sich möglicherweise so, als seien die Grenzen zwischen Ihnen und dem Rest der Welt fließender geworden – oder als hätten sie sich vollkommen aufgelöst. Gleichzeitig fühlen Sie sich möglicherweise schweigsamer und stiller – frei von Ihrer normalen Unruhe oder Unrast.

6. **Bleiben Sie einen Moment in diesem Zustand; lenken Sie dann Ihre Aufmerksamkeit auf Ihren Körper insgesamt zurück.**

7. **Wackeln Sie mit den Zehen, bewegen Sie die Finger, öffnen Sie die Augen, rollen Sie sanft von einer Seite auf die andere, und setzen Sie sich langsam auf.**

8. **Nehmen Sie sich einige Momente Zeit, um sich zu strecken und sich wieder mit der Umgebung vertraut zu machen, bevor Sie aufstehen und Ihrem Tagewerk nachgehen.**

Die körperlichen und geistigen Vorteile der Meditation

Obwohl die frühesten wissenschaftlichen Studien über die Meditation bereits in den 30er und 40er Jahren des 20. Jahrhunderts durchgeführt wurden, begann die Erforschung der psychophysiologischen Wirkungen der Meditation erst in den 70er Jahren, genährt von einem aufkeimenden Interesse an der Transzendentalen Meditation (TM), an Zen und anderen östlichen Meditationstechniken. Seit damals sind mehr als tausend Studien in Englisch veröffentlicht worden. In dem Buch *The Physical and Psychological Effects of Meditation* (das 1988 veröffentlich und 1997 überarbeitet und aktualisiert wurde) haben Michael Murphy und sein Mitautor Steven Donovan diese Studien untersucht und die Daten zusammengefasst.

Murphy, Autor des Bestsellers *Golf in the Kingdom*, war ein Pionier der Erforschung des menschlichen Potenzials, seit er im Jahre 1962 das *Esalen Institute* in Big Sur, Kalifornien, mitbegründete. (Esalen wird im Allgemeinen als Geburtsort der Human-Potential-Bewegung angesehen.) Donovan, ein früherer Präsident und Leiter von Esalen, leitete die Studie des Instituts über außergewöhnliche Leistungen. Auf der Basis der untersuchten Studien nannten Murphy und Donovan die folgenden körperlichen und geistigen Vorteile der Meditation:

Physiologische Vorteile

✔ Verringerte Herzfrequenz während einer ruhigen Meditation

✔ Niedrigerer Blutdruck bei Personen mit normalem und leicht erhöhtem Blutdruck

✔ Schnellere Erholung vom Stress

✔ Verstärkung des Alpha-Rhythmus (langsame Gehirnwellen mit hoher Amplitude, die bei der Entspannung auftreten)

✔ Gesteigerte Synchronisation (d.h. gleichzeitige Arbeit) der rechten und der linken Gehirnhälfte (was die Kreativität fördert)

✔ Verringerter Serum-Cholesterinspiegel

✔ Verringerter Energieverbrauch und niedrigerer Sauerstoffbedarf

✔ Tieferes, langsameres Atmen

✔ Muskelentspannung

✔ Verringerte Schmerzintensität

Psychologische Vorteile

✔ Gesteigertes Einfühlungsvermögen

✔ Gesteigerte Kreativität und Selbstverwirklichung

✔ Gesteigerte Klarheit bei der Wahrnehmung und größere Empfindsamkeit

✔ Verringerte akute und chronische Angst

✔ Ergänzung der Psychotherapie und anderer Ansätze bei der Suchtbehandlung

Die Vorteile der Meditation bekannt machen

Obwohl westliche Forscher die Vorteile der Meditation seit mehr als 50 Jahren studieren, haben insbesondere drei Personen dabei geholfen, die Ausübung der Meditation zu fördern, indem sie gezeigt haben, wie durch die Meditation messbare Verbesserungen bei einer großen Zahl gesundheitlicher Probleme erzielt werden können:

✔ **Herbert Benson und die Entspannungsreaktion:** Als Kardiologe und Professor der Medizin an der Harvard Medical School hat Benson auf dem Gebiet der psychosomatischen Medizin druch die Veröffentlichung seines Bestsellers *The Relaxation Response* (dt. *Die Entspannungsreaktion*) in Jare 1975 Pionierarbeit geleistet. Basierend auf seinen Studien von Personen, welche die TM (Transzendentale Meditation) praktizieren, beschreibt er in diesem Buch einen natürlichen Reflexmechanismus, der mit zwanzig Minuten täglicher Meditationsübung in einer ruhigen Umgebung durch die Wiederholung eines Wortes oder eines Ausdrucks verbunden mit einer aufnahmebereiten Einstellung und einer bequemen Sitzhaltung ausgelöst werden kann – ein Art generischer TM! Einmal ausgelöst, sorgt dieser Reflex offensichtlich für Entspannung, reduziert Stress und wirkt der Kampf-oder-Flucht-Reaktion entgegen. In weiteren Studien fand Benson heraus, dass die Entspannungsreaktion einen vorteilhaften Einfluss bei Bluthochdruck, Kopfschmerzen, Herzkrankheiten, Alkoholkonsum, Angst und dem PMS ausübte.

✔ **Jon Kabat-Zinn und die achtsamkeitsbasierte Stressreduktion:** Seit 1979, als er seine Klinik zur Stressreduktion am medizinischen Zentrum der University of Massachusetts eröffnete, haben Kabat-Zinn und seine Kollegen Tausende von Patienten mit einer Vielzahl gesundheitlicher Probleme in die Grundlagen der buddhistischen Achtsamkeits-Meditation und in ein auf Achtsamkeit gerichtetes Hatha-Yoga eingeführt. Das Acht-Wochen-Programm umfasst formale Lehrgänge, Hausaufgaben und einen eintägigen Meditations-Workshop. Studien, die das Ergebnis dieses Programms untersucht haben, stellten fest, dass das Programm den Teilnehmern geholfen hat, Stress zu reduzieren, der zu ihren Krankheiten beigetragen hat, und ihnen beigebracht hat, wie sie die Vorteile der Achtsamkeit auf ihr tägliches Leben übertragen können. Nachdem es in der PBS-Serie »Healing and the Mind« (einer amerikanischen Fernsehserie) mit Bill Moyers vorgestellt worden war, wurde das Programm von Kabat-Zinn in Kliniken, in Schulen und an Arbeitsplätzen im ganzen Land angewendet.

✔ **Dean Ornish und das Programm zur Öffnung Ihres Herzens:** In einer maßgeblichen Studie, die im *Journal of the American Medical Association* veröffentlicht wurde, hat Ornish, ein Arzt und Leiter des gemeinnützigen *Preventive Medizin Research Institute*, gezeigt, dass Patienten tatsächlich ihre Herzkrankheiten rückgängig machen können, wenn sie ihren Lebensstil grundlegend ändern, ohne dass sie eine Operation benötigen oder cholesterinsenkende Mittel einnehmen müssen. Obwohl sein Programm auch die gesundheitlichen Vorteile einer fettarmen Diät, von Körperübungen und von Hatha-Yoga propagiert, lehrt Ornish, dass der Schlüssel zur Heilung des Herzens in der Öffnung des Herzens liegt – und dass die Meditation eine zentrale Komponente in diesem Prozess bildet, weil sie dazu beiträgt, uns von unseren Verhaltensmustern des Stresses und der emotionalen Reaktionsbildung zu befreien.

Elf weitere gute Gründe, um zu meditieren

Sie müssen sich zu keinem Kult bekennen oder getauft werden oder den Bar Mitzwa feiern, um die Vorteile der Meditation zu genießen. Sie müssen auch nicht Ihr Alltagsleben aufgeben und in ein Kloster im Himalaya ziehen. Sie müssen einfach nur Ihre Meditation regelmäßig ausüben, ohne zu versuchen, irgendwohin zu gelangen oder irgendetwas zu erreichen. Die Vorteile akkumulieren sich wie die Zinsen eines Sparkontos von selbst. Zu diesen Vorteilen zählen:

✔ **In den gegenwärtigen Augenblick hinein erwachen:** Wenn Sie atemlos von einem Moment zum nächsten hetzen, ein neues Problem voraussehen oder nach einem weiteren Vergnügen lechzen, versäumen Sie die Schönheit und Unmittelbarkeit der Gegenwart, die sich permanent vor Ihren Augen entfaltet. Die Meditation lehrt Sie, einen Gang runterzuschalten und jeden Moment so zu erleben, wie er kommt – die Geräusche des Verkehrs, der Duft Ihrer neuen Kleidung, das Lachen von Kindern, der sorgenvolle Ausdruck auf dem Gesicht einer alten Frau, das Kommen und Gehen Ihres Atems. Tatsächlich existiert – wie die meditativen Traditionen uns immer wieder ins Bewusstsein rufen – doch nur der gegenwärtige Augenblick – der vergangene ist nur eine Erinnerung und der zukünftige eine Fantasie, die in diesem Augenblick auf die Leinwand des Geistes projiziert wird.

✔ **Mit sich selbst Freundschaft schließen:** Wenn Sie permanent darum kämpfen, den eigenen Bildern und Erwartungen oder denen anderer Leute gerecht zu werden, oder laufend versuchen, sich in einer wettbewerbsorientierten Umgebung selbst neu zu erfinden, haben Sie selten die Gelegenheit oder die Motivation, sich selbst so kennen zu lernen, wie Sie sind. Selbstzweifel und Selbsthass scheinen den Brennstoff für die Energie der Selbstverbesserung zu liefern, aber sie sind mit Schmerzen verbunden – und außerdem tragen sie zu anderen negativen Geisteszuständen, wie beispielsweise Furcht, Ärger, Depression und Entfremdung bei und halten Sie davon ab, Ihr volles Potenzial zu entfalten. Wenn Sie meditieren, lernen Sie, jede Erfahrung und Facette Ihres Wesens ohne Beurteilung oder Verleugnung willkommen zu heißen. Bei diesem Prozess fangen Sie an, sich selbst wie einen engen Freund zu behandeln und das komplette Paket mit seinen offensichtlichen Schwächen und Mängeln sowie seinen positiven Qualitäten und Stärken zu akzeptieren (und sogar zu lieben).

✔ **Tiefe Beziehungen zu anderen herstellen:** Wenn Sie in den gegenwärtigen Augenblick hinein erwachen und Ihr Herz und Ihren Geist für Ihre eigene Erfahrung öffnen, erweitern Sie diese Qualität des Bewusstseins und der Gegenwärtigkeit auf natürliche Weise auf Ihre Beziehungen zu Ihrer Familie und zu Ihren Freunden. Wenn Sie ein normaler Mensch sind, neigen Sie dazu, Ihre eigenen Wünsche und Erwartungen auf die Leute zu projizieren, die Ihnen nahe stehen. Diese Tendenz wirkt wie eine Barriere für eine echte Kommunikation. Aber wenn Sie anfangen, andere so zu akzeptieren, wie sie sind – eine Fähigkeit, die Sie durch die Ausübung der Meditation kultivieren können – öffnen Sie die Kanäle für den Fluss einer tieferen Liebe und Vertrautheit zwischen ihnen.

✔ **Den Körper entspannen und den Geist beruhigen:** Zeitgenössische Gesundheitsforscher haben herausgefunden – und traditionelle Texte stimmen damit überein –, dass Geist und Körper untrennbar sind und dass ein gehetzter Geist unvermeidlich einen gestressten Körper produziert. Wenn der Geist beim Meditieren zur Ruhe kommt, sich entspannt und öffnet, tut dies auch der Körper – und je länger Sie meditieren (gemessen sowohl in den Minuten, die Sie am Tag dafür aufbringen, als auch in den Tagen und Wochen, in denen Sie die Meditation regelmäßig anwenden), desto größer ist der Anteil dieses Friedens und dieser Entspannung, der sich auf jeden Bereich Ihres Lebens und Ihrer Gesundheit überträgt.

✔ **Heller werden:** Vielleicht haben Sie bemerkt, dass nonstop ablaufende Gedanken und Sorgen eine Art innerer Klaustrophobie auslösen – Ängste, die sich gegenseitig nähren und hochschaukeln, Probleme, die sich exponentiell vergrößern – und im nächsten Augenblick fühlen Sie sich von einem Gefühl der Ohnmacht und Panik überwältigt. Die Meditation ermutigt Sie, sich einen inneren mentalen Freiraum zu schaffen, in dem Schwierigkeiten und Sorgen nicht mehr so bedrohlich erscheinen und konstruktive Lösungen sich auf natürliche Weise zeigen können und in dem Sie eine gewisse Distanz zu den Problemen herstellen und dadurch eine größere Objektivität und eine andere Perspektive gewinnen und – jawohl – auch einen gewissen Humor entwickeln können. Das geheimnisvolle Wort *Erleuchtung* bezeichnet tatsächlich die höchstmögliche Form des »Hellwerdens«!

✔ **Fokus und Flow erfahren:** Wenn Sie so vollkommen in einer Aktivität aufgehen, dass sich jeder Sinn des Selbstbewusstseins, der Getrenntheit und der Ablenkung auflöst, erleben Sie das, was der Psychologe Mihaly Csikszentmihalyi als *Flow-Erfahrung* (siehe Kapitel 1) bezeichnet hat. Für Menschen stellt dieses totale Eintauchen den ultimativen Genuss dar. Gleichzeitig ist es das ultimative Heilmittel für die Zersplitterung und Entfremdung des postmodernen Lebens. Zweifellos haben Sie solche Augenblicke erfahren – beim Ausüben einer Sportart, beim Schaffen eines Kunstwerks, bei der Gartenarbeit, beim Liebesspiel. Athleten bezeichnen diesen Zustand als *die Zone*. Durch Meditation können Sie entdecken, wie Sie jede Aktivität mit der derselben fokussierten Aufmerksamkeit ausführen und dabei dasselbe Glücksempfinden erleben können.

✔ **Sich zentrierter, geerdeter und ausgeglichener fühlen:** Um der wachsenden Unsicherheit des Lebens in Zeiten schneller Wandlungen zu begegnen, bietet die Meditation eine innere Verankerung und einen Ausgleich an, die bzw. der durch externe Umstände nicht zerstört werden kann. Wenn Sie das Heimkommen – zu Ihrem Körper, Ihrem Atem, Ihren Empfindungen, Ihren Gefühlen – immer wieder üben, stellen Sie allmählich fest, dass Sie immer zu Hause sind, egal wohin Sie gehen. Und wenn Sie Freundschaft mit sich selbst schließen und das Dunkel und das Licht, das Schwache und das Starke in Ihrem Inneren umarmen, werden Sie nicht mehr durch die »Schlingen und Pfeile« des Lebens aus dem Gleichgewicht gebracht.

✔ **Die Leistung bei der Arbeit und im Spiel verbessern:** Studien haben gezeigt, dass die einfache Ausübung der Meditation allein die Klarheit der Wahrnehmung, die Kreativität, die Selbstverwirklichung und viele andere Faktoren verbessern kann, die zu überlegenen Leistungen beitragen. Zusätzlich wurden spezielle Meditationsformen entwickelt, um die Leistung bei einer Reihe von Aktivitäten – vom Sport bis zu den Hausaufgaben – zu verbessern (siehe Kapitel 16).

✔ **Die Wertschätzung, Dankbarkeit und Liebe steigern:** Wenn Sie anfangen, sich Ihren Erfahrungen ohne Urteil oder Ablehnung zu öffnen, öffnet sich allmählich auch Ihr Herz – für die eigene Person und für andere. Sie können spezielle Meditationen für die Entwicklung der Wertschätzung, der Dankbarkeit und der Liebe ausüben (siehe Kapitel 10) – oder Sie werden, wie so viele Meditierende vor Ihnen, feststellen, dass sich diese Qualitäten auf natürliche Weise einstellen, wenn Sie die Welt mit frischen Augen, frei von den normalen Projektionen und Erwartungen betrachten.

✔ **Ein tieferes Sinngefühl entwickeln:** Wenn Sie den Übergang vom Handeln und Denken zum Sein üben (siehe Kapitel 1), entdecken Sie, wie Sie sich selbst mit einer tieferen Strömung der Bedeutung und Zugehörigkeit in Einklang bringen. Vielleicht kommen Sie mit persönlichen Gefühlen und Bestrebungen in Kontakt, die Ihrem normalen Bewusstsein lange verborgen waren. Vielleicht stellen Sie die Verbindung zu einer universelleren Quelle der Sinngebung und Anleitung her, die von einigen Menschen als das *Höhere Selbst* oder der *Innere Meister* oder *Lehrer* bezeichnet wird.

✔ **Zu einer spirituellen Dimension des Seins erwachen:** Wenn Ihre Meditation Sie allmählich für die Feinheiten und den Reichtum jedes flüchtigen, aber unersetzlichen Augenblicks öffnet, beginnen Sie möglicherweise, durch den Schleier der Erscheinungen auf die heilige Wirklichkeit im Herzen der Dinge zu sehen – und irgendwann wird Ihnen dann möglicherweise klar (und das kann ein Leben lang dauern!), dass eben diese heilige Wirklichkeit tatsächlich mit dem identisch ist, was Sie selbst im Grunde Ihres Herzens sind. Diese tiefe Einsicht – die von den Weisen und Meistern als das »Erwachen aus der Illusion der Getrenntheit« bezeichnet wird – zerschneidet und beseitigt endgültig die Einsamkeit und Entfremdung und eröffnet Ihnen die Schönheit des Menschseins.

Mit Gewohnheiten umgehen

Nehmen Sie beispielsweise eine Gewohnheit, die Sie gern loswerden wollen, aber einfach nicht aufgeben können. Vielleicht handelt es sich um das Rauchen oder das Kaffeetrinken oder das Essen von Junk-Food. Wenn Sie der Gewohnheit beim nächsten Mal nachgeben, machen Sie – anstatt abzuschalten oder sich einem Tagtraum hinzugeben – daraus eine Meditation. Achten Sie beispielsweise genau darauf, wie Sie den Rauch in Ihre Lungen ziehen oder wie Sie die Pommes kauen. Registrieren Sie, wie sich Ihr Körper fühlt. Wenn Ihr Geist abschweift, achten Sie darauf, wohin er geht – möglicherweise haben Sie Lieblingsfantasien, die diese Gewohnheit begleiten –, und bringen Sie ihn dann sanft zu Ihrer Erfahrung zurück.

Versuchen Sie nicht, die Gewohnheit abzuschalten oder zu ändern; führen Sie sie einfach ganz normal aus, außer dass Sie sie dieses Mal mit Ihrem gesamten Bewusstsein verrichten. Wenn Sie sich das nächste Mal der Gewohnheit hingeben, achten Sie darauf, wie Sie sich fühlen. Hat sich Ihre Einstellung in irgendeiner Weise verändert? Was ist Ihnen dieses Mal bewusst, was Ihnen vorher nicht bewusst war?

Die Ursprünge der Meditation

3

In diesem Kapitel

▷ Die Meditation zu ihren indischen Wurzeln zurückverfolgen

▷ Entdecken, dass Yoga nicht nur aus Strecken und Atmen besteht

▷ Die sinnlichen Geheimnisse des Tantra enthüllen

▷ Die Renaissance der Meditation im Judentum und im Christentum erforschen

▷ Den Weg der Meditation in Nordamerika (und in Europa) verfolgen –
von Thomas Jefferson bis zu Deepak Chopra

*W*enn Sie an Meditation denken, stellen Sie sich dann einen asiatischen Mönch oder Yogi mit einem Lendenschurz oder einer Robe vor, der in tiefe Konzentration versunken mit gekreuzten Beinen da sitzt? Nun ja, die Meditation wurde definitiv in den Tempeln, Höhlen und Klöstern des Ostens und das Nahen Ostens vervollkommnet – und hat in den vergangenen circa hundert Jahren zu Ihrem und meinem Glück ihren Weg in den Westen gefunden. Aber Meditation gibt es auch, wenn auch nicht so auffällig und in etwas anderer Form, in der jüdisch-christlichen Tradition. Wussten Sie beispielsweise, dass viele der biblischen Propheten meditiert haben? Oder dass Jesus bestimmte Meditationsformen ausübte, als er sich für vierzig Tage in die Wüste zurückzog?

Die Meditation reicht bis zu unseren frühesten Vorfahren zurück, die voller Bewunderung in den nächtlichen Himmel blickten, stundenlang in Büschen hockend auf Beute warteten oder träumend am Lagerfeuer saßen. Weil die Meditation mit einem Umschalten vom Denken und Handeln zum bloßen *Sein* verbunden ist (siehe Kapitel 1, wo mehr über das »Sein« gesagt wird), hatten unsere Ahnen einen Vorsprung vor Ihnen und mir. Schließlich war ihr Leben einfacher, ihr Denken rudimentärer und ihre Verbindung zur Natur und dem Heiligen weit stärker.

Obwohl Sie die Meditation sicher ausüben können, ohne zu wissen, woher sie kommt, wird sie durch das Nachvollziehen ihrer Entwicklung in einen historischen und spirituellen Kontext eingebettet. Folgen Sie mir deshalb bei meinem kurzen Überblick über die Entwicklung der Meditation als *heilige Übung* in verschiedenen Teilen der Welt.

Schamanen: Die ersten großen Meditierenden

Lange vor der Zeit des Buddha oder der großen indischen Yogis haben Schamanen in den Jäger-und-Sammler-Kulturen auf der ganzen Welt meditative Praktiken benutzt, um geänderte Zustände des Bewusstseins zu erreichen, die als *Trance* bezeichnet werden. Indem sie ihren Geist durch Trommeln oder rhythmisches *Chanten* (Singen), durch Wiederholung einfacher, gleichartiger Tanzschritte und manchmal durch die

Einnahme halluzinogener Pflanzen fokussierten, haben diese mächtigen spirituellen Persönlichkeiten (sowohl Männer als auch Frauen) ihre Körper verlassen und die »Welt der Geister« bereist. Sie brachten von dort heilige Weisheiten, heilende Fähigkeiten, magische Kräfte und Segnungen der Geister zum Wohle des Stammes zurück.

Höhlenmalereien, die wenigstens 15.000 Jahre alt sind, zeigen Figuren, die in meditativer Absorption auf dem Boden liegen. Gelehrte haben festgestellt, dass diese Figuren Schamanen darstellen, die sich auf Trancereise befinden, um die Geister um eine erfolgreiche Jagd zu bitten. Andere Höhlenmalereien aus einer ähnlichen Periode zeigen Schamanen, die sich in Tiere verwandelt haben – eine typische Übung, die auch heute noch ausgeführt wird. (Je nach Ihrem Glaubenssystem neigen Sie möglicherweise dazu, solche Erfahrungen als reine Erfindungen einer überaktiven Vorstellungskraft abzutun. Aber die Schamanen und ihre Anhänger haben keinen Zweifel, dass solche Reisen und Transformationen tatsächlich stattfinden.)

Obwohl der Schamanismus mit dem Übergang vom Jagen und Sammeln zum Ackerbau an Bedeutung verlor, arbeiten Schamanen in Teilen von Sibirien, Nordamerika, Mexiko, Südamerika, Afrika, Australien, Indonesien und Asien auch heute noch als Heiler, als Führer der Toten und als Vermittler zwischen Menschen und Geistern. In den letzten Jahren haben immer mehr westliche Menschen durch die Schriften von Carlos Castaneda, Michael Harner und Joseph Campbell Interesse am Schamanismus gefunden – und einige sind sogar selbst fähige Schamanen geworden.

Indische Wurzeln

Die allerersten Wurzeln der Meditation finden sich in Indien, wo *Sadhus* (wandernde heilige Männer und Frauen) und *Yogis* die Übung in der einen oder anderen Form seit mehr als 5.000 Jahren kultiviert haben. Sie können dies den folgenden Faktoren zuschreiben: dem Klima, das den Gang des Lebens verlangsamt, dem Monsun, der die Menschen zwingt, mehr Zeit im Haus zu verbringen, oder einfach der über die Zeitalter ungebrochenen Reihe von Meditierenden. Was immer die Gründe waren – Indien bot einen fruchtbaren Boden, auf dem die meditativen Künste gedeihen konnten und von dem aus sie sich sowohl nach Osten als auch nach Westen verbreiten konnten.

Die frühesten indischen Schriften, die *Veden*, haben nicht einmal ein Wort für die Meditation, aber die vedischen Priester führten ausführliche Riten und Gesänge für die Götter aus, die eine gewaltige Konzentration erforderten. Im Laufe der Zeit haben sich diese Praktiken zu einer Form der Gebetsmeditation entwickelt, in der die Atemkontrolle mit einem ehrfuchtsvollen Fokus auf das Göttliche kombiniert wurde (siehe Kapitel 1 für mehr Einzelheiten über den Fokus). Je tiefer sie eintauchten, desto deutlicher erkannten diese Priester, dass der Anbeter und das Objekt der Anbetung, das individuelle Wesen und das göttliche Wesen selbst, ein und dasselbe sind – eine tiefgründige Einsicht, die spirituelle Sucher über viele Zeitalter hinweg immer wieder inspiriert und angeleitet hat.

Aus dem Garten der vedischen und post-vedischen Spiritualität erwuchsen drei der bekanntesten meditativen Traditionen Indiens: *Yoga*, *Buddhismus* und *Tantra*.

Klassischer Yoga: Der Pfad der seligen Einheit

Wenn Sie an Yoga denken, stellen Sie sich dann Menschen vor, die ihren Körper in anstrengenden Stellungen verdrehen und strecken? Selbst wenn Sie Hatha-Yoga selbst praktizieren, wissen Sie vielleicht nicht, dass solche »Stellungen« einfach nur eine Komponente des traditionellen Pfads des klassischen Yoga bilden, der auch die Atemkontrolle und Meditation umfasst. (Eine umfassende Einführung in den Yoga finden Sie in dem Buch *Yoga für Dummies* von Georg Feuerstein und Larry Payne, das ebenfalls von MITP veröffentlicht wurde.)

Die Praktizierenden des klassischen Yoga verfolgen das Ziel, sich von der materiellen Welt zurückzuziehen, die als Illusion betrachtet wird, und sich mit der formlosen, aber ultimativen Wirklichkeit des Bewusstseins zu vereinigen. Nachdem er den Körper mit *Asanas* (den vertrauten Hatha-Yoga-Stellungen) vorbereitet, höhere Energiezustände durch verschiedene Atemtechniken kultiviert und alle externen Ablenkungen ausgeschaltet hat, fokussiert sich der Yogi auf ein vermittelndes Objekt, wie beispielsweise ein *Mantra* (Wiederholung eines bedeutungsvollen Worts oder Ausdrucks) oder ein heiliges Symbol und dann auf das Bewusstsein selbst. Schließlich erreicht der Yogi einen Zustand, der als *Samadhi* bezeichnet wird, in dem alle Spuren der Getrenntheit aufgelöst sind und der Yogi glückselig mit dem Bewusstsein vereinigt ist.

Die Philosophie und die Praktiken des klassischen Yoga wurden von *Patanjali* (einem Weisen des zweiten Jahrhunderts nach Christus) zusammengestellt und kodifiziert. Daraus haben sich im Laufe der Jahrhunderte zahlreiche, zum Teil konkurrierende Schulen entwickelt. Die meisten Yogis und Swamis, die im Westen gelehrt haben, führen ihre Lehre auf den klassischen Yoga zurück.

Die Kunst des Mantras

Wie Herbert Benson in seinem bahnbrechenden Buch *The Relaxation Reaction* erklärt, tendiert die meditative Wiederholung eines Mantras dazu, den Geist zu beruhigen und den Körper zu entspannen. Aber die frühesten Anwender der Mantra-Technik verfolgten spirituellere Absichten, wie beispielsweise die Beschwörung der Macht einer bestimmten Gottheit, die Entwicklung und Stärkung positiver Qualitäten oder das Erreichen der Einheit mit der göttlichen Wirklichkeit.

Obwohl das Wort *Mantra* (es bedeutet »geistiger Schutz«) aus dem Sanskrit abgeleitet ist, gibt es diese Übungsform in der einen oder anderen Form in praktisch jeder Religion. Die Sufis wiederholen den Ausdruck *La ila'ha, il'alahu* (»Es gibt nichts außer Gott.«), Christen sagen das Vaterunser oder das Gebet des Herzens auf (»Herr Jesus Christus habe Mitleid mit mir«), Buddhisten intonieren heilige Anrufungen wie *om mani padme hum* oder *namu amida butsu*, und Hindus wiederholen eine der vielen Preisungen oder einen der vielen Namen Gottes.

Im Wesentlichen sind Mantras Töne, die durch einen Lehrer oder eine Tradition mit überweltlicher oder spiritueller Kraft aufgeladen sind. Wenn Sie ein Mantra wiederholen – entweder laut, subvokal beim Atmen (siehe den Einschub *Meditation: Es ist einfacher, als Sie denken* in Kapitel 1) oder mental (was tatsächlich als die wirkungsvollste Methode gilt) – stellen Sie eine Resonanz zu einer bestimmten spirituellen Frequenz und mit der Kraft und den Segnungen her, die dieser Ton im Laufe der Jahre angesammelt hat.

Die Übung eines Mantras fokussiert und stabilisiert den Geist und schützt ihn vor unerwünschten Ablenkungen. Aus diesem Grund begleitet die Mantra-Rezitation häufig formalere Meditations-praktiken. Wenn Sie die Mantra-Technik ausprobieren wollen, wählen Sie sich einfach ein Wort oder einen Ausdruck, der für Sie eine tiefe persönliche oder spirituelle Bedeutung hat. (Traditionell würden Sie ein bestimmtes Mantra von Ihrem Lehrer erhalten.) Setzen Sie sich dann ruhig hin, wiederholen Sie ihn immer wieder, und lassen Sie dabei Ihren Geist auf dem Ton und den Gefühlen ruhen, die durch den Ton hervorgerufen werden. Wenn Ihr Geist wandert, kehren Sie einfach zu Ihrem Mantra zurück.

Früher Buddhismus: Die Wurzeln der Achtsamkeits-Meditation

Der historische Buddha war ein hinduistischer Prinz, der, gemäß der traditionellen Überlieferung, sein luxuriöses Leben aufgab, um Antworten auf die Geheimnisse des Leidens, des Alterns und des Todes zu finden. Nachdem er viele Jahre als Asket und Yogi gelebt und geübt hatte, stellte er fest, dass die Ablehnung der Welt und die Abtötung des Leibes ihn nicht zu der Einsicht führen würde, die er suchte. Stattdessen setzte er sich unter einen Baum und begann, tiefer und tiefer in seinen eigenen Geist zu schauen. Nach sieben Tagen und Nächten der intensiven Meditation erwachte er zur Natur der Existenz – deshalb der Name *Buddha* oder der *Erwachte*.

Der Buddha lehrte, dass wir leiden, weil wir an dem falschen Glauben festhalten, dass (1) Dinge dauerhaft sind und unser Glück garantieren können und (2) dass wir ein beständiges *Selbst* haben, das unabhängig von anderen Wesenheiten existiert und uns zu dem macht, was wir sind. Stattdessen lehrte er, dass sich alles laufend wandelt – unser Geist, unsere Emotionen, unser Selbstgefühl sowie die Umstände und Objekte in der externen Welt.

Um uns vom Leiden zu befreien, riet er, müssen wir unsere Unwissenheit überwinden und uns von Furcht, Ärger, Gier, Eifersucht und anderen negativen Geisteszuständen befreien. Der Ansatz, den er lehrte, umfasst sowohl Übungen für das Arbeiten mit dem Geist als auch Richtlinien, um in der Welt ein tugendhaftes und spirituelles Leben zu führen.

Die Meditation liegt im Zentrum des Ansatzes des historischen Buddha. Die Übung der Meditation, die er lehrte, wird als *Achtsamkeit* bezeichnet. Sie beinhaltet das wache Aufmerksamsein auf unsere Erfahrungen, die wir von Moment zu Moment machen.

Traditionell werden die folgenden vier Fundamente der Achtsamkeit unterschieden:

✔ Bewusstsein des Körpers

✔ Bewusstsein der Gefühle

✔ Bewusstsein der Gedanken und Geisteszustände

✔ Bewusstsein der Gesetze der Erfahrung (der Beziehungen zwischen dem, was wir denken, und dem, was wir erfahren)

Buddha wich von den anderen zeitgenössischen Lehrern ab, die im Allgemeinen einen Rückzug aus der Welt lehrten, um die ekstatische Einheit mit dem Göttlichen zu suchen, und lehrte, dass es wichtig sei, eine direkte Einsicht in die Natur der Existenz zu gewinnen und zu erkennen, wie der Geist Leiden erzeugt. Er verglich sich eher mit einem Arzt, der eine Arznei zu Heilung von Wunden anbietet, als mit einem Philosophen, der abstrakte Antworten auf metaphysische Fragen gibt.

Indisches Tantra: Das Heilige in der Welt der Sinne finden

Viele Westler verbinden das Wort *Tantra* mit traditionellen sexuellen Praktiken, die an den Geschmack eines öffentlichen Publikums angepasst wurden. *Tantra* wurde jedoch in den frühen Jahrhunderten unserer Zeitrechnung als eine Hauptform der indischen spirituellen Praxis und das Denkens entwickelt. Tantra gründet sich auf dem Glauben, dass die absolute Wirklichkeit und die relative Welt der Sinne untrennbar sind. Deshalb verwenden *Tantriker* (Praktiker des Tantra) die Sinne – einschließlich der Ausübung von rituellem Sex – als Tore zu einer spirituellen Verwirklichung. Ich brauche nicht zu sagen, dass ein solcher Ansatz seine Fallstricke hat; während Yoga und Buddhismus in Lebensverneinung münden können, kann Tantra mit einem Schwelgen in Sinnesfreuden verwechselt werden.

 Die tantrische Meditation umfasst häufig Praktiken zur Erweckung der *Kundalini Shakti*, einer mächtigen Energie, die mit dem göttlichen Femininen verbunden sein und ihren Sitz an der Basis der Wirbelsäule haben soll. Einmal angeregt, steigt die Shakti durch einen energetischen Kanal nach oben, der sich in der Wirbelsäule befindet, und aktiviert und öffnet jedes der sieben Energiezentren oder *Chakras* (auch *Chakren*), die auf ihrem Weg liegen. Diese Zentren, die mit verschiedenen Frequenzen vibrieren und mit verschiedenen physischen und psychischen Funktionen verbunden sind, befinden sich im Damm, in den Genitalien, im Solarplexus, im Herzen, in der Kehle, in der Stirn und am obersten Punkt des Kopfes. (Nähere Informationen über Chakraen finden Sie in Kapitel 12.) Schließlich kann die Shakti in einem Ausbruch der Ekstase durch das Kronenchakra nach oben durchbrechen. In diesem Moment erkennt der Praktizierende seine Identität mit dem Göttlichen, während er noch vollkommen in einen physischen Körper eingebunden ist.

Zum Dach der Welt – und weiter

Ehe der Buddhismus am Endes des ersten Jahrtausends nach Christus Indien verließ, durchlief er wichtige Änderungen. Die ursprünglichen Lehren entwickelten sich zu einer Lehre, die wir im Folgenden als *Theravada* bezeichnen wollen – die vorherrschende Form in Sri Lanka und Südostasien, die den Schwerpunkt auf einen fortschreitenden Pfad zur Befreiung legt, der hauptsächlich Mönchen und Nonnen vorbehalten ist. Gleichzeitig entwickelte sich eine weitere Hauptrichtung, die den *Bodhisattva* zum Ideal erhob – eine Person, die ihr Leben in den Dienst der Befreiung anderer stellt. Die Richtung wurde als *Mahayana* (»das große Fahrzeug«) bezeichnet. Sie vertritt eine größere Gleichheit der Menschen und lehrt, dass die Möglichkeit der Erleuchtung jedem – ob Laie, Mönch oder Nonne – offen steht.

Von Indien aus brachten wandernde Mönche und Gelehrte den Mahayana-Buddhismus über den Himalaya (das »Dach der Welt«) nach China und Tibet. Dort vermischte er sich mit einheimischen spirituellen Lehren, fasste Wurzeln und entwickelte sich in zahlreichen verschiedenen Traditionen und Schulen weiter, von denen der *Ch'an-Buddhismus* (*Zen* in Japanisch) und der *Vajrayana-Buddhismus* am bemerkenswertesten sind. Diese beiden Schulen führten die Ausübung der Meditation in neue Höhen.

Ch'an (Zen): Den Ton, den eine Hand beim Klatschen macht

Zweifellos haben Sie von den Zen-Meistern gehört oder gelesen, die Ihre Schüler mit einem Stock schlugen oder ihre Anweisungen mit größter Lautstärke hinausbellten. Aber möglicherweise wissen Sie nicht, dass Zen eine einzigartige Mischung aus dem Mahayana-Buddhismus (den ich eben als egalitär beschrieb) und der eingeborenen chinesischen Tradition des *Taoismus* darstellt. Der Taoismus betont die nahtlose und ungeteilte Natur des Lebens, die als das *Tao* bezeichnet wird. (Obwohl indische Mönche den Buddhismus schon in den frühen Jahrhunderten nach Christus nach China trugen, entstand Zen als separate Strömung erst im siebten oder achten Jahrhundert.) Zen wich radikal vom traditionellen Buddhismus ab, indem er die direkte, wortlose Übertragung des Zustands der Erleuchtung vom Meister auf den Schüler betonte – manchmal durch Verhaltensweisen, die – gemessen an gewöhnlichen Standards – als exzentrisch oder sogar als bizarr gelten würden.

 Während die anderen Traditionen des Buddhismus sich zunehmend auf das Studium der überlieferten Schriften konzentrierten, durchschnitt Zen das metaphysische Unterholz und sagte: Sitze einfach! Die Meditation wurde zum Hauptmittel, um die lebenslange Verhaftung mit der materiellen Welt zu durchbrechen und das zu erkennen, was die Zen-Meister als die *Buddha-Natur* bezeichnen, die angeborene Weisheit, die in jedem von uns existiert.

Der Zen führt auch dieses anscheinend unlösbaren Rätsel ein, die als *Koans* bezeichnet werden – beispielsweise »Welches Geräusch macht eine einzelne Hand beim Klatschen?« oder »Wie sah Ihr ursprüngliches Gesicht aus, bevor Ihre Eltern geboren waren?« Durch vollkommenes Eintauchen in das Koan konnte der Mönch schließlich einen Einblick in die Natur der Existenz gewinnen – eine Erfahrung, die von den Zen-Meistern als *Satori* bezeichnet wird.

In Japan prägte der Zen den Aspekt seiner berüchtigten Samurai-Intensität aus und führte zur Entwicklung der strengen, ursprünglichen Ästhetik, die Felsgärten und Pinselzeichnungen zum typischen Merkmal japanischer Kultur gemacht haben. Aus Japan verbreitete sich der Zen natürlich nach Nordamerika, stieß dort auf die Beat-Generation der 50er Jahre und bereitete die Bühne für die Explosion des Interesses an der Meditation in den vergangenen Jahren vor. (Nähere Informationen über den Zen in Nordamerika finden Sie im Abschnitt *Die Amerikanisierung der Meditation* weiter unten in diesem Kapitel.)

Vajrayana-Buddhismus: Der Weg der Transformation

Wie China, wo der Buddhismus auf den Taoismus stieß, hatte auch Tibet seine einheimische Religion, genannt *Bön* oder *Bon*, in der auch magische Praktiken ausgeübt wurden, mit denen lokale Geister und Gottheiten beschwichtigt werden sollen. Als der große indische Meister *Padmasambhava* den Buddhismus aus Indien im 7. Jh.n.Chr. nach Tibet brachte, musste er zunächst die feindlichen Geister besiegen, die sich seinen Bemühungen entgegenstellten. Schließlich wurden diese Geister als Schützer und Verbündete in den umfangreichen Pantheon des tibetischen Buddhismus integriert, zu dem verschiedene Buddhas und *Dakinis* (erwachte Frauen) gehören.

Tibetische Buddhisten glaubten, dass der historische Buddha gleichzeitig auf verschiedenen Ebenen lehrte, die von den Bedürfnissen und Fähigkeiten seiner Schüler abhängig waren. Die fortgeschrittensten Lehren, so sagten sie, wurden jahrhundertelang geheim gehalten und schließlich als das *Vajrayana* (»der Diamantpfad«) nach Tibet übermittelt. Zusätzlich zu der traditionellen Achtsamkeits-Meditation enthielt dieser Ansatz Elemente des indischen Tantra und umfasste machtvolle Praktiken für das Arbeiten mit Energie. Anstatt negative Emotionen und Geisteszustände wie Ärger, Gier und Furcht auszuschalten, wie es der traditionelle Buddhismus empfiehlt, lehrt Vajrayana die Praktizierenden, wie sie Negativität direkt in Weisheit und Mitgefühl umwandeln können.

Die Meditation im tibetischen Buddhismus arbeitet auch mit der *Visualisierung* – dem aktiven Einsatz der Vorstellungskraft, um starke spirituelle Kräfte freizusetzen, die den Prozess der spirituellen Verwirklichung antreiben.

Vom mittleren Osten zum Rest des Westens

Obwohl die Meditation in den jüdisch-christlichen und den islamischen Traditionen eine eigene unabhängige Entwicklung nahm, sind die Meditierenden im Mittleren Osten möglicherweise durch die Praktiken von Gleichgesinnten in Indien und Südostasien (siehe die vorangegangenen Abschnitte dieses Kapitels) beeinflusst. Historiker haben Belege dafür gefunden, dass Händler und Pilger permanent zwischen den beiden Regionen hin- und herreisten und dass in frühen christlichen Zeiten buddhistische Mönche in Rom erschienen! Es gibt sogar Gerüchte, die von einigen interessanten historischen Parallelen genährt werden, dass Jesus möglicherweise in Indien meditieren gelernt hat. Während indische Meditierende – der alten Einsicht folgend, dass *Atman gleich Brahman* ist (»Ich und der Grund des Seins sind eins.«) –ihre Aufmerksamkeit immer weiter nach innen lenkten und das Heilige in den Tiefen ihres eigenen Wesens suchten, zeigten westliche Denker und Theologen auf einen Gott, der vorgeblich außerhalb des Individuums existiert. Gleichzeitig kämpften Mystiker im Westen mit dem Paradox, dass Gott sich sowohl im Inneren als auch im Äußeren, im Persönlichen wie im Transzendenten befindet.

 Die Meditation in den westlichen Religionen erfolgt normalerweise in Form des Gebets – d.h. in einem direkten Gespräch mit Gott. Aber das meditative Gebet der Mönche und Mystiker unterscheidet sich von einem gewöhnlichen Gebet, das häufig Klagen und Bitten enthält. Stattdessen nähert sich das meditative Gebet Gott mit Bescheidenheit

und Andacht. Es komtempliert seine göttlichen Qualitäten und lädt seine Gegenwart in das Herz des Meditierenden ein. Ultimativ besteht das Ziel darin, das Individuum selbst vollkommen in der Einheit mit dem Göttlichen aufgehen zu lassen.

Christliche Meditation: Das kontemplative Gebet praktizieren

Das christliche Gegenstück zur Meditation, das so genannte *kontemplative Gebet*, wird auf Jesus selbst zurückgeführt, der vierzig Tage und Nächte in der Wüste fastete und betete. Pater Thomas Keating, dessen »zentrierendes Gebet« dazu beigetragen hat, das Interesse an der christlichen Meditation wiederzubeleben, sagt, dass Sie bei der Kontemplation Ihre Achtsamkeit und Ihr Herz Gott, dem ultimativen Geheimnis, öffnen, der in den Tiefen Ihres Wesens außerhalb der Reichweite des Geistes wohnt. (In dem Einschub *Zentrierendes Gebet* erfahren Sie mehr über die Übung, die von Pater Keating gelehrt wird.)

Nach der Zeit von Jesus waren die ersten großen christlichen Meditierenden die Wüstenväter von Ägypten und Palästina des dritten und vierten Jahrhunderts. Sie lebten hauptsächlich in der Einsamkeit und kultivierten ihr Bewusstsein der göttlichen Gegenwart durch ständige Wiederholung eines heiligen Ausdrucks. Ihre direkten Nachfahren, die Mönche, Nonnen und Mystiker des mittelalterlichen Europas, entwickelten eine kontemplative Übung, bei der eine Passage der Heiligen Schrift laufend wiederholt und hin- und hergewälzt wird (was nicht damit zu verwechseln ist, über diese Passage nachzudenken oder sie zu analysieren!), bis sich dem Geist ihre tiefere Bedeutung von selbst enthüllt. Beide Praktiken gehen laut Pater Keating auf die Ermahnung Jesu zurück: »Wenn du betest, ziehe dich in deine Kammer, in dein innerstes Wesen zurück und verriegele die Tür.«

In der orthodoxen Kirche Griechenlands und Osteuropas haben Mönche schon seit langem eine ähnliche Übung ausgeführt, bei der sie *Niederwerfungen* mit der Wiederholung des Jesus-Gebetes (»Herr Jesus Christ habe Mitleid mit mir, ich bin ein Sünder«) verknüpften, bis alle Praktiken überflüssig werden, um eine tiefe innere Ruhe zu enthüllen, die von Liebe und Seligkeit erfüllt war.

In den letzten Jahren sind viele christliche Priester und Klöster durch hinduistische und buddhistische Lehrer beeinflusst worden, die in wachsender Zahl in den Westen kamen. (Siehe den Abschnitt *Die Amerikanisierung der Meditation* später in diesem Kapitel.) Als Reaktion darauf haben einige die östlichen Praktiken an die Bedürfnisse eines christlichen Publikums angepasst. Andere, wie Pater Keating, haben auf ihre eigenen kontemplativen Wurzeln zurückgegriffen und Praktiken wiederbelebt, die wegen mangelnder Anwendung Staub angesetzt hatten.

Zentrierendes Gebet

In den letzten Jahrzehnten hat Pater Thomas Keating, ein katholischer Priester, sein so genanntes *zentrierendes Gebet* entwickelt, das auf traditionellen christlichen Quellen basiert. Dabei handelt es sich um eine Kontemplationsübung, die den Geist und das Herz für die göttliche Gegenwart öffnet. Im Gegensatz zu einem Mantra, das den Geist klären oder beruhigen soll, reinigt das zentrierende Gebet das Herz, um es zu einem

Vehikel für Gottes transformierende Gnade zu machen. Anstatt das Gebet immer wieder wie ein Mantra zu wiederholen, halten Sie es als Objekt der Kontemplation in Ihrem Bewusstsein.

Die folgenden Anweisungen für die Übung des zentrierenden Gebets stammen von Pater Keating selbst (seine Worte sind in Anführungszeichen gesetzt):

1. **Wählen Sie ein »heiliges Wort als Symbol Ihrer Absicht, der Gegenwart und dem Wirken Gottes in Ihrem Inneren zuzustimmen.«**

2. **Setzen Sie sich bequem hin, und denken Sie schweigend an das heilige Wort.**

   Wenn Ihre Aufmerksamkeit abschweift, bringen Sie sie sanft zurück.

3. **Bleiben Sie während der Dauer der Kontemplation bei demselben Wort.**

Einige Menschen ziehen es möglicherweise vor, sich ohne Worte »nach innen zu Gott zu wenden, als ob sie ihn anschauten«. In jedem Fall gelten dieselben Richtlinien. Wenn wir uns Gott öffnen, dann stellen wir laut Pater Keating fest, dass Gott »näher als das Atmen, näher als das Denken, näher als das Wählen – näher als das Bewusstsein selbst« ist.

Meditation im Judentum: Näher zu Gott gelangen

Gemäß Rami Shapiro, einem Rabbi des Tempels Beth Or in Miami, Florida, und Autor von *Wisdom of the Jewish Sages* (*Weisheit der jüdischen Gelehrten*), haben mystische Interpreten der Bibel Belege dafür gefunden, dass die Meditation bis auf Abraham, den Begründer des Judentums, zurückgeht. Die Propheten das Alten Testaments sind offensichtlich in geänderte Zustände des Bewusstseins eingetreten, indem sie fasteten und asketische Praktiken ausübten. Mystiker in den ersten paar Jahrhunderten n.Chr. meditierten über eine Vision des Propheten Hesekiel.

Aber die erste formale jüdische Meditation konzentrierte sich laut Shapiro auf das hebräische Alphabet, das als die göttliche Sprache betrachtet wurde, mit der Gott die Welt erschaffen hatte. »Wenn du in das Alphabet sehen kannst«, erklärt Shapiro, »dann kannst du in die Quelle der Schöpfung schauen und auf diese Weise eins mit dem Schöpfer werden.«

Wie die Anhänger aller auf Gott gerichteten Religionen haben jüdische Meditierende traditionell heilige Ausdrücke oder Verse aus Schriften als Mantras benutzt, um näher an Gott zu gelangen. Ein großer chassidischer Meister pflegte über den Ausdruck *r'bono shel olam* (»Meister des Universums«) zu sagen, dass die laufende Wiederholung dieses Ausdrucks den Übenden zur Einheit mit Gott führt. Genau diese Einheit ist das Ziel, das die jüdische Meditation zu erreichen versucht.

Das Judentum wurde wie das Christentum in den letzten Jahren durch östliche Einflüsse dazu inspiriert, die eigene meditative Tradition wiederzubeleben. Rabbis wie Shapiro (der die Zen-Meditation praktiziert) und David Cooper (der in buddhistischer Achtsamkeits-Meditation unterrichtet wurde) bewirken eine Renaissance der jüdischen Meditation, indem sie eine neue Synthese der alten Techniken aus dem Osten und dem Westen schmieden.

Die Sterne schauen

In seinem Buch _Jewish Meditation_ beschreibt Rabbi Aryeh Kaplan eine traditionelle Technik, die auf dem biblischen Vers »Hebet eure Augen in die Höhe und sehet! Wer hat solche Dinge geschaffen und führt ihr Heer bei der Zahl heraus? Er ruft sie all mit Namen ...« (Jesaja 40,26):

1. **Legen oder setzen Sie sich in einer klaren Nacht bequem außerhalb Ihres Hauses oder Ihrer Wohnung hin, und blicken Sie zu den Sternen auf.**

2. **Während Sie ein Mantra wiederholen, fokussieren Sie Ihre Aufmerksamkeit auf die Sterne, als ob Sie sie untersuchen wollten, um das Geheimnis zu enthüllen, das hinter ihnen liegt.**

   Sie können das traditionelle jüdische Mantra _r'bono shel olam_ benutzen, um Ihre Konzentration und Ihr Empfinden des Heiligen zu vertiefen. Sie können natürlich auch ein anderes Mantra Ihrer Wahl verwenden.

   Rabbi Kaplan sagt, dass Sie »Gott in den Tiefen des Himmels rufen, um ihn jenseits der Sterne, jenseits der letzten Grenzen von Zeit und Raum zu finden.«

3. **Bleiben Sie so lange in Ihrer Kontemplation versunken, wie Sie wollen.**

Gemäß Rabbi Kaplan kann diese Meditation »eine Person zu einer überwältigend tiefen spirituellen Erfahrung führen«.

Auf dem Weg zu dem Einen

Um sich auf fortgeschrittenere meditative Praktiken vorzubereiten, beginnen Sufis oft mit einem _Darood_ – einer mit dem Atem koordinierten Rezitation eines heiligen Ausdrucks. Der in Amerika geborene Sufi-Meister Samuel Lewis, der 1971 starb, lehrte die folgende Übung:

1. **Beginn Sie, in einer rhythmischen Weise zu gehen, und synchronisieren Sie Ihren Atem mit Ihrer Geschwindigkeit – vier Schritte für jede Einatmung und vier Schritte für jede Ausatmung.**

2. **Wiederholen Sie, während Sie gehen, den Ausdruck »zu dem Einen« – eine Silbe pro Schritt und einer Schweigepause beim vierten Schritt.**

   Das Gehen entwickelt und stärkt den Rhythmus des Atems.

3. **Fahren Sie so lange fort, wie Sie wollen, und bewahren Sie Ihre volle Aufmerksamkeit.**

»Ein Sufi praktiziert das Leben mit einem bewussten Atem 24 Stunden am Tag«, sagt Shabda Kahn, ein Sufi-Lehrer, der bei Lewis lernte.

Sufi-Meditation: Sich mit jedem Atemzug dem Göttlichen unterwerfen

Seit der Zeit des Propheten Mohammed im siebten Jahrhundert n.Chr. waren die Sufis in den Islam eingebunden. Aber der in Amerika geborene Sufi-Lehrer Shabda Kahn sagte, dass ihre Wurzeln viel weiter über Mohammed oder Buddha oder andere berühmte Lehrer hinaus bis zu dem ersten erwachten Menschen zurückreichen. Sufis behaupten, eine Bruderschaft mystischer Sucher zu bilden, deren einziger Zweck darin besteht, das Göttliche in ihren eigenen Herzen zu verwirklichen. Die Formen des Sufismus variierten von Jahrhundert zu Jahrhundert, von Lehrer zu Lehrer und von einem geografischen Ort zum nächsten, aber die grundlegende Lehre ist dieselbe: Es gibt nichts außer Gott.

Die Meditation im Sufismus besteht im Allgemeinen aus dem Chanten (Singen, Intonieren) eines heiligen Ausdrucks, entweder schweigend oder laut, wobei tief und rhythmisch geatmet wird – eine Übung, die als *Zikr* (»Erinnerung an das Göttliche«) bezeichnet wird. Kahn erklärt, dass die Sufis die biblische Perle »Gesegnet sind die Armen im Geiste« zurückübersetzen in »Gesegnet sind die, die einen geläuterten Atem haben«. Nachdem der Sufi seinen Atmen kultiviert und verfeinert hat, kann er ihn als Methode verwenden, um sich der göttlichen Gegenwart in jedem Moment hinzugeben – mit jedem Atemzug.

Die Amerikanisierung der Meditation

Wenn Sie auf die Gegenkultur der 60er und 70er Jahre des 20. Jahrhunderts zurückblicken, um die ersten Samen der Meditation im westlichen Boden zu finden, werden Sie überrascht sein zu erfahren, dass die Wurzeln viel weiter zurückreichen. Einige der ersten Siedler brachten östliche Ideen mit, als sie in die Kolonien flüchteten, um die Freiheit für ihre spezielle Art des Christentums zu finden. Viele Verfasser der Unabhängigkeitserklärung und der Verfassung der USA – Männer wie Thomas Jefferson und Benjamin Franklin – gehörten Geheimgesellschaften an, die über die mystischen Lehren des Sufismus und des Judentums Bescheid wussten.

Transzendentalismus und Theosophie: 1840 bis 1900

Der erste große Zustrom östlicher Lehren erfolgte zwischen 1840 und 1860, als Transzendentalisten wie Emerson und Thoreau Hinduschriften in englischen Übersetzungen deutscher Übertragungen aus dem Sanskrit lasen! Während sich Thoreau, dessen Ideen des zivilen Ungehorsams von der östlichen Philosophie beeinflusst waren, nach Walden Pond zurückzog, um in der Natur zu meditieren, verband sein guter Freund Emerson den deutschen Idealismus mit dem Optimismus der Yankees und der indischen Spiritualität, um seine Version des transzendentalistischen Credos zu formulieren. Bei diesem Prozess transformierte er das hinduistische *Brahman* (den göttlichen Grund des Wesen) in ein universelleres Konzept, das er als die *Überseele* (engl. *Oversoul*) bezeichnete.

In späteren Jahrzehnten des 19. Jahrhunderts machten die Theosophen – Mitglieder einer hauptsächlich westlichen Bewegung, die von der aus Russland stammenden Madame Blavatsky geleitet wurde und die indisches spirituelles Gedankengut bearbeitete und popularisierte – hinduistische Meditationstexte normalen Lesern zugänglich. Anhänger der *Neugeist*-Bewegung begannen damit, geführte Visualisierungen und Mantra-Meditationen zu praktizieren, die von östlichen Quellen abgeleitet waren.

(Anmerkung des Übersetzers: Die theosophische Gesellschaft war auch im deutschsprachigen Raum vertreten. Zeitweilig war Ruldolf Steiner ihr Sekretär, der sich später von der Theosophie abspaltete, um seine eigene Richtung, die *Antroposophie* zu begründen.)

Aber das bahnbrechende Meditationsereignis des 19. Jahrhunderts war das *Weltparlament der Religionen*, eine internationale Versammlung religiöser Führer und Lehrer, die im Jahre 1893 in Chicago stattfand. Zum ersten Mal präsentierten asiatische Meister ihre Lehren auf amerikanischem Boden direkt einem westlichen Zuhörerkreis. Nach der Konferenz bereisten mehrere Meister (einschließlich des indischen Weisen Swami Vivekananda und des japanischen Zen-Lehrers Soyen Shaku) die USA, um Vorträge zu halten.

Yoga und Zen bereiten den Boden vor: 1900 bis 1960

In den Jahrzehnten nach dem Weltparlament setzte der Zen-Mönch Nyogen Senzaki die Arbeit von Soyen Shaku fort und sähte weitere Samen der Meditation in der Neuen Welt. Swami Paramananda, ein Schüler von Swami Vivekananda, errichtete Zentren, in denen neugierige Amerikaner Meditation ausüben und fortgeschrittene indische spirituelle Lehren hören konnten. (Die *Vedanta Society*, die aus der Arbeit der Swamis Vivekananda und Paramananda und ihrer Schüler erwuchs, floriert auch heute noch in den Vereinigten Staaten und in Europa.) In den 20er Jahren des 20. Jahrhunderts ließ sich der indische Yogi Paramahansa Yogananda in den USA nieder. Seine Arbeit führte zur Gründung der *Self-Realization Fellowship*, einer Gemeinschaft für die Selbstverwirklichung, die heute Anhänger in der gesamten westlichen Welt hat.

Der vielleicht bekannteste spirituelle Lehrer, der während dieser Zeit in den Westen kam, war J. Krishnamurti, der sich in der 40er Jahren in Südkalifornien niederließ und die englischen Schriftsteller Aldous Huxley und Christopher Isherwood anzog. Obwohl Krishnamurti (der von den Theosophen von Kindheit an als der kommende Weltenlehrer erzogen wurde) eine formale Meditation und religiöse Dogmen zugunsten des Dialogs und der Selbsterforschung ablehnte, halfen Huxley und Isherwood dabei, die bedeutenden hinduistischen Schriften bekannt zu machen.

In den 50er Jahren begann Zen, einen bedeutenden Einfluss auf die amerikanische Gegenkultur auszuüben. Während der Dichter Gary Snyder (der später den Pulitzer-Preis für sein Buch *Turtle Island* gewann) zum Zen-Studium nach Japan reiste, schrieb sein Freund und Beat-Kollege Jack Kerouac Romane, die buddhistische Konzepte wie *Dharma*, *Karma* und *Satori* bekannt machten. Ebenfalls in den 50ern begann der bedeutende japanische Gelehrte D.T. Suzuki, Zen an der Columbia University in New York City zu lehren, wo der junge Thomas Merton, der Romancier J.D. Salinger, der Komponist John Cage und die Psychoanalytiker Erich Fromm und Karen Horney zu seiner Hörerschaft zählten. Ungefähr zur selben Zeit wurden die Bücher des ehemaligen episkopalischen Priesters und Zen-Anhängers Alan Watts zu beliebten Bestsellern – darunter auch *Vom Geist des Zen* und *Psychotherapy East and West*.

Spiritualität oder Religion?

Umfragen, die in *Newsweek* zitiert wurden, zeigen, dass sich immer mehr Amerikaner selbst als spirituell, aber nicht notwendigerweise religiös einschätzen. Vielleicht gehören Sie den vielen Menschen, die den Glauben ihrer Kindheit aufgegeben haben, aber sich trotzdem zu spirituellen Fragen und Praktiken hingezogen fühlen. Vielleicht sind Sie der Ansicht, dass die organisierten Religionen durch ihre Rituale und Glaubenssysteme zu begrenzt sind, sich zu sehr mit archaischen Symbolen und Geschichten befassen und sich nicht genügend Gedanken darüber machen, Sie auf Ihrer Suche nach direkter spiritueller Erfahrung zu unterstützen.

Religionen beginnen im Allgemeinen mit einem lebhaften spirituellen Impuls – schauen Sie auf das Leben von Jesus oder Mohammed oder Buddha –, werden aber im Laufe der Jahrhunderte unbeweglich und steif wie ein alter Baum und verlieren den Kontakt zu ihrer lebendigen Essenz – die schließlich das ist, was die Spiritualität ausmacht.

Echte Spiritualität bricht in Religionen jedoch immer wieder als esoterische Unterströmung hervor. Das Establishment mag sie mit Skepsis oder sogar Verachtung betrachten, es lässt sie gewähren, solange sie den Status quo nicht bedroht. Das Judentum hat seine Kabbalisten und Chassiden, der Islam seine Sufis, der Buddhismus seine Zen-Meister und Waldmönche, das Christentum seine Franziskaner und Karmeliter.

Wenn Sie ein Gefühl des Sinns und der Zugehörigkeit suchen, das mit dem Leben in dem breiteren metaphysischen und historischen Kontext einer konventionellen »Marken«-Religion verbunden ist, sind Sie möglicherweise dort gut aufgehoben. Aber wenn Sie erwachen und den Sinn Ihres Lebens herausfinden wollen und die innere Transformation suchen, die durch die Ausübung der Meditation oder einer anderen spirituellen Disziplin vermittelt wird, sollten Sie sich eher einer der esoterischen Unterströmungen des religiösen Mainstreams anschließen – oder einfach meditative Übungen ausführen, die Ihnen die Möglichkeit bieten, direkte spirituelle Erfahrungen zu machen, aber nicht mit traditionellen Religionen verbunden sind. (Nähere Informationen über spirituelle Praktiken finden Sie in Kapitel 13.)

Die Meditation erreicht die Hauptstraße: 1960 bis heute

In der 60er Jahren des 20. Jahrhunderts bereitete eine einzigartige Gruppe von Ereignissen den Weg der Meditation in den Mainstream vor. Viele Babyboomer, die zu jungen Erwachsenen heranreiften, begannen mit geänderten Zuständen des Bewusstseins zu experimentieren, indem sie so genannte bewusstseinserweiternde Drogen wie Marihuana und LSD nahmen. Gleichzeitig führte der Vietnam-Krieg in einem beträchtlichen Teil der Bevölkerung zu einer Protestbewegung, die dazu beitrug, eine Gegenkultur zu formen, die auf viele Weisen den Status quo in Frage stellte. Die Pop-Musik nährte das Feuer der Unzufriedenheit und pries die Vorteile des »tuning in, turning on and dropping out« (A.d.Ü.: praktisch nicht zu übersetzen; etwa »einstimmen, anregen und aussteigen«) an – Wörter, die zu einer anderen Zeit, an einem anderen Ort oder in einem anderen Kontext möglicherweise als Werbung für den Weltverzicht und den Eintritt in ein Kloster interpretiert worden wären. Außerdem brachte die politische Unruhe in Asien (einschließlich der Schockwellen aus Vietnam und der chinesischen Besetzung Tibets) in Verbindung mit dem Zeitgeist eine neue Welle spiritueller Lehrer in die Neue Welt.

Vom Standpunkt der Meditation aus war das bahnbrechende Ereignis dieser Zeit vielleicht die Tatsache, dass die Beatles damit anfingen, die Transzendentale Meditation (TM) auszuüben, was Tausende ihrer jungen Fans ebenfalls anregte, mit dem Meditieren zu beginnen. (Im Laufe der Jahre hat die TM-Bewegung Millionen von westlichen Menschen beigebracht zu meditieren. Außerdem hat sie bei der Erforschung der psychophysischen Vorteile der Meditation Pionierarbeit geleistet.) Als psychodelische Erfahrungen ihren Glanz verloren, wandten sich immer mehr Menschen, die Drogen ausprobiert hatten, um meditative Erfahrungen wie Frieden und Einsicht zu machen, der echten Sache zu – und einige zogen sich sogar in die Yoga-Gemeinschaften und Zen-Zentren zurück, die von ihren neu gefundenen Lehrern errichtet worden waren.

Meditation der amerikanischen Eingeborenen

Wenn ich die »Amerikanisierung« der Meditation beschreibe, enthülle ich meine kulturellen Vorurteile. Ganz sicher haben auch die eingeborenen Amerikaner hier seit Zehntausenden von Jahren meditiert. Zusätzlich zu den Schamanen, die eine besondere Rolle im Leben der Stämme spielten (siehe den Einschub *Schamanen: die ersten großen Meditierenden*), haben die Jungen und Mädchen der amerikanischen Ureinwohner als Zeichen des Übergangs von der Kindheit zum Erwachsensein oft drei oder vier Tage damit verbracht, an einem heiligen Ort allein zu meditieren. Durch Fasten, Beten, Fokussieren ihres Geistes und Öffnen ihrer Sinne riefen sie Träume oder Visionen hervor, die ihnen eine besondere Weisheit oder Kraft vermittelten und ihnen dabei halfen, Kontakt mit ihren Schutzgeistern aufzunehmen. Auch als Erwachsene haben amerikanische Ureinwohner allein in der Natur meditiert, wenn sie spirituelle Unterstützung oder Antworten auf wichtige Lebensfragen suchten. Außerdem war die Übung der Achtsamkeit auf den gegenwärtigen Augenblick schon immer ein wesentlicher Bestandteil des traditionellen Lebens der amerikanischen Ureinwohner.

Seit den 70er Jahren wuchs im Westen eine neue Generation anerkannter Lehrer der östlichen spirituellen Disziplinen heran, die das Zeug dazu hatten, die Lehren für ihre Brüder und Schwestern zu übersetzen. Wie Alan Watts (in seinem Buch *Psychotherapie East an West*) vorausgesagt hatte, hat sich besonders das Gebiet der Psychotherapie östlichen Einflüssen geöffnet – vielleicht weil die Psychotherapie, wie die Meditation, vorgibt, eine Lösung für Leiden anzubieten. Als Folge davon formulieren amerikanische spirituelle Lehrer häufig ihre Botschaften in einer Sprache, die den Vertretern des »persönlichen Wachstums« entgegenkommt.

Gleichzeitig haben wissenschaftliche Forscher wie Herbert Benson, Jon Kabat-Zinn und Dean Ornish Pionierarbeit geleistet, um die Meditation zu einer Bewegung des Mainstreams zu machen (siehe den Einschub *Die Vorteile der Meditation bekannt machen* in Kapitel 2). Bücher über die Meditation und verwandte Themen erscheinen regelmäßig in den Bestsellerlisten führender Zeitungen und Zeitschriften. Innerhalb eines halben Jahres brachte vor kurzem das *Time Magazine* eine Titelgeschichte über die wachsende Beliebtheit des Buddhismus und *Newsweek* zeigte Titelblätter mit den Portraits von Ornish und dem Bestseller-Autor und Meditationsexperten Deepak Chopra. Zweifellos ist die Meditation im Mainstream amerikanischer Übungsformen angekommen!

Mit der Schwerkraft spielen

1. **Setzen Sie sich auf einen Stuhl, und nehmen Sie sich einige Augenblicke Zeit, um sich bewusst zu werden, wie die Schwerkraft auf Ihren Körper wirkt.**

2. **Beachten Sie das Gewicht Ihrer Beine und Hüften auf dem Stuhl.**

3. **Stehen Sie auf, und beobachten Sie, wie die Schwerkraft Sie zur Erde zieht.**

4. **Fangen Sie an zu gehen, und richten Sie bei jedem Schritt ihre Aufmerksamkeit auf den Zug der Schwerkraft an Ihren Füßen.**

5. **Blicken Sie sich um, und betrachten Sie, wie all diese Objekte durch die Schwerkraft an ihrem Platz gehalten werden – und wie Sie sich durch ein Feld von Schwerkraft bewegen wie ein Fisch, der durch das Wasser schwimmt.**

   Diese geheimnisvolle Kraft ist überall, selbst wenn Sie sie nicht sehen oder verstehen können.

6. **Bleiben Sie sich dieses unsichtbaren, aber mächtigen Feldes bewusst, während Sie Ihrem Tagewerk nachgehen.**

Das Fundament legen: Motivation, Einstellung und Anfängergeist

4

In diesem Kapitel

▶ Den »Anfängergeist« erkennen und richtig behandeln

▶ Die eigenen Motive für die Meditation erkennen

▶ Die fünf grundlegenden Motivationsstile prüfen

▶ Die Meditation durch die Kultivierung der richtigen »Einstellung« vertiefen

---

Als wirksame Übung zur Umprogrammierung Ihres Geistes und das Öffnen Ihres Herzens gibt es keine Alternative zur Meditation. Aber traditionell steht die Meditation niemals allein – sie wird immer von einer Betonung der Motivation und Einstellung begleitet, das heißt von Qualitäten des Geistes, die das Feuer der Meditation nähren und Sie zum Weitermachen anspornen, wenn es schwierig wird.

Einige Meditationslehrer drängen Sie möglicherweise dazu, das Gelübde abzulegen, Ihre Meditation dem Wohlbefinden anderer zu weihen, anstatt alle Vorteile für sich selbst einzuheimsen. Andere fordern Sie möglicherweise auf, Ihre tiefsten Bestrebungen oder Absichten oder Einstellungen zu überprüfen – das, was ein Zen-Meister als Ihren »tiefsten Wunsch« bezeichnete. Doch egal, welches Wort Sie zur Beschreibung verwenden, müssen Sie tief in Ihren eigenen Geist und Ihr Herz schauen, um die Gründe zu klären, die Sie zum Meditieren motivieren. Dann können Sie auf diese Motivation zurückgreifen, wenn die Übung langweilig und ereignislos wird – was unvermeidlich eintreten wird.

Ich habe einen Neffen im Teenager-Alter, der ein professioneller Baseball-Spieler werden möchte. Trotz der geringen Aussichten könnte er es gerade so schaffen – er verfügt über die notwendigen Fähigkeiten und hat die Arbeitsethik eines Gewinners. Neulich bat er mich, ihm das Meditieren beizubringen, um sein Baseball-Spiel zu verbessern. Dann habe ich noch einen über dreißigjährigen Cousin mit einem Harvard-Abschluss in Wirtschaftswissenschaften, der in einer angesehenen Investmentfirma an der Ostküste arbeitet. Als wir neulich miteinander telefonierten, wollte er wissen, ob die Meditation ihm dabei helfen kann, den unaufhörlichen Stress zu verringern, der mit seinem Job verbunden ist.

Eine enge Freundin in der Fünfzigern, bei der gerade Brustkrebs diagnostiziert wurde, möchte meditieren lernen, um mit Ihrer Angst umzugehen und Ihre Heilung zu unterstützen. Und eine meiner therapeutischen Klientinnen wollte in der Meditation unterwiesen werden, um ihren Geist zu beruhigen und dadurch ein klareres Bild der wiederkehrenden Muster ihres Denkens und Handelns zu gewinnen, die ihr Leben durcheinander bringen und sie unglücklich machen.

Vielleicht drängt es Sie zum Meditieren, weil Sie Schmerzen haben, leiden oder aus irgendeinem Grund verzweifelt sind oder weil Sie einfach mit der Qualität Ihres Lebens unzufrieden sind – mit dem Übermaß Ihres Stresses, mit dem Mangel an Freude, mit der Hektik und Intensität. Was immer Ihr Grund sein mag – Sie müssen hinreichend motiviert sein, wenn Sie sich jemals der Mühe unterziehen wollen Ihre Gewohnheiten zu ändern, einen Gang zurückzuschalten und Ihre Aufmerksamkeit jeden Tag für fünfzehn oder zwanzig Minuten nach innen zu richten. In diesem Kapitel haben Sie eine Gelegenheit, sich Ihrer einzigartigen Art von Unzufriedenheit zu stellen – und die Motivation zu kultivieren, die Sie – Woche für Woche – weiter meditieren lässt.

Mit Anfängergeist anfangen (und aufhören)

 Letztlich raten die großen Meditationslehrer, dass die beste Einstellung zur Meditation ein offener Geist ist, der vollkommen frei von allen Vorurteilen und Erwartungen ist. Einer meiner ersten Meditationslehrer, der Zen-Meister Shunryu Suzuki, nennt dies den *Anfängergeist* – und er lehrt, dass das Ziel der Meditation nicht darin besteht, Wissen anzusammeln, etwas Neues zu lernen oder einige besondere Zustände des Geistes zu erreichen, sondern darin einfach diese frische, unverstellte Perspektive zu bewahren.

»Wenn Ihr Geist leer ist, ist er immer für alles bereit; er ist offen für alles«, schreibt er in seinem Buch *Zen Mind, Beginner's Mind* (Zen-Geist, Anfängergeist), »Im Anfängergeist gibt es viele Möglichkeiten; im Geist des Experten gibt es nur wenige.« Wie der Titel seines Buches nahe legt, lehrt Suzuki, dass der Anfängergeist und der Zen-Geist – der wache, klare, ungefesselte Geist des erleuchteten Zen-Meisters – im Wesentlichen dasselbe ist. Ein anderer Lehrer drückt dies folgendermaßen aus: »Der Sucher ist das Gesuchte; der Betrachter ist das, was er betrachtet!«

Es braucht wohl nicht extra gesagt zu werden, dass es einfacher ist, über den Anfängergeist zu schreiben, als ihn zu bewahren oder sogar ihn zu erkennen. Aber genau darum geht es – der »nicht wissende Geist« des Anfängers kann sich den Anfängergeist weder vorstellen noch ihn erkennen, so wie sich das Auge nicht selbst sehen kann, auch wenn es die Quelle allen Sehens ist. Egal welche Meditationstechnik Sie wählen, versuchen Sie sie mit der unschuldigen, offenen, »Nicht-wissen«-Haltung des Anfängergeistes zu üben. In einem gewissen Sinn ist der Anfängergeist die *Nicht-Einstellung*, die allen Einstellungen zugrunde liegt, die *Nicht-Technik*, die sich im Herzen aller erfolgreichen Techniken findet.

Der Anfängergeist hat die folgenden Eigenschaften:

✔ **Offenheit allem gegenüber, was ins Bewusstsein kommt:** Wenn Sie Ihre Erfahrungen bei der Meditation willkommen heißen, ohne zu versuchen, sie zu ändern, bringen Sie sich mit dem Sein selbst in Einklang, das alles umfasst – Licht und Dunkelheit, Gut und Böse, Leben und Tod – ohne Urteil oder Ablehnung.

✔ **Freiheit von Erwartungen:** Wenn Sie den Anfängergeist praktizieren, begegnen Sie jedem Moment mit frischen Augen und Ohren. Anstatt zu meditieren, um ein zukünftiges Ziel zu erreichen, sitzen Sie mit dem Vertrauen da, dass die offene, bereite Achtsamkeit, die Sie mitbringen, letztlich alle Qualitäten enthält, die Sie suchen, wie beispielsweise Liebe, Frieden, Glück, Mitgefühl, Weisheit und Gleichmut.

✔ **Weiter und spontaner Geist:** Einige Lehrer vergleichen den Anfängergeist mit dem Himmel. Obwohl die Wolken kommen und gehen mögen, wird die grenzenlose Weite des Himmels niemals beschädigt oder in irgendeiner Weise verkleinert. Was die Spontaneität angeht, hat Jesus es mit den folgenden Worten zusammengefasst: »Ihr müsst werden wie die kleinen Kinder, wenn Ihr das Himmelreich betreten wollt.« Wenn Sie frei von Erwartungen und offen für alles sind, was auftaucht, reagieren Sie in Situationen spontan auf eine natürliche Weise.

✔ **Ungetrübtes, ursprüngliches Bewusstsein:** Ein berühmter Zen-Koan (provozierendes Rätsel) lautet:»Wie sah Ihr ursprüngliches Gesicht aus, bevor Ihre Eltern geboren waren?« Dieser Koan weist auf die unbeschreibliche, ursprüngliche Qualität des Geistes hin, die Ihrer Persönlichkeit und sogar Ihrem physischen Körper vorausgeht. Vielleicht sollte der Anfängergeist eher als der *anfangslose Geist* bezeichnet werden!

Ihr Ende ist Ihr Anfang

Es gehört zu den großen Geheimnissen der Meditation, dass Sie unweigerlich dort aufhören, wo Sie begonnen haben. Wie Simon in dem Einschub *Den Schatz im eigenen Haus entdecken* in Kapitel 1 finden Sie letztlich heraus, dass der Schatz schon immer unter Ihrem eigenen Herd verborgen war – und dass der Pfad, dem Sie folgen, nur dazu dient, Sie wieder zurück nach Hause zu führen. T. S. Eliot drückt dies in seinem Gedicht »Vier Quartette« sinngemäß folgendermaßen aus: »Das Ende unseres Suchens kommt, wenn wir dort ankommen, wo wir gestartet sind und diesen Ort wie zum ersten Mal sehen.«

Um dieses Geheimnis zu klären, unterscheiden die Tibeter zwischen dem *Grund,* dem *Pfad* und der *Reife.* Danach sind in dem verwirrten, geschäftigen, leidenden Geist der Frieden, die Liebe und das Glück verborgen, die Sie suchen – das ist der Grund oder die Basis für das Erwachen. Aber die Wolken der Negativität (Zweifel, Wertungen, Furcht, Ärger, Anhaften), die diese Basis verdecken, die das ist, was Sie im Grunde Ihres Herzens wirklich sind, sind so dick und undurchdringlich geworden, dass Sie sich auf den Weg der Meditation machen müssen, um die Wolken zu verscheuchen und näher an die Wahrheit zu kommen.

Wenn Sie schließlich – im Augenblick der Reife – Ihren Wesenskern erkennen, wird Ihnen klar, dass er immer schon genau dort gewesen ist, wo und wer Sie bereits sind – näher als Ihr eigenes Herz, und unmittelbarer als Ihr Atem. Dieser Wesenskern ist identisch mit dem, was im Zen der *Anfängergeist* genannt wird.

 ### Leeren Sie Ihre Tasse

Es gibt eine alte Zen-Geschichte über einen Gelehrten, der einen berühmten Zen-Meister besuchte, um ihn über die Bedeutung des Zen zu befragen. Der Gelehrte stellte eine Frage nach der anderen, war aber so voll mit seinen eigenen Ideen, dass er dem Meister selten Gelegenheit gab zu antworten.

Nach über einer Stunde dieses einseitigen Dialogs fragte der Meister den Gelehrten, ob er eine Tasse Tee haben wolle. Als der Gelehrte seine Tasse hochhielt, füllte der Meister sie, goss dann aber immer weiter nach.

»Genug«, rief der Gelehrte, »Die Tasse ist voll. Sie kann nichts mehr aufnehmen.«

»Ja«, antwortete der Meister, »und genauso ist es mit Ihrem Geist. Sie können kein Zen lernen, bevor Sie nicht Ihre Tasse leeren.«

Was motiviert Sie zum Meditieren?

In unserer Kultur wird nicht viel über Motivation geredet – es sei denn, sie ist unzureichend oder fehlt und wir müssen sie verstärken oder »uns motivieren«. Möglicherweise gehören Sie zu den Menschen, die in Ihrem Leben tun, was natürlicherweise ansteht, oder die Dinge tun, weil sie Ihnen Spaß machen – oder weil es aufregend oder bildend oder einfach nur interessant ist. Vielleicht gehören Sie auch zu den Menschen, die Verantwortung übernehmen und ihr Leben mit Verpflichtungen füllen, um dann ihre Zeit damit zu verbringen, diese zu erfüllen.

Egal, welcher Art Ihre Motivation ist – vielleicht stellen Sie bei näherer Betrachtung fest, dass die Motivation oder Einstellung, die Sie zu einer Aktivität mitbringen, einen dramatischen Einfluss darauf hat, wie Sie die Aktivität erfahren. Nehmen Sie Sex als Beispiel. Wenn Sie ihn aus Lust oder Langeweile oder Furcht ausüben, wird Ihr sexuelles Vergnügen durch das Gefühl eingefärbt, das Sie dazu motiviert hat. Aber wenn Sie Sex als aus dem Herzen kommenden Ausdruck Ihrer Liebe für Ihren Partner haben, bewegen Sie sich möglicherweise auf dieselbe Art und Weise, berühren dieselben Stellen und wenden dieselben Techniken an – aber Sie werden eine grundlegend andere Erfahrung haben.

Nun, Meditation ist wie Sex – was Sie mitbringen, das bekommen Sie zurück! Tatsächlich sagen die meditativen Traditionen, dass Ihre Motive das Ergebnis Ihrer Übung genauso sehr beeinflussen wie die Technik, die Sie benutzen, oder die Zeit, die Sie dafür aufwenden. So wie Klienten, die eine Therapie nach Jung machen, sprichwörtlich jungsche Träume und freudsche Klienten freudsche Träume haben, neigen christliche Meditierende dazu, Gott oder Christus zu erfahren, während buddhistische Meditierende die Leere sehen – und diejenigen, die Heilung oder Geistesruhe oder Leistung auf dem höchsten Niveau suchen, bekommen in der Tendenz das, wofür sie gekommen sind.

 ## Über Ihr Leben nachdenken

Die großen spirituellen Lehrer und Meditationsmeister haben uns immer wieder daran erinnert, wie kurz das Leben ist. Die mittelalterlichen christlichen Mystiker hatten Schädel auf ihren Tischen liegen, die sie an ihre eigene Sterblichkeit erinnern sollten, und in einigen asiatischen Ländern meditieren buddhistische Mönche und Nonnen immer noch auf Friedhöfen, um ihr Bewusstsein der Vergänglichkeit zu vertiefen. Ob morgen, ob im nächsten Jahr oder ob erst in vielen Jahren von heute an gerechnet – irgendwann werden Sie und ich sterben. Sich von Zeit zu Zeit daran zu erinnern kann uns helfen, die Prioritäten des Lebens zu klären, und uns daran erinnern, warum wir meditieren.

Natürlich können Sie, wenn Sie es deprimierend finden, ans Sterben zu denken, diese Übung auslassen. Aber vielleicht stellen Sie auch fest, dass sich Ihre anfängliche Ablehnung auflöst, wenn Sie Ihr Herz für die Kostbarkeit des Lebens öffnen. Nehmen Sie sich zehn Minuten oder mehr Zeit, um diese geführte Meditation auszuführen (die aus dem Buch *Frag den Buddha und geh den Weg des Herzens* von Jack Kornfield entnommen und angepasst wurde):

1. **Setzen Sie sich ruhig hin, schließen Sie die Augen, und machen Sie einige tiefe Atemzüge. Entspannen Sie sich mit jeder Ausatmung ein wenig mehr.**

2. **Stellen Sie sich vor, dass Sie am Ende Ihres Lebens angelangt sind und der Tod schnell näher kommt.**

   Seien Sie sich der Vorläufigkeit des Lebens bewusst – Sie könnten in jedem Moment sterben.

3. **Denken Sie über Ihr Leben nach, indem Sie es wie einen Film vor Ihrem inneren Auge ablaufen lassen.**

4. **Während Sie darüber nachdenken, wählen Sie zwei Dinge aus, die Sie getan haben, bei denen Sie heute ein gutes Gefühl haben.**

   Dabei muss es sich nicht um bedeutende, das Leben ändernde Dinge handeln. Tatsächlich können es einfache, scheinbar unbedeutende Ereignisse sein.

5. **Schauen Sie sich diese Momente gründlich an, und finden Sie heraus, was sie erinnerungswert gemacht hat – mit welchen Qualitäten von Geist und Herz Sie an diese Dinge herangegangen sind.**

6. **Beachten Sie, wie die Erinnerungen auf Sie wirken – welche Gefühle und anderen Erinnerungen Sie in Ihnen auslösen.**

7. **Überlegen Sie im Lichte dieser Erinnerungen, was Sie in Ihrem Leben anders machen würden, wenn Sie es noch einmal leben könnten.**

   Welchen Aktivitäten hätten Sie mehr Zeit eingeräumt, als Sie es heute tun? Auf welche Seinsqualitäten würden Sie den größten Wert legen? Welchen Leuten würden Sie mehr (oder weniger) Aufmerksamkeit zuteil werden lassen?

8. **Wenn Sie diese Übung abgeschlossen haben und Sie Ihrem Tagewerk nachgehen, achten Sie darauf, ob sich Ihre Einstellung Ihrem Leben gegenüber in irgendeiner Weise geändert hat.**

Spirituelle Traditionen klassifizieren häufig Einstellungen und Motive als höherwertiger oder niedriger, und im Allgemeinen stimmen sie darin überein, dass das Motiv, anderen zu helfen, bevor man sich selbst hilft, das höchste Motiv ist. Aber wir müssen dort beginnen, wo wir sind – und es ist wichtiger, ehrlich mit sich selbst zu sein, als Motive vorzugeben, die nicht echt sind. Wie immer dies sein mag – je mehr Sie meditieren, desto mehr öffnen Sie Ihr Herz und enthüllen Ihre natürliche, innewohnende Anteilnahme am Wohlbefinden anderer. Die folgenden Abschnitte beschreiben die fünf grundlegenden Motivationsarten. Beschäftigen Sie sich mit ihnen, um Ihren eigenen Standpunkt zu klären. Beachten Sie, dass die Grenzen zwischen diesen Arten bestenfalls fließend sind, und dass auf die meisten Menschen eine Mischung aus einigen oder allen fünf Arten zutrifft.

Tief in Ihr eigenes Herz blicken

Setzen Sie sich ruhig hin, machen Sie einige tiefe Atemzüge, und nehmen Sie sich einige Zeit, um in Ihrem eigenen Herzen und Geist Antworten auf die folgenden Fragen zu suchen:

✔ Was veranlasst mich, die Meditation auszuüben?

✔ Was motiviert mich zu meditieren?

✔ Was hoffe ich zu erreichen?

✔ Was erwarte ich zu lernen?

Stellen Sie die ersten Gedanken, die Ihnen ins Bewusstsein kommen, beiseite, schauen Sie tiefer, und stellen Sie sich die Frage: »Welche Unzufriedenheit oder welches Leiden treibt mich dazu?«

✔ Möchte ich meinen Stress reduzieren und meinen Geist beruhigen?

✔ Möchte ich glücklicher sein und mehr Selbstakzeptanz entwickeln?

✔ Suche ich Antworten auf die tieferen, existenziellen Fragen wie »Wer bin ich?« oder »Was ist der Sinn des Lebens?«

Vielleicht sorgen Sie sich sogar um die Leiden anderer und streben danach, ihnen zu helfen, bevor Sie sich selbst helfen. Vielleicht wollen Sie nur Ihre Leistung bei der Arbeit verbessern oder aufmerksamer und liebevoller mit Ihrer Familie umgehen. Egal welche Antworten Sie finden – nehmen Sie sie einfach ohne Bewertung zur Kenntnis, und greifen Sie auf sie zurück, wenn Sie Unterstützung suchen, um Ihre Motivation aufrechtzuerhalten.

Verbesserung Ihres Lebens

Stellen Sie sich für einen Moment vor, dass Ihr Leben ein Chaos ist und Sie sich abmühen, es wieder in den Griff zu bekommen – deshalb fangen Sie an zu meditieren. Sie glauben, dass Sie durch die Meditation die Konzentration und Selbstdisziplin erreichen können, die Sie benötigen, um Erfolg zu haben. Vielleicht haben Sie auch Schwierigkeiten in Beziehungen und wollen Ihren Geist beruhigen oder sogar aus der emotionalen Achterbahn aussteigen, damit Sie nicht dauernd mit anderen in Konflikt geraten.

Vielleicht haben Sie ein chronisches Leiden und hoffen, dass eine regelmäßige Ausübung der Meditation Ihren Stress reduziert und Ihre Gesundheit im Allgemeinen verbessert. Vielleicht wollen Sie einfach nur Ihre Leistung bei der Arbeit oder im Sport verbessern oder lernen, wie Sie Ihre Familie, Ihre Freunde und Ihre Freizeitaktivitäten mehr genießen können. Egal welches Szenario auf Sie zutrifft – auf dieser Stufe ist es Ihr Hauptanliegen, sich selbst und Ihre externen Umstände zu verbessern – eine durch und durch edle Absicht.

Sich selbst verstehen und annehmen

An einem bestimmten Punkt Ihrer Entwicklung haben Sie möglicherweise genug von dem Versuch, sich selbst zu »reparieren« – oder vielleicht waren Sie damit so erfolgreich, dass es an der Zeit ist, zur nächsten Phase überzugehen. Hier stellen Sie fest, dass einige Muster nicht geändert werden können – oder dass diese durch das Bemühen, sie zu ändern, immer unzugänglicher werden –, und Sie beschließen, vom »Reparieren« zum Selbstbewusstwerden und zur Selbstakzeptanz fortzuschreiten. Ein früherer Trainer der Chicago Bulls, Phil Jackson, drückt dies in seinem Buch *Sacred Hoops* (»*Heilige Ringe*«) folgendermaßen aus: »Wenn wir jedes Blatt akzeptieren können, das uns ausgeteilt wird, egal wie unwillkommen es sein mag, wird früher oder später das weitere Vorgehen klar.«

Ich vergleiche den Wandel gern mit einem der gewebten chinesischen Fingerpuzzles, die zu meiner Kindheit beliebt waren: Je fester man zog, desto mehr bleib man stecken. Aber wenn man seine Finger – in der Geste der Selbstakzeptanz – aufeinander zu bewegte, konnte man sie ziemlich leicht befreien. Wenn Sie sich mit Selbstvorwürfen, Selbstzweifeln oder Selbstverurteilungen quälen, könnten Sie sich zur Meditation hingezogen fühlen, um zu lernen, sich selbst anzunehmen und sogar zu lieben.

 In meiner Arbeit als Psychotherapeut habe ich festgestellt, dass eine negativ eingefärbte Selbstkritik in der Psyche von ansonsten ausgeglichenen Menschen verheerende Schäden anrichten kann – und zu den Heilmitteln gehört fast unvermeidlich zu lernen, sich selbst zu akzeptieren, was die Buddhisten als »mit sich selbst Freundschaft schließen« bezeichnen. Wenn Sie üben, sich selbst vollkommen zu akzeptieren, dann erweichen und öffnen Sie Ihr Herz nicht nur sich selbst, sondern letztlich auch anderen gegenüber. (Nähere Informationen über die Selbstakzeptanz finden Sie in den Kapiteln 6, 10 und 11.)

Ihre wahre Natur verwirklichen

Obwohl Sie erkennen, wie wertvoll es ist, sich zu verbessern oder Freundschaft mit sich selbst zu schließen, können Sie durch das Verlangen zur Meditation hingezogen werden, die Schleier zu durchstoßen, die Sie von der wahren Quelle allen Sinns, Friedens und der Liebe trennen. Alles andere ist Ihnen nicht genug! Vielleicht sind Sie von einer der großen spirituellen Fragen besessen – wie beispielsweise »Wer bin ich?« »Was ist Gott?« oder »Welchen Sinn hat das Leben?«. Im Zen wird gesagt, dass ein solches intensives Verlangen nach Wahrheit wie eine glutheiße Eisenkugel im Magen liegt – Sie können sie nicht verdauen, und Sie können sie nicht ausspucken; Sie können sie nur durch die Kraft Ihrer Meditation umwandeln.

Ihr Streben kann durch persönliches Leiden ausgelöst worden sein, aber Sie wollen sich nicht damit zufrieden geben, sich selbst zu verbessern oder anzunehmen, und fühlen sich gedrängt, den Gipfel des Berges zu erreichen, den ich in Kapitel 1 beschrieben habe –, um das zu erreichen, was die großen Meister als *Erleuchtung* oder *Satori* bezeichnet haben. Wenn Sie erkennen, was Sie in Ihrem Wesenskern sind, fällt das getrennte Selbst ab und enthüllt Ihre Identität mit dem Sein selbst. Diese Erkenntnis kann ihrerseits weit reichende Verzweigungen haben – ironischerweise einschließlich eines glücklicheren und harmonischeren Lebens und einer vollkommenen Selbstliebe und Selbstakzeptanz.

Andere erwecken

Die tibetischen Buddhisten lehren, dass alle Meditierenden das wichtigste Motiv überhaupt kultivieren müssen – andere zu befreien, bevor man sich selbst befreit. Diese Haltung des selbstlosen Strebens, die als *Bodhichitta* (»erwachtes Herz«) bezeichnet wird, beschleunigt tatsächlich den meditativen Prozess, indem sie als Heilmittel der natürlichen menschlichen Tendenz entgegenwirkt, die eigenen Errungenschaften und Einsichten zu horten und das eigene psychische und spirituelle Territorium zu verteidigen. Solange die Meditation nicht von Bodhichitta durchdrungen ist, kann sie uns gemäß der Auffassung der Tibeter nur ein Stück weit auf dem Weg zur Selbsterkenntnis führen.

Die angeborene Perfektion zum Ausdruck bringen

In der Zen-Tradition besteht das höchste Motiv für die Meditation nicht darin, einen besonderen Geisteszustand zu erreichen, sondern die eigene angeborene reine und unbeschmutzte »wahre Natur« zum Ausdruck zu bringen – was ich weiter oben als *Anfängergeist* oder in Kapitel 1 als *wahres Wesen* bezeichnet habe. Wenn dies Ihr Motiv ist, verlassen Sie niemals Ihren eigenen Herd, sondern setzen sich mit der zuversichtlichen Gewissheit hin, dass Sie bereits in dem Frieden und Glück leben, das Sie suchen. Diese Stufe der Motivation erfordert eine beträchtliche spirituelle Reife, aber wenn Sie einmal einen flüchtigen Blick darauf erhascht haben, wer Sie wirklich sind, werden Sie möglicherweise den Drang verspüren zu meditieren, um Ihr Verständis zu verdeutlichen und zu vertiefen.

Wie Sie mit Ihrer Meditation in Harmonie leben können

Nachdem Sie jetzt erfahren haben, was Sie veranlasst zu meditieren, können Ihnen einige Richtlinien dabei helfen, Ihre Übungen zu verbessern und zu vertiefen. Insbesondere haben die Meditierenden über die Jahrhunderte herausgefunden, dass die Art und Weise, wie Sie handeln, worüber Sie nachdenken und welche Qualitäten Sie kultivieren, einen direkten Einfluss auf die Tiefe und Stabilität Ihrer Meditation haben kann.

Jede spirituelle Tradition betont ein bestimmtes rechtes Verhalten – was aber nicht unbedingt auf starren Vorstellungen von richtig und falsch beruhen muss. Wenn Ihr Handeln nicht mit Ihren Gründen für das Meditieren in Einklang steht – wenn Sie beispielsweise meditieren, um Ihren Stress zu reduzieren, aber Ihre Handlungen Konflikte verstärken –, dann kann Ihr Alltagsleben dem entgegenwirken, was Sie durch die Zeit erreichen wollen, die Sie auf Ihrem Kissen verbringen. (Das hebräische Wort für *Sünde* bedeutete ursprünglich »neben dem Ziel!«) Je mehr Sie meditieren, desto empfindsamer werden Sie dafür, wie einige Aktivitäten Ihre Meditation unterstützen oder sogar verbessern – und andere sie stören oder hemmen.

Natürlich besteht zwischen Ihrer formalen Meditation und Ihrem Alltagsleben eine niemals endende Feedback-Schleife: Wie Sie leben, beeinflusst, wie Sie meditieren, und wie Sie meditieren, beeinflusst, wie Sie leben.

Halten Sie diese Gedanken in Ihrem Geist fest, wenn Sie die folgenden zehn grundlegenden Richtlinien lesen, um in Harmonie mit dem Geist der Meditation zu leben:

✔ **Achten Sie auf Ursache und Wirkung:** Beachten Sie, wie Ihre Handlungen – und die Gefühle und Gedanken, die damit verbunden sind – andere und Ihren eigenen Geisteszustand beeinflussen. Wenn der Ärger in Ihnen aufflackert oder Sie in Furcht zurückschlagen, beobachten Sie, wie Sie die Wellen stunden- oder sogar tagelang spüren können – in Ihrem Verhalten anderen gegenüber, in Ihrem Körper und in Ihrer Meditation. Machen Sie dasselbe bei Handlungen, die Freundlichkeit oder Mitgefühl ausdrücken. Die Bibel sagt: »Was du säst, wirst du ernten.«

✔ **Denken Sie über die Vergänglichkeit und die Kostbarkeit des Lebens nach:** Der Tod ist wirklich, sagen die Tibeter; er kann ohne Vorwarnung kommen, und auch dieser Körper wird eines Tages Futter für Würmer und andere irdische Kreaturen sein. Wenn Sie darüber nachdenken, wie selten die Gelegenheit ist, als menschliches Wesen zu einer Zeit zu leben, in der physische Bedürfnisse relativ leicht befriedigt werden können und in der die Ausübung der Meditation und anderer Methoden zur Reduzierung von Stress und zur Erleichterung des Leidens so leicht zugänglich sind, spüren Sie möglicherweise ein stärkeres Verlangen, die Möglichkeiten zu nutzen, die sich Ihnen bieten.

✔ **Machen Sie sich die Grenzen des weltlichen Erfolgs klar:** Betrachten Sie die Menschen, die Ihrer Kenntnis nach den weltlichen Erfolg erzielt haben, den Sie anstreben. Sind sie wirklich glücklicher als Sie? Erfahren sie in ihrem Leben mehr Liebe oder mehr Geistesruhe? Durch die Meditation können Sie eine Stufe des inneren Erfolgs erreichen, die auf Freude und Ruhe basiert statt auf materiellem Gewinn.

✔ **Üben Sie das Nicht-Anhaften:** Dieser klassische buddhistische Rat mag im ersten Moment wie eine unmögliche Aufgabe klingen. Aber hierbei geht es nicht darum, gleichgültig zu werden oder der Welt zu entsagen, sondern zu beachten, wie das Anhaften an den Ergebnissen Ihrer Handlungen Ihre Meditationen und Ihre Geistesruhe beeinflusst. Was wäre, wenn Sie mit ganzem Herzen, mit den besten Absichten handeln und dann den Kampf aufgeben, dass die Dinge in einer ganz gewissen Weise zu sein haben?

✔ **Kultivieren Sie Geduld und Ausdauer:** Das Mindeste, was die Ausübung der Meditation erfordert, ist die Bereitschaft weiterzumachen. Egal, ob Sie es als *Disziplin*, *Fleiß*, *Ausdauer* oder einfach nur *Dranbleiben* bezeichnen, Sie ernten die größten Vorteile, wenn Sie es regelmäßig, Tag für Tag, tun. Außerdem haben die Qualitäten der Geduld und Ausdauer auch in allen anderen Bereichen des Lebens ihr Gutes. (Nähere Informationen über die Anstrengung und die Selbstdisziplin finden Sie in Kapitel 9.)

✔ **Vereinfachen Sie Ihr Leben:** Je geschäftiger und komplizierter Ihr Leben ist, desto erregter wird Ihr Geist sein, wenn Sie meditieren – und desto größer wird Ihr Stress sein. Achten Sie insbesondere auf zusätzliche Aktivitäten, die Sie noch in Ihren bereits engen Zeitplan hineinzwängen (vielleicht um zu vermeiden, tief zu atmen, Ihren Herzschlag zu hören, sich Ihren Ängsten zu stellen und mit anderen unangenehmen Gefühlen wie Einsamkeit, Leere, Trauer oder Unzulänglichkeit umzugehen). Wenn Sie aufhören zu laufen und genau hinhören, vernehmen Sie möglicherweise die Stimme Ihrer eigenen inneren Weisheit.

✔ **Leben Sie ehrlich und integer:** Wenn Sie lügen, manipulieren und Ihre zentralen Werte kompromittieren, können Sie sich vor sich selbst eine Zeit lang verstecken – bis Sie auf Ihrem Meditationskissen sitzen. Dann meldet sich Ihr schlechtes Gewissen, und jede kleine Sünde kommt zurück, um Sie zu verfolgen. Die Meditation wirft Ihr Spiegelbild zurück, und was Sie sehen, könnte Sie dazu motivieren, mehr von Ihrem positiven Potenzial zu verwirklichen.

✔ **Stellen Sie sich Situationen mit dem Mut eines Kriegers:** Im Gegensatz zu ihren Gegenstücken auf dem Schlachtfeld, kultivieren »Meditationskrieger« ihren Mut, um ihre Aggressivität und Defensivität abzulegen, sich ihren Ängsten zu stellen und ihre Herzen zu öffnen – sich selbst und anderen gegenüber. Sie mögen einwenden, dass dies einfacher gesagt als getan ist, aber die Meditation bringt Ihnen bei, wie dies funktioniert –, und dann müssen Sie bereit sein, dies in den Situationen Ihres Alltagslebens zu befolgen. Letztlich bietet jeder Moment Gelegenheit zur Übung. (Nähere Informationen darüber, wie Sie in jedem Moment des Lebens meditieren können, finden Sie in Kapitel 15.)

✔ **Vertrauen Sie der Technik der Meditation – und sich selbst:** Es hilft, wenn Sie sich vergegenwärtigen, dass Menschen seit Tausenden von Jahren erfolgreich meditieren – viel länger, als Sie beispielsweise Microsoft Windows oder den PowerPC benutzen. Außerdem sprechen wir hier über Verfahren, die keine materielle Technik erfordern und die von jedem angewendet werden können – wie den Atem beobachten und die Aufmerksamkeit lenken. Vertrauen Sie einfach auf diese Technik, folgen Sie den Anweisungen – und lassen Sie die Ergebnisse einfach los.

✔ **Widmen Sie Ihre Übung dem Nutzen anderer:** Wie ich bereits weiter oben erwähnt habe, nennen die Tibeter diese Widmung *Bodhichitta* (»erwachtes Herz«) und betrachten sie als wesentlich für eine Meditation, die das Leben ändern soll, im Gegensatz zu einer Meditation, die nur kosmetisch wirkt. Studien, die den Einfluss des Betens auf die Heilung untersuchten und in *Healing Words: The Power of Prayer and the Practice of Medicine* (*Heilende Worte: Die Kraft des Gebets und die Ausübung der Medizin*) von Larry Dossey zitiert werden, haben gezeigt, dass Gebete, die um bestimmte Ergebnisse bitten, längst nicht so wirksam sind, wie Gebete, die das Beste für alle Betroffenen erbitten. Anders ausgedrückt: Die Liebe, die Ihnen zufließt, entspricht der Liebe, die Sie geben!

Ein letztes Mal schauen

Stellen Sie sich vor, dass Sie Ihre Freunde oder Ihre Lieben niemals wiedersehen werden. Führen Sie jetzt die folgenden Schritte aus:

1. **Setzen Sie sich ruhig hin, machen Sie einige tiefe Atemzüge, und schließen Sie die Augen.**

2. **Lassen Sie die normalen Gedanken, Gefühle und Beschäftigungen, die Sie umtreiben, sich wie Nebel an einem sonnigen Morgen auflösen.**

3. **Betrachten Sie die Objekte und Leute in Ihrem Blickfeld, als ob Sie sie zum letzten Mal sehen.**

   Wie kommen sie Ihnen vor? Wie fühlen Sie sich? Welche Gedanken gehen durch Ihren Geist?

4. **Betrachten Sie die Schönheit und Kostbarkeit dieses Moments, der der einzige ist, den Sie haben.**

5. **Denken Sie über die Erkenntnis nach, dass jeder Moment wie dieser ist.**

6. **Wenn Sie diese Meditation beendet haben, lassen Sie auch Ihre laufenden Erfahrungen von den Einsichten durchdringen, die Sie dabei gewonnen haben.**

Wie Sie durch Ihren Geist gestresst werden und was Sie dagegen tun können

5

In diesem Kapitel

▷ Durch Ihre Gedanken und Gefühle tauchen

▷ Die vielen Weisen kennen lernen, auf die der Geist Stress verursacht

▷ Mit Konzentration den Geist beruhigen

▷ Stress durch spontane Befreiung loswerden

▷ Stellen, an denen Sie festsitzen, durch Einsicht durchdringen

Seit Tausenden von Jahren haben uns Sprichwörter und Weise sowohl aus dem Osten als auch aus dem Westen gesagt, dass unsere Probleme ihren Ursprung in unserem Geist haben. Deshalb sollten Sie nicht überrascht sein, wenn ich hier in diesen Chor einstimme und dieselbe Meinung vertrete. Ja, sie haben recht, Ihr Geist selbst »kann eine Hölle zum Himmel und einen Himmel zur Hölle« machen (wie es der englische Dichter John Milton ausgedrückt hat). Vielleicht fragen Sie sich jedoch, wie Ihnen diese hübsche kleine Binsenweisheit helfen kann, wenn Sie nicht wissen, was Sie damit anfangen sollen? »Sicher, mein Geist ist das Problem«, mögen Sie einräumen, »aber eine chirurgische Entfernung meines Gehirns wäre sicher nicht die beste Lösung.«

Sie können anfangen, indem Sie sich damit vertraut machen, wie Ihr Geist funktioniert. Wie Sie möglicherweise bemerkt haben, handelt es sich um ein ziemlich komplexes Gebilde aus Gedanken, Ideen, Geschichten, Impulsen, Präferenzen und Emotionen. Ohne ein Diagramm ist es wahrscheinlich genauso schwierig, mit diesem Gebilde umzugehen, wie mit dem Knäuel der Drähte und Schläuche unter der Motorhaube Ihres Autos.

Wenn Sie sich ein Grundwissen über die Struktur des Geistes angeeignet haben, können Sie anfangen zu registrieren, wie diese ganzen Gedanken und Gefühle Ihre Erfahrung verzerren und Sie daran hindern, das Glück, die Entspannung, die Wirksamkeit oder die Heilung zu erreichen, das bzw. die Sie anstreben. Danach können Sie entdecken, wie Meditation Ihnen beibringen kann, dies alles zu ändern, indem Sie Ihren Geist erst fokussieren und beruhigen und zuletzt immer tiefer in ihn eintauchen, um die gewohnheitsmäßigen Geschichten und Muster zu entwirren, die Ihr dauerndes Leiden und Ihren Stress verursachen. Wer weiß, vielleicht können Sie sich doch noch eine Lobotomie ersparen!

Eine Rundreise durch Ihr inneres Terrain machen

Weil ich ein begeisterter Wanderer und Schwimmer bin, verwende ich gern Metaphern aus der Natur, die sich, nebenbei gesagt, tatsächlich ziemlich gut dazu eignen, die Meditation zu beschreiben. In Kapitel 1 habe ich die Übung der Meditation mit dem Besteigen eines Berges verglichen. Jetzt stelle ich diese Metapher gewissermaßen auf den Kopf und fordere Sie auf, sich vorzustellen, dass Ihre Reise Sie in die Tiefe führt – zum Grund eines Sees. (Wenn Sie wollen, können Sie sich selbst in einem Taucheranzug und der zugehörigen Tauchausrüstung vorstellen.) Tatsächlich handelt es sich bei diesem See, auf den ich mich beziehe, um Sie – Sie reisen in die Tiefen Ihres eigenen Wesens.

Die Schichten der inneren Erfahrung durchkämmen

Wenn Sie meditieren, entwickeln Sie nicht nur Ihre Konzentration und beruhigen nicht nur Ihren Geist, sondern Sie werden feststellen, wie Sie immer tiefer in Ihre innere Erfahrung eintauchen – und dabei Schichten entdecken, von deren Existenz Sie bis dato keine Ahnung hatten. Was liegt nun Ihrer Meinung nach auf dem Grund? Die großen meditativen Traditionen haben verschiedene Namen dafür geprägt: *Essenz, reines Wesen, wahre Natur, Spirit, Seele, teure Perle, Quelle aller Weisheit* und *Liebe*. Der Zen nennt es *Ihr ursprüngliches Gesicht, bevor Ihre Eltern geboren waren*. Sie können es sich als Quelle vorstellen, aus der das reine, erfrischende, zutiefst befriedigende Wasser des Seins ohne Vorbehalte sprudelt. (Nähere Informationen über diese Quelle finden Sie in Kapitel 1, wo sie den Bergsteiger auf dem Gipfel des Berges der Meditation erwartet.)

Ist es höher oder tiefer?

Spirituelle Lehrer und Befürworter des persönlichen Wachstums haben eine Schwindel erregende Vorliebe für die Hoch-und-Tief-Metaphern. Einige sprechen davon, sich wie ein Bergmann tief in Ihre innere Erfahrung hineinzugraben oder tiefgründige Einsichten zu haben oder Dinge »tief« zu erkennen oder zu erfühlen. Andere reden davon, ein höheres Bewusstsein zu entwickeln oder das Weltliche zu überschreiten oder einen Geist wie den Himmel wachsen zu lassen. (Ich mache das Beste aus diesen beiden Welten, indem ich die beiden Richtungen mehr oder weniger austauschbar verwende.)

Bis zu einem gewissen Grad liegt der Unterschied in den persönlichen Vorlieben eines bestimmten Autors oder Lehrers. Aber er kann sich auch auf eine Einstellung zur inneren Erfahrung beziehen: Wenn Sie glauben, dass die Quelle des *Seins* tief in Ihnen, unter dem Persönlichen liegt, dann sprechen Sie von *unten* und *tiefer gehen*. Falls Sie glauben, dass sie in den oberen Schichten Ihres Wesen beheimatet ist oder wie die Gnade oder der Geist von oben kommt, dann sprechen Sie von *oben* und *höher gehen*.

Meiner bescheidenen Meinung nach kommen Sie, wenn Sie tief genug tauchen, auf dem Gipfel des Berges an – und wenn Sie weit genug nach oben steigen, finden Sie sich auf dem Grund des Sees wieder. Letztlich handelt es sich sowieso um denselben Ort. Letztlich hat das reine *Sein* keinen Ort – es befindet sich überall und immer in jedem von uns.

Diese Quelle des Seins ist das, was Sie im Grunde Ihres Herzens wirklich sind – bevor Sie konditioniert wurden zu glauben, dass Sie irgendwie unzulänglich oder minderwertig seien, wie es so viele Menschen tun. Es ist Ihre Ganzheit und Vollkommenheit – bevor Sie anfingen, sich getrennt oder einsam oder zersplittert zu fühlen. Es ist die tiefe intuitive Erkenntnis, unzertrennlich mit etwas Größerem als Sie selbst und mit jedem anderen Wesen und Ding verbunden zu sein. Und es ist letztlich die Quelle von Frieden, Glück, Freude und anderen positiven, lebensbejahenden Gefühlen – selbst wenn Sie glauben, dass diese durch äußere Umstände verursacht werden. (Natürlich erleben die Menschen diese Quelle verschieden, was erklärt, warum es so viele Wörter gibt, um sie zu beschreiben.)

 Sich in irgendeiner Weise mit dieser Quelle des reinen Seins zu verbinden steht tatsächlich im Mittelpunkt der Meditation – egal ob Sie die Erleuchtung anstreben oder einfach nur versuchen, Ihren Stress zu reduzieren, Ihre Leistung zu steigern oder Ihr Leben zu verbessern. Die Meditation wird Sie definitiv dorthin bringen, wie ich später in diesem Kapitel erklären werde. Aber wenn Sie meditieren, werden Sie anfangen, auf Material zu stoßen, das zwischen Ihnen und der Erfahrung des Seins zu liegen scheint – so wie Sie auf Sedimentschichten, Algen, Fische und Schutt stoßen können, wenn Sie auf den Grund eines Sees hinabtauchen. Diese Schichten stellen kein Problem dar, solange das innere Wasser nicht durch Turbulenzen aufgewühlt ist – in diesem Fall kann es für Sie schwierig werden, klar zu sehen. (Mit *Turbulenz* meine ich einen geschäftigen, erregten Geist oder ein sorgenvolles, verängstigtes, niedergeschlagenes Herz.) Bei der Meditation können Sie – mehr oder weniger in der angegebenen Reihenfolge – auf die folgende Schichten stoßen.

✔ **Plappern des Geistes:** Wenn Sie Ihre Aufmerksamkeit nach innen richten, fällt Ihnen wahrscheinlich als erstes das unaufhörliche Plappern Ihres Geistes auf. Die Buddhisten vergleichen den Geist gern mit einem kreischenden Affen, der sich unkontrollierbar von Gedankenast zu Gedankenast schwingt, ohne jemals eine Pause zu machen. Die meiste Zeit werden Sie von diesem Geplapper so absorbiert, dass Sie sich gar nicht bewusst sind, dass es überhaupt abläuft. Es kann darin bestehen, etwas Vergangenes nachzuerleben oder ein künftiges Ereignis durchzuspielen oder zu versuchen, ein Problem in der Gegenwart zu lösen. Was immer auch der Inhalt sein mag – Ihr Geist redet permanent mit sich selbst, wobei er oft eine Geschichte zusammenspinnt, in der Sie als Held oder als Opfer vorkommen. (Forschungen weisen darauf hin, dass ein sehr kleiner Prozentsatz aller Menschen überhaupt keinen inneren Dialog führt, sondern stattdessen nur Bilder oder Gefühle erlebt.)

✔ **Intensive oder wiederkehrende Emotionen:** So wie ein Action-Film oder eine romantische Komödie Sie auf einer Achterbahnfahrt der Emotionen mitnimmt, so rufen die *Dramen*, die Ihr Geist laufend spinnt, in Ihnen ein eigenes Spiel der Gefühle hervor. Wenn Sie beispielsweise herauszufinden versuchen, wie Sie an der Börse einen Riesengewinn machen oder wie Sie den attraktiven Mann oder die schicke Frau, den oder die Sie gerade bei der Arbeit getroffen haben, ausführen können, fühlen Sie möglicherweise Furcht oder Angst oder verspüren Aufregung oder Lust. Wenn Sie die Gedanken an die Ungerechtigkeiten oder die Unfreundlichkeit, die Ihnen vor kurzem widerfahren ist, nicht loslassen können, können Sie Trauer, Kummer, Empörung und Ärger empfinden. Mit diesen Emotionen sind natürlich eine Reihe von Körperempfindungen verbunden – wie Spannung, Erregung, Herzkrämpfe, Energiewellen im Bauch oder auf der Rückseite des Kopfes.

 Einige dieser Gefühle können angenehm, andere können unangenehm oder sogar schmerzhaft sein. Aber die Emotionen selbst stellen kein Problem dar. Es geht nur darum, dass Sie sich, solange Sie weiter auf die Dramen in Ihrem Kopf reagieren, von anderen und von tieferen, befriedigeren Dimensionen Ihres Wesens abschneiden – und Sie können auch versäumen, was wirklich um Sie herum passiert. (Nähere Informationen über den Umgang mit Emotionen beim Meditieren finden Sie in Kapitel 11.)

 ### Wie kann man zwischen Gedanken und Gefühlen unterscheiden?

Bei meiner Arbeit als Psychotherapeut habe ich festgestellt, dass viele Leute Schwierigkeiten haben, zwischen Gedanken und Gefühlen zu unterscheiden. Wenn ich beispielsweise frage: »Welche Gefühle haben Sie?«, antworten Sie manchmal: »Ich fühle, dass ich nicht mehr so offen zu meinem Partner sein sollte.« Doch obwohl diese Einsicht mit dem richtigen Wort beginnt, handelt es sich tatsächlich um ein Urteil und nicht um ein Gefühl. Die folgenden Hinweise können Ihnen helfen, den Unterschied zu erkennen:

✔ *Gefühle* treten als Gruppe erkennbarer Körperempfindungen auf. Wenn Sie beispielsweise ärgerlich sind, fühlen Sie möglicherweise Spannung in Ihren Schultern und Kiefern und erleben einen Energiestoß auf der Rückseite Ihres Kopfes. Wenn Sie traurig sind, empfinden Sie möglicherweise eine Schwere in Ihrer Brust und Ihrem Herzen und eine Empfindung der Verstopfung in den Nebenhöhlen und in der Kehle. Durch die Meditation können Sie entdecken, wie Sie Ihre Gefühle direkt als Empfindungen erfahren können – getrennt von den Gedanken und Geschichten, die sie aufrechterhalten. (Nähere Informationen über das Meditieren mit Gedanken und Gefühlen finden Sie in Kapitel 11.)

✔ *Gedanken* sind die Bilder, Erinnerungen, Glaubenssätze, Beurteilungen und Reflexionen, die durch Ihren Geist ziehen und häufig Gefühle auslösen. Wenn Sie üben wollen, starke Gefühle in ihre Komponenten zu zerlegen, fragen Sie sich: Welche Gedanken und Bilder in meinem Geist lösen in mir dieses Gefühl aus? Was erfahre ich, abgesehen von meinen Gedanken, tatsächlich in diesem Augenblick in meinem Körper?

Gedanken lösen nicht nur Gefühle aus, sondern sie maskieren sich häufig auch als Gefühle (so dass Sie die Gefühle, die Sie tatsächlich haben, nicht fühlen). Die Gedanken versuchen auch, Sie durch »inneres« Reden aus Ihren Gefühlen herauszuholen, Ihre Gefühle zu beurteilen oder sie komplett zu unterdrücken. Je mehr Sie Ihre Gedanken und Gefühle entwirren, desto klarer und bewusster können Sie Ihre innere Erfahrung erkennen, annehmen und ausdrücken.

✔ **Anhaften und ablehnen:** Auf einer etwas feineren Stufe der Erfahrung als der der Gedanken und Emotionen wartet das ewige Spiel des Mögens und der Abneigung, des Anhaftens und der Ablehnung. Die Buddhisten lehren, dass der Schlüssel zum Glück und zur Zufriedenheit darin liegt, das zu wollen, was Sie haben, und nicht das zu wollen, was Sie nicht haben. Aber häufig sind wir irgendwie unzufrieden mit dem, was wir haben, während wir uns nach dem sehnen, was wir nicht haben, und darum kämpfen, es zu bekommen. Oder wir entwickeln eine starke Anhaftung an das, was wir haben, und leiden dann, wenn sich die Zeiten und Umstände ändern oder es uns wegnehmen. Während der Wandel unvermeidlich ist, kann die Tendenz, entweder an unserer Erfahrung festzuhalten oder sie zu verdrängen, tatsächlich die Ursache ständigen Leidens sein.

✔ **Negative Glaubenssätze und Lebensskripten:** Hier ist noch eine weitere Metapher aus der Natur für Sie. Stellen Sie sich vor, dass Ihre Gedanken und Emotionen und sogar die Dramen, die laufend durch Ihren Geist ziehen, die Blätter und Zweige eines inneren, unterirdischen Busches oder Baumes bilden. (Denken Sie hier an eine wilde und unkontrollierbare Vegetation wie Brombeeren oder Bambus.) Was ist Ihrer Meinung nach die Wurzel, aus denen permanent die Zweige und Blätter entspringen?

Nun, vielleicht sind Sie überrascht zu entdecken, dass die Wurzel aus einem Gewirr von Glaubenssätzen und Geschichten – viele davon negativ – besteht, das sich aus dem geformt hat, was Menschen – insbesondere wichtige Menschen wie Ihre Lieben und Freunde – Ihnen im Laufe der Jahre erzählt und angetan haben. Diese Glaubenssätze und Geschichten haben sich im Laufe Ihres Lebens zu einer Art Lebensskript verbunden, das definiert, wer Sie Ihrer Meinung nach sind und wie Sie die Menschen und Umstände in Ihrer Umgebung betrachten. (Ich sage »überrascht«, weil die meisten Menschen keine Ahnung haben, wenn es um Lebensskripten geht – obwohl Sie möglicherweise eine gewisse Ähnlichkeit zwischen Ihrem Leben und beispielsweise der »Lindenstraße«, dem »Marienhof« oder den »Simpsons« entdecken.)

 Der Punkt ist, dass Ihre Tendenz, sich mit Ihrem Lebensskript zu identifizieren, tatsächlich Ihren Bereich von Möglichkeiten einschränkt und Ihnen Leiden verursacht, weil sie wie ein *Filter* funktioniert, durch den Sie Ihr Leben negativ interpretieren. Um zu der Busch-Metapher zurückzukehren: Sie können natürlich die Zweige immer wieder zurückschneiden, aber Sie werden dieselbe alte Geschichte so lange immer wieder aufführen, bis Sie den Busch mitsamt seiner Wurzeln vollständig herausziehen.

✔ **Das Erleben des Getrenntseins:** Sogar noch tiefer als Ihre Geschichten – einige würden von dem Boden sprechen, auf dem die Geschichten wachsen – liegt ein Gefühl, abgeschnitten oder vom Leben oder dem Sein selbst getrennt zu sein. Obwohl die meditativen Traditionen lehren, dass Getrenntheit tatsächlich eine Illusion ist und wir untrennbar miteinander verbunden sind, geht das Erleben des Getrenntseins tatsächlich sehr tief. Oft reicht es auf frühe Kindheitserfahrungen zurück, in denen Sie durch die Umstände gezwungen wurden, sich vorzeitig von Ihrer Mutter oder einer anderen nährenden Person zu trennen. Manchmal kann dieses Erleben auf das Trauma der Geburt selbst zurückgeführt werden, als Sie das Paradies der Umgebung in der Gebärmutter gegen eine kältere, rauhere Wirklichkeit eintauschen mussten. (Vielleicht ist dieses Erleben auch, wie einige Traditionen behaupten, Teil der embryonalen Hardware.)

Was immer seine Ursprünge sein mögen – dieses Gefühl kann zu einer Art ursprünglicher Angst führen: Wenn ich getrennt bin, dann muss ich an meiner Haut aufhören und dann muss alles da draußen _anders_ sein. Weil diese anderen oft größer sind als ich und weil ich nur eine sehr begrenzte Kontrolle über ihre Aktionen habe, steht mein Überleben auf dem Spiel – und ich muss mich um jeden Preis schützen. Lebensskripten entwickeln sich als Strategien für das Überleben in einer Welt des scheinbaren Getrenntseins, in denen andere als potenziell unfreundlich, zurückhaltend, fordernd oder ablehnend wahrgenommen werden.

Sich Ihres inneren Dialogs bewusst werden

Beginnen Sie diese Meditation, indem Sie Ihre Aufmerksamkeit auf Ihre Gedanken lenken. Achten Sie nach mehreren Minuten darauf, was Ihnen die Stimmen in Ihrem Kopf erzählen. (Falls Sie sich keiner Stimmen bewusst sind, sollten Sie stattdessen Gefühle oder Bilder beobachten.) Ist eine Stimme vorherrschend oder wetteifern mehrere Stimmen um Ihre Aufmerksamkeit? Kritisieren oder ermutigen sie Sie? Beschämen oder loben sie Sie? Oder beschäftigen sie sich hauptsächlich mit anderen Menschen in Ihrem Leben? Gibt es Stimmen, die miteinander streiten?

Welche Art emotionaler Stimmung haben diese Stimmen? Sind sie liebevoll und sanft oder ärgerlich und ungeduldig? Hört sich eine Stimme mehr wie Sie an als die anderen? Erinnern bestimmte Stimmen Sie an Personen in Ihrem Leben, früher oder heute? Welche Gefühle rufen diese Stimmen in Ihnen hervor?

Nehmen Sie sich am Anfang für diese Übung zehn Minuten Zeit. Wenn Sie sie beherrschen, können Sie im Laufe eines Tages von Zeit zu Zeit innehalten und Ihre Aufmerksamkeit auf Ihren inneren Dialog richten. Der wichtige Punkt dabei ist: Sie sind nicht Ihre Gedanken – und Sie müssen die Botschaften nicht unbedingt glauben, die Ihnen die Stimmen mitteilen.

Entdecken Sie, wie die Turbulenz Ihren Geist und Ihr Herz bewölkt

Ich brauche wohl nicht zu sagen, dass Sie, wenn Sie innere Turbulenzen erfahren, es schwierig finden werden, sich mit dem Sein zu verbinden, wenn Sie sich zum Meditieren hinsetzen. Manchmal haben Sie natürlich möglicherweise Momente, in denen Ihr Geist einfach von selbst zur Ruhe kommt und Sie bis auf den Grund des Sees hinabsehen können. (Um eine andere Metapher aus der Natur zu verwenden: Denken Sie an Tage mit bedecktem Himmel, wenn die Wolkendecke plötzlich aufreißt und die Sonne mit all ihrer Wärme und Strahlungskraft scheint.) Diese Momente können durch Gefühle des inneren Friedens und der Ruhe, des Aufwallens von Liebe und Freude oder der Andeutung Ihrer Einheit mit dem Leben gekennzeichnet sein. Aber meistens fühlen Sie sich wahrscheinlich wie ein Schwimmer, der sich durch schlammiges Wasser arbeitet.

Sie sind nicht Ihre Gedanken oder Gefühle

Suchen Sie sich einen ruhigen Platz, an dem Sie die nächsten zehn Minuten sitzen können. Wenn Sie sich bequem hingesetzt haben, tun Sie Folgendes:

1. **Atmen Sie einige Male langsam tief durch.**

2. **Richten Sie Ihre Aufmerksamkeit auf Ihre Gedanken. (Wenn Sie eher ein gefühlsbetonter Mensch sind, können Sie diese Übung auch mit Ihren Emotionen durchführen.)**

Anstatt sich in Ihre Gedanken (oder Emotionen) verwickeln zu lassen, wie Sie dies wahrscheinlich normalerweise tun, beobachten Sie sie genau – auf dieselbe Weise, wie ein Angler die Spitze einer Angel oder ein Tennisspieler einen Ball beobachtet. Falls Ihre Aufmerksamkeit abschweift, kehren Sie einfach zu dieser Aufgabe zurück.

Zuerst mag Ihr Geist wie eine Wand aus Gedanken oder Emotionen wirken, und Sie haben möglicherweise Schwierigkeiten festzustellen, wo ein Gedanke aufhört und der nächste anfängt. Vielleicht stellen Sie auch fest, dass gewisse Gedanken oder Emotionen wie beliebte Melodien immer wiederkehren – beispielsweise wiederkehrende Sorgen oder beliebte Bilder oder Fantasien. Wenn Sie besonders aufmerksam sind, fangen Sie möglicherweise an zu erkennen, dass jeder Gedanke oder jede Emotion ihre eigenen Bestandteile hat, einschließlich eines Anfangs, einer Mitte und eines Endes.

3. **Beenden Sie die Übung nach Ablauf der zehn Minuten, und denken Sie über Ihre Erfahrung nach.**

Haben Sie eine »Distanz« von Ihren Gedanken oder Emotionen erlebt? Oder haben Sie sich immer wieder in Ihren Denk- oder Gefühlsprozessen verloren?

Der Sinn dieser Übung besteht nicht darin festzustellen, wie gut Sie Ihr Denken oder Fühlen verfolgen können, sondern Ihnen die Erfahrung zu vermitteln, der Beobachter Ihrer Gedanken zu sein. Ob Sie es glauben oder nicht, Sie sind der Denker, *nicht* die Gedanken! Wenn Sie durch das Meditieren einen anderen Ausblick auf Ihre Gedanken entwickeln, werden Sie möglicherweise feststellen, dass die Gedanken anfangen, die Kraft zu verlieren, die sie einst über Sie hatten. Sie können Ihre Gedanken haben, aber diese können nicht Sie haben.

Die Turbulenzen und die Verwirrung, auf die Sie beim Meditieren stoßen, treten nicht plötzlich auf Zuruf auf. Sie sind die ganze Zeit vorhanden, bewölken Ihren Geist und Ihr Herz und funktionieren wie ein Filter, der ein klares Sehen verhindert. Sie können sie als innere Klaustrophobie oder Dichte erleben – Sie sind so mit Ihren Emotionen und Meinungen gefüllt, dass Sie keinen Platz für die Ideen und Gefühle anderer oder selbst für neue oder unvertraute Ideen und Gefühle haben, die in Ihrem Inneren auftauchen können. Vielleicht sind Sie auch so stark in Ihr Drama verwickelt, dass Sie sich gar nicht bewusst sind, dass Sie Ihre Erfahrung filtern.

Beispielsweise habe ich einen Freund, einen Computerprogrammierer, der als Kind viel Liebe und Unterstützung erfahren hat. Jetzt, als Erwachsener, sieht er sich als Person, die mit einer innewohnenden Kompetenz ausgestattet ist und einen Eigenwert hat, selbst wenn er kein Steve Jobs (Gründer von Apple-Computer, A.d.Ü.) ist. Als Folge davon genießt er seinen Beruf, erfährt nur minimale Ängste, wenn er Entscheidungen trifft, die seine Arbeit betreffen, sieht andere als grundsätzlich wohlwollend an und strahlt ein greifbares Selbstvertrauen aus, das andere zu ihm hinzieht und veranlasst, ihm zu vertrauen.

Im Gegensatz dazu habe ich einen anderen Freund, einen selbständigen Unternehmer, der über mehrere fortgeschrittene Abschlüsse verfügt und zahllose berufsbezogene Fortbildungsseminare besucht hat und der in seinem tiefsten Inneren von seiner Wertlosigkeit überzeugt ist. Egal, wie hart er arbeitet, er scheint nicht voranzukommen. Außerdem findet er keinen echten Genuss in seiner Arbeit, weil er permanent Angst hat, er könne scheitern, und er stellt sich vor, dass die anderen insgeheim gegen ihn arbeiten, um ihn schlecht zu machen oder zu diskreditieren. In beiden Fällen bestimmt die Weise, wie meine Freunde sich selbst sehen und wie sie das interpretieren, was in ihrer Umgebung passiert, ob sie glücklich oder gestresst sind.

Mit dem Geist eines Meditierenden denken und fühlen

Für den Fall, dass Sie befürchten, dass die Meditation dazu führt, dass Sie nicht mehr denken oder fühlen, teile ich Ihnen einige hilfreiche Unterscheidungen mit, die ich von einem meiner Lehrer, Jean Klein, dem Autor einer Reihe von Büchern, einschließlich *Who Am I?* (*Wer bin ich?*) und *The Ease of Being* (dt. *Freude im Sein*), gelernt habe.

Jean unterscheidet zwischen gewöhnlichem und kreativem Denken, zwischen funktionalem Denken und psychischem Gedächtnis und zwischen Emotivität (erhöhter Gemütserregbarkeit) und Emotion. (Obwohl er einen direkten Weg zur spirituellen Wahrheit durch Selbsterforschung statt durch Meditation lehrt, habe ich mir die Freiheit genommen, seine Einsichten zu übernehmen, weil sie meiner Meinung nach auch für das Meditieren relevant sind.)

✔ **Gewöhnliches Denken im Gegensatz zu kreativem Denken:** Wenn Ihr Geist ohne Pause eine endlose Reihe von Gedanken ausstößt, die wie die Wagen eines Eisenbahnzuges verkettet sind, dann sind Sie in Ihrem eigenen klaustrophobischen Denkprozess gefangen und haben keinen Raum, um frische, ursprüngliche Ideen zu entwickeln oder Probleme zu lösen. Aber wenn Ihr Geist vollkommen offen und – wie Jean zu sagen pflegt – *unmöbliert* ist – ein Geisteszustand, den Sie in der Meditation kultivieren können –, dann haben Sie genügend inneren Raum, um kreative Gedanken aus ihrer Quelle im reinen Sein aufsteigen zu lassen. Im Gegensatz zu gewöhnlichen Gedanken beziehen sich diese Gedanken vollkommen auf die jeweils anstehende Situation.

✔ **Psychologisches Gedächtnis im Gegensatz zu funktionalem Denken:** Je mehr Sie meditieren, desto freier ist Ihr Geist vom so genannten *psychischen Gedächtnis*, der turbulenten, besessenen, selbstsüchtigen Art des Denkens, die durch Ihre Geschichten erzeugt wird und sich um das Bild der getrennten, zersplitterten Person dreht, das Sie von sich selbst haben.

Stattdessen wird Ihr Denken hauptsächlich funktional, tritt als Reaktion auf die Umstände in Aktion und hört dann wieder auf, wenn es nicht mehr benötigt wird.

✔ **Emotivität im Gegensatz zu Emotion:** Auf ähnliche Weise sind die mächtigen, beunruhigenden Emotionen, die manchmal Ihr Leben zu lenken scheinen – was Jean Klein als *Emotivität* bezeichnet – tatsächlich in Ihren Geschichten und nicht in der Wirklichkeit verwurzelt und haben wenig mit echten Emotionen gemein. *Echte Emotionen* sind feiner als die Emotivität und in der Liebe verwurzelt. Sie tauchen als natürliche Reaktionen in Situationen aus dem *Sein* selbst empor, in denen sich das illusionäre Empfinden des Getrenntseins durch die Ausübung der Meditation oder einer anderen spirituellen Übung wie der Selbsterforschung gemindert oder aufgelöst hat.

 Wie diese Beispiele zeigen, sind die innere Turbulenz und die Verwirrung, durch die wir unsere Erfahrungen filtern und verzerren, die Ursachen für die meisten unserer Leiden und für unseren Stress, und nicht die Erfahrungen selbst. Die gute Nachricht ist, dass die Meditation Sie lehren kann, wie Sie die sorgenvollen Wogen Ihres Geistes und Herzens glätten, einen Teil Ihrer inneren Klaustrophobie in einen inneren Freiraum umwandeln und Ihren Weg durch die Filter finden (oder sie ganz vermeiden) können, so dass Sie das Leben direkter erfahren und dabei Ihren Stress reduzieren können. Aber bevor ich darlege, wie die Meditation dies bewirkt, beschreibe ich im folgenden Abschnitt etwas ausführlicher, wie Leiden und Stress überhaupt ausgelöst werden.

Die schlechte Nachricht: Wie Ihr Geist gestresst wird

Neulich beschloss eine Freundin, eine Mitdreißigerin, eine Gehaltserhöhung zu fordern. Obwohl sie schon seit Jahren für das Unternehmen als Grafikdesignerin arbeitete und eine Gehaltserhöhung längst überfällig war, wurde sie jeden Tag auf dem Weg zur Arbeit von Selbstzweifeln überwältigt und litt unter den widerstreitenden Stimmen und Gefühlen, die in ihrem Inneren gegeneinander kämpften.

Insbesondere spielte sie immer wieder das kommende Gespräch mit ihrem Chef durch und ließ alle Dinge Revue passieren, die Sie gut ausgeführt hatte und die ihren Wert und ihre Forderung nach einem höheren Gehalt begründeten – die Projekte, die sie abgewickelt hatte, und die erfolgreichen Anzeigen und Broschüren, die sie entworfen hatte. Manchmal kam Sie aus diesen vorgestellten Gesprächen mit einem Gefühl des Triumphs hervor; zu anderen Zeiten war sie geknickt und niedergeschlagen. Wenn sie diesem ganzen Geplapper ihres Geistes zuhörte, fluktuierten ihre Gefühle wild zwischen Erregung und Zuversicht einerseits und Furcht und Unsicherheit andererseits hin und her.

Gelegentlich konnte Sie eine kaum hörbare Stimme wahrnehmen (die sich verdächtig wie die ihres Vater anhörte), die sagte, dass sie unter Berücksichtigung ihrer allgemeinen Unfähigkeit keine Gehaltserhöhung verdient habe und dass sie glücklich sein könne, überhaupt einen Job zu haben. Als Reaktion darauf fühlte sie sich beschämt und hoffnungslos.

Als Nächstes schritt eine ärgerliche, rachsüchtige Stimme ein, die ihren Chef als undankbaren Autokraten beschimpfte und sagte, sie solle in sein Büro hineinplatzen und ihm die Meinung sagen. Dann erinnerte eine selbstsichere, bejahende Stimme sie daran, wie viel sie zur Arbeit beigetragen hatte und was für eine feine Person sie insgesamt war. Schließlich riet ihr eine Stimme, die sich sehr wie ihre Mutter anhörte, gelassen und ruhig zu bleiben und dankbar für die Krümel zu sein, die das Leben für sie abwarf.

Nach fast einer Woche eines intensiven inneren Kampfes und Stresses, während sie unter Schlafstörungen litt und bei der Arbeit kaum funktionsfähig war, vereinbarte meine Freundin schließlich einen Termin mit ihrem Chef. Voller widerstreitender Emotionen betrat sie sein Büro – und erhielt sofort eine Gehaltserhöhung angeboten, die sogar höher war, als die Summe, die sie zu fordern gedachte! Wie sich herausstellte, hatten alle Bilder, Emotionen und Ideen, die ihr Geist und ihr Körper während der letzten Tage produziert hatten, keine Verbindung mit dem, was letztlich passierte.

Hört sich das vertraut an? Wie meine Freundin – tatsächlich so gut wie jeder, den ich kenne, mich eingeschlossen! – verbringen Sie möglicherweise viel Zeit mit den fesselnden, aber letztlich illusionären Szenarien, die in der ursprünglichen »Fantasiefabrik« (bevor es Disney, Spielberg oder Lucas-Film gab), dem *Neocortex*, produziert werden.

In einem Moment sorgen Sie sich um die Zukunft – wie werde ich genug Geld verdienen oder wie organisiere ich den großen Urlaub, wie beeindrucke ich meinen Liebhaber, wie unterhalte ich die Kinder – und verlieren sich in einem Traum voller Hoffen und Bangen. Im nächsten Augenblick sind Sie von der Vergangenheit besessen – warum habe ich nicht die Wahrheit gesagt, warum habe ich diesen Job übernommen, warum habe ich diesen Antrag nicht abgelehnt – und werden von Bedauern und Selbstvorwürfen überwältigt.

Wie meine Freundin haben Sie möglicherweise festgestellt, dass Sie – sehr zu Ihrem Verdruss – bemerkenswert wenig Kontrolle über die Sorgen, die Fantasien und die Besessenheiten haben, die Ihr Geist hervorbringt. Anstatt dass Sie Gedanken und Gefühle haben, scheint es oft so zu sein, dass die Gedanken und Gefühle Sie haben!

Der Grund dafür, dass diese Gedanken und Gefühle unkontrollierbar zu sein scheinen, liegt darin, dass sie einer tieferen Geschichte oder einem Lebensskript entspringen, das hauptsächlich unbewusst ist. Beispielsweise könnten Sie unbewusst die Auffassung vertreten, dass nichts, was Sie tun, gut genug ist. Deshalb treiben Sie sich selbst besorgt an, um Ihre Mängel auszugleichen. Oder Sie glauben umgekehrt, dass Ihnen mehr zusteht, als Sie bekommen, und sind deshalb unglücklich mit dem, was Sie haben. Vielleicht glauben Sie, dass Sie von Natur aus unattraktiv sind, so dass Sie sich, egal wie sehr Sie dagegen angehen, in der Gegenwart des anderen Geschlechts verlegen und unwohl fühlen. Vielleicht wirken auch intime Beziehungen auf Sie von Natur aus bedrohlich, so dass Sie alles tun, um nicht verletzlich zu sein.

Ihre innere Geschichte oder Ihr inneres Drama hat eine beträchtliche Trägheit, die Sie weiter trägt, ob Sie sich dessen bewusst sind oder nicht. Manchmal scheinen Sie in einer Tragödie zu leben, voller Schurken und Opfer. Zu anderen Zeiten scheinen Sie sich in einer Komödie, einer Romanze, einer Fantasiewelt oder in einer langweiligen Dokumentation zu befinden. Der Punkt ist: Sie sind das Zentrum, um das sich dieses Drama dreht, und oft sind Sie so von der Szenerie verzaubert, dass Sie nicht wirklich sehen können, was draußen, in der wirklichen Welt passiert, die Sie umgibt.

Als Folge davon handeln und reagieren Sie möglicherweise permanent übertrieben und unangemessen, nicht aufgrund der tatsächlichen Umstände, sondern aufgrund der verzerrten Bilder in Ihrem Gehirn. (Falls es Ihnen wie mir geht, haben Sie zweifellos Augenblicke erlebt, in den Sie plötzlich wie aus einem Traum aufgewacht sind und erkannt haben, dass Sie keine Ahnung davon hatten, was die Person, mit der Sie sich gerade unterhielten, tatsächlich meinte oder fühlte.) Außerdem laufen Sie Gefahr, dass die Schönheit und die Unmittelbarkeit des sich immer neu entfaltenden gegenwärtigen Augenblicks vollkommen an Ihnen vorbeigehen.

 Wie ich bereits erwähnt habe, ist dieses innere Drama die Ursache für die meisten Ihrer Leiden und für Ihren Stress, nicht die Erfahrung selbst. Es ist nicht so, dass das Leben Ihnen nicht Ihr Scherflein schwieriger Zeiten und schmerzvoller Situationen zuteilt oder dass die Obdachlosen in den deutschen Städten oder die hungernden Kinder in Bosnien oder Afrika nicht wirklich leiden. Aber der Geist legt häufig eine zusätzliche Schicht unnötigen Leidens über die unbestreitbaren Härten des Lebens, indem er die Erfahrungen in negativer oder begrenzter Weise interpretiert. (Siehe den Einschub *Zwischen Leiden, Schmerz und Stress unterscheiden* später in diesem Kapitel.) Die folgenden Abschnitte heben einige der Hauptweisen hervor, auf die Sie durch Ihren Geist gestresst werden.

Herz und Geist

Wenn ich sage, dass der »Geist« Leiden und Stress verursacht, verwende ich diesen Begriff in einer allgemeinen Bedeutung, die sowohl Emotionen als auch Gedanken umfasst – denn die beiden sind untrennbar. Gewisse östliche Sprachen, wie beispielsweise das Chinesische oder Sanskrit, benutzen sogar dasselbe Wort für Geist und Herz, und viele östliche Weise lehren, dass der Geist tatsächlich im Zentrum des Herzens residiert.

Wenn Sie an potenziell emotional aufgeladene Situationen denken, wie beispielsweise Beziehungen, Ihre Arbeit, finanzielle Probleme oder Lebensbrüche, haben Sie fast unvermeidlich eine emotionale Reaktion – auch wenn sie ganz fein sein mag. Tatsächlich hat die psychosomatische Medizin die Ansicht verbreitet, dass Geist und Körper nicht wirklich getrennt werden können – Gedanken verursachen Änderungen in der chemischen Zusammensetzung des Blutes, die den Stoffwechsel und das Immunsystem beeinflussen, und Änderungen der Blutchemie durch Drogen, Umweltgifte oder Stressoren können Ihr Denken und Fühlen beeinflussen.

Auf ähnliche Weise bestehen die Geschichten, die Ihr Leben steuern, aus komplexen Schichten von Emotionen, Glaubenssätzen und physischen Spannungen, die nicht leicht voneinander getrennt werden können. Durch das Meditieren können Sie anfangen, diese Schichten nacheinander abzuschälen, sie mit Achtsamkeit zu durchdringen und Einsicht in die Muster zu gewinnen, die sie zusammenhalten.

Beschäftigung mit der Vergangenheit und der Zukunft

Der Geist der meisten Menschen flitzt ständig zwischen der Vergangenheit und der Zukunft hin und her – und kommt nur gelegentlich in der Gegenwart zur Ruhe. Wenn Sie sich damit beschäftigen, was im nächsten Monat oder im nächsten Jahr passieren könnte, wühlen Sie eine Reihe stressreicher Emotionen der Hoffnung, Furcht und Erwartung auf, die nichts mit dem zu tun haben, was hier und jetzt passiert. Wenn Sie die Vergangenheit noch einmal durchleben – die schließlich nur in Form der Gedanken und Bilder innerhalb Ihres Gehirns existiert – können Sie zwischen Bedauern, Ärger, Traurigkeit und Kummer hin- und hergerissen werden.

Wenn Sie dagegen meditieren, üben Sie es, Ihren Geist immer wieder zum gegenwärtigen Augenblick zurückzubringen, für den gilt, was der persische Dichter Rumi folgendermaßen ausdrückt: »Die einzige Neuigkeit ist, dass es überhaupt keine Neuigkeiten gibt.« Indem Sie zur Einfachheit des Hier-und-Jetzt zurückkehren, können Sie eine Auszeit von den stressreichen Szenarien Ihres Geistes nehmen. (Siehe den Abschnitt *Zum gegenwärtigen Augenblick zurückkehren* später in diesem Kapitel.)

Widerstand, die Dinge so zu akzeptieren, wie sie sind

Die meisten Menschen kämpfen unglücklich darum, zu bekommen, was sie ihrer Meinung nach für Ihr Glück benötigen, während sie das missachten oder aktiv ablehnen, was sie bereits haben. Verstehen Sie mich hier nicht falsch: Ich propagiere nicht, dass Sie sich einfach passiv zurücklehnen und nichts tun sollen, um Ihr Leben zu verbessern. Aber wie einer meiner Lehrer zu sagen pflegte, liegt das Geheimnis der Verbesserung des Lebens darin, zunächst die Dinge so zu akzeptieren, wie sie sind – und das ist genau das, was die Ausübung der Meditation lehren kann. Der Widerstand, die Dinge zu akzeptieren, wie sie sind, hat normalerweise zwei spezielle Ausprägungen: Widerstand gegen den Wandel und Widerstand gegen den Schmerz.

Widerstand gegen den Wandel

Ob es Ihnen passt oder nicht, der ständige Wandel ist unaufhaltsam. Wenn Sie versuchen, sich dem Strom des Wandels entgegenzustemmen, indem Sie an einer Vorstellung festhalten, wie die Dinge Ihrer Meinung nach sein sollten, werden Sie leiden, weil Sie das Leben unmöglich anhalten und zwingen können, sich diesen Vorstellungen anzupassen. Der griechische Philosoph Heraklit pflegte zu sagen: »Man kann nicht zweimal in denselben Fluss steigen.«

 Durch die Meditation können Sie entdecken, wie Sie mit dem Strom schwimmen können, indem Sie einen offenen, flexiblen, akzeptierenden Geist entwickeln. Tatsächlich stellt die Meditation das perfekte Labor zur Verfügung, um den Wandel zu studieren, weil Sie ruhig sitzen und das Kommen und Gehen der Gedanken, Gefühle und Empfindungen beobachten. Sie können sich natürlich auch verspannen, Widerstand leisten und den Prozess schmerzvoller machen. Ist Ihnen schon einmal aufgefallen, wie einige Leute immer mürrischer und niedergeschlagener werden, wenn sie

altern, während andere dabei würdevoll bleiben und ein freudiges Zwinkern in den Augen haben? Der Unterschied liegt in ihrer Fähigkeit, sich an den herausfordernden Wandel des Lebens anzupassen.

Widerstand gegen den Schmerz

Der Schmerz ist wie der Wandel unvermeidbar – aber das gilt natürlich auch für die Lust. Tatsächlich gibt es das eine nicht ohne das andere, obwohl die meisten Menschen etwas anderes bevorzugen würden. Wenn Sie Ihre Bauchmuskeln anspannen und Ihren Atem anhalten, um sich gegen einen – emotionalen oder physischen – Schmerz zu wappnen, verstärken Sie ihn mit dieser Maßnahme. Und wenn Sie den Schmerz mit einer Geschichte verbinden – beispielsweise dass Ihnen dies nicht widerfahren sollte oder dass Sie dies irgendwie verdient haben –, dann umgeben Sie den Schmerz einfach mit einer zusätzlichen Schicht des Leidens, die Ihren Körper veranlasst, sich anzuspannen und noch mehr Widerstand zu leisten. Damit tragen Sie nur dazu bei, den Schmerz zu verlängern, anstatt ihn zu lindern. Durch die Meditation können Sie lernen, tief zu atmen, Ihre Bauchmuskeln zu entspannen, Ihre Geschichte zu durchschneiden und sich mit dem Schmerz zu entspannen. (Wenn Sie herausfinden wollen, wie Sie Ihre Bauchmuskeln entspannen können, lesen Sie Kapitel 10.) Häufig verschwindet der Schmerz auf natürliche Weise – und selbst wenn er dies nicht tut, ist er im Allgemeinen viel einfacher zu ertragen.

Der beurteilende und vergleichende Geist

Die Tendenz Ihres Geistes, Sie mit anderen (oder mit einem unmöglichen Ideal) zu vergleichen und jede Kleinigkeit, die Sie verrichten, als nicht perfekt oder unzulänglich zu verurteilen, hält Sie in einem permanenten Zustand der Angst, der Frustration und der Verstimmung. Im Allgemeinen hat diese Tendenz ihren Ursprung in Ihren Geschichten oder Ihrem Lebensskript, einem zutiefst innewohnenden Gebilde negativer Glaubenssätze (siehe den Punkt *Negative Glaubenssätze und Lebensskripten* weiter oben in diesem Kapitel). Wenn Sie schließlich glauben, dass Sie, so wie Sie sind, liebenswert und von Natur aus perfekt sind, gibt es nichts, mit dem Ihr Geist Sie vergleichen könnte. Wenn Sie meditieren, können Sie die Fähigkeit entwickeln, die Beurteilungen und Vergleiche Ihres Geistes zu beobachten, ohne sich mit ihnen zu identifizieren oder sie irrtümlich für die Wahrheit zu halten. (Nähere Informationen über diese Fähigkeit finden Sie im Abschnitt *Ihre Erfahrung mit Einsicht durchdringen* später in diesem Kapitel.)

Erlernte Hilflosigkeit und Pessimismus

Zahlreiche psychologische Studien legen nahe, dass die Fähigkeit mit stressreichen Situationen umzugehen, hauptsächlich davon abhängt, ob Sie glauben, dass Sie über die Ressourcen verfügen, um mit ihnen fertig zu werden. Sie haben richtig gelesen: Der *Glaube*, dass Sie über die benötigten Fähigkeiten verfügen, ist möglicherweise Ihre größte Ressource. Falls Ihre Geschichte Ihnen immer wieder erzählt, dass Sie unzulänglich sind, macht sie nur aus einer stressreichen eine noch stressreichere Sitiuation.

Die Meditation kann Ihnen Fähigkeiten zum Bewältigen schwieriger Situationen wie das Fokussieren und Beruhigen Ihres Geistes beibringen. Sie leitet Sie an, zum gegenwärtigen Augenblick zurückzukehren. Sie hilft Ihnen, positive Emotionen und Geisteszustände zu entwickeln, mit denen Sie negative, ablenkende Gedanken leichter vermeiden können. Und sie vermittelt Ihnen die Fähigkeit, mit schwierigen Umständen und Menschen umzugehen. (Siehe den Abschnitt *Die gute Nachricht: Wie die Meditation Stress reduziert* später in diesem Kapitel.) Letztlich können Sie entdecken, wie es hinter Ihrer Geschichte aussieht, und einen direkten Kontakt zu der wahren Quelle des Optimismus und der Freude, dem Urspung des reinen Seins in Ihrem Inneren, herstellen.

Überwältigende Emotionen

Obwohl Sie nicht unbedingt Ihre Geschichte identifizieren können, können Sie sich schmerzlich bewusst werden, wie mächtige Emotionen wie Ärger, Furcht, Sehnsucht, Kummer, Eifersucht und Verlangen Ihren Geist bewölken, Ihr Herz quälen und Sie zu Handlungen veranlassen, die Sie später bedauern. Anfänglich beseitigt die Meditation diese Emotionen nicht, aber sie bringt Ihnen bei, wie Sie Ihren Geist fokussieren und beruhigen und damit verhindern können, dass Sie von diesen Emotionen abgelenkt werden. Wenn Sie wollen, können Sie dann die Meditation dazu benutzen, diese Emotionen besser zu beobachten, wenn sie in Ihnen aufsteigen, anstatt sie zu verdrängen oder zu unterdrücken. Im Laufe der Zeit können Sie eine durchdringende Einsicht in die Natur dieser Emotionen und ihre Verbindung zu den zugrunde liegenden Geschichten entwickeln, durch die sie immer wieder hervorrufen werden – und letztlich können Sie diese Geschichten selbst untersuchen und sogar komplett ausradieren. (Nähere Informationen über das Meditieren mit problemvollen Emotionen finden Sie in Kapitel 11.)

Zwischen Leiden, Schmerz und Stress unterscheiden

Autsch! Wer möchte seinen Geist schon mit solch einem unappetitlichen Thema belasten? Andererseits: Je klarer Sie über Leiden und Stress Bescheid wissen, desto leichter können Sie ihren Einfluss auf Ihr Leben minimieren. Im Sinne dieser Einsicht, sollten Sie die folgenden hilfreichen (und zugegebenermaßen inoffiziellen) Unterscheidungen bewerten:

✔ *Schmerz* besteht aus direkten, körperlichen Erfahrungen mit einem Minimum eines konzeptionellen Überbaus. Ihr bester Freund sagt etwas Gemeines zu Ihnen, und Sie fühlen ein schmerzhaftes Krampfen in der Herzgegend. Sie schlagen sich mit einem Hammer auf einen Daumen, und dieser schmerzt und pocht. Sie bekommen eine Grippe, und Ihr Kopf fühlt sich an, als würde er in einem Schraubstock stecken. Schmerz tut weh, kurz und einfach.

✔ *Leiden* ist dagegen das, was passiert, wenn Ihr Geist Ihren Schmerz in seine Fänge bekommt. Beispielsweise kommen Sie zu dem Schluss, dass eine Person, weil sie Ihre Gefühle verletzt hat, Sie insgeheim hassen muss, was bedeutet, dass irgendetwas Schreckliches mit Ihnen nicht stimmt – und plötzlich fühlen Sie sich zusätzlich zum Schmerz der Verletzung obendrein auch noch deprimiert. Oder Sie interpretieren Ihre Kopfschmerzen als sicheres Warnsignal einer ernsten Krankheit, was eine große Portion Angst und Hoffnungslosigkeit auf eine bereits schwierige Situation häuft. Anders ausgedrückt: Leiden ist die Folge davon, eine Situation durch die verzerrende Linse der Geschichte zu sehen, die Ihnen Ihr Geist erzählt.

✔ Die *Stress*-Reaktion ist ein physiologischer Mechanismus der Anpassung an schwierige physische oder psychische Umstände. Bestimmte physische Stressoren, wie beispielsweise außergewöhnliche Hitze oder Kälte, extrem laute Geräusche oder ein gewaltsamer Angriff, lösen Stress aus, egal wie Ihr Geist sie interpretiert. Aber die Stress auslösende Wirkung der meisten Stressoren hängt von dem Dreh ab, den Ihr Geist der Situation gibt.

Ein Beispiel: In einem dichten Verkehr zur Arbeit zu fahren, acht Stunden lang am Schreibtisch zu sitzen und Papierarbeit und Anrufe zu erledigen und dann wieder nach Hause zu fahren, löst auf der rein physischen Ebene nur einen milden Stress aus – ob Sie es glauben oder nicht.

Aber wenn Sie Angst haben, zu spät zu kommen, eine konfliktreiche Beziehung zu Ihrem Chef haben, sich über Kunden oder Kollegen ärgern und immer noch über Ihre letzte Auseinandersetzung mit Ihrem Partner oder besten Freund nachgrübeln, ist es kein Wunder, dass Sie am Ende des Tages vollkommen erschöpft nach Hause kriechen. So wie Ihr Geist Schmerzen in Leiden umwandeln kann, so kann er gewöhnliche Stressoren zu einem außergewöhnlichen Stress ausweiten.

Fixierung der Aufmerksamkeit

Die Tendenz des denkenden Geistes, sich auf bestimmte Gedanken und Emotionen zu fixieren oder gar von ihnen besessen zu sein, veranlasst den Körper, sich reaktiv zusammenzuziehen. Ist Ihnen jemals aufgefallen, wie gespannt und ängstlich Sie werden können, wenn Sie mental immer wieder dasselbe Szenario durchspielen, selbst wenn es sich dabei vorgeblich um ein positives Szenario handelt?

Dagegen ermöglicht Ihnen ein wacher, offener, fließender Geist – den Sie durch die regelmäßige Übung der Achtsamkeits-Meditation entwickeln können (siehe Kapitel 6) –, von Erfahrung zu Erfahrung zu fließen, ohne sich auf eine bestimmte zu fixieren oder steckenzubleiben. Letztlich können Sie das rezeptive Bewusstsein üben (siehe Kapitel 1), die weiträumige, himmelsähnliche Qualität des Geistes, die willkommen heißt, was immer auch auftauchen mag.

An einem getrennten Selbst hängen

Die großen meditativen Traditionen lehren, dass die Wurzelursache des Leidens und des Stresses, die für das Entstehen Ihrer Geschichten verantwortlich ist, der Glaube ist, dass Sie von Natur aus getrennt sind – von den anderen, vom Rest des Lebens und vom Sein selbst. Weil Sie sich getrennt und allein fühlen, müssen Sie sich selbst schützen und Ihr Überleben um jeden Preis sichern. Aber Sie haben nur begrenzte Macht, und Sie sind von Kräften umgeben, die sich Ihrer Kontrolle entziehen. Solange Sie weiter darum kämpfen, Ihr Revier zur verteidigen, werden Sie leiden, egal wie sehr Sie sich anstrengen. Die Meditation bietet Ihnen die Gelegenheit, Ihre Deckung zu verringern, Ihr Bewusstsein zu öffnen und letztlich einen Blick darauf zu erhaschen, wer Sie wirklich sind, jenseits Ihrer Geschichten und der Illusion eines getrennten, isolierten Selbst.

Die gute Nachricht: Wie die Meditation Stress reduziert

Jetzt zu den guten Nachrichten! Falls Sie das ganze Gerede weiter oben in diesem Kapitel deprimierend fanden, lassen Sie sich von mir versichern: Ihre Geschichte oder Ihr Drama kann sich als das maskieren, was Sie wirklich sind – aber ist nicht mit ihm identisch. Ihr Wesenskern bleibt rein und unversehrt, egal wie detailliert und zwingend Ihre Geschichte ausgearbeitet ist. Außerdem sind Ihr Geist und Herz, so stur und eigensinnig sie zu sein scheinen, tatsächlich formbar. Durch regelmäßiges Meditieren können Sie Ihr Leiden und Ihren Stress reduzieren, indem Sie die Turbulenz und Verwirrung in Ihrem Inneren beruhigen und letztlich auflösen. Ein alter Zen-Meister hat dies folgendermaßen ausgedrückt: »Wenn Ihr Geist nicht durch unnötige Dinge bewölkt ist, ist dieser Moment der beste Moment Ihres Lebens.«

Sie beginnen damit, die Fähigkeit zu entwickeln, Ihren Geist zu *fokussieren* und zu *konzentrieren*. Diese Fähigkeit beruhigt den Geist und verhindert, dass er erregt wird. Wenn sich Ihre Konzentration vertieft, kommen Gedanken und Gefühle, die sich in Ihrem Inneren gestaut haben, auf natürliche Weise ins Bewusstsein und lösen sich auf – ein Prozess, den ich gern als *spontane Befreiung* bezeichne. Wenn Sie eine starke Konzentration entwickelt haben, können Sie Ihr Bewusstsein auf die Gedanken, die Gefühle und die tieferen Muster und Geschichten ausdehnen, die ihnen zugrunde liegen. Dann können Sie durch die Kraft der *durchdringenden Einsicht* die verschiedenen Schichten der inneren Erfahrung erforschen, erfahren, wie sie funktionieren, und letztlich dieses Verständis dazu benutzen, die Muster abzubauen, die Ihren Stress verursachen.

Fokus und Konzentration entwickeln

Jetzt wissen Sie also, dass Ihr Geist permanent plappert, dass er Sie durcheinander wirbelt und dass er Ihnen Stress verursacht, und Sie fragen sich, was Sie tun können, um ihn zu beruhigen. Zu diesem Zweck können Sie beginnen, eine Meditationstechnik zu praktizieren, welche die Konzentration betont, beispielsweise indem Sie Ihren Atem beobachten oder zählen (siehe Kapitel 6) oder indem Sie ein Mantra rezitieren (siehe Kapitel 3). Wenn Sie die Technik beherrschen, können Sie Ihre Aufmerksamkeit von Ihrem inneren Dialog auf den gegenwärtigen Augenblick lenken, wo immer Sie auch sein mögen. Und wenn Sie den Wunsch danach haben, können Sie positive Qualitäten entwickeln, die den negativen Tendenzen Ihres Geistes und Ihres Herzens entgegenwirken.

Ihre Konzentration stabilisieren

 Wenn Sie jemals versucht haben, Ihren Geist zu beruhigen, indem Sie ihn vom Denken abhalten, dann wissen Sie, wie hoffnungslos dies sein kann. (Siehe den Einschub *Ihren Geist anhalten* am Ende dieses Kapitels.) Aber je mehr Sie Ihre mentale Energie während der Meditation auf einen einzelnen Fokus konzentrieren, desto »einspit-

ziger« wird Ihr Geist und desto weiter ziehen sich die Ablenkungen in den Hintergrund zurück. Im Laufe der Zeit können Sie die Fähigkeit entwickeln, mit Ihrer Konzentration für mehrere Minuten bei einem einzelnen Fokus zu bleiben. Falls Ihr Geist wegwandert, kehren Sie sanft zu Ihrem Fokus zurück.

Mit der wachsenden Einspitzigkeit entwickelt sich eine Erfahrung der inneren Harmonie und Ruhe, so wie sich die Sedimente in dem aufgewühlten See Ihres Geistes allmählich setzen und das Wasser rein und klar zurücklassen. Diese Erfahrung wird im Allgemeinen von Gefühlen der Ruhe und Entspannung begleitet – und gelegentlich von anderen angenehmen Gefühlen wie Liebe, Freude, Glück und Seligkeit (die übrigens ihren Ursprung auf dem Grund des Sees, im reinen Wesen haben).

Auf tieferen Ebenen der Konzentration können Sie eine totale Absorption in das Objekt erfahren – einen Zustand, der als *Samadhi* bezeichnet wird. Wenn diese Kraft der fokussierten Konzentration wie ein Laserstrahl auf Alltagsaktivitäten gelenkt wird, können Sie in den Zustand eintreten, den der Psychologe Mihaly Csikszentmihalyi als *Flow* bezeichnet – einen Zustand der höchsten Freude, in dem die Zeit stehen bleibt, die Selbstbewusstheit abfällt und Sie mit der Aktivität selbst eins werden.

Zum gegenwärtigen Augenblick zurückkehren

Nachdem Sie begonnen haben, Ihre Konzentration zu entwickeln, können Sie sie in Ihrem Alltagsleben dazu verwenden, von Ihrem inneren Drama zum gegenwärtigen Augenblick zurückzukehren. Sie mögen die Turbulenz nicht eliminieren, aber Sie können immer wieder über sie hinaus blicken. Vergleichen Sie es damit, die Sonnenbrille abzunehmen und die Dinge direkt anzuschauen, oder die Augen weit zu öffnen, wenn Sie gerade einschlafen. Je mehr Sie hinter das Drama sehen, desto klarer erkennen Sie die Frische des Seins selbst in dem reflektiert, was Sie sehen. Indem Sie immer wieder zum gegenwärtigen Augenblick zurückkehren, treten Sie einen Pfad aus, der es Ihnen ermöglicht, eine endgültige Runde um Ihr Drama zu machen, und der Ihre direkte Verbindung mit dem Leben stärkt. (Nähere Informationen über das Rückkehren zum gegenwärtigen Augenblick finden Sie in den Kapiteln 6 und 15.)

Positive Emotionen und Geisteszustände kultivieren

Sie können die Konzentration, die Sie entwickeln, auch dazu verwenden, positive Alternativen zu Agitation, Furcht, Ärger, Depression und den anderen mächtigen Emotionen zu kultivieren, die auftauchen, wenn Sie in Ihre Geschichte verstrickt sind. (Tatsächlich kann die Übung des Kultivierens selbst Ihre Fähigkeit zur Konzentration entwickeln.) Zu diesen positiven Geisteszuständen zählen liebende Güte, Mitgefühl, Gleichmut und Freude. (Nähere Informationen über die Entwicklung positiver Emotionen finden Sie in Kapitel 10.)

Spontane Befreiung zulassen

Wenn Sie regelmäßig meditieren, beginnen Sie festzustellen, dass sich Gedanken und Gefühle, die sich in Ihrem Inneren angestaut haben, auf natürliche Weise wie Nebel auflösen, der von der

Oberfläche eines Sees aufsteigt. Sie müssen nichts Besonderes tun, damit dies passiert – es ereignet sich ganz natürlich, wenn sich Ihre Konzentration vertieft und Ihr Geist beruhigt sich. Sie können sich zum Meditieren mit dem Gefühl hinsetzen, von Ihrem Kummer oder Ihren Sorgen niedergedrückt zu werden, und dann eine halbe Stunde später mit dem Gefühl aufstehen, etwas leichter, freier und sorgenloser zu sein. Wer weiß, wie dieser geheimnisvolle Prozess abläuft? Sie könnten sagen, dass Meditieren damit vergleichbar ist, den Deckel eines Topfes mit kochender Suppe zu heben – Sie schaffen Raum, in dem das Wasser verdampfen kann und verringern den Druck, der sich im Inneren aufgestaut hat.

 Um diesen Prozess zu fördern, können Sie Meditationstechniken praktizieren, die dass rezeptive Bewusstsein einbeziehen – offene, weiträumige Achtsamkeit, die alles willkommen heißt, was auftaucht. (Sie müssen zuerst Ihre Konzentration entwickeln.) Wenn Ihr Geist nicht auf ein bestimmtes Objekt – sei es ein Gedanke oder eine Erinnerung oder eine Emotion – fixiert ist, sondern ausgreifend und unverhaftet wie der Himmel bleibt, stecken Sie keine weitere Energie in Ihr Drama, sondern lassen sich das entfalten, was in Ihrem Inneren brodelt, und lassen es los.

Ihre Erfahrungen mit Einsicht durchdringen

Bis jetzt habe ich Konzentrations- und Achtsamkeitstechniken hervorgehoben, die Sie lehren, wie Sie Ihr Drama umgehen, wie Sie Alternativen zu Ihrem Drama entwickeln oder wie Sie Ihren Geist beruhigen können, so dass Ihr Drama Sie nicht mehr verwirrt. Das Problem dabei ist, dass diese Techniken Ihre inneren Geschichten immer noch mehr oder weniger intakt lassen. Wenn sich Ihre Konzentration abschwächt oder Ihre liebende Güte schwindet, kehren dieselben alten ablenkenden Gedanken und plagenden Emotionen zurück, um Sie zu stressen!

Durch die Übung der durchdringenden Einsicht können Sie Ihr Drama kennen lernen, ein Verständis dafür gewinnen, wie es Leiden verursacht, hinter Ihr Drama blicken – und sich letztlich ganz von ihm befreien.

 Wenn Sie für zehn oder fünfzehn Minuten ruhig sitzen und auf Ihre Gedanken und Gefühle achten, führen Sie eine radikale Verschiebung Ihrer Beziehung zu Ihrer inneren Erfahrung durch. (Nähere Informationen über die Beobachtung der Gedanken und Gefühle finden Sie in Kapitel 11.) Anstatt von dem Strom fortgerissen zu werden, werden Sie für den Moment zu einem Beobachter, der den Fluss seiner eigenen Erfahrung vom Ufer aus beobachtet. Obwohl der Unterschied belanglos scheinen mag und Sie möglicherweise nicht den Eindruck haben, dass Sie irgendeinen Fortschritt machen, haben Sie tatsächlich damit begonnen, den Würgegriff zu lockern, in dem Ihre Geschichte Ihr Leben gefangen hält. Allmählich fangen Sie an, Lücken im Geplapper Ihres Geistes zu entdecken; und was einmal so ernst und undurchdringlich zu sein schien, wird leichter und wirkt, als sei es von frischer Luft belebt worden. Vielleicht lachen Sie über Ihre Tendenz, sich Sorgen zu machen oder von Kummer besessen zu sein. Vielleicht halten Sie auch inne und beobachten, was Sie fühlen, bevor Sie reagieren.

Die Geschichte absetzen und weitergehen

Zwei Zen-Mönche wanderten über eine Landstraße, als sie zu einem Fluss kamen, der durch den schweren Frühlingsregen zu einem reißenden Strom angeschwollen war. Dort stießen Sie auf eine attraktive junge Frau, die am Ufer wartete, weil sie den Fluss nicht überqueren konnte.

Einer der Mönche sprach die Frau an, um ihr seine Hilfe anzubieten. Mit ihrem Einverständnis nahm er sie in seine Arme und trug sie über den Strom. Danach setzen die beiden Mönche ihren Weg schweigend fort.

Als sie zurück zum Kloster kamen, konnte der Mönch, der seinen Freund beobachtet hatte, wie er die Frau trug, nicht länger an sich halten. »Du weißt, dass wir keinerlei Kontakt mit Frauen haben dürfen, insbesondere nicht mit attraktiven Frauen. Wie konntest du das nur tun?«

»Sieh mal«, sagte der andere Mönch, »ich habe die Frau schon vor Stunden abgesetzt, aber du trägst sie immer noch mit dir herum.«

Sich der eigenen inneren Erfahrung bewusst werden

Wenn Sie üben, Ihre Erfahrung einfach so anzunehmen, wie sie ist, einschließlich Ihrer Urteile und Ihrer Selbstkritik, können Sie feststellen, dass sich Ihre Einstellung sich selbst gegenüber allmählich auf subtile Weise zu wandeln beginnt. Anstelle von Ungeduld oder Verachtung stellen Sie möglicherweise fest, dass sich eine gewisse Selbstakzeptanz bei Ihnen einstellt, wenn Sie mit den sich wiederholenden Mustern Ihres Geistes immer vertrauter werden. Vielleicht entwickeln Sie sogar ein gewisses Mitgefühl mit sich selbst, wenn Sie erkennen, wie selbstkritisch oder abgelenkt oder verängstigt Sie werden können.

Sich seiner Geschichte bewusst werden und erkennen, welche Verwirrung sie auslöst

Wenn Sie regelmäßig meditieren und Ihre Gedanken und Gefühle beobachten, fangen Sie an, die wiederkehrenden Themen und Drehbücher zu erkennen, die immer wieder in Ihrem Geist gespielt werden. Vielleicht werden Sie sich Ihrer Tendenz bewusst, sich immer wieder an Situationen festzubeißen, in denen Sie sich durch andere Menschen missverstanden fühlten oder in denen sie Ihnen nicht die Liebe gaben, die Sie haben wollten. Vielleicht beobachten Sie sich dabei, wie Sie sich immer wieder mit anderen Menschen vergleichen und sich als besser – oder schlechter – einschätzen. Möglicherweise stellen Sie fest, dass Sie immer wieder Fantasien über den idealen Partner nachhängen, selbst wenn Sie seit Jahren glücklich verheiratet sind. Oder Ihnen fällt auf, dass Sie permanent für die Zukunft planen, während Sie ignorieren, was genau hier und jetzt passiert.

Was immer Ihre speziellen Muster sein mögen, Sie können beobachten, wie sie immer wieder aufsteigen, um Sie zu stören und Sie von der gegenwärtigen Wirklichkeit wegzuziehen – die aus einer einfachen Aufgabe wie der Beobachtung des Atems oder dem Rezitieren eines Mantras bestehen kann. Allmählich erkennen Sie, dass Ihre Geschichte genau dies ist – eine Geschichte, die Ihr Geist endlos aus sich herausspinnt, die Sie von anderen trennt und die Ihnen Schmerz verursacht. John Lennon hat dies folgendermaßen ausgedrückt: »Leben ist das, was passiert, während Sie damit beschäftigt sind, andere Pläne zu machen.« Wenn Sie anfangen, die wahre Natur Ihrer Geschichte zu durchschauen, lassen Sie sich nicht mehr in dieser Weise von ihr verwirren.

Ihre Geschichte ändern

Wie Sie möglicherweise nach einiger Zeit des Meditierens feststellen werden, kann Ihre Geschichte allein dadurch, dass Sie sich ihrer bewusst sind, anfangen, sich auf subtile (oder weniger subtile!) Weise zu ändern. Wenn sie erst eine gewisse Distanz von Ihrer Geschichte entwickelt haben – und wissen, dass sie auf einer gewissen Stufe einfach nur Ihre Geschichte und nicht Ihr wirkliches Wesen ist –, werden Sie auf natürliche Weise weniger reaktiv, die Menschen reagieren anders auf Sie, und die Umstände ändern sich entsprechend. Bald entspricht Ihr Leben einfach nicht mehr derselben alten Geschichte!

Natürlich können Sie sich bereits darum bemühen, Ihr Leben zu ändern, indem Sie die Umstände manipulieren oder Ihren Geist mit Affirmationen oder positivem Denken umprogrammieren. Aber zuerst müssen Sie die Macht der durchdringenden Einsicht auf Ihre Verhaltensmuster und Geschichten wirken lassen; andernfalls können gesundere Perspektiven und Muster keine Wurzeln schlagen, und Sie machen einfach in denselben alten Gleisen weiter.

Hinter Ihre Geschichte auf das blicken, was Sie wirklich sind

Selbst wenn Sie sich Ihrer Geschichte bewusst werden, einige Distanz zu ihr herstellen und anfangen können, sie in gewissen grundlegenden Weisen zu ändern, können Sie sich immer noch mit ihr identifizieren, bis Sie einen Blick darauf werfen können, wer Sie wirklich, jenseits Ihrer Geschichte, sind.

Solche Blicke können eine Reihe verschiedener Formen annehmen. Vielleicht erleben Sie unerwartete Momente des Friedens oder der Ruhe, wenn sich Ihre Gedanken setzen – oder sogar ganz aufhören – und eine süße Ruhe in Ihren Geist einkehrt. Sie können auch eine Flut unbedingter Liebe erfahren, die zeitweilig Ihr Herz weit öffnet und Ihnen einen kurzen Blick auf die Einheit jenseits aller scheinbaren Getrenntheit ermöglicht. Vielleicht haben Sie auch eine plötzliche Intuition, dass Sie von Natur aus mit allen Wesensheiten verbunden sind oder dass Sie die Gegenwart von etwas empfinden, das viel größer als Sie selbst sind. Was immer die Einsicht sein mag, die Sie über Ihre Geschichte hinausträgt, sie kann unwiderruflich das ändern, was Sie als Ihre Identität betrachten. Sie können niemals wieder voll glauben, dass Sie nur die begrenzte Persönlichkeit sind, die Ihnen Ihr Geist einreden will.

Ich kann mich immer noch daran erinnern, wie frisch und klar alles nach meinem ersten Meditations-Retreat (Anmerkung des Übersetzers: In Meditationskreisen wird ein mehrtägiges Meditationsprogramm, zu dem man sich – ähnlich wie zu einem Seminar – an einem speziellen Ort mit Gleichgesinnten trifft, als _Retreat_, dt. _Rückzug_, bezeichnet.) – die Farben so lebhaft, die Gesichter der Menschen so strahlend – selbst nachdem ich fünf Tage immer nur damit gekämpft hatte, meine Atemzüge von eins bis zehn zu zählen, ohne aus dem Rhythmus zu kommen. Ich fühlte mich, als ob eine Binde von meinen Augen gerissen worden war und ich die Dinge zum ersten Mal klar sehen konnte. Alles, was mir begegnete, schien *Sein* auzustrahlen, und ich war mir sicher wie nie zuvor, dass ich auf diese Erde gehörte. Natürlich ließ die Intensität nach einigen Tagen nach, aber niemals habe ich diese erste Ahnung des *klaren Sehens* vergessen, das frei von den Filtern der Wahrnehmung war, die ich ein Leben lang mit mir herumgetragen hatte.

Sich von der eigenen Geschichte befreien

Wenn Sie einmal eine erste Ahnung davon bekommen haben, wer Sie – jenseits Ihres Geistes (und sogar Ihres Körpers) – wirklich sind, können Sie sich in Ihren Meditationen – und auch in Ihrem Alltagsleben – immer wieder mit dieser tieferen Stufe des Seins verbinden. Um die Metapher des Sees wieder aufzugreifen: Sie können immer wieder zum Grund des Sees hinabtauchen, weil Sie wissen, wie er aussieht und wie Sie ihn finden können. (Die meisten Ansätze der Meditation bieten die Möglichkeit, einen solchen Blick zu werfen oder eine solche Ahnung zu bekommen. Spezifischere Anweisungen finden Sie in Kapitel 13.)

Selbst wenn Ihre Geschichte weiterhin auf Ihrem inneren Bildschirm abläuft, können Sie die Fähigkeit entwickeln, sich von ihr zu lösen – oder sogar Ihre Identifizierung mit ihr komplett auszulöschen. Ein Freund von mir hat es so ausgedrückt: Sie beginnen zu erkennen, dass die Persönlichkeit ein Fall einer Verwechslung der Identität ist – und dass das, was Sie sind, eine unermessliche Ausdehnung des Wesens selbst ist, in der Ihre persönlichen Gedanken und Gefühle entstehen und vergehen.

Um eine solche tiefgründige Erkenntnis zu gewinnen, sind oft viele Jahre der Meditation erforderlich, jedoch steht sie Ihnen immer zu Ihrer Verfügung, egal wie lange Sie meditiert haben – und tatsächlich ist es auch egal, ob Sie überhaupt jemals meditiert haben! Viele Menschen berichten, dass sie laut auflachten, als sie endlich erkannten, dass ihre wahre Natur schon immer da war, so einfach wie die sprichwörtliche Nase in ihrem Gesicht.

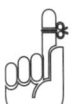 Im Gegensatz zu dem verbreiteten Glauben, ziehen sich die Menschen, die lernen, diese Erkenntnis zu integrieren, und ihr Verständis auf eine Moment-zu-Moment-Weise leben, nicht aus dem Leben zurück und nehmen nicht weniger Anteil am Leben. Stattdessen nehmen sie, weil sich ihre Geschichte und ihr Empfinden der Getrenntheit wie Nebel aufgelöst haben, tatsächlich Situationen und Menschen mit mehr Unmittelbarkeit und Mitgefühl wahr und sind eher in der Lage, passend und den Umständen angemessen zu handeln.

Ihren Geist anhalten

So unmöglich die folgende Aufgabe scheinen mag, wenigstens können Sie versuchen, Ihren Geist anzuhalten und zu beobachten, was passiert. Probieren Sie die folgende Übung aus:

1. **Setzen Sie sich ruhig hin, und machen Sie einige langsame, tiefe Atemzüge.**

2. **Versuchen Sie für die nächsten fünf Minuten, mit dem Denken aufzuhören.**

   Das stimmt – tun Sie alles, was Sie können, um Ihren Geist davon abzuhalten, mehr Gedanken zu erzeugen. Versuchen Sie, sich etwas vorzusummen, oder konzentrieren Sie sich auf Ihren großen Zeh, oder erinnern Sie sich an einen schönen Tag in der Natur. Oder versuchen Sie einfach, so ruhig wie möglich zu sein. Tun Sie, was immer Ihnen bei dieser Aufgabe Ihrer Meinung nach hilft.

3. **Denken Sie am Ende der fünf Minuten über Ihre Erfahrung nach.**

   Wie erfolgreich waren Sie? Konnten Sie tatsächlich für längere Zeit aufhören zu denken? Haben Sie festgestellt, dass das Bemühen, das Denken anzuhalten, einfach mehr Gedanken erzeugt hat? Diese Übung enthüllt, wie stur und zäh Ihr denkender Geist sein kann – falls Sie dies noch nicht bemerkt haben sollten.

Teil II

Der Einstieg in die Meditation

The 5th Wave — By Rich Tennant

»Okay, Ihre Haltung ist sehr gut. Jetzt entspannen Sie sich, konzentrieren Sie sich,
und lassen Sie dann ganz langsam Ihr Handy los.«

In diesem Teil...

Ich führe Sie (sanft) Schritt für Schritt durch den Prozess, meditieren zu lernen. Zuerst üben Sie, Ihren Geist nach innen zu richten und Ihre Konzentration zu entwickeln. Dann lernen Sie die Übung der Achtsamkeit kennen, bei der Sie Ihre Aufmerksamkeit auf alles richten, was Sie erfahren. Wenn Sie am Ende dieses Teils angekommen sind, kennen Sie all die kleinen Tricks, die das Meditieren leicht und angenehm machen. Sie erfahren, wie Sie ruhig sitzen und Ihren Atem beobachten können, wo und wann Sie meditieren sollten, welche Ausrüstung Sie dafür benötigen und wie Sie diese benutzen sollten. Wenn Sie diese Anweisungen befolgen, werden Sie sich in kurzer Zeit zu einem gewieften Meditierenden entwickeln.

Grundkurs in Meditation: Den Körper entspannen und den Geist beruhigen

6

In diesem Kapitel

▶ Fünf schnelle Weisen, den Körper zu entspannen

▶ Nach innen wenden, langsamer werden und den Atem beobachten

▶ Im Nebel gehen, mit dem Atem eins werden und andere Zen-Rätsel

▶ Mit der Zoom-Linse der Achtsamkeit spielen

*W*enn Sie eine einfache, prägnante Meditationsanleitung suchen, befinden Sie sich im richtigen Kapitel. Sie können ewig über die Vorteile der Meditation oder die Natur des Geistes nachsinnen, aber es geht nichts über den Versuch, selbst zu meditieren, um Ihnen zu zeigen, wie stur und wild der Geist tatsächlich sein kann.

Wie ich in Kapitel 5 erwähnt habe, vergleichen die Buddhisten den Geist mit einem Affen, der sich unkontrollierbar von Ast zu Ast schwingt – von Plänen zu Erinnerungen, von Gedanken zu Emotionen, vom Sehen zum Hören –, ohne jemals an einem Ort innezuhalten. Einige zeitgenössische Lehrer ziehen eine Analogie vor, die unserem geografischen Raum besser entspricht, und vergleichen den Geist mit einem eigensinnigen Welpen, der impulsiv von einer Stelle zur anderen springt und überall, wo er hinkommt, unbekümmert auf den Teppich pinkelt. Sie wissen, wie schwer es ist, einen jungen Hund zu dressieren – Sie können ihn nicht überwältigen oder unterwerfen oder sich auf ihn setzen, bis er bereit ist, zu gehorchen. Nun ja, dasselbe gilt für Ihren Geist. Tatsächlich wühlen Sie Ihren Geist, wenn Sie versuchen, ihn gewaltsam zu beruhigen, sogar noch stärker auf und erreichen auf die Schnelle überhaupt nichts. Er verhält sich wie ein junger Hund, der seinem Schwanz nachjagt!

Stattdessen gehört es zu Ausübung der Meditation, Ihren Geist immer wieder sanft zu einem einfachen Fokus der Aufmerksamkeit zurückzulenken. In diesem Kapitel haben Sie Gelegenheit herauszufinden, wie Sie mit Ihrem Atem meditieren können – eine der verbreitetsten Formen der Meditation in den spirituellen Traditionen auf der ganzen Welt. Sie werden auch Achtsamkeitstechniken kennen lernen, um »Ihren jungen Hund zu dressieren«, und dabei Entspannung und Wachheit in Einklang bringen und Ihre Meditation auf die volle Bandbreite der Sinneserfahrungen ausdehnen.

Paradoxerweise führt die profane, sich wiederholende und scheinbar belanglose Aktivität, auf den Atem zu achten, mit der Zeit zu all den leuchtenden Vorteilen, welche die Meditation zu liefern verspricht, einschließlich einer Verringerung von Stress, einer Steigerung der Leistung, einer höheren Wertschätzung und Freude am Leben, einer tieferen Verbindung mit dem eigenen Wesenskern und sogar zu fortgeschritteneren meditativen Zuständen, wie beispielsweise unbedingter Liebe oder transformierenden Einsichten in die Natur der Existenz. Aber bevor Sie sich dazu hinreißen lassen, Ihre Plätzchen (oder, um im Bild zu bleiben, Ihre Hundekuchen) zu zählen, müssen Sie den ersten Schritt zur Keksdose machen.

Ihre Aufmerksamkeit nach innen richten

Ein altes Sprichwort sagt, dass eine tausend Meilen lange Reise mit einem einzelnen Schritt beginnt. Im Fall der Meditation besteht dieser einfache, aber wesentliche Schritt darin, Ihren Geist von der normalen Beschäftigung mit externen Ereignissen oder, was genauso häufig vorkommt, von der Geschichte abzuziehen, die er Ihnen über die externen Ereignisse erzählt, und ihn auf Ihre innere Sinneserfahrung zu lenken.

Sie meisten Menschen werden derartig von dem in Beschlag genommen, was in ihrer Umgebung vor sich geht – von dem Ausdruck in den Augen anderer Menschen, von den Stimmen der Familie und der Kollegen, von den neuesten Nachrichten im Radio, von den Meldungen auf dem Computerbildschirm –, dass sie vergessen, auf das zu achten, was in ihrem eigenen Geist, Körper und Herz vor sich geht. Tatsächlich wurde die öffentliche Kultur mit dem Ziel gestaltet, Sie dazu zu verführen, Ihr Glück und Ihre Befriedigung außerhalb Ihrer selbst zu suchen. In einer solch verwirrenden Welt voller Nötigungen scheinen schon die einfachsten Regungen eines Bemühens um Selbstbewusstsein eine monumentale Herausforderung darzustellen.

Nehmen Sie sich gleich jetzt einfach einige Minuten Zeit, um Ihren Geist umzulenken, und achten Sie auf das, was Sie empfinden und fühlen. Achten Sie darauf, wie stark Ihr Widerstand dagegen ist, Ihre Achtsamkeit von Ihrem externen Fokus auf Ihre einfachen Sinneserfahrungen zu lenken. Achten Sie darauf, wie geschäftig Ihr Geist von Gedanke zu Gedanke und von Bild zu Bild flitzt, und dabei eine Geschichte webt, in der Sie die tragende Rolle spielen.

 Weil diese Verhaltensmuster sind so tief verwurzelt sind, kann es einen erheblichen Mut und sehr viel Geduld erfordern, etwas scheinbar so Harmloses zu tun, wie die Aufmerksamkeit immer wieder auf ein grundlegendes internes Erleben wie Ihren Atem zu fokussieren. Vielleicht haben Sie Angst davor, was Sie entdecken werden, wenn Sie ein im Wesentlichen unbekanntes Gebiet betreten –, oder Sie fürchten, etwas zu versäumen, wenn Sie sich auch nur für einige Momente nach innen wenden. Aber diese Verlagerung von außen nach innen ist genau die einfache, aber radikale Aktion, die die Meditation erfordert.

Obwohl ich davon rede, sich nach innen zu wenden, besteht diese Fokusverlagerung, die ich Ihnen nahe bringen will, tatsächlich aus mehreren miteinander in Beziehung stehenden Dimensionen:

✔ **Inhalt und Prozess:** Anstatt sich mit der Bedeutung dessen zu beschäftigen, was Sie empfinden, denken oder fühlen, können Sie Ihr Interesse und Ihre Aufmerksamkeit darauf lenken, wie diese Erfahrung abläuft – oder worin die reine Tatsache der Erfahrung selbst besteht. Anstatt sich beispielsweise in Gedanken oder Tagträumen zu verlieren, können Sie beobachten, wie Ihr Geist von Gedanke zu Gedanke flitzt, oder Sie können einfach nur beobachten, dass Sie denken. Anstatt sich von Ihrer Furcht lähmen zu lassen, können Sie beobachten, wie Spannungswellen Ihren Bauch durchziehen, oder einfach feststellen, dass Sie fühlen.

✔ **Außen und innen:** Anfänglich müssen Sie Ihre normale Tendenz, nach außen gerichtet zu sein, ausgleichen, indem Sie Ihrer inneren Erfahrung eine spezielle Aufmerksamkeit zukommen lassen. Im Laufe der Zeit werden Sie die Fähigkeit entwickeln, sich jeder Erfahrung, egal ob innerer oder äußerer, mit derselben Qualität der Achtsamkeit zu öffnen.

✔ **Secondhand und direkt:** Noch hilfreicher als die Unterscheidung zwischen außen und innen ist die Unterscheidung zwischen der Secondhand-Erfahrung (der Erfahrung aus zweiter Hand) und der direkten Erfahrung. Die Secondhand-Erfahrung ist durch den Geist gefiltert und verzerrt worden, wogegen die direkte Erfahrung durch die Sinne oder durch eine andere Form des direkten Bewusstseins vermittelt wird. Zusätzlich zur Ausrichtung auf das Innere umfasst die Meditation die Ausrichtung der Aufmerksamkeit weg von der Geschichte, die Ihr Geist *über* Ihre Erfahrung zusammenspinnt, hin zu der direkten Erfahrung selbst.

✔ **Tun und sein:** Sie verbringen praktisch Ihre gesamte wache Zeit damit, von einer Aufgabe, von einem Projekt oder von einer Aktivität zur bzw. zum nächsten zu hetzen. Erinnern Sie sich daran, wie es ist, einfach nur auf eine Weise zu *sein,* wie Sie es als Baby oder als kleines Kind waren, als Sie einen Nachmittag im Sommer einfach damit verbrachten, zu spielen oder im Gras zu liegen? Meditation bietet Ihnen die Gelegenheit, diesen entscheidenden Schritt vom Tun zum Sein zu vollziehen.

Ihren Körper entspannen

Das aufstrebende Gebiet der psychosomatischen Medizin erinnert uns an das, was Yogis und Weise seit Jahrtausenden sagen, nämlich dass Ihr Körper, Ihr Geist und Ihr Herz ein nahtloses und untrennbares Ganzes bilden. Wenn Ihre Gedanken wie die sprichwörtlichen Affen unaufhörlich von Sorge zu Sorge springen, reagiert Ihr Körper mit Zusammenziehen und Anspannung, insbesondere in gewissen Schlüsselbereichen wie der Kehle, dem Herzen, dem Solarplexus und dem Bauch. Wenn das Unbehagen genügend intensiv wird, erleben Sie es als Emotion – vielleicht als Angst oder Ärger oder Traurigkeit.

Weil die Meditation Sie mit Ihrer direkten Erfahrung verbindet – und letztlich mit einem Bereich des reinen Seins jenseits des Geistes – entspannt sie Ihren Körper auf natürliche Weise, während sie Ihren Geist fokussiert. Als Anfänger werden Sie diese natürliche Entspannung in den ersten Tagen oder sogar Wochen jedoch möglicherweise nicht erfahren. Deshalb kann es hilfreich sein, eine der Techniken in der folgenden Liste zu üben, bevor Sie meditieren, insbesondere wenn Sie dahin tendieren, sich merklich anzuspannen. (Wenn Sie zu den seltenen Menschen gehören, die im Allgemeinen so entspannt sind, dass sie beim geringsten Anlass dahin tendieren einzuschlafen, können Sie diese Übung auslassen.) Natürlich hat die Entspannung Ihres Körper ihre eigenen wunderbaren Vorteile – aber Ihr Körper bleibt nicht entspannt, bis Sie gelernt haben, mit Ihrem Geist zu arbeiten.

 Falls Sie Ihren Körper noch niemals absichtlich entspannt haben, beginnen Sie die Meditation in dem Einschub *Tiefe Entspannung.* Weil die Übung wenigstens fünfzehn Minuten dauert, werden Sie sie wahrscheinlich nicht jedes Mal ausführen wollen, wenn Sie meditieren, aber sie bringt Ihnen bei, wie Sie Ihren Körper Stück für Stück entspannen können. Wenn Sie diese Übung einige Male ausgeführt haben, ver-

fügt Ihr Körper über eine Erinnerung an den Zustand der tiefen Entspannung. Sie können dann zu einer der Fünf-Minuten-Entspannungen übergehen, die im Folgenden beschrieben werden. Nebenbei gesagt: Tiefentspannung ist ein großartiges Heilmittel gegen Schlaflosigkeit – führen Sie die Übung einfach im Bett aus, und gleiten Sie dann in den Schlaf!

 ## Tiefe Entspannung

Die folgende Meditation können Sie jederzeit ausführen, wenn Sie fünfzehen oder zwanzig Minuten übrig haben und einen Teil der Spannung loswerden wollen, die sich in Ihrem geschäftigen Leben angestaut hat. Sie stellt auch eine großartige Methode dar, sich auf die anderen Meditationen in diesem Buch vorzubereiten, weil sie Ihnen das Gefühl der Entspannung, der Erfrischung und des Kontakts mit sich selbst vermittelt.

1. **Legen Sie sich an einer bequemen Stelle nieder.**

   Ziehen Sie Ihre Schuhe aus, lockern Sie Ihren Gürtel und andere enge Kleidung, und strecken Sie sich lang auf dem Rücken aus, die Arme an den Seiten liegend und die Beine leicht geöffnet.

2. **Nehmen Sie Ihren Körper insgesamt wahr, einschließlich der Stellen, an denen er die Oberfläche des Bettes oder des Fußbodens berührt.**

3. **Schließen Sie die Augen, und richten Sie Ihre Achtsamkeit auf Ihre Füße. Wackeln Sie mit den Zehen, beugen Sie die Füße, und lassen Sie dann alle Spannung so weit wie möglich fahren, so dass Ihre Füße mit der Unterlage »verschmelzen«.**

4. **Verlagern Sie Ihr Bewusstsein auf Ihre Unterschenkel, Oberschenkel und Hüften. Stellen Sie sich vor, dass sie schwer werden, sich entspannen und mit der Unterlage verschmelzen.**

   Falls Ihnen das Bild des Verschmelzens nicht gefällt, versuchen Sie es mit Auflösung, Versinken oder Verschwinden.

5. **Richten Sie Ihr Bewusstsein auf den unteren Unterleib. Stellen Sie sich vor, wie alle Spannung abfließt, wie sich Ihr Atem vertieft, wie sich Ihr Bauch öffnet und wie er weich wird.**

6. **Richten Sie Ihr Bewusstsein auf Ihren oberen Unterleib, die Brust, den Nacken und die Kehle, und fühlen Sie, wie sich diese Bereiche öffnen und wie sie weich werden.**

7. **Richten Sie Ihr Bewusstsein auf Ihre Schultern, die Oberarme, die Unterarme und die Hände. Stellen Sie sich vor, wie sie schwer werden, sich entspannen und mit der Unterlage verschmelzen.**

8. **Richten Sie Ihr Bewusstsein auf Ihren Kopf und das Gesicht. Fühlen Sie, wie die Spannung von Ihrem Gesicht über Ihren Kopf in die Unterlage wegschmilzt.**

9. **Beobachten Sie Ihren Körper vom Kopf bis zu den Zehen, und suchen Sie nach verbleibenden Bereichen mit Spannung oder Unbehagen.**

   Falls Sie noch welche finden, stellen Sie sich einfach vor, wie sie sich vollkommen entspannen.

10. Erfahren Sie Ihren Körper als ein Feld der Entspannung – ohne Teile oder Kanten.

11. Bleiben Sie in diesem Zustand fünf oder zehn Minuten und länger liegen; dann beginnen Sie langsam damit, mit Ihren Fingern und Zehen zu wackeln. Strecken Sie Ihre Arme und Beine, öffnen Sie die Augen, und setzen Sie sich langsam in die Sitzhaltung auf.

Spüren Sie in sich hinein, und beobachten Sie, wie Sie sich fühlen. Fühlen Sie sich entspannter? Fühlt sich Ihr Körper leichter oder ausgedehnter an? Wirkt die Welt anders auf Sie? Stehen Sie jetzt vorsichtig auf, und gehen Sie Ihrem Tagewerk nach.

✔ **Entspannungsdusche:** Stellen Sie sich vor, dass Sie eine warme Dusche nehmen. Indem das Wasser über Ihren Körper und Ihre Beine hinunter fließt, wäscht es das ganze Unbehagen und alle Sorgen hinweg, und Sie kommen erfrischt und belebt aus der Dusche heraus.

✔ **Honigbehandlung:** Stellen Sie sich vor, wie ein Klumpen warmen Honigs auf Ihrer Schädeldecke abgelegt wird. Während der Honig schmilzt, fließt er über Ihr Gesicht, Ihren Kopf und Ihren Nacken hinunter, bedeckt Ihre Schultern, Ihre Brust und Arme und hüllt allmählich Ihren ganzen Körper bis zu Ihren Zehen hinunter ein. Fühlen Sie, wie diese sinnliche Welle der warmen Flüssigkeit die ganze Spannung und den Stress aus Ihrem Körper zieht und Sie tief entspannt und erneuert zurücklässt.

✔ **Friedvoller Ort:** Stellen Sie sich einen sicheren, geschützten, friedlichen Ort vor – vielleicht einen Wald, eine Wiese oder einen Sandstrand. Erfahren Sie den Ort voll mit all Ihren Sinnen. Beachten Sie, wie ruhig und entspannt Sie sich hier fühlen; lassen Sie jetzt dieses Gefühl in jede Zelle Ihres Körpers eindringen.

✔ **Körperbeobachtung:** Beobachten Sie – beginnend bei Ihrer Schädeldecke – Ihren Körper von oben nach unten. Wenn Sie zu einem Bereich der Spannung oder des Unbehagens kommen, geben Sie ihm sanft Gelegenheit, sich zu öffnen und weich zu werden; gehen Sie dann weiter.

✔ **Entspannungsreaktion:** Wählen Sie ein Wort oder einen kurzen Ausdruck, das bzw. der für Sie eine tiefe spirituelle oder persönliche Bedeutung hat. Schließen Sie jetzt die Augen, und wiederholen Sie diesen Ton leise immer wieder. (Ausführlichere Anweisungen zur Übung der Entspannungsreaktion finden Sie in Kapitel 18.)

Achtsamkeit entwickeln: Bewusstsein des Hier-und-Jetzt

Dieses Kapitel hebt einen Ansatz zur Meditation hervor, der als *Achtsamkeit* bezeichnet wird. Dabei wird das Bewusstsein darauf gerichtet, wie sich Ihre Erfahrung von Moment zu Moment entfaltet. Achtsamkeit kombiniert die Konzentration oder ein stark fokussiertes Bewusstsein und ein mehr rezeptives Bewusstsein, das einfach willkommen heißt, was auftaucht. Weil die Achtsamkeit wie ein Haus auf einem Fundament der Konzentration emporwächst, müssen Sie Ihre Konzentration stärken und stabilisieren, bevor Sie zur vollen Übung der Achtsamkeit übergehen können. Deshalb betonen die ersten Meditationen, die hier vorgestellt werden, das Fokussieren auf ein bestimmtes Konzentrationsobjekt – Ihren Atem.

 ### Ihre Erwartungen loslassen

Wenn Sie an der Börse investieren oder sich im Sportstudio ausarbeiten, erwarten Sie Ergebnisse – und Sie verfolgen die Kurse oder die Waage, um festzustellen, welchen Erfolg Sie haben. Wenn Sie jedoch mit derselben Einstellung an die Meditation herangehen, machen Sie den Zweck zunichte – der darin besteht, die Gedanken ganz aufzugeben und einfach im Hier-und-Jetzt zu sein. Es gehört zu den großen Paradoxa der Meditation, dass Sie ihre Vorteile nicht ernten können, bevor Sie nicht alle Erwartungen aufgegeben haben und die Dinge so akzeptieren, wie sie sind. Dann kommen die Vorteile tausendfach zu Ihnen zurück.

Am Anfang fragen Sie natürlich immer wieder, ob Sie alles richtig machen. Aber keine Bange, es gibt keine falsche Methode des Meditierens – außer vielleicht zu sitzen und zu versuchen zu messen, wie gut Sie abschneiden! Eines Tages fühlen Sie sich möglicherweise so, als seien Sie im Zenit der Welt – Sie sind voller Energie, Ihr Geist ist klar, und Sie können Ihren Atem mit relativer Ruhe beobachten. »Toll, jetzt habe ich es gepackt«, denken Sie. Am nächsten Tag werden Sie so von Gedanken oder Emotionen überwältigt, dass Sie zwanzig Minuten sitzen, ohne Ihren Atem ein einziges Mal zu bemerken. Willkommen beim Meditieren! Es geht nicht darum, es richtig zu tun, sondern darum, es einfach zu tun – immer wieder!

Einer meiner Zen-Lehrer verglich die Meditation gern damit, an einem warmen Sommertag durch Nebel zu gehen; obwohl Sie nicht darauf achten, was um Sie herum vorgeht, sind Sie ziemlich bald von Tau durchnässt.

Letztlich besteht das Ziel der Achtsamkeits-Meditation darin, die Fähigkeit zu entwickeln, vollkommen für alles gegenwärtig zu sein, was hier und jetzt passiert. Wenn Sie Ihre Konzentration durch das Fokussieren auf Ihren Atem stabilisiert haben, können Sie Ihre Achtsamkeit auf den kompletten Bereich der Körperempfindungen ausweiten – und schließlich können Sie einfach alles willkommen heißen, was sich in Ihrem Erfahrungsbereich präsentiert. Obwohl sie höchst einfach ist, kann es Jahre der geduldigen Übung dauern, um diese fortgeschrittene Technik zu meistern, aber möglicherweise erleben Sie ersten Einblicke in ein erweitertes Bewusstsein bereits nach einigen wenigen Wochen regelmäßiger Meditation.

Auf den Atem fokussieren

Verglichen damit, im Net zu surfen oder im Action-Kanal einen Film zu sehen, mag das Beobachten des Atems wie ein langweiliger Zeitvertreib erscheinen. Tatsache ist, dass uns die Medien zu Stimulations-Junkies konditioniert haben, indem sie unsere Sinne mit laserähnlicher Geschwindigkeit mit computerisierten Bildern und synthetisierten Geräuschen bombardieren. Kürzlich hörte ich, wie der Kopf einer Werbeagentur sich damit brüstete, dass sein neuester TV-Spot den Betrachter mit sechs verschiedenen Bildern pro Sekunde bombardierte – viel schneller als der bewusste Geist sie überhaupt aufnehmen kann.

Die Bedeutung des Atems

Traditionelle Kulturen identifizierten den Atem mit der Lebenskraft, die alle Dinge belebt. Beispielsweise mögen das lateinische Wort *spiritus* (die Wurzel von *spirituell*), das griechische Wort *anima* (von dem wir die Wörter *Animation* und *animieren* ableiten), das hebräische Wort *ruach* und das Sanskrit-Wort *brahman* ziemlich unterschiedlich klingen, aber sie haben eins gemeinsam – sie bedeuten alle sowohl *Atem* und *Geist* oder *Seele*. Wenn Sie Ihren Atem bewusst beobachten, harmonisieren Sie nicht nur Ihren Körper und Ihren Geist, was Ihnen das Empfinden der inneren Harmonie und Ganzheit vermittelt, sondern Sie erkunden auch die lebende Grenze, an der sich Körper, Geist und Seele treffen, und Sie stimmen sich auf eine spirituellere Dimension des Seins ein.

Wenn Sie dagegen Ihre Aufmerksamkeit auf das Kommen und Gehen Ihres Atems richten, wird Ihr Geist so verlangsamt, dass er sich der Geschwindigkeit und den Rhythmen des Körpers anpasst. Anstatt mit sechs verschiedenen Bildern pro Sekunde überladen zu werden, atmen Sie durchschnittlich 12 bis 16 Mal pro Minute. Und die Empfindungen sind weit feiner als alles, was Sie im Fernsehen sehen oder hören – eher wie die Bilder und Geräusche in der Natur, die schließlich der Bereich ist, aus dem Sie und Ihr Körper ursprünglich stammen.

Außerdem hat der Atem als Fokus der Meditation die großartige Eigenschaft, dass er immer zur Verfügung steht, sich laufend ändert und doch immer mehr oder weniger derselbe ist. Wenn Ihr Atem bei jedem Mal vollkommen anders wäre, würde er nicht die Stabilität bieten, die Sie benötigen, um Ihre Konzentration zu kultivieren. Wenn er sich niemals in irgendeiner Weise ändern würde, würden Sie schnell einschlafen und niemals eine Gelegenheit haben, die Neugier und Wachheit zu entwickeln, die für die Übung der Achtsamkeit so wesentlich sind.

Als Vorbereitung auf die Übung, Ihren Atem zu bobachten, sollten Sie einige Wochen oder Monate damit verbringen, einfach Ihre Atemzüge zu zählen. Dies ist eine großartige Methode, um die Konzentration aufzubauen – und stellt eine vorgegebene Struktur zur Verfügung, die Sie dauernd daran erinnert, wenn Sie abschweifen. Als Anfänger im Zen kann es passieren, dass Sie Jahre damit verbringen, Ihre Atemzüge zu zählen, bevor Sie zu einer herausfordernden Übung graduiert werden. Aber wenn Sie sich abenteuerlustiger fühlen oder bereits ein gewisses Vertrauen in Ihre Konzentration entwickelt haben, fangen Sie auf jeden Fall damit an, Ihren Atem zu beobachten. Vertrauen Sie auf Ihre Intuition, um die Methode auszuwählen, die für Sie geeignet ist.

Die Atemzüge zählen

Suchen Sie sich zunächst eine bequeme Sitzhaltung, die Sie für zehn oder fünfzehn Minuten beibehalten können. (Eine ausführliche Beschreibung der Sitzposition bei der Meditation, einschließlich Abbildungen, finden Sie in Kapitel 7.) Machen Sie dann einige tiefe Atemzüge, und atmen Sie langsam aus. Ohne zu versuchen, Ihren Atem in irgendeiner Weise zu kontrollieren, erlauben Sie ihm, seine eigene natürliche Tiefe und seinen Rhythmus zu finden. Atmen Sie immer durch die Nase, außer Sie können dies aus einem triftigen Grund nicht.

Die eigene Atmung kennen lernen

Wenn Sie beim ersten Mal damit anfangen, Ihre Aufmerksamkeit absichtlich auf Ihren Atem zu lenken, sind Sie möglicherweise überrascht und etwas frustriert, wenn Sie entdecken, dass sich Ihr Körper anspannt und Ihre Atmung steif, gezwungen und unnatürlich wird. Plötzlich können Sie sich nicht mehr daran erinnern, wie man atmet, obwohl Sie dies problemlos seit Ihrem ersten Atemzug bei Ihrer Geburt getan haben.

Keine Bange – Sie machen nichts falsch. Sie müssen nur einen leichteren, sanfteren Umgang mit Ihrer Achtsamkeit entwickeln, so dass Sie Ihren Atem nur beobachten, aber nicht kontrollieren. Es ist in etwa damit zu vergleichen, das Fahrradfahren zu lernen – Sie fallen immer wieder herunter, bis Sie eines Tages wie durch ein Wunder einfach weiterfahren. Von dem Zeitpunkt an wird es zur zweiten Natur.

Vielleicht hilft es Ihnen, mit der Beobachtung Ihres Atems zu beginnen, ohne unbedingt zu versuchen, ihn von Atemzug zu Atemzug zu verfolgen. Beginnen Sie damit, darauf zu achten, was passiert, wenn Sie atmen – wie sich Ihr Brustkorb hebt und senkt, wie sich Ihr Bauch bewegt, wie die Luft durch Ihre Nasenlöcher herein- und hinausströmt. Vielleicht stellen Sie fest, dass einige Atemzüge länger und tiefer, andere dagegen kürzer und flacher sind. Einige reichen möglicherweise ganz tief in Ihren Bauch hinunter, während andere kaum den oberen Teil der Lungen erreichen, bevor sie wieder hinausgehen. Einige mögen grob oder stark, andere weich oder schwach sein.

Verbringen Sie fünf oder zehn Minuten damit, Ihre Atmung mit der frischen Neugier eines Kindes zu untersuchen, das zum ersten Mal eine Blume oder einen Schmetterling sieht. Was haben Sie entdeckt, das Sie vorher noch nicht kannten? Wie unterscheidet sich jeder neue Atemzug vom vorangegangenen? Nachdem Sie sich mit Ihrer Atmung vertraut gemacht haben, können Sie mit der Übung anfangen, Ihre Atemzüge zu zählen oder Ihrem Atem zu folgen.

Beginnen Sie jetzt, jede Einatmung und Ausatmung zu zählen, bis Sie zehn erreichen. Fangen Sie dann bei eins wieder an. Anders ausgedrückt: Wenn Sie einatmen, zählen Sie »eins«, wenn Sie ausatmen, zählen Sie »zwei«. Wenn Sie wieder einatmen, zählen Sie »drei« und so weiter bis zehn. Wenn Sie abirren, kehren Sie zu eins zurück und fangen wieder an.

Um Ihnen zu helfen, sich zu konzentrieren, sollten Sie ausprobieren, die Zahl in Ihrem Geist auf die gesamte Dauer der Einatmung oder Ausatmung auszudehnen, anstatt sie einmal kurz zu denken und dann fallen zu lassen. Ziehen Sie beispielsweise »e-e-i-i-n-s« so lange hin, wie die Einatmung dauert, »z-w-e-i-i« so lange, wie die Ausatmung dauert, usw. Vielleicht hilft es Ihnen – insbesondere am Anfang – auch, die Zahlen zu subvokalisieren, indem Sie ganz leise »eins« flüstern, wenn Sie einatmen, »zwei«, wenn Sie ausatmen, usw.

Diese Übung mag beim ersten Lesen ziemlich banal erscheinen. Deshalb sind Sie möglicherweise überrascht, wenn Sie entdecken, dass Sie es nie schaffen, bis zehn zu kommen, ohne die korrekte Zählung zu verlieren. Sie müssen das Geplapper in Ihrem Geist nicht anhalten. Aber wenn Sie von

Ihren Gedanken abgelenkt werden und mit der Zählung der Atemzüge durcheinander kommen, kehren Sie zu eins zurück und fangen neu an.

Wenn Sie das Zählen Ihrer ein- und ausgehenden Atemzüge – vielleicht nach einem oder zwei Monaten der regelmäßigen Übung – im Griff haben, können Sie dazu übergehen, nur die ausgehenden Atemzüge zu zählen. Wenn Ihr Geist jedoch beim Einatmen abzuschweifen beginnt, kehren Sie zu der ersten Methode zurück, bis Sie sich bereit dazu fühlen, wieder weiterzugehen. Schließlich können Sie die Übung sogar noch stärker vereinfachen, indem Sie einfach »ein« bei der Einatmung und »aus« bei der Ausatmung denken.

Auf den Körper statt auf den Atem achten

Für einige Leute scheint es praktisch unmöglich zu sein, Ihre Atemzüge zu zählen oder Ihrem Atem zu folgen. Stattdessen finden sie es hilfreich, sich auf ihren Körper insgesamt zu fokussieren, wenn sie meditieren. Sie können damit beginnen, indem Sie Ihr Bewusstsein langsam durch Ihren Körper von Ihrem Kopf zu Ihren Füßen wandern lassen. Wechseln Sie dann dazu über, Ihren ganzen Körper auf einmal in Ihrem Bewusstsein zu halten. Wenn Ihr Geist abschweift, kehren Sie einfach zu Ihrem Körper zurück. Sie können auch die Zen-Methode verwenden, sich auf einen bestimmten Teil des Körpers zu fokussieren, wie beispielsweise auf den unteren Teil des Rückens oder des Unterleibs. Wenn Sie einen Fokus finden, mit dem Sie erfolgreich arbeiten können, sollten Sie jedoch dabei bleiben. Es geht darum, Ihre Achtsamkeit zu entwickeln, und nicht darum, durch Ihren Körper zu wandern, um eine Stelle zum Meditieren zu finden.

Ihren Atemzügen folgen

Beginnen Sie damit, dass Sie sich hinsetzen und genauso atmen, wie Sie es beim Zählen Ihres Atems tun. Nachdem Sie ruhig geworden sind, erlauben Sie es Ihrer Aufmerksamkeit, sich beim Atmen entweder auf das Empfinden des Kommens und Gehens Ihres Atems durch Ihre Nasenlöcher oder auf das Heben und Senken Ihres Bauches zu richten. (Obwohl Sie natürlich Ihren Fokus von einer Sitzung zur nächsten wechseln können, ist es am besten, während der gesamten Meditation einen einzigen Fokus beizubehalten – und schließlich ist es günstiger für Sie, beim Meditieren jedes Mal denselben Fokus zu verwenden.)

Richten Sie Ihre volle Aufmerksamkeit so auf das Kommen und Gehen Ihres Atems, wie eine Mutter die Bewegungen ihres jungen Kindes verfolgt – liebevoll, jedoch beharrlich; sanft, jedoch präzise, mit einem entspannten, jedoch fokussierten Bewusstsein. Wenn Sie erkennen, dass Ihr Geist abgeschweift ist und Sie mit Planungen, Gedanken oder Tagträumen beschäftigt sind, bringen Sie ihn sanft, aber nachdrücklich zu Ihrem Atem zurück.

Am Ende einer Ausatmung (und bevor Sie wieder einatmen) gibt es häufig eine Lücke oder eine Pause, während der Ihr Atem nicht mehr wahrnehmbar ist. In diesem Moment können Sie es

Ihrer Aufmerksamkeit erlauben, auf einem vorher festgelegten Berührungspunkt, wie beispielsweise auf Ihrem Nabel oder auf Ihren Händen zu ruhen, bevor Sie zu Ihrem Atem zurückkehren, wenn er wieder aufgenommen wird.

Gedanken und Bilder werden definitiv weiter durch Ihren Geist spuken und wirbeln, wenn Sie meditieren, aber keine Bange. Kehren Sie einfach geduldig und beharrlich zu Ihrem Atem zurück. Möglicherweise stellen Sie fest, dass Sie allmählich von all den kleinen Empfindungen fasziniert sind – wie sich Ihr Bauch und Ihr Brustkorb beim Atmen verschieben, öffnen und ihre Form ändern oder wie Ihr Atem die Spitze Ihrer Nase liebkost, Ihre Nasenlöcher kitzelt und Ihre Nasengänge beim Hinein- und Hinausströmen kühlt. Vielleicht stellen Sie auch fest, dass Ihr Geist dazu neigt, sich entweder bei der Ausatmung oder bei der Einatmung zu beruhigen, oder Ihr Denken dazu tendiert, sich bei einer bestimmten Atembewegung zu ändern. Indem Sie sich beim Meditieren auf eine feinere Stufe der Erfahrung einstimmen, können Sie Ihre Wertschätzung für die feineren Momente des sich entfaltenden Lebens entwickeln.

Halten Sie die Dinge einfach

Bei der Meditation geht es nicht darum, einige interessante Techniken zu entdecken, um die Freizeit zu verbringen, sondern es geht darum, den einfachen, aber bedeutsamen Wechsel vom Tun zum Sein zu vollziehen. Machen Sie nicht den Fehler, Ihre Meditationsübung als weiteren wichtigen Punkt auf Ihre Aufgabenliste zu setzen. Verwenden Sie sie stattdessen als willkommene Oase im Tun, als Gelegenheit zu *sein*, ohne Strategie oder Agenda. Anders ausgedrückt: Halten Sie die Dinge einfach. Probieren Sie zunächst einige Techniken aus, und entscheiden Sie sich dann für die Technik, die zu Ihnen passt. Bleiben Sie dann bei der gewählten Technik. Es spielt wirklich keine Rolle, welche Methode Sie verwenden – sie führen alle dazu, dass Sie im Hier-und-Jetzt ankommen.

Erweiterung auf die Empfindungen

Nachdem Sie eine gewisse Leichtigkeit bei der Verfolgung Ihres Atems entwickelt haben, können Sie Ihr Bewusstsein beim Meditieren auf den gesamten Bereich der Empfindungen sowohl innerhalb als auch außerhalb Ihres Körpers ausdehnen – Gefühle, Gerüche, Hören, Sehen. Stellen Sie sich vor, dass Ihr Bewusstsein wie das Zoom-Objektiv eines Fotoapparats funktioniert. Bis jetzt haben Sie sich ausschließlich auf Ihren Atem fokussiert. Jetzt können Sie einen Schritt zurücktreten, um den Bereich der Empfindungen zu erweitern, die Ihren Atem umgeben.

Wenn Sie es schwierig finden, Ihr Bewusstsein auf einmal zu erweitern, können Sie damit beginnen, eine Empfindung zu untersuchen, wenn diese ihre Aufmerksamkeit auf sich lenkt. Nehmen Sie beispielsweise an, dass Sie Ihrem Atem folgen, wenn ein Schmerz in Ihrem Rücken nach Ihrer Aufmerksamkeit schreit. Anstatt den Fokus auf

Ihren Atem zu halten, wie Sie es vorher getan hätten, können Sie Ihre Aufmerksamkeit auf den Schmerz richten und ihn ausführlich untersuchen, bis er nicht mehr das Feld Ihrer Erfahrung beherrscht. Kehren Sie dann zu Ihrem Atem zurück, bis Sie wieder zu einer anderen Stelle gerufen werden.

Sie können auch ausprobieren, Ihr Bewusstsein auf eine bestimmte Art Empfindung auszuweiten, wie beispielsweise Körpergefühle oder Geräusche. Beispielsweise können Sie eine komplette Meditation damit verbringen, nur auf die Geräusche zu hören, die Sie umgeben, ohne sich auf bestimmte Geräusche zu fokussieren. Auf diese Weise können Sie die hochkonzentrierte Achtsamkeit, die Sie zur Beobachtung Ihres Atems benötigen, mit dem eher rezeptiven, allumfassenden Bewusstsein ins Gleichgewicht bringen, das notwendig ist, um einen breiten Bereich von Empfindungen willkommen zu heißen. Diese Mischung aus Fokus und Rezeptivität bildet den Kern der Übung der Achtsamkeit.

Wenn Sie die Technik beherrschen, Empfindungen in Ihre Meditationen einzuschließen, können Sie ausprobieren, Ihr Bewusstsein auf das komplette Feld der Sinne auszudehnen. Beginnen Sie damit, Ihrem Atem zu folgen, und machen Sie dann Ihre Linse ganz einfach weit auf, und lassen Sie es zu, wie die Empfindungen in Ihrem Bewusstsein entstehen und vergehen.

Alles willkommen heißen, was auftaucht

Wenn Sie sich daran gewöhnt haben, Ihre Empfindungen einzuschließen, können Sie die Tore Ihres Bewusstseins weit öffnen und jede beliebige Erfahrung, selbst Gedanken und Emotionen, ohne Urteil oder Bewertung willkommen heißen. Ähnlich wie die Empfindungen entstehen und vergehen Gedanken und Gefühle in Ihrem Bewusstsein wie die Wolken am Himmel, ohne Sie aus dem Gleichgewicht zu bringen.

Schließlich wird der Himmel niemals durcheinander gebracht oder eingeschränkt, egal wie viele Wolken Sie auftürmen. Er bleibt so unermesslich und weitläufig wie immer. Auf dieselbe Weise können Sie mit einem weiträumigen, himmelsgleichen Geist sitzen. Zuerst stellen Sie möglicherweise fest, dass Ihre Aufmerksamkeit wie eine Taschenlampe nach hier und dort gezogen wird und ein Objekt nach dem anderen untersucht. Aber bleiben Sie einfach dabei, zu dem weiträumigen, himmelsgleichen Geist zurückzukehren. (Seien Sie jedoch gewarnt: Obwohl diese Übung höchst einfach ist, ist sie tatsächlich ziemlich fortgeschritten und erfordert eine gut entwickelte Konzentrationskraft, um länger ausgeführt zu werden. Weitere Einzelheiten darüber, alles willkommen zu heißen, was auftaucht, finden Sie in Kapitel 12.)

Einfach nur sitzen

Als Alternative zur Achtsamkeits-Meditation können Sie die Zen-Übung ausprobieren, die als *Einfach nur sitzen* bezeichnet wird und die normalerweise zwei Phasen oder Schritte umfasst: einfach nur atmen und einfach nur sitzen.

Nachdem Sie gelernt haben, Ihrem Atem zu folgen, können Sie üben, _zum Atem zu werden_. Das stimmt, ich sagte _zum Atem werden_ – Sie gehen vollkommen im Fluss der Einatmung und Ausatmung auf, bis Sie als getrennter Beobachter verschwinden und nur Ihr Atem bleibt. Jetzt atmen Sie nicht mehr, sondern Ihr Atem atmet Sie. Wie die Übung, alles willkommen zu heißen, was auftaucht, ist diese Übung, die als _Einfach nur atmen_ bezeichnet wird, sehr einfach, erfordert aber eine erhebliche Konzentration.

Der nächste Schritt, _Einfach nur sitzen_, umfasst die Erweiterung auf den gesamten Bereich der sinnlichen Erfahrung. Aber anstatt das Bewusstsein oder die Achtsamkeit auf Ihre Erfahrung zu lenken, »verschwinden« Sie, und nur Ihre Erfahrung bleibt – Sehen, Riechen, Hören, Empfinden, Denken. Einer meiner Zen-Freunde hat dies folgendermaßen ausgedrückt: »Wenn Sie sitzen, lösen sich die Wände der Meditationshalle auf, und die ganze Welt tritt ein.« Letztlich bringt diese Übung Sie zu demselben Ort wie die Achtsamkeit; sie ist einfach die Zen-Alternative.

Ihren jungen Hund dressieren

Wie ein eigensinniger junger Hund meint es Ihr Geist gut – er hat einfach nur seinen eigenen Willen und einige ziemlich widerliche Gewohnheiten, die er verlernen muss. So wie Sie einen jungen Hund nicht schlagen, wenn er auf den Teppich pinkelt, sondern ihn geduldig zurück zu seinem kleinen Papierhaufen tragen, müssen Sie Ihren wandernden Geist geduldig ohne Ärger oder Gewalt oder irgendeine Beurteilung zurück zum Fokus Ihrer Konzentration führen. Schließlich möchten Sie, dass Ihr »Junger-Hund-Geist« Sie mag und Sie als Freund behandelt, anstatt sich in Ihrer Gegenwart zu ducken.

Tatsächlich verdient Ihr Geist sogar mehr Geduld als ein junger Hund, weil er aufgrund einer lebenslangen schlechten Dressur die Neigung entwickelt hat, zu fantasieren, sich zu sorgen und sich obsessiv mit bestimmten Themen zu fassen. Wenn Sie üben, freundlich und geduldig mit Ihrem Geist zu sein, öffnen und entspannen Sie sich auf natürliche Weise für den gegenwärtigen Augenblick – was schließlich das ist, worum es in der Meditation geht. Wenn Sie andererseits Ihren Geist zwingen, sich zu konzentrieren, wie ein Feldwebel seine Truppe drillt, erzeugen Sie nur Spannung und Unbehagen – und Sie verlieren wahrscheinlich Ihre Motivation, weiter zu meditieren.

Wie ich in anderen Kapiteln ausführe, lässt sich das Erlernen der Meditation recht gut mit dem Üben eines Musikinstruments vergleichen. Zunächst müssen Sie sich einige grundlegende Techniken aneignen. Dann müssen Sie immer wieder dieselben Tonleitern üben. Das Spielen von Tonleitern kann wie die Beobachtung des Atems unglaublich langweilig sein, aber Woche um Woche werden Sie unmerklich besser, bis Sie eines Tages einfache Melodien spielen dürfen. Und je mehr Sie üben, desto mehr Feinheiten entdecken Sie, und desto interessanter wird sogar das Spielen einfacher Tonleitern – oder die Beobachtung Ihres Atems.

Zunächst mit dem Geist arbeiten

Im Moment mag die ganze Vorstellung, mit Ihrem Geist zu arbeiten, ganz unbegreiflich erscheinen. Schließlich können Gedanken Ihren Kopf wie Nebel füllen, und Sie können nicht die leiseste Spur des blauen Himmels jenseits der Gedanken erkennen.

Die gute Nachrichten lautet: Sie müssen Ihrem Geist keine Aufmerksamkeit widmen – wenigstens anfänglich nicht. Bleiben Sie einfach dabei, Ihren Atem zu beobachten; und wenn Sie sich in Gedanken verlieren, was zweifellos immer wieder passieren wird, kehren Sie sanft zum Atem zurück. Der Punkt ist, dass es nicht darum geht, Ihren Geist anzuhalten – eine Aufgabe, die auf jeden Fall unlösbar ist –, sondern auf den Atem fokussiert zu bleiben, egal was Ihr Geist tut.

Nach Wochen und Monaten regelmäßiger Übung stellen Sie möglicherweise fest, dass Ihr Geist während Ihrer Meditationen schneller zur Ruhe kommt und dass weniger Gedanken Ihre Konzentration stören. Auf jeden Fall wird sich die Qualität Ihres Geistes zweifellos von Tag zu Tag und von Meditation zu Meditation verändern.

Hier geht es nicht darum, die Arbeitsweise Ihres Geistes zu ändern, sondern langsam, aber sicher Ihre Konzentration zu stärken und zu stabilisieren. Schließlich werden Sie bemerken, dass Ihr Geist nicht mehr dieselbe Macht wie früher über Sie hat und dass Sie Momente tiefen Friedens und einer tiefen Ruhe erleben. Vertrauen Sie mir – es wird tatsächlich passieren, sogar Ihnen!

Der historische Buddha verglich das Meditieren mit dem Stimmen einer Laute. Wenn Sie die Saiten zu stramm spannen, reißen sie, und Sie können das Instrument überhaupt nicht spielen. Wenn Sie sie zu locker spannen, können Sie nicht die richtigen Töne spielen. Auf ähnliche Weise müssen Sie auf Ihr Instrument – Ihren Körper und Ihren Geist – achten, wenn Sie meditieren, um herauszufinden, welche Art des Stimmens Sie benötigen. Wenn Sie gespannt sind, sollten Sie mit einigen tiefen Entspannungen beginnen. Wenn Sie schläfrig sind oder vor sich hin dösen, sollten Sie sich gerade aufrichten, aufmerksam sein und Ihre Konzentration verstärken.

Wenn Sie Ihren jungen Hund sanft immer wieder zurückbringen, bemerken Sie auch die Themen und Geschichten, die Ihre Aufmerksamkeit immer wieder ablenken. Vielleicht kehrt Ihr Geist immer wieder zu Sorgen über die Sicherheit Ihres Jobs oder zu Streitereien mit Ihrem Partner oder zu sexuellen Fantasien oder beliebten Songs zurück. Was immer die Lieblingsknochen sein mögen, auf denen Ihr junger Hund herumkaut – allmählich werden Sie mit ihnen vertraut, wenn Sie beobachten, wie Sie von ihnen abgelenkt werden. Nach Wochen und Monaten der regelmäßigen Übung entwickeln Sie ein tieferes Verständis dafür, wie Ihr Geist funktioniert – und wie er Leiden und Stress verursacht. Und wie Schlagermelodien, die Ihnen zuerst gefallen, die Sie aber schließlich nicht mehr hören können, verlieren dieselben alten Geschichten allmählich ihre Macht, Sie zu stören, und Sie entwickeln einen größeren Gleichmut und mehr Geistesruhe. (Nähere Informationen über das Arbeiten mit Ihren Geschichten und gewohnheitsmäßigen Themen finden Sie in Kapitel 11.)

 ### Zu Ihrem Atem zurückkehren

Stellen Sie Ihre Uhr oder einen Wecker, um Ihnen den Beginn jeder Stunde anzuzeigen. Wenn der Alarm ertönt, unterbrechen Sie Ihre aktuelle Tätigkeit und beobachten Ihren Atem 60 Sekunden lang mit voller Aufmerksamkeit. Wenn Sie etwas tun, was sich nicht unterbrechen lässt, wie beispielsweise ein Auto im Verkehr zu lenken oder mit Ihrem Chef zu sprechen, beobachten Sie Ihren Atem so aufmerksam, wie Sie können, während Sie die Aktivität ausführen.

Vorbereitung auf die Meditation: Haltung, Strecken und Stillsitzen

7

In diesem Kapitel

▶ Die Vorteile und Probleme des stillen Sitzens

▶ Einige althergebrachte Tricks, um aufrecht zu sitzen

▶ Wie ein Berg oder ein Baum meditieren

▶ Mit gekreuzten Beinen sitzen, knien und auf einem Stuhl sitzen

▶ Sechs große Streckungen zur Vorbereitung auf das Sitzen

*V*ielleicht kennen Sie einige Meditationstechniken, aber haben noch nicht ernsthaft damit begonnen, sie auszuüben, weil Sie nicht mehr als einige Minuten still sitzen können, geschweige denn fünf oder zehn oder sogar fünfzehn.

Vielleicht fangen Ihr Rücken oder Ihre Knie an zu schmerzen, und Sie sorgen sich, dass Sie sich einen nicht reparablen Schaden zufügen. Oder Ihr Körper beginnt an den seltsamsten Stellen zu jucken, und Sie können dem Drang, sich zu kratzen, nicht widerstehen. Oder jedes Geräusch erreicht Ihre Ohren mit tausendfacher Verstärkung – in Dolby-Stereo, darunter geht es nicht –, und Sie fangen an, hinter jeder Tür Einbrecher oder undichte Wasserhähne zu vermuten.

Vielleicht hatten Sie einen Lehrer (oder eine Mutter oder einen Vater), der Sie zwang, an Ihrem Schreibtisch sitzen zu bleiben, bis Ihre Hausaufgaben fertig waren, und heute bringt Sie schon der Gedanke daran, bewegungslos sitzen zu sollen, dazu, sich unbehaglich zu winden.

Es stimmt – der einfache Akt des stillen Sitzens treibt garantiert jedes Bisschen Unruhe heraus, von dessen Existenz Sie keine Ahnung hatten. Und es stimmt auch, dass die Meditation am besten funktioniert, wenn Sie Ihren Körper relativ bewegungslos und Ihren Rücken relativ gerade halten können. Was also können Sie tun?

In diesem Kapitel untersuchen Sie die *Topographie* der Meditation und erfahren, was das Stillsitzen Sie lehren kann. Sie entdecken einige großartige Techniken, um Ihre Wirbelsäule aufzurichten, ohne Ihren Rücken zu verletzen. Und Sie bekommen die Gelegenheit, einige wirksame Yoga-Stellungen zu üben, um die Muskeln zu strecken und zu entspannen, die beim Sitzen am stärksten belastet werden – so dass Sie noch länger still sitzen und das Sitzen noch mehr genießen können!

Eine Schlange in einen Bambusstab stecken – oder die hohe Kunst des stillen Sitzens

 Wenn einer meiner ersten Meditationslehrer, der Zen-Meister Shunryu Suzuki, über die Übung des stillen Sitzens sprach, pflegte er zu sagen, dass die beste Methode, um einer Schlange ihre wahre Natur zu zeigen, darin bestehe, sie in einen hohlen Bambusstab zu stecken. Denken Sie einen Moment über diese ungewöhnliche Metapher nach. Was könnte er wahrscheinlich damit gemeint haben?

Nun, stellen Sie sich vor, Sie steckten als Schlange in einem Bambusstab. Wie fühlt sich das an? Jedesmal, wenn Sie versuchen, sich zu schlängeln, was Schlangen schließlich tun möchten, stoßen Sie an die Wände Ihres pfeilgeraden Hauses. Wenn Sie aufmerksam sind, beginnen Sie festzustellen, wie sehr Sie tatsächlich auf diese schlängelnde Bewegung aus sind.

Die Übung, in einer gewissen Haltung zu sitzen und dabei Ihren Körpers relativ still zu halten, übernimmt gewissermaßen die Funktion eines solchen Bambusstabes, der jeden Impuls und jede Ablenkung auf Sie zurückwirft. Sie werden erfahren, wie rastlos Ihr Körper sein kann – und wie hyperaktiv Ihr Geist, der die eigentliche Quelle der Unruhe Ihres Körpers ist. »Vielleicht sollte ich diese juckende Stelle kratzen oder diesen Anruf beantworten oder diese Besorgung erledigen.« Für jeden Plan oder jede Absicht gibt es einen gleichlaufenden Impuls in Ihren Muskeln und Ihrer Haut. Aber Sie werden sich all dieser Aktivität niemals bewusst werden, wenn Sie nicht still sitzen.

Das Lustige dabei ist, dass Sie stundenlang in derselben Haltung ausharren können, ohne irgendetwas zu bemerken, wenn Sie glücklich in eine Lieblingsaktivität vertieft sind, beispielsweise wenn Sie sich einen Film anschauen oder im Net surfen oder sich mit einem Hobby beschäftigen. Aber wenn Sie versuchen, etwas zu tun, das Sie langweilig oder unangenehm finden – insbesondere Aktivitäten, die so seltsam und unvertraut sind, wie die Aufmerksamkeit auf sich selbst zu lenken und den eigenen Atem zu beobachten oder die Aufmerksamkeit auf die eigenen Empfindungen zu richten, – dann scheint sich plötzlich jede Minute zu einer Stunde auszudehnen. Jeder Schmerz kann Ihnen wie ein Leiden mit lebensbedrohlichen Ausmaßen vorkommen, und jeder Punkt auf Ihrer Aufgabenliste kann auf einmal unwiderstehlich wichtig werden.

Wenn Sie dauernd in Reaktion auf Gedanken und äußere Reize handeln und reagieren, haben Sie keine Gelegenheit herauszufinden, wie Ihr Geist funktioniert. Indem Sie still sitzen wie die Schlange, die in einem Bambusstab steckt, haben Sie einen Spiegel, der Ihnen zeigt, wie rastlos und ungreifbar Ihr Geist sein kann.

Ruhig zu bleiben verschafft Ihnen auch einen erheblichen Vorteil, wenn Sie daran arbeiten, Ihre Konzentration zu verbessern. Stellen Sie sich einen Herzchirurgen oder einen Konzertpianisten vor, der seinen Körper nicht beruhigen kann, während er sein Handwerk ausübt. Je weniger physische Ablenkungen Sie haben, desto einfacher wird es für Sie, Ihren Atem zu beobachten, Ihr Mantra zu üben – oder Ihre gewählte Meditationstechnik zu praktizieren.

 Jedoch noch ein Wort der Warnung: Diese Anweisungen zum Sitzen verfolgen nicht den Zweck, Ihren Körper in einen Stein zu verwandeln – genauso wenig wie der Bambusstab aus der Schlange einen Stock machen soll. Solange Sie leben, werden Sie sich bewegen. Es geht darum, Ihren Vorsatz zu stärken, still zu sitzen und zu beobach-

ten, was passiert. Der Buddha verwendete gern die Metapher einer Laute – wenn die Saiten zu locker sind, können Sie sie nicht spielen, und wenn sie zu stramm sind, reißen sie! Wenn Sie zu streng mit sich selbst sind, gleiten Sie ins Elend – aber wenn Sie Ihren Körper immer wieder hierhin und dorthin verlagern, können Sie Ihren Geist niemals so weit konzentrieren und beruhigen, um die Vorteile der Meditation zu ernten.

Still sitzen, nichts tun

Als ich ein junger Zen-Meditierender war, arbeitete ich als Hilfskraft in einem Pflegeheim, das eine Reihe verschiedener Patienten betreute, von einer jungen Frau, die sich von einem Knochenkrebs erholte, bis zu einem alten Herren, der mit einem Emphysem im Sterben lag.

Dabei faszinierte mich eine Person ganz besonders – ein alter italienischer Fischer, der bei einem Arbeitsunfall beide Beine verloren hatte. Wenn seine Familienmitglieder zu Besuch kamen, hielt er mit großer Würde Hof und nahm ihren Respekt als Familienpatriarch entgegen. Während andere Patienten damit zufrieden waren, den ganzen Tag mit Ihrer Krankenhausbekleidung im Bett zu liegen, zog er sich fein an, pflegte sich und setzte sich stolz – und mit aufrechter Haltung – in seinen Rollstuhl, um schweigend das Drama zu beobachten, das sich in seiner Umgebung entfaltete.

Eines Tages lief ich ziellos umher und versuchte herauszufinden, was ich tun sollte. Als er dies sah, rief er mich zu sich und sagte mit einem schelmischen Leuchten in seinen Augen: »Heh! Haben Sie nichts zu tun?« »Ja«, antwortete ich, offensichtlich nervös, »Ich weiß nicht, was ich tun soll.« »Wenn du nichts zu tun hast«, sagte er, »dann setz dich hin!«

Wie man aufrecht sitzt

Wenn Sie die Meditationshaltungen untersuchen, die in den großen spirituellen Traditionen der Welt dargestellt werden, werden Sie feststellen, dass sie alle eins gemeinsam haben – die unerschütterliche Stabilität eines Berges oder Baumes. Betrachten Sie beispielsweise die knienden Pharaonen in den ägyptischen Pyramiden oder die mit gekreuzten Beinen sitzenden Buddhas in den indischen Höhlen oder japanischen Tempeln. Sie sitzen auf einer breiten Basis, die tief in der Erde verwurzelt zu sein scheint, und sie haben eine geerdete Gegenwart, die sagt: »Ich lasse mich nicht herumschieben. Ich bin hier, und ich bleibe hier.« (siehe Abbildung 7.1).

 Wenn Sie aufgerichtet wie ein Berg oder ein Baum sitzen, agiert Ihr Körper wie ein Bindeglied zwischen Himmel und Erde und verbindet – um bei der Analogie zu bleiben – Ihre physische, verkörperte Existenz mit der heiligen oder spirituellen Dimension des Seins. Viele Traditionen reden darüber, wie wichtig es ist, den scheinbaren Abgrund zu überbrücken, der uns von Gott oder dem Absoluten trennt. Jüdische und Sufi-Mystiker lehren, dass die Seele ein Funken des himmlischen Feuers ist, der das Verlangen hat, zu seiner Quelle zurückzukehren. Das Christentum symbolisiert die

Seele als aufsteigende Taube und indische Tantra-Yogis (siehe Kapitel 3) beschreiben die ekstatische Vereinigung von _Shakti,_ der femininen Energie der spirituellen Entwicklung, die durch die Wirbelsäule emporsteigt, mit _Shiva,_ dem maskulinen Prinzip jenseits der normalen Erfahrungswelt.

Falls Sie diese spirituellen Aussagen zu esoterisch oder zu windig finden, sollten Sie bedenken, dass das aufrechte Sitzen auch einige praktische Vorteile mit sich bringt. Indem es Ihre Wirbelsäule ausrichtet und die Kanäle öffnet, die durch das Zentrum des Körpers laufen, regt das aufrechte Sitzen die ungehinderte Zirkulation der Energie an, was seinerseits Ihre Wachheit auf allen Ebenen verbessert – der physischen, der mentalen und der spirituellen. Außerdem ist es sehr viel einfacher, längere Zeit still zu sitzen, wenn die Wirbel wie ein Stapel Ziegelsteine übereinander liegen. Andernfalls hat die Schwerkraft die ärgerliche Eigenschaft, Ihren Körper allmählich auf den Boden zu ziehen – und dabei die Qualen und Schmerzen auszulösen, die für einen Körper typisch sind, der gegen die Kräfte der Natur ankämpft. Deshalb ist es langfristig am bequemsten, aufrecht zu sitzen, was Sie auch in Einklang mit der Natur bringt.

Natürlich können Sie sich immer gegen die Wand lehnen – meinen Sie jedenfalls. Aber Ihr Körper neigt dazu – oft unmerklich – zusammenzusinken, wenn er sich irgendwo in irgendeiner Richtung anlehnt. Außerdem geht es bei der Meditation darum, sich auf die eigene direkte Erfahrung zu stützen, anstatt von einer Unterstützung von außen abhängig zu sein, die Ihnen »den Rücken stärkt«. Wenn Sie wie ein Berg oder ein Baum sitzen, machen Sie die Aussage: »Ich bin tief in der Erde verwurzelt, und dennoch offen für die höheren Kräfte des Kosmos – unabhängig, und dennoch untrennbar mit allem Leben verbunden.«

Abbildung 7.1: Sitzen Sie wie ein Berg (hier im vollen Lotussitz),
um sich zu erden und Stabilität zu gewinnen.

 ### *Mit Schmerz umgehen*

Wenn Sie längere Zeit in derselben Haltung sitzen, werden Sie physischen Schmerz oder Unbehagen erfahren, egal wie viel Streckungen Sie gemacht haben! Hier ein Ziehen im Rücken, dort ein Schmerz im Knie, ein Stechen in der Schulter, Nadeln in Ihren Füßen – die Liste der Beschwerden ist potenziell endlos. Und je länger Sie sitzen, desto intensiver kann das Unbehagen werden – und desto stärker die Versuchung, sich zu bewegen oder zu zappeln, um es zu vermeiden.

Anstatt sofort Ihre Haltung zu verändern oder darum zu kämpfen, Ihr Unbehagen zu ignorieren, versuchen Sie sanft, Ihre Achtsamkeit auf Ihr Unbehagen auszudehnen, während Sie weiter Ihren Atem oder ein anderes Meditationsobjekt beobachten. Wenn der Schmerz stark ist, können Sie ihn direkt mit derselben achtsamen, mitfühlenden Aufmerksamkeit untersuchen, die Sie Ihrem Atem zuwenden.

Beachten Sie, wie Ihr Geist auf Ihr Unbehagen reagiert. Spinnt er sich eine Geschichte über Ihr Unbehagen zusammen: »Ich sitze nicht richtig; mit meinem Rücken muss etwas nicht stimmen; vielleicht ruiniere ich mein Knie«? Und verstärkt er Ihr Unbehagen, indem er es als schlecht oder unerwünscht beurteilt und sie dadurch zusätzlich in Spannung versetzt?

Indem Sie Ihr Bewusstsein für Ihren Schmerz öffnen und beobachten, wie Ihr Geist darauf reagiert, können Sie tatsächlich im Hinblick auf den Schmerz nachgiebiger und weniger angespannt werden – wobei Sie möglicherweise feststellen, dass der Schmerz dementsprechend nachlässt. Weil physischer und emotionaler Schmerz unvermeidlich sind, stellt Ihnen die Sitzmeditation ein wundervolles Labor zur Verfügung, um neue Weisen auszuprobieren, in jedem Bereich Ihres Lebens mit Leiden und Unbehagen umzugehen – und sie letztlich zu überwinden.

Nebenbei gesagt: Sie können sich auch (mit Achtsamkeit) bewegen, wenn der Schmerz oder das Unbehagen zu intensiv wird. Loten Sie Ihre eigenen Grenzen zwischen dem Öffnen und dem Widerstehen aus. Und denken Sie daran, dass gewisse Arten von Schmerz Ihre sofortige Aufmerksamkeit verdienen – insbesondere einschießende Schmerzen, Schmerzen, die sofort beginnen, sobald Sie anfangen zu sitzen, sowie scharfe (im Gegensatz zu dumpfen) Schmerzen in Ihren Knien. In solchen Fällen ist es besser, wenn Sie eine andere Sitzhaltung ausprobieren.

Was von der Taille abwärts zu tun ist – und andere Fantasien

So wie ein Baum tiefe Wurzeln entwickeln muss, wenn er wächst, um nicht umzufallen, müssen Sie eine bequeme Haltung für den unteren Teil Ihres Körpers finden, die Sie für fünf oder zehen oder fünfzehn Minuten oder sogar länger beibehalten können, wenn Sie wollen. Nach mehreren Jahrtausenden des Experimentierens haben die großen Meditierenden eine Hand voll traditioneller Haltungen herausgearbeitet, die besonders gut zu funktionieren scheinen. So verschieden sie auch von außen aussehen mögen, diese Haltungen haben eines gemeinsam: Das Becken ist leicht nach vorn geneigt und betont die natürliche Krümmung des unteren Rückens.

Die folgenden Haltungen sind mehr oder weniger in der Reihenfolge ihrer Schwierigkeit angeordnet, von der einfachsten bis zu schwierigsten, obwohl die Leichtigkeit von Ihrem Körper und seiner Flexibilität abhängt. Beispielsweise scheint der klassische Lotussitz (dessen Name von seiner Ähnlichkeit mit der Blume abgeleitet ist) für einige Menschen die natürliche Sitzhaltung zu sein. Der Lotussitz ist für normale Menschen zwar schwierig, aber er hat einige eindeutige Vorteile (siehe den Einschub *Warum Buddha in der Lotushaltung saß* später in diesem Kapitel). Sie können sich an diese Haltung heranarbeiten, indem Sie Ihre Hüften mit den Yoga-Übungen dehnen, die im Abschnitt *Den Körper auf das Sitzen vorbereiten* später in diesem Kapitel beschrieben werden. Vor allem sollten Sie sich jedoch keine Sorgen darum machen, welche Haltung am besten aussieht. Probieren Sie einfach verschiedene Haltungen aus, bis Sie die für Sie passende gefunden haben:

✔ **Auf einem Stuhl sitzen:** Beachten Sie, dass ich *sitzen*, nicht *rumhängen* sage (siehe Abbildung 7.2). Der Trick, beim Meditieren auf einem Stuhl zu sitzen, besteht darin, das Gesäß etwas höher als die Knie zu positionieren, wodurch das Becken leicht nach vorn geneigt wird und Sie dabei unterstützt werden, Ihren Rücken gerade zu halten. Altmodische Küchenstühle aus Holz eignen sich besser als gepolsterte Stühle. Legen Sie versuchsweise ein kleines Kissen oder einen Keil aus Schaumstoff unter Ihr Gesäß.

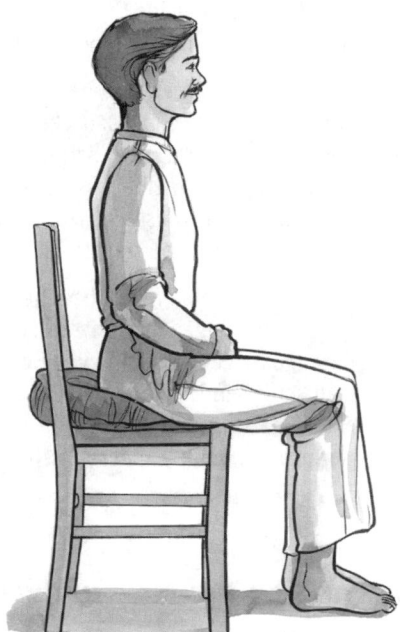

Abbildung 7.2: Wenn Sie auf einem Stuhl meditieren, müssen Sie einige alte Gewohnheiten überprüfen.

✔ **Knien (mit oder ohne Bank):** Das Knien war eine beliebte Haltung im alten Ägypten und im traditionellen Japan, wo es als *Seiza* – ausgesprochen »sei-za« – bezeichnet wurde (siehe Abbildung 7.3). Knien kann – was Wunder – die Knie stark belasten, wenn Sie sie nicht angemessen unterstützen. Versuchen Sie, ein Kissen unter Ihr Gesäß und zwischen Ihre zu Füße schieben –

oder verwenden Sie eine speziell entworfene Seiza-Bank, vorzugsweise mit einem weichen Kissen zwischen sich und dem Holz. Andernfalls könnten Ihr Gesäß und andere zarte Teile einschlafen.

Abbildung 7.3: Verwenden Sie ein Kissen oder eine Bank, um sicherzustellen, dass Ihre zarten Teile beim Knien nicht einschlafen.

✔ **Leichte Haltung:** Diese Haltung ist für längere Perioden des Sitzens nicht zu empfehlen, weil sie nicht besonders stabil ist und die Aufrichtung der Wirbelsäule nicht unterstützt. Sitzen Sie einfach im Schneidersitz mit gekreuzten Beinen auf Ihrem Kissen. (Ob Sie es glauben oder nicht, es gab Zeiten, in denen Schneider auf diese Weise saßen!) Ihre Knie müssen den Boden nicht berühren, aber halten Sie Ihren Rücken so gerade, wie Sie können.

Sie können die Position stabilisieren, indem Sie Kissen unter Ihre Knie schieben und dann allmählich die Höhe der Kissen reduzieren, wenn Ihre Hüften flexibler geworden sind (was auf natürliche Weise im Laufe der Zeit passieren wird). Wenn Ihre Knie den Boden berühren, könnten Sie für die burmesische Position oder für die Lotus-Haltung bereit sein (siehe weiter unten in dieser Aufzählung).

Diese Haltung kann eine kurzfristige Alternative für Menschen sein, die mit den anderen Haltungen in dieser Liste nicht zurechtkommen, die wegen ihrer Knieprobleme nicht knien können oder die aus irgendeinem Grund nicht auf einem Stuhl sitzen wollen.

✔ **Burmesische Haltung:** Diese Haltung wird in ganz Südostasien verwendet (siehe Abbildung 7.4). Dabei werden die Knöchel und Füße voreinander auf den Boden gelegt. Obwohl diese Haltung weniger stabil als die Haltungen der Lotus-Reihe ist, ist sie – besonders für Anfänger – viel einfacher zu meistern.

Abbildung 7.4: Die burmesische Position ist eine einfache, in Südostasien beliebte Alternative, bei der man mit gekreuzten Beinen sitzt.

 Bei allen Haltungen, die mit gekreuzten Beinen arbeiten, sollten Sie zuerst Ihr Bein in einer Linie mit Ihrem Oberschenkel am Knie beugen, bevor Sie Ihren Oberschenkel zur Seite drehen. Andernfalls Sie laufen Sie Gefahr, Ihre Knie zu verletzen, die so gebaut sind, dass sie nur in einer Richtung beweglich sind. Im Gegensatz dazu kann sich das Kugelgelenk der Hüfte in einem weiten Bewegungsbereich drehen.

✔ **Viertellotus:** Diese Haltung entspricht genau dem halben Lotus (siehe den nächsten Punkt), außer dass Ihr Fuß auf der Wade Ihres gegenüberliegenden Beins statt auf dem Oberschenkel ruht (siehe Abbildung 7.5).

✔ **Halber Lotus:** Diese Haltung ist einfacher auszuführen als der berühmte volle Lotus (siehe den nächsten Punkt) und fast genauso stabil (siehe Abbildung 7.6). Setzen Sie sich auf ein Kissen, legen Sie einen Fuß auf den gegenüberliegenden Oberschenkel und den anderen Fuß auf den Fußboden unten den gegenüberliegenden Oberschenkel. Achten Sie darauf, dass beide Knie den Boden berühren und Ihre Wirbelsäule nicht zu einer Seite geneigt ist. Um den Druck auf Ihren Rücken und Ihre Beine zu verteilen, denken Sie daran, die Beine von einer Sitzung zur nächsten zu wechseln, wenn Sie können – anders ausgedrückt: das linke Bein auf dem Oberschenkel, das rechte auf dem Fußboden, dann das linke Bein auf dem Fußboden und das rechte auf dem Oberschenkel.

✔ **Voller Lotus:** Diese Haltung gilt als der Mount Everest der Sitzhaltungen (siehe Abbildung 7.1). Setzen Sie sich auf ein Kissen, legen Sie Ihren linken Fuß auf Ihren rechten Oberschenkel und Ihren rechten Fuß über Kreuz auf Ihren linken Oberschenkel. Sie sollten wie bei dem asymmetrischeren halben Lotus die Beine wechseln, um den Druck gleichmäßig zu verteilen.

Abbildung 7.5: Wie der Name vermuten lässt, ist der Viertel-Lotus nur einen Bruchteil so schwierig wie sein anspruchsvolleres Gegenstück, der volle Lotus.

Abbildung 7.6: Im halben Lotus sollten Sie versuchen, Ihre Beine zwischen den Sitzungen so häufig zu wechseln, wie Sie können.

Der volle Lotus wird seit Tausenden von Jahren auf der ganzen Welt praktiziert. Sie sollten diese stabilste aller Sitzhaltungen nur ausprobieren, wenn Sie besonders gelenkig sind – und selbst dann sollten Sie sich möglichst mit einigen der Streckungen, die am Ende dieses Kapitels beschrieben werden, auf diese Sitzhaltung vorbereiten.

Warum Buddha in der Lotushaltung saß

Leider haben wir es als Kinder nicht gelernt, mit gekreuzten Beinen auf dem Fußboden zu sitzen, wie es die meisten Inder und viele andere Asiaten traditionell tun. Als Folge davon mag es für Sie am Anfang schwierig sein, mit gekreuzten Beinen zu sitzen, und vielleicht fühlen Sie sich versucht, lieber in der scheinbaren Ruhe und Behaglichkeit eines Stuhls zu meditieren. Aber ich möchte Sie dazu ermutigen, das Sitzen mit gekreuzten Beinen irgendwann einmal auszuprobieren, wenn Ihr Körper und Ihre Beweglichkeit dies zulassen. Es ist nicht notwendigerweise so schwierig oder schmerzhaft, wie es scheinen mag – und außerdem bietet es einige einzigartige Vorteile.

Zum einen erzeugt das Kreuzen der Beine ein solides, stabiles Fundament für den Rest des Körpers und sorgt meist dafür, dass sich Ihr Becken auf natürliche Weise genau in dem richtigen Winkel nach vorn neigt, um Ihre Wirbelsäule zu unterstützen. Außerdem hat diese Art, wie die großen Meditierenden vergangener Zeiten zu sitzen, etwas an sich, das Ihrer Meditation eine gewisse Macht und Autorität verleiht – als ob Sie durch das Kreuzen der Beine in einen Strom des Bewusstseins eintauchen, der seit Tausenden von Jahren fließt.

Schließlich verbindet Sie diese Haltung, bei der Ihr Gesäß direkt oder dicht auf der Erde sitzt, direkt mit der Schwerkraft und den anderen Energien, welche die Erde ausstrahlt – und sie verleiht Ihrer Meditation ein greifbares Gefühl des Geerdetseins und der Stärke.

Letztlich ist natürlich alles in Ordnung, was Sie mit der unteren Hälfte Ihres Körpers tun, solange Sie bequem sitzen und Ihren Rücken in relativer Ruhe gerade halten können. Aber Sie können sich an den Luxus, mit gekreuzten Beinen zu sitzen, heranarbeiten, indem Sie allmählich Ihre Hüften strecken, bis eines Tages beide Knie den Boden berühren und Sie *–voilà!* – angekommen sind.

Die Wirbelsäule gerade machen

Nachdem Sie sich bequem hingesetzt und Ihr Becken leicht nach vorn gebeugt haben, können Sie Ihre Aufmerksamkeit darauf richten, Ihren Rücken gerade zu machen. Natürlich ist »gerade machen« eine unpassende Bezeichnung für die Wirbelsäule, weil ein gesunder Rücken tatsächlich mehrere deutliche Kurven hat, eine im Lendenbereich oder unteren Rücken, eine andere im Bereich des Brustkorbs oder des mittleren Rückens und eine dritte im Bereich des Nackens oder der Halswirbelsäule.

Leider werden diese natürlichen Krümmungen häufig durch die Anforderungen der Computer-Arbeitsstationen und durch andere sitzende Beschäftigungen zu stark ausgeprägt, wenn Sie sich gewohnheitsmäßig mit gerundeten Schultern vornüber beugen, wobei Ihr oberer Rücken in sich zusammenfällt und Ihr Nacken und Kopf wie ein Geierhals und -kopf nach vorn gekrümmt sind – so wie ich im Moment sitze!

Möglicherweise schaffen Sie es nicht, Ihre Sitzgewohnheiten in einigen Sitzungen der Meditation abzulegen, aber Sie können ausprobieren, Ihre Wirbelsäule *auszudehen* – eine korrektere Bezeichnung als *gerade machen* – und langsam aber sicher die Krümmungen Ihres Rückens aufweichen, bis sie wieder ihre natürliche, anmutige Biegung haben. Vielleicht stellen Sie fest, dass Sie diese neuen Sitzgewohnheiten auf andere Aktivitäten übertragen, so dass Sie im Laufe der Zeit beispielsweise Ihre Haltung beim Autofahren oder am Schreibtisch sanft korrigieren.

 Probieren Sie eins oder alle drei der folgenden Bilder aus, um herauszufinden, wie sich eine aufgerichtete oder ausgedehnte Wirbelsäule anfühlt. Kümmern Sie sich nicht darum, in den Spiegel zu schauen oder sich mit einem Ideal zu vergleichen, das Sie einem Buch entnommen haben (selbst aus dem vorliegenden nicht). Das Wichtige ist, wie sich Ihr Körper von innen anfühlt. Sie sollten sich zentriert, stabilisiert, geerdet und mit dem Zug der Schwerkraft in Einklang fühlen:

✔ **Am Kopf an einem Faden in der Luft hängen:** Stellen Sie sich vor, dass Ihr gesamter Körper an einem Faden in der Luft hängt, der an Ihrer Krone befestigt ist. (Die Krone ist der höchste Punkt auf Ihrem Schädel in Richtung des Rückens.) Wenn Sie fühlen, wie der Faden Ihren Kopf in die Luft zieht, achten Sie darauf, wie sich Ihre Wirbelsäule auf natürliche Weise ausdehnt, wie sich Ihr Becken nach vorn neigt, wie Ihr Kinn nach unten geht und wie die Rückseite Ihres Nackens etwas flacher wird.

✔ **Ihre Wirbel übereinander stapeln:** Stellen Sie sich vor, dass Ihre Wirbel wie Ziegelsteine übereinander gestapelt sind. Beginnen Sie mit dem ersten Wirbel an der Basis der Wirbelsäule. Fühlen Sie, wie Ihre Wirbelsäule dem Himmel wie ein Wolkenkratzer Ziegelstein für Ziegelstein entgegenwächst.

Über Ihre Haltung meditieren

Als Alternative zur Beobachtung des Atems, insbesondere wenn Sie Ihren Geist beruhigen wollen, bevor Sie sich der Übung der Achtsamkeit zuwenden (siehe Kapitel 6), können Sie die altbewährte Zen-Technik verwenden, sich auf einen bestimmten Teil Ihres Körpers zu konzentrieren. Versuchen Sie, Ihren Geist in Ihre Handfläche zu legen, wenn Ihre Hände in der Zen-*Mudra* (symbolische Geste; siehe Abbildung 7.1) gefaltet sind – oder sich auf Ihren Bauch auf einen Punkt etwa fünf Zentimeter unter Ihrem Nabel (der von den Japanern *Hara* genannt wird) zu konzentrieren. Wenn Sie diese Übung eine gewisse Zeit lang praktizieren und sich Ihre Aufmerksamkeit stabilisiert, können Sie Ihren Fokus auf Ihren ganzen Körper ausweiten und dabei dasselbe Maß an Zen-Konzentration beibehalten.

✔ **Wie ein Berg oder ein Baum sitzen:** Stellen Sie sich Ihren Körper als Berg oder Baum vor, der eine breite Basis hat, die tief in die Erde reicht, und einen Stamm oder Wipfel, der sich in den Himmel reckt (siehe Abbildung 7.7). Beachten Sie, wie stabil, geerdet und autark Sie sich fühlen.

Abbildung 7.7: So sehen Sie von der Seite aus, wenn Sie Ihre Wirbelsäule aufrichten.

Was Sie mit den Augen, dem Mund und den Händen tun sollten

Als ich in 60er Jahren mit dem Meditieren begann, konnte ich – so sehr ich mich auch anstrengte – nicht herausfinden, was ich mit meinen Augen tun sollte. Sie bewegten sich immer wieder unkontrollierbar von fokussiert zu unfokussiert hin und her, und ich wurde davon besessen, etwas richtig zu tun, was mir immer ein zweite Natur gewesen war. Ich meine, ich hatte mir vorher niemals Sorgen darüber gemacht, was ich mit meinen Augen tun sollte! Schließlich vergaß ich sie, und sie haben mich nie wieder beschäftigt.

Augen: Anfänglich müssen Sie entscheiden, ob Sie mit geschlossenen, weit offenen oder halb geöffneten Augen sitzen wollen. Dann können Sie Ihre Augen einfach vergessen und sie tun lassen, was sie wollen. Jede Alternative hat ihre Vor- und Nachteile.

Das Schließen der Augen zieht Ihre Aufmerksamkeit von äußeren Ablenkungen ab und hilft Ihnen, sich auf Ihre innere Erfahrung zu fokussieren. Leider ermutigt es das Tagträumen und Denken. Die Augen weit zu öffnen ist tatsächlich die schwierigste Position, weil sie Ihre Achtsamkeit auf den vollen Bereich sowohl der äußeren als auch der inneren Erfahrungen ausweitet. Diese Position hat den Vorteil, dass Sie einfacher aus der Sitzhaltung aufstehen und Ihre Meditation auf Ihre alltäglichen, mit offenen Augen ausgeführten Aktivitäten ausdehnen können. Ihr Nachteil besteht darin, dass Sie bei unterentwickelter Konzentration leicht von allem abgelenkt werden können, was Ihr Blickfeld kreuzt.

Im Allgemeinen empfehle ich Ihnen, mit halb geöffneten Augen im Zen-Stil zu meditieren und dabei locker einen etwa einen bis anderthalb Meter vor Ihnen liegenden Punkt auf dem Boden zu fokussieren – oder anders ausgedrückt, in einem Winkel von etwa 45 Grad nach unten zu blicken. Falls Sie sich rastlos oder abgelenkt fühlen, können Sie die Augen etwas stärker (oder ganz) schließen. Wenn Sie sich schläfrig oder stumpf fühlen, können Sie sie weiter öffnen. Und wenn Sie feststellen, dass Sie mit den Augen starren, entspannen Sie einfach Ihre Augen und lockern Sie Ihren Fokus.

Hände: Sie können Ihre Hände ziemlich in jede Haltung bringen, in der Sie sich bequem fühlen, solange Sie sie für die gesamte Sitzung an dieser Stelle lassen können. Erfahrene Meditierende legen ihre Hände im Allgemeinen an eine von zwei Stellen: in ihren Schoß oder auf ihre Oberschenkel.

In den Schoß: Versuchen Sie einfach, Ihre Hände zu verschränken, oder nehmen Sie die Zen-Mudra (Handgeste) ein, bei der Ihre linke Handfläche zehn bis fünfzehn Zenzimeter unter Ihrem Nabel in der rechten Handfläche ruht, wobei sich die Daumen etwa in Nabelhöhe leicht berühren und so zusammen mit Ihren Fingern ein Oval bilden.

Auf den Oberschenkeln: Lassen Sie Ihre Hände dort einfach mit den Handflächen nach unten ruhen. Wenn Sie wollen, können Sie sie auch umdrehen, und jeweils den Zeigefinger mit dem Daumen berühren, um das Oval einer traditionellen Yoga-Mudra (Handgeste) zu formen. Wie bei allen anderen Optionen in diesem Kapitel gilt auch hier: Probieren Sie sie aus, bis Sie herausfinden, was am besten zu Ihnen passt.

Mund: Halten Sie ihn sanft geschlossen (aber nicht zusammengepresst), und atmen Sie durch die Nase. Ihre Zunge sollte leicht den Gaumen berühren, damit sie nicht laufend im Mund herumwandert, wie Zungen das so an sich haben.

Nachdem Sie ein Gefühl für die aufrechte Haltung mit einer gedehnten Wirbelsäule entwickelt haben, können Sie Ihren Körper wie ein Pendel von einer Seite zur anderen Seite schaukeln, erst in weiten, dann in allmählich enger werdenen Bögen, bis Sie im Zentrum zur Ruhe kommen. Danach können Sie Ihr Becken leicht nach vorn bewegen, um die natürliche Krümmung Ihres unteren Rückens zu betonen, und sich dann von der Taille an vor- und zurücklehnen (wobei Sie den Rücken gerade halten), bis Sie zentriert sind. Stellen Sie schließlich Ihr Kinn gerade, und nehmen Sie den Kopf leicht zurück. Jetzt sind Sie bereit, mit der Meditation zu beginnen.

Am Anfang müssen Sie möglicherweise diese Techniken und Bilder immer wieder benutzen, um sich zu helfen, zu einer bequemen, aufrechten Sitzhaltung zurückzukehren. Aber schließlich werden Sie feststellen, dass aufrecht zu sitzen zu einem intuitiveren und unmittelbareren Verhalten wird – Sie setzen sich einfach hin, pendeln ein wenig von einer Seite zur anderen, dehnen Ihre Wirbelsäule sanft und beginnen zu meditieren.

Zafus, Bänke und anderes exotisches Zubehör

Je nach der Meditationstradition, der Sie sich angeschlossen haben, werden Sie wahrscheinlich auf eine Reihe verschiedener Sitzhilfen stoßen. Einige Yogis, die ich kenne, lassen gern einen winzigen rechteckigen Beutel mit Reis hinplumpsen, bevor sie sich kunstvoll darauf niederlassen und ihre Beine im vollen Lotus kreuzen. Viele Zen-Leute und andere Buddhisten ziehen ein großes rundes Kissen vor, das als *Zafu* bezeichnet wird (japanisch für *Sitzkissen*), und kombinieren es bei Bedarf mit einem flachen, quadratischen Kissen, das mit Baumwolle gefüllt ist, um zusätzliche Höhe zu gewinnen (siehe Abbildung 7.8).

Abbildung 7.8: Prüfen Sie Ihre Sitzausrüstung: Zafu, unterstützendes Kissen und gepolsterte Bank.

Zafus haben die Meditationshallen aller spirituellen Richtungen infiltriert, von denen der Sufis über die der Buddhisten bis hin zu den christlichen Klöstern (mehr über die Sufis finden Sie in Kapitel 3). Zafus sind im Allgemeinen mit *Kapok* gefüllt, einer seidenartigen Naturfaser, die ihre Form auch bei wiederholten Sitzungen behält. Aber ich habe auch schon Zafus gesehen, die mit Buchweizenhüllen oder Baumwollmatten gefüllt waren, und sogar dicke rechteckige, deren Inhalt aus hartem Polyurethanschaum bestand.

 Bevor Sie ein Zafu kaufen, sollten Sie verschiedene Formen und Größen ausprobieren. Achten Sie auf die relative Bequemlichkeit, die Stabilität und die Höhe. Sie sollten so sitzen können, dass beide Knie den Boden möglichst berühren und Ihr Becken leicht nach vorn geneigt ist.

Wenn Sie knien, können Sie versuchen, auf einem Zafu oder auf einem anderen bequemen Kissen zu sitzen, das auf dem Boden zwischen Ihren Beinen liegt, oder Sie können eine der Meditationsbänke verwenden, die ausschließlich für diesen Zweck geschaffen wurden. Auch hier sollten Sie probieren, bevor Sie kaufen. Personen, die auf dem Stuhl sitzen, sollten schlichte Stühle mit gerader Lehne wählen – exotisches Zubehör wird hier nicht benötigt. Achten Sie nur darauf, dass Ihr Gesäß etwas höher als Ihre Knie positioniert ist.

Den Körper auf das Sitzen vorbereiten

Wenn Sie jeden Tag für zehn oder fünfzehn Minuten ohne Unbehagen sitzen und meditieren können, beglückwünsche ich Sie! Sie müssen keine zusätzliche Zeit dafür aufwenden, um zu lernen, wie Sie Ihren Körper strecken und stärken können – es sei dann, Sie haben Spaß daran.

Vier altbewährte Meditationshaltungen – und einige mehr

Wenn Sie in keiner der normalen Sitzhaltungen bequem sitzen können, finden Sie Rat bei der buddhistischen Tradition, die vier gleichermaßen akzeptable Alternativen für die formale Meditation bietet:

✔ Sitzen   ✔ Gehen

✔ Stehen   ✔ Liegen

Riesige Statuen in Indien und Südostasien zeigen den Buddha selbst, wie er meditiert, während er auf der rechten Seite liegt und seinen Kopf mit der Hand abstützt. Yogis und Asketen haben schon lange im Stehen meditiert, manchmal auf einem Bein. Und die Gehmeditation wird immer noch auf der ganzen Welt praktiziert, von den Zen-Klöstern Japans und den Waldklöstern Thailands über die Sufi-Gemeinschaften des Mittleren Ostens bis zu den christlichen Einsiedeleien Europas und Nordamerikas.

Natürlich kennen die Sufis eine fünfte traditionelle Haltung – den Drehtanz der Derwische – und die Taoists lehren die Kampfkunst des Tai Chi als Bewegungsmeditation. Im Westen haben einige Anhänger des Schweizer Psychologen C. G. Jung eine meditative Tanzform entwickelt, die als *authentische Bewegung* bezeichnet wird, und einige Christen praktizieren ein kontemplatives Gehen in einem spiralförmigen Labyrinth. Letztlich kann jede Aktivität zur Meditation werden, wenn Sie achtsam ausgeführt wird (mehr darüber finden Sie in Kapitel 15).

Bei formellen Schweige-Retreats habe ich Personen gesehen, die im Rollstuhl meditierten, Neulinge, die sich mit diversen Keilkissen abpolsterten, und Oldtimer, die zehn Tage lang nur auf und ab gingen oder auf dem Boden lagen. Und ich habe ein Foto des großen indischen Yogis Swami Muktananda gesehen, wie er meditierte, während er wie ein Vogel in einem Baum saß. Der Punkt ist: Es gibt keine Methode, die für jeden richtig ist – entdecken Sie einfach, was für Sie funktioniert.

Aber bei den meisten Menschen fängt der Körper früher oder später an, lautstark ihre Aufmerksamkeit zu fordern. Beispielsweise stellen Sie möglicherweise fest, dass sich Ihr Rücken beim regelmäßigen Sitzen gelegentlich anspannt. Oder vielleicht versuchen Sie, sich an eine der anspruchsvolleren gekreuzten Haltungen heranzuarbeiten – nur um zu entdecken, dass Ihre Beine einfach nicht so flexibel sind, wie Sie gedacht haben.

Einige gut gewählte Hatha-Yoga-Stellungen können Wunder für Ihren Körper wirken – und das Sitzen für Sie insgesamt sehr viel bequemer machen! (Falls Sie mehr über Yoga erfahren wollen, versuchen Sie es mit *Yoga für Dummies* von Georg Feuerstein und Larry Payne, ebenfalls im MITP-Verlag erschienen.) Welche Sitzhaltung Sie auch wählen mögen, Sie werden sie mehr genießen, wenn Ihr unterer Rücken flexibel und stark genug ist, um Sie ohne Protest zu unterstützen. Und wenn Sie lieber die Beine kreuzen, werden Sie feststellen, dass das Strecken Ihrer Hüften Ihrem Sitz eine größere Stabilität verleiht und Ihre Knie sehr viel weniger belastet.

Jetzt kennen Sie das Problem. Die folgenden Abschnitte beschreiben sechs Yoga-Stellungen (so genannte *Asanas)*, die Sie auf das Sitzen vorbereiten. Die ersten drei helfen Ihnen, Ihren unteren

Rücken zu strecken und zu stärken. Die anderen drei arbeiten daran, Ihre Hüften zu öffnen und flexibler zu machen. Nachdem Sie die Haltungen gewählt haben, die Ihnen am besten geeignet zu sein scheinen, führen Sie sie sanft und vorsichtig aus. Behandeln Sie Ihren Körper mit der Freundlichkeit, die Sie einem engen Freund entgegenbringen. Genießen Sie das Strecken, aber nehmen Sie sich sanft zurück, wenn Sie irgendeinen Schmerz verspüren. (Wenn Sie keinen Teppichboden haben, verwenden Sie eine Yoga-Matte oder einen Teppich, um Ihre zarten Körperteile vor der Härte des Bodens zu schützen.)

Stellung der Katze mit Variationen

Wenn Sie beobachten, wie sich eine Katze nach einem Nickerchen streckt, verstehen Sie, woher diese Stellung ihren Namen hat. Sie streckt und stärkt nicht nur Ihre Wirbelsäule für das Sitzen, sondern eignet sich auch großartig dazu, den Tag zu beginnen. Versuchen Sie einmal, sich morgens aus dem Bett zu rollen, sich als Erstes mit der Katzen-Stellung geschmeidig zu machen, einige Minuten zu meditieren und dann Ihrem Tagewerk nachzugehen (siehe Abbildung 7.9).

Abbildung 7.9: Üben Sie, Ihren Rücken wie ein Katze zu beugen.

Und so führen Sie Katze aus:

1. **Knien Sie sich hin, die Wirbelsäule horizontal und die Arme und Oberschenkel senkrecht zum Boden (wie ein vierfüßiges Tier).**

2. **Biegen Sie Ihre Wirbelsäule beim Ausatmen langsam wie ein Katze nach oben. Beginnen Sie die Streckung mit dem Steißbein.**

   Fühlen Sie, wie sich Ihre Wirbelsäule Wirbel um Wirbel streckt.

3. **Ziehen Sie auf dem Höhepunkt der Streckung das Kinn leicht ein.**

4. **Biegen Sie beim Ausatmen Ihre Wirbelsäule nach unten. Beginnen Sie mit dem Steißbein, und heben Sie am Ende der Streckung Ihren Kopf leicht an.**

5. **Führen Sie diese Atmung und Streckung 10 bis 15 Atemzüge lang aus.**

Sie können auch die folgenden zwei Variationen der Katzen-Stellung ausführen:

✔ **Variation 1:** Gehen Sie in die Vierfüßler-Position (Schritt 1), drehen Sie beim Ausatmen sanft Ihren Kopf und blicken auf Ihre linke Hüfte, während Sie gleichzeitig Ihre Hüfte zu Ihrem Kopf bewegen. Atmen Sie ein, kehren Sie zum Zentrum zurück, und wiederholen Sie diese Bewegung zur anderen Seite. Fahren Sie 10 bis 15 Atemzüge lang fort.

✔ **Variation 2:** Gehen Sie in die Vierfüßler-Position (Schritt 1), bewegen Sie die Hände leicht aus der Senkrechten fort, und beschreiben Sie mit Ihren Hüften weite Kreise, wobei Sie sich beim Einatmen vorwärts und beim Ausatmen rückwärts bewegen. Fahren Sie 10 bis 15 Atemzüge lang fort.

Stellung der Kobra

Diese Stellung leitet ihren Namen von ihrer Ähnlichkeit mit der anmutigen Schlange ab. Diese Asana sorgt für eine großartige Rückwärtsstreckung der Wirbelsäule – und wirkt der Tendenz entgegen, nach vorn zusammenzusinken. Sie dürfen diese Übungen nicht mit dem unteren Rücken anfangen (und ihn dabei möglicherweise zu stark biegen), sondern Sie müssen mit der Streckung am oberen Rücken anfangen und allmählich die Wirbelsäule hinuntergehen (siehe Abbildung 7.10).

Abbildung 7.10: Als Gegenmittel gegen eine krumme Haltung sollten Sie üben, Ihren oberen Rücken wie eine Schlange zu heben.

Führen Sie diese Streckung folgendernmaßen aus:

1. **Legen Sie sich auf den Bauch, und berühren Sie mit der Stirn den Boden.**

2. **Legen Sie die Hände unter die Schultern, die Fingerspitzen nach vorn gerichtet und die Außenkanten der Hände parallel zu den Rändern der Schultern.**

3. **Ziehen Sie die Ellbogen so an, dass die Arme die Seiten des Rumpfes berühren.**

4. **Halten Sie die Füße zusammen, und pressen Sie die Beine und Oberschenkel auf den Boden.**

5. **Heben Sie den Brustkorb langsam vom Boden weg. Heben und dehnen Sie, vom oberen Rücken ausgehend, den Kopf und Nacken in Ausrichtung mit der Wirbelsäule.**

6. **Am Anfang stellen Sie möglicherweise fest, dass Sie Ihre Brust nicht sehr weit heben können, aber zwingen Sie sich nicht in irgendeiner Weise. Ihr Rücken wird allmählich flexibler werden.**

7. Lassen Sie die Schultern entspannt, drücken Sie den Brustkorb sanft nach oben und nach vorn, und öffnen Sie den Unterleib, während Sie das Schambein auf den Boden pressen.

8. Atmen Sie tief und weich, und halten Sie die Stellung für fünf bis zehn volle Atemzüge.

9. Lösen Sie beim Ausatmen die Stellung langsam, Wirbel für Wirbel, auf, bis Sie wieder mit dem Gesicht nach unten liegen und die Stirn den Boden berührt.

10. Drehen Sie den Kopf zu einer Seite, und entspannen Sie sich vollkommen.

Stellung der Heuschrecke

Auch diese Asana ist nach einem Tier benannt, weil ihr Aussehen an eine Heuschrecke erinnert, die ihren Hinterleib in die Luft streckt (siehe Abbildung 7.11). Weil diese Stellung den unteren Rücken streckt und stärkt, bietet sie eine wesentliche Unterstützung für die Übung des aufrechten Sitzens, egal ob beim Meditieren oder bei einer anderen sitzenden Tätigkeit. Fangen Sie mit der halben Heuschrecke an, und gehen Sie zur vollen Heuschrecke über, wenn Ihr unterer Rücken sich stark genug anfühlt. (Wenn Sie Probleme im unteren Rücken haben oder während der halben Heuschrecke Schmerzen spüren, sollten Sie die volle Heuschrecke nicht ausführen.) Bewegen Sie sich langsam und vorsichtig, und vermeiden Sie alle Bewegungen, die Ihnen Schmerzen bereiten – mit Ausnahme des dumpfen Schmerzes einer guten Streckung.

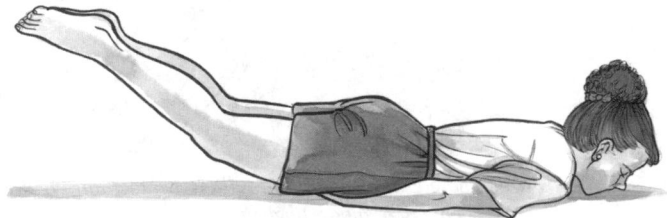

Abbildung 7.11: Stellen Sie sich vor, dass Sie Ihre Beine wie eine Heuschrecke heben.

Führen Sie diese Übung folgendernmaßen aus:

1. Legen Sie sich mit dem Bauch auf den Boden, das Gesicht nach unten, das Kinn auf dem Fußboden, die Arme an der Seite, die Handflächen nach oben.

2. Ballen Sie beide Hände halb zur Faust, schieben Sie die Arme unter den Körper, legen Sie die Hände unter Ihr Schambein, wobei sich die Daumen leicht berühren sollen.

3. Jetzt Sie können entweder die halbe Heuschrecke oder die volle Heuschrecke ausführen:

   Halbe Heuschrecke: Spannen Sie Ihre Gesäßmuskeln leicht an, und atmen Sie ein. Heben Sie beim Ausatmen ein Bein vollkommen in die Luft, ohne das Knie zu beugen. Halten Sie die Stellung fünf bis zehn Atemzüge lang. Nehmen Sie dann das Bein herunter, und wiederholen Sie dasselbe mit dem anderen Bein. Wiederholen Sie diese Übung drei oder vier Mal auf jeder Seite. Wenn Sie fertig sind, drehen Sie den Kopf zu einer Seite und entspannen sich.

Volle Heuschrecke: Spannen Sie Ihre Gesäßmuskeln leicht an, und atmen Sie ein. Heben Sie beim Ausatmen beide Beine vollkommen in die Luft, ohne die Knie zu beugen. Halten Sie die Stellung fünf bis zehn Atemzüge lang. Atmen Sie tief in Ihren Unterleib, nehmen Sie dann die Beine herunter, drehen Sie den Kopf zu einer Seite und entspannen sich.

Ausfall-Stellung

 Obwohl diese Asana als Rückenstreckung gilt, öffnet sie auch die Hüften und die Leistengegend (siehe Abbildung 7.12). Wenn Sie nur für wenige Stellungen Zeit haben, kombinieren Sie diese Stellung mit den Stellungen der Katze und des Schmetterlings (siehe unten) zu einer Mini-Übungsreihe.

Abbildung 7.12: Üben Sie das Strecken Ihres unteren Rückens und das Öffnen Ihrer Hüften mit einem sanften Ausfall.

Führen Sie diese Übung folgendermaßen aus:

1. **Gehen Sie in den Vierfüßler-Stand, die Wirbelsäule horizontal und die Arme und Oberschenkel senkrecht zum Boden.**

2. **Ziehen Sie das linke Knie nach vorn, und legen Sie Ihren linken Unterschenkel auf den Boden, die Ferse nahe an der rechte Leiste.**

3. **Strecken Sie das rechte Bein gerade nach hinten, das Knie nach unten.**

4. **Bewegen Sie das Schambein näher zum Boden, während Sie den Brustkorb sanft nach oben und nach vorn bewegen und dabei das Gewicht auf Ihre Arme und das rechte Bein verlagern.**

Achten Sie darauf, dass jede Drehspannung in dem gebeugten Bein im Hüftgelenk und nicht im Knie erfolgt. Fühlen Sie die Streckung im unteren Rücken, im Hüftgelenk des gebeugten Beins und in der Leiste, in der Hüfte und in dem Oberschenkel des gestreckten Beins.

5. **Halten Sie die Streckung fünf bis zehn Atemzüge lang. Wiederholen Sie die Übung dann auf der anderen Seite.**

Stellung des Schmetterlings

Diese Asana stellt besonders für Läufer und andere Athleten eine Herausforderung dar. Sie streckt die inneren Oberschenkel, die Leiste und die Hüfte. Wie ihre Form nahelegt, öffnet sie allmählich Ihre »Flügel« und hilft Ihnen dabei, in gekreuzten Haltungen mit den Knien den Boden zu erreichen (siehe Abbildung 7.13).

Abbildung 7.13: Nehmen Sie die Herausforderung an: Strecken Sie Ihre Hüften und Ihre Leiste.

Führen Sie diese Übung folgendermaßen aus:

1. **Setzen Sie sich auf den Boden, und strecken Sie die Beine nach vorn aus.**

    Wenn Sie Schwierigkeiten haben, den Rücken gerade zu halten, schieben Sie ein Kissen unter das Gesäß, so dass Ihr Becken leicht nach vorn geneigt ist.

2. **Beugen Sie die Knie, und legen Sie die Sohlen der Füße zusammen, wobei die Außenkanten beider Füße auf dem Fußboden liegen.**

3. **Verschränken Sie die Hände, greifen Sie beide Füße, ziehen Sie die Fersen in Richtung der Leiste, und drücken Sie Knie sanft auf den Boden, während Sie Ihre Wirbelsäule ausdehnen.**

    Fühlen Sie die Streckung in der Leiste, den Oberschenkeln, den Hüften und dem unteren Rücken. Widerstehen Sie der Versuchung, mit den Beinen zu federn oder sie zu zwingen.

Machen Sie sich keine Sorgen, falls die Knie in die Luft ragen. Es ist wichtiger, den Rücken gerade zu halten, als den Boden mit den Knien zu berühren.

4. **Halten die Streckung fünf bis zehn Atemzüge lang, und atmen Sie dabei tief in Ihren Unterleib.**

5. **Lassen Sie Ihre Füße beim Ausatmen los, strecken Sie die Beine nach vorn aus, und entspannen Sie sich.**

Zehn schnelle Schritte, um den Körper auf die Meditation vorzubereiten

Die folgende praktische Liste fasst die Schritte noch einmal übersichtlich zusammen, die weiter oben in diesem Kapitel beschrieben wurden:

1. **Bringen Sie die Beine in Position.**

2. **Dehnen Sie die Wirbelsäule.**

3. **Schaukeln Sie mit dem Körper wie ein Pendel von Seite zu Seite.**

4. **Schaukeln Sie mit dem Körper vorwärts und rückwärts.**

5. **Neigen Sie das Becken leicht nach vorn, und entspannen Sie Ihren Bauch.**

6. **Ziehen Sie Ihr Kinn sanft ein.**

7. **Lassen Sie Ihre Zunge am Gaumen ruhen, und atmen Sie möglichst durch die Nase.**

8. **Legen Sie die Hände auf die Oberschenkel oder in den Schoß.**

9. **Entspannen Sie den Körper vom Kopf bis zu den Zehen, und lassen Sie so viel Spannung oder Unbehagen wie möglich entweichen.**

10. **Beginnen Sie mit der Meditation.**

Wiegenstreckung

Wie der Name nahelegt, wiegen Sie ein Bein wie ein Baby in den Armen. Dabei werden die Hüften geöffnet und gestreckt (siehe Abbildung 7.14). Heben Sie das Bein langsam und sanft – denken Sie daran, dass Sie strecken, nicht verrenken. Führen Sie diese Übung folgendermaßen aus:

1. **Setzen Sie sich auf den Boden, und strecken Sie die Beine nach vorn aus.**

2. **Beugen Sie ein Knie, drehen Sie den Oberschenkel auf die Seite, verschränken Sie die Hände, und legen Sie den Unterschenkel mit dem Knie in die Beuge des einen Ellbogens und dem Fuß in die Beuge des anderen Ellbogens.**

3. **Halten Sie die Wirbelsäule ausgestreckt und den Kopf aufrecht, und wiegen Sie das Bein horizontal sanft von Seite zu Seite, wobei Sie sich in der Hüfte drehen.**

4. **Führen Sie dieses Schaukeln fünf bis zehn Atemzüge lang durch. Atmen Sie tief und weich. Legen Sie dann das Bein auf dieselbe Weise ab, wie Sie es aufgenommen haben, und führen Sie dieselbe Streckung mit dem anderen Bein durch.**

Abbildung 7.14: Schaukeln Sie mit den Beinen sanft von Seite zu Seite, um Ihre Hüften zu öffnen.

 ### Die rechte Haltung bewahren

Im Zen bezieht sich eine gute Haltung nicht nur auf die Position des Rückens und der Beine, sondern auf eine Einstellung zum Leben im Allgemeinen. Aufmerksam, jedoch entspannt, stellen Sie sich jedem Moment und jeder Situation direkt, mit einer Haltung, die nahelegt: »Ich bin offen für alles, was auftaucht. Ich bin gegenwärtig und bereit zu reagieren.« Wir wollen dies als »die rechte Haltung bewahren« bezeichnen.

Falls Sie einen Wecker haben, stellen Sie den Alarm für den Rest des Tages auf jede volle Stunde ein. (Falls Sie keine Uhr haben, führen Sie diese Übung einfach zu zufällig gewählten Zeitpunkten aus.) Wenn der Alarm ertönt, richten Sie Ihre Aufmerksamkeit für einen Moment auf Ihren Körper. Wie stehe oder sitze ich gerade? Sitze ich krumm oder zusammengesunken da? Und falls dies so ist, wie würde es sich anfühlen, meine Wirbelsäule sanft auszudehnen und mich mit der Schwerkraft in Einklang zu bringen? Beachten Sie, wie diese subtile Verlagerung Ihre Stimmung und Ihre Einstellung zum Leben beeinflusst, während Sie Ihrem Tagewerk nachgehen.

Bekleidung, Ort, Zeit, Dauer und andere praktische Hinweise

8

In diesem Kapitel

▷ Warme und bequeme Kleidung sowie Meditations-Chic

▷ Zeit für die Meditation finden

▷ Wie lange soll man meditieren?

▷ Essen und Trinken und Ihre Lieblingssüchte

▷ Eine Meditationsnische schaffen, die Ihre Übungen unterstützt

---

Als ich im College anfing zu meditieren, fuhr ich einmal in der Woche mit der U-Bahn quer durch die Stadt zu einem kleinen Zen-Zentrum. Jedes Mal, wenn ich durch die Eingangstür trat, erinnerte mich der Geruch von Weihrauch und von japanischen Strohmatten sowie ein einfacher Altar und die dunklen Roben der Mitglieder daran, dass ich einen besonderen Ort betreten hatte – einen Ort, der dem Meditieren gewidmet war. Ich konnte fühlen, wie sich mein Atem vertiefte und mein Geist sich beruhigte – und ich war frustriert, dass es mir nicht gelang, die Qualität der Meditation, die ich dort erfuhr, auf das enge, kleine Apartment zu übertragen, das ich mit drei Freunden teilte.

Im Laufe der Jahre habe ich gelernt, dass die physische Umgebung Ihrer Meditation – wo, wann und wie lange Sie sitzen, was Sie tragen und welche Art Energie Sie investieren – einen mächtigen Einfluss auf die Qualität Ihrer Meditation haben kann. Den Atem in einen geschäftigen Flughafen oder in einem lauten Büro zu zählen versuchen, kann Spaß machen, aber natürlich kommen Sie schneller tiefer, wenn Sie an einem Platz meditieren, der speziell diesem Zweck gewidmet ist.

Vielleicht hängen Sie der Fantasie nach, sich einem Ashram oder einer anderen spirituellen Gemeinschaft anzuschließen, in dem bequem für alles gesorgt ist und Sie sich ganz der Aufgabe widmen können, zu meditieren, zu essen und zu schlafen. Nun ja, viel Glück! Vielleicht müssen Sie aber auch die Zeit und den Raum für das Meditieren aus dem Rohmaterial Ihres geschäftigen Lebens herausmeißeln. Aus diesem Grund habe ich dieses Kapitel geschrieben.

Auf diesen Seiten werden Sie erfahren, wie Sie einen passenden Platz für Ihre Meditation finden können. Sie lernen, wann und wie lange Sie sitzen sollten. Schließlich erhalten Sie einige Anregungen, um einen Altar einzurichten, der Ihre Bemühungen inspiriert. Das Einrichten und Pflegen einer eigenen Meditationsnische ist nach dem Meditieren in einem Kloster das Beste. (Nähere Informationen über das Meditieren mit anderen finden Sie in Kapitel 15.)

Die passende Kleidung: Bequem, nicht modisch

Diese Hinweise mögen trivial erscheinen, aber Sie wären überrascht, wie viele Leute mit Designer-Jeans und heutengen Tops zum Meditieren kommen, wodurch es ihnen praktisch unmöglich ist, zu atmen oder die Beine zu kreuzen. Der Schlüssel zum bequemen Sitzen ist Folgendes: Kleiden Sie sich weit und locker, und vermeiden Sie es, die Atmung und den Kreislauf in irgendeiner Weise zu behindern. Trainingskleidung eignet sich im Allgemeinen sehr gut zum Sitzen. Falls Sie mehr Meditations-Chic suchen, gibt es im Handel auch farbenfreudige, schnittige, aber elastische und bequeme Sportkleidung.

Weil die Körpertemperatur und der Blutdruck normalerweise beim Meditieren heruntergehen, frieren Sie möglicherweise eher als sonst. Nehmen Sie sich deshalb einen Pullover oder eine Wolldecke mit, die Sie sich umlegen können.

Der richtige Zeitpunkt zum Meditieren: Jederzeit

Wenn Sie sehr beschäftigt sind, sollten Sie feste Meditationszeiten einplanen, wann immer es zeitlich passt. Aber wenn Sie in dem Luxus leben, wählen zu können, oder wenn Sie so oft meditieren wollen, wie Sie können, nennen Ihnen die folgenden Hinweise einige der besten Zeiten zum Sitzen – und denken Sie daran, dass letztlich jeder Moment und jede Aktivität eine Gelegenheit zur Achsamkeit bieten kann. (Nähere Informationen über die Achtsamkeit im Alltag finden Sie in Kapitel 15.)

✔ **Erste Tätigkeit am Morgen:** Traditionell gelten die ersten beiden Stunden nach dem Aufwachen – möglichst etwa zur Zeit des Sonnenaufgangs – als die beste Zeit zum Meditieren. Ihr Geist und Körper sind durch den tiefen Schlaf frisch und energiereich, und Sie sind noch nicht mit Ihren normalen Alltagssorgen beschäftigt. Als Folge davon fällt es Ihnen möglicherweise leichter, sich zu fokussieren und in der Gegenwart zu bleiben. Wenn Sie mit der Meditation anfangen, legen Sie auch die Stimmung für den Rest des Tages fest und können die gewonnene Geistesruhe auf Ihre anderen Aktivitäten übertragen.

✔ **Vor dem Schlafengehen:** Einige Menschen benötigen ein bis zwei Stunden, um aus dem träumerischen Nebel des Schlafes aufzuwachen. Andere haben gerade genug Zeit, sich aus dem Bett zu rollen, einen Kaffee zu trinken und sich in den morgendlichen Pendelverkehr zu stürzen. Wenn Sie nach dem Aufstehen erschöpft sind oder schnell in die Gänge kommen müssen, sobald Ihre Füße den Boden berühren, versuchen Sie, abends vor dem Schlafengehen zu meditieren. Dies ist eine großartige Methode, sich auf den Schlaf vorzubereiten, weil sie es Ihrem Geist ermöglicht, sich zu beruhigen und auf natürliche Weise und mit Ruhe vom Wachen in den Schlummer hinüberzugehen. Tatsächlich berichten Meditierende, die vor dem Schlafengehen sitzen, häufig, dass Ihr Schlaf ruhiger ist und sie weniger Schlaf benötigen.

✔ **Direkt nach der Arbeit:** Obwohl diese Zeit nicht so verlässlich wie der Morgen oder die Zeit vor dem Schlafgehen ist, weil sie häufig durch Besorgungen, frühe Abendessen oder familiäre Notfälle in Anspruch genommen wird, kann der Übergang zwischen Arbeit und Heim ein passender Moment sein, um einige tiefe Atemzüge zu machen und Ihren Körper und Geist zur Ruhe kommen zu lassen – anstatt nach der Zeitung zu greifen oder die Glotze anzustellen.

✔ **Mittags- und Kaffeepausen:** Wenn Sie über ein eigenes Büro verfügen und eine bestimmte Zeit für das Mittagessen oder das Kaffeetrinken reserviert haben – was sehr fraglich ist, da immer mehr Menschen heutzutage nebenbei essen –, essen und trinken Sie direkt zu Beginn der Pause, und verbringen Sie den Rest der Zeit mit dem Meditieren. Sie könnten sogar einen besonderen Ort in Ihrem Büro für diesen Zweck reservieren – einschließlich eines Altars, wenn Sie dem zuneigen.

✔ **Beim Warten auf die Kinder und bei anderen vorhersagbaren Ausfallzeiten:** Möglicherweise verbringen Sie wie viele Eltern jede Woche Stunden damit, Ihre Kinder von einer Aktivität oder einer Spielverabredung zur nächsten zu bringen, und sitzen im Auto oder machen Besorgungen, während Sie darauf warten, dass die Kinder fertig werden. Anstatt zu einer Zeitschrift zu greifen oder Nachrichten zu hören, können Sie es mit dem Meditieren versuchen. (Sie können dies natürlich auch tun, wenn Sie im Wartezimmer Ihres Arztes oder Zahnarztes sitzen.) Die Umgebung mag nicht die beste sein, und Ihre Haltung mag nicht ideal sein, aber es handelt sich um eine Spanne wertvoller freier Zeit. Nutzen Sie sie weise.

Mit Musik meditieren

Wenn Sie einfach zu hektisch sind, um sich hinsetzen und achtsam sein zu können, kann Ihnen eine bestimmte Art Musik helfen, sich auf einen langsameren, beständigeren, weniger aufgeregten Rhythmus einzustimmen, bevor Sie zu meditieren beginnen. Wählen Sie die Musik nach Ihrem Geschmack aus – was dem einen ein »Aaahh« entlockt, veranlasst den anderen zu einem »Autsch«. Ob Sie es glauben oder nicht: Studien haben gezeigt, dass sich viele Teenager und Generation-X-er bei Heavymetal-Musik tatsächlich entspannen.

Haben Sie keine Bedenken, Ihre Lieblings-CD zu hören, um das wilde Biest am Ende eines langen und stressreichen Tages zu besänftigen – möglichst eine Musik, die Sie dort abholt, wo Sie sich befinden, und die Sie dann allmählich besänftigt. Wenn Sie ein wenig leichter atmen, können Sie sich in Ihre Meditationsecke begeben.

Sie können auch aus dem Anhören der Musik selbst eine Meditation machen. Richten Sie Ihre Achtsamkeit auf die Musik, so wie Sie sonst auf Ihren Atem achten würden. Anstatt zu denken oder Ihren Tagträumen nachzuhängen, hören Sie mit voller Aufmerksamkeit auf die Töne, die sich in Ihrer Achtsamkeit entfalten. Wenn Ihr Geist abschweift, kehren Sie zur Musik zurück. Gelegentlich könnten Sie sich sogar in dem Sound verlieren, so dass Sie, als Zuhörer, verschwinden und das Hören bleibt. Solche Momente der tiefen Meditation geben Ihnen einen flüchtigen Blick auf Ihren Wesenskern, der vom Geist nicht verstanden werden kann, aber der trotzdem eine mächtige heilende Wirkung entfalten kann.

 **Gehmeditation**

Zwischen den Zeiten des formalen Sitzens haben Meditierende auf der ganzen Welt schon seit langer Zeit geübt, mit einem achtsamen Bewusstsein zu gehen. Diese Übung ist nicht nur eine Unterbrechung der Monotonie des ununterbrochenen Sitzens, sondern selbst eine großartige Meditation – und eine wundervolle Methode, um zu üben, die Achtsamkeit, die Sie auf Ihrem Kissen oder Stuhl lernen, auf die gewöhnliche Welt der Bewegung und Aktivität auszuweiten.

In einigen Zen-Klöstern ähnelt die Gehmeditation mehr einer Art beherrschten, bewussten Laufens. In Teilen von Südostasien kann die Bewegung fast unmerklich langsam sein. Die folgende gemäßigtere Übung können Sie nicht nur zwischen den Pausen der Sitzmeditation, sondern auch jederzeit ausführen, wenn Sie sich etwas beruhigen und Ihre Aufmerksamkeit auf Ihr Gehen richten wollen. Falls es das Wetter zulässt, sollten Sie möglichst im Freien gehen. Alternativ können Sie einfach in Ihrem Haus auf und ab gehen.

1. **Beginnen Sie damit, normal zu gehen, und beobachten Sie dabei Ihre Ein- und Ausatmung.**

2. **Koordinieren Sie Ihre Atemung mit Ihren Schritten.**

    Zum Beispiel können Sie drei Schritte für jede Einatmung und drei Schritte für jede Ausatmung machen. Möglicherweise fällt Ihnen auf, dass dies beträchtlich langsamer ist, als die meisten Leute gehen. Wenn Sie die Geschwindigkeit Ihres Gehens ändern wollen, ändern Sie einfach die Anzahl der Schritte pro Atemzug. Aber behalten Sie jedesmal, wenn Sie gehen, dieselbe Geschwindigkeit bei. (Wenn Ihre Einatmung und Ausatmung unterschiedlich lang sind, passen Sie einfach Ihr Gehen entsprechend an.)

3. **Achten Sie zusätzlich zu Ihrer Atmung darauf, wie Sie Ihre Füße und Beine heben und bewegen.**

    Achten Sie darauf, wie Ihre Füße den Boden berühren. Blicken Sie in einem Winkel von 45 Grad auf den Boden vor sich. Gehen Sie entspannt, locker und bequem.

4. **Genießen Sie Ihr gleichmäßiges, achtsames Gehen, solange Sie wollen.**

    Wenn Ihre Aufmerksamkeit abschweift oder Sie anfangen zu eilen, bringen Sie Ihre Aufmerksamkeit sanft zu Ihrem Gehen zurück.

Die Dauer der Meditation: Von Quickies zu langen Sitzungen

Meditation hat einiges mit Sex gemeinsam: Unter anderem mögen Sie es vielleicht lieber kurz und schnell oder lange und langsam. Doch was immer Ihre Vorliebe sein mag – zweifellos stimmen Sie damit überein, dass ein gewisser sexueller Kontakt mit Ihrem/Ihrer Liebsten besser ist als überhaupt kein Sex.

Wenn Sie diese Aussage auf die Meditation anwenden, verstehen Sie die Tendenz: Wenn Sie keine halbe Stunde Zeit haben, dann meditieren Sie für einige Minuten. Es ist viel besser, fünf oder zehn Minuten jeden Tag zu sitzen, als einmal in der Woche eine Stunde zu meditieren – obwohl Sie beides kombinieren können und sollten. Auch hier gilt wie bei allen Richtlinien in diesem Buch: Probieren Sie die verschiedenen Optionen aus, bis Sie die für Sie am besten passende finden.

Mit einer digitalen Alarmuhr können Sie genau und einfach die Dauer Ihrer Meditationen überwachen, ohne ständig auf die Uhr schauen zu müssen. Außerdem können Sie den Anfang und das Ende Ihrer Meditation mit einer kleinen Glocke signalisieren, wie es in vielen Kulturen getan wird.

✔ **Fünf Minuten:** Wenn Sie gerade anfangen zu meditieren, können Ihnen einige Minuten wie eine Ewigkeit vorkommen. Beginnen Sie deshalb mit kurzen Zeiten, und verlängern Sie Ihre Sitzungen nach Ihrem Interesse und Vergnügen. Vielleicht stellen Sie fest, dass Ihre Zeit bereits abgelaufen ist, wenn Ihr Körper zur Ruhe gekommen ist und Sie beginnen, sich auf den Atem zu fokussieren. Wenn die Sitzung zu kurz zu sein scheint, können Sie die Dauer beim nächsten Mal immer etwas verlängern. Wenn Sie geübter sind, werden Sie feststellen, dass selbst fünf Minuten unglaublich erfrischend wirken können.

✔ **Zehn bis fünfzehn Minuten:** Die meisten Menschen benötigen mehrere Minuten am Anfang der Meditation, um zur Ruhe zu kommen, einige weitere, um den Prozess einzuleiten und mehrere am Ende, um sich zu reorientieren – was bedeutet, dass Ihnen bei zehn oder fünfzehn Minuten ein kleiner Zeitraum in der Mitte zur Verfügung steht, um Ihre Konzentration zu vertiefen oder Ihre Achtsamkeit auszudehnen. Wenn Sie es so weit geschafft haben, versuchen Sie, mehrere Wochen lang fünfzehn Minuten pro Tag durchzuhalten, und beobachten Sie, wie Ihre Konzentrationskraft wächst.

✔ **Zwanzig Minuten bis zu einer Stunde:** Je länger Sie sitzen, desto mehr Zeit haben Sie zwischen dem Vorspann und dem Abspann, um mit einem fokussierten und entspannten Geist zu sitzen. Falls Sie die Motivation aufbringen und die benötigte Zeit finden können, sollten Sie unbedingt jeden Tag 40 Minuten oder eine Stunde meditieren. Sie werden den Unterschied bemerken – und Sie werden verstehen, warum die meisten Meditationslehrer empfehlen, so lange an einem Stück zu sitzen. Vielleicht liegt es an der menschlichen Aufmerksamkeitsspanne – denken Sie nur an die sprichwörtliche 50-Minuten-Stunde in der Psychotherapie oder die optimale Dauer der meisten TV-Shows. Doch vergessen Sie nicht: Es ist besser, konstant und regelmäßig zu üben, als an einem Tag sehr viel und für den Rest der Woche nichts zu tun.

Warum zeitliche Begrenzungen wichtig sind

Sie können gern ausprobieren, sich zum Meditieren hinzusetzen, wenn Ihnen danach ist, und aufzustehen, wenn Sie fertig sind. Aber es gibt einige triftige Gründe dafür, vor der Meditation festzulegen, wie lange Sie sitzen wollen, und dann diese Zeit unbedingt einzuhalten:

✔ **Ihr Geist ist verführerisch:** Wenn Sie sich nicht darauf festlegen, für eine gewisse Zeitspanne sitzen zu bleiben, findet Ihr Geist alle möglichen überzeugenden Gründe dafür, aufzustehen und andere Dinge zu tun. Stattdessen können Sie beobachten, wie Ihr Geist sich windet, ohne sich verführen zu lassen.

✔ **Sie können die Zeit vergessen:** Wenn Sie festgelegt haben, wie lange Sie sitzen werden, müssen Sie nicht mehr laufend an die Zeit denken – und Sie können sich entspannen und sich stattdessen auf Ihre Übung konzentrieren.

✔ **Sie können Regelmäßigkeit entwickeln:** Wie beim Muskelaufbau können Sie mit fünf Minuten beginnen und die Zeit allmählich auf 15 oder 20 Minuten ausdehnen. Auf dieselbe Weise wird die Meditation durch das regelmäßige Sitzen zur selben Tageszeit allmählich in Ihren natürlichen biologischen Rhythmus eingebaut, was Ihnen dabei hilft weiterzumachen.

Essen und trinken vor der Meditation: Was ist erlaubt, was sollten Sie vermeiden?

 Große Mahlzeiten können Sie schläfrig machen, besonders wenn sie viele Kohlenhydrate enthalten. Deshalb sollten Sie nur ein leichtes Mahl zu sich nehmen oder gar nichts essen, bevor Sie sitzen. Alternativ können Sie wenigstens eine Stunde nach einem größeren Essen warten. Sie können sogar die traditionelle Zen-Empfehlung beachten, solange zu essen, bis Sie zu zwei Dritteln voll sind, anstatt an den Säumen zu platzen. Dies ist auch für Ihren Bauchumfang nicht schlecht.

Die folgenden Vorschläge beziehen sich auf das Trinken (und Rauchen). Ich kenne erfahrene Meditierende, die vor dem Sitzen gern einen Cappuccino trinken, und wenigstens einen Zen-Meister, der es sich zur Regel gemacht hat, am Morgen zuallerst zu meditieren, wenn er am Abend zuvor zu viel Sake getrunken hat. Aber generell ist es am besten, vor dem Meditieren auf alle Substanzen zu verzichten, die das Bewusstsein ändern (zum Beispiel Kaffee, Alkohol, Tabak, Marihuana und andere Freizeitdrogen).

Wenn Ihre Erfahrung wächst und Sie die Vorteile beobachten, gegenwärtig und fokussiert zu sein, anstatt abzudriften oder sich vollzudröhnen, reduziert sich möglicherweise Ihr Konsum auf natürliche Weise. Tatsächlich werden Sie durch die Meditation empfindsamer für Ihren Geisteszustand, und Sie entdecken möglicherweise, dass sie ein natürliches High produziert, wodurch diese Substanzen unnötig oder überflüssig werden. Wenn Ihr Hauptgrund für das Meditieren darin liegt, Ihren Stress zu reduzieren oder Ihre Gesundheit zu verbessern, sollten Sie erwägen, vollkommen auf die Substanz Ihrer Wahl zu verzichten. Ob Sie es glauben oder nicht: Wenn Sie darin schwelgen, verstärken Sie nur die Last des Stresses, den Sie bereits erfahren.

Meditation und TV: Vom Sofa zum Kissen

Ich muss gestehen, dass ich zu den Reaktionären gehöre, die sich freuen, wenn sie den Autoaufkleber »Killen Sie Ihren Fernseher!« sehen. Ich habe folgende Gründe dafür: Das Fernsehen überflutet Sie nicht nur mit beunruhigenden Bildern, die Sie auf andere Weise nicht ertragen müssten – Bilder des Konflikts, der Grausamkeit, der Verführung, der Ausbeutung und der ungeschminkten Gewalt, die einen tiefen und lang dauernden Eindruck hinterlassen –, sondern das Fernsehen stumpft auch Ihren Geist ab, indem es ihn an eine Nonstop-Stimulation gewöhnt. Wenn sich Ihr Geist daran gewöhnt hat, mit Bildern und Geräuschen überflutet zu werden, finden Sie es wahrscheinlich schwieriger, die normalen Momente des Alltagslebens zu genießen oder die feineren Ebenen der Erfahrung wahrzunehmen – die Art, die Sie beim Meditieren zu erreichen versuchen.

Studien haben auch gezeigt, dass die Zeit vor dem Fernseher die natürliche, altersgemäße Entwicklung und Integration der verschiedenen Bereiche des Gehirns behindert. Kinder, die beim Heranwachsen sehr viel Zeit vor dem Fernseher verbracht haben, sind im Allgemeinen weniger einfallsreich, rastloser, aggressiver und eher gelangweilt als andere, bei denen dies nicht der Fall war. Haben Sie sich jemals gefragt, warum Teenager in Einkaufszentren herumhängen und so lustlos und hirntot aussehen? Dies könnte die Antwort sein.

Ich brauche wohl kaum zu sagen, dass Sie sich einen Gefallen tun, wenn Sie eine Stunde auf dem Sofa vor dem Fernseher durch eine Stunde auf dem Meditationskissen ersetzen. Wahrscheinlich werden Sie dort eher das finden, was Sie suchen – Entspannung, Glück, Freude und Geistesruhe. Und hinterher sind Sie erfrischter und offener für neue innere und äußere Erfahrungen.

Aber wie bei den meisten Süchten kann es schwer sein, die Fixierung auf das Fernsehen zu durchbrechen. Beginnen Sie langsam, indem Sie beispielsweise Ihren Fernsehkonsum um einige Stunden pro Woche reduzieren und durch andere Aktivitäten ersetzen, die Sie wirklich fördern oder bereichern – beispielsweise spazierengehen, mit einem Freund reden oder Zeit mit Ihrer Familie verbringen. Natürlich mag es schwierig sein, auf Ihre Lieblings-Sitcom, auf den Musikantenstadel oder auf die Abendnachrichten zu verzichten – aber wer weiß?

Wo meditieren: Einen heiligen Raum schaffen

Vielleicht haben Sie schon einmal eins dieser chinesischen Gemälde gesehen, auf denen ein bärtiger Weiser in einer fließenden Robe in tiefer Kontemplation am Fuße eines majestätischen Berges sitzend neben einem donnernden Wasserfall dargestellt wird. Vielleicht hatten Sie sogar Momente, in denen Sie sich wünschten, Sie könnten dieser Weise werden, in den Bergen verschwinden und in Ruhe und Einfachheit für den Rest Ihrer Tage meditieren. Leider unterstützt unser Leben heutzutage normalerweise kaum die Realisierung solcher Fantasien!

Anstatt sich den Kopf zu rasieren und in die Berge zu gehen, können Sie jedoch einigen einfachen Richtlinien folgen, um sich einen besonderen Platz zum Meditieren zu schaffen. Sie werden feststellen, dass der Raum, den Sie reservieren, Ihr Leben in einer Weise bereichern wird, den Sie sich nicht vorstellen können.

In der Natur meditieren

Vielleicht ist es Ihnen schon aufgefallen, dass die freie Natur eine beispiellose Fähigkeit hat, Ihren Körper zu entspannen und Ihren Geist zu beruhigen. Wenn Sie am Meeresufer sitzen und auf die Brandung hören oder in den Bergen zwischen Bäumen und Felsen wandern, müssen Sie keine formale Meditationstechnik ausüben – Sie brauchen einfach nur Ihre Sinne zu öffnen und sich der Magie der Natur zu ergeben. Ohne Anstrengung Ihrerseits beginnen Sie zu spüren, wie Ihr Geist sich beruhigt, Ihre Sorgen sich auflösen, Ihre Atmung sich vertieft und verlangsamt, Ihre Spannung wegschmilzt und Ihr Herz sich mit Dankbarkeit und Liebe füllt.

Als Art haben wir uns in der freien Natur entwickelt, und die Pflanzen und Tiere haben uns schon seit ewigen Zeiten gelehrt zu meditieren. Wenn Sie in der Natur meditieren, sind Sie dort angekommen, wo Sie hingehören, und die Ruhe und Vertrautheit, die Sie dort fühlen, lädt Sie ein, zu sich selbst nach Hause, zu Ihrer innersten »Natur« zurückzukehren. Ist es nicht faszinierend und passend, dass die Worte dieselben sind? Wenn Sie sich in eine natürliche Umgebung begeben, können Sie den Geist in seinen Gleisen anhalten, so dass Sie die Gegenwart von etwas Tieferem und Sinnvollerem spüren können.

Bemühen Sie sich, so oft es geht, in der Natur zu meditieren, und achten Sie darauf, welche Wirkung dies auf Ihren Geist und Ihre Gefühle hat. Selbst wenn Sie in einer Innenstadt leben, können Sie normalerweise einen Park oder Garten oder einen kleinen Flecken mit Bäumen oder Wasser finden. Dann können Sie sich, wenn Sie wieder zu Hause meditieren, die Stimmung Ihrer Momente in der Natur vergegenwärtigen, um Ihre Übung zu vertiefen.

Warum es am besten ist, an einer Stelle zu bleiben

So wie es hilft, zu einer regelmäßigen Zeit zu meditieren, sind auch einige definitive Vorteile damit verbunden, Tag für Tag am selben Platz zu sitzen, anstatt von einem Ort zum anderen zu ziehen. Dazu zählen:

✔ **Weniger Ablenkungen:** Als Anfänger müssen Sie schon mit genug inneren und äußeren Ablenkungen zurechtkommen. Warum sollten Sie sich zusätzlich noch die Nuancen eines dauernden Umgebungswechsels aufladen? Wenn Sie sich an die kleinen Flecken auf dem Teppich und die Risse in der Wandfarbe gewöhnt haben, können Sie Ihre Aufmerksamkeit für Ihre eigentliche Aufgabe frei machen: die Meditation.

✔ **Gute Schwingungen:** Je häufiger Sie an einem Ort sitzen, desto stärker werden dieser Ort und seine Umgebung von der Energie Ihrer Bemühungen durchdrungen – Ihren guten Schwingungen, wenn Sie so wollen. Wenn Sie an diesen Platz zurückkommen, gibt die investierte Energie Ihrer Meditation Auftrieb und Unterstützung, so wie Sie sich in Ihrem Lieblingssessel besonders bequem und entspannt fühlen.

✔ **Friedvolle Erinnerungen:** Wenn Sie einen Platz ausgewählt haben, beginnen Sie, ihn mit dem Meditieren zu assoziieren, insbesondere wenn Sie Ihren Altar oder Ihre Sitzausrüstung in der Nähe aufbewahren. Selbst wenn Sie auf Ihrem Weg zu anderen Aktivitäten nur daran vorbeigehen, werden Sie daran erinnert, zum Meditieren zurückzukehren, sobald Sie Gelegenheit dazu haben. Und wenn Sie auch aus spirituellen Bestrebungen heraus meditieren, wird Ihr Platz zu einer heiligen Stätte, an der Ihre tiefsten Einsichten und Reflexionen stattfinden.

Den richtigen Platz wählen

Wenn Sie mit einem Partner oder Freund ein kleines Apartment teilen oder Ihre Familie jeden Quadratmeter des nutzbaren Raums in Ihrem Haus beansprucht hat, wählen Sie um jeden Preis die einzige leer stehende Ecke und machen sie zu Ihrer eigenen. Wenn Sie eine größere Auswahl haben, sollten Sie die folgenden Richtlinien für die Auswahl Ihres Platzes beachten. Und vergessen Sie nicht: Selbst ein bescheidenes Fleckchen Boden, das diese Kriterien erfüllt, ist besser als eine luxuriöse Suite, die dies nicht tut:

✔ **Abseits der Laufwege:** Vermeiden Sie die viel begangenen Schnellstraßen in Ihrem Haus. Wenn Sie verhindern wollen, dass Sie beim Sitzen aus Versehen von jemandem angestoßen werden, sagen Sie Ihren Mitbewohnern einfach, dass Sie anfangen zu meditieren – sie werden dies verstehen. Und wenn nicht ... nun ja, das ist ein anderes Problem, dem Sie sich irgendwann stellen müssen.

✔ **Abseits der Arbeit:** Wenn Sie zu Hause arbeiten oder über einen Schreibtisch verfügen, an dem Sie Ihre geschäftlichen Dinge erledigen, halten Sie ihn aus Ihrem Blickefeld – und Geist – heraus, wenn Sie meditieren. Vergessen Sie nicht, möglichst das Telefon abzuschalten. Es gibt kaum etwas, was Ihren Geist mehr ablenkt, als die Überlegung, wer gerade versuchen könnte, Sie ausgerechnet jetzt zu erreichen!

✔ **Relativ ruhig:** Besonders wenn Sie in der Stadt leben, können Sie wahrscheinlich die normalen Hintergrundgeräusche nicht ausschalten – das Dröhnen des Verkehrs, das Rufen und Lachen der Kinder auf der Straße, das Brummen des Kühlschranks. Aber Sie sollten möglichst hörbare Gespräche vermeiden, besonders zwischen Menschen, die Sie kennen, sowie die Geräusche des Fernsehens und des Radios. Außerdem sollten Sie keine Musik hören oder sich auf andere gewohnte Weise ablenken. Erkennbare Geräusche dieser Art können Ihren Geist von der zugewiesenen Aufgabe ablenken, insbesondere wenn Sie gerade anfangen.

✔ **Nicht zu dunkel oder zu hell:** An einem hellen, sonnigen Platz zu sitzen kann zu energiespendend und ablenkend sein, so wie einfach im Dunklen zu sitzen Sie zum Einschlafen bringen kann. Passen Sie die Beleuchtung an den Grad Ihrer Aufmerksamkeit an: Wenn Sie schläfrig sind, öffnen Sie die Vorhänge, oder schalten Sie eine zusätzliche Lampe ein. Wenn Sie angespannt sind, drehen Sie die Helligkeit entsprechend hinunter.

✔ **Frische Luft:** Da wir es hier auch mit dem Atem zu tun haben, ist es sehr hilfreich, wenn Sie beim Meditieren ausreichend frische Luft bekommen. Vermeiden Sie muffige Keller und fensterlose Kammern. Sie sind nicht nur schlecht für Ihre Gesundheit, sondern sie verringern in der Tendenz auch Ihre Energie (und Ihre Sauerstoffversorgung) und machen Sie schläfrig.

✔ **In der Nähe zur Natur:** Wo Sie meditieren, muss kein Baum oder kein Garten vor dem Fenster sein, aber Sie sollten möglichst eine Pflanze oder eine Vase mit Blumen oder einige Steine in der Nähe haben. Sie sollen sie beim Sitzen nicht anschauen, aber natürliche Objekte strahlen eine gewisse besondere Energie aus, die ihre Übung unterstützt. Außerdem können Sie einige Dinge lernen, wenn Sie beobachten, wie Steine und Bäume meditieren – sie praktizieren dies schon sehr viel länger als wir (siehe den Einschub *In der Natur meditieren* weiter oben in diesem Kapitel.)

In welche Richtung sollte ich schauen?

Wenn Sie mit geschlossenen Augen meditieren, spielt es wirklich keine Rolle, in welche Richtung Ihr Körper zeigt. Aber wenn Sie Ihre Augen offen halten, sollten Sie möglichst geschäftige, ablenkende Ansichten vermeiden. Beispielsweise sitzen Zen-Mönche bestimmter Traditionen normalerweise mit dem Gesicht zu einer Wand. Sie können eine entspannende, natürliche Aussicht wählen, falls dies möglich ist. Sie können auch einfach Ihren Altar mit seiner attraktiven Sammlung sinntragender Objekte anschauen. Was immer Sie beim Meditieren anschauen, achten Sie darauf, dass es einfach ist und zu Ihrer Geistesruhe beiträgt.

Einen Altar einrichten – und warum das hilfreich sein könnte

Bei vielen Menschen ist das Wort *Altar* mit Assoziationen überladen. Vielleicht erinnern Sie sich an Ihre Zeit als Messdiener – oder Sie denken an Altäre, die Sie bei besonderen Ereignissen, wie beispielsweise Hochzeiten oder Begräbnissen oder Gedenkstunden, gesehen haben.

Hier in diesem Buch benutze ich das Wort *Altar* für eine Sammlung von Objekten, die für Sie eine besondere Bedeutung haben und in Ihnen etwas auslösen, die Sie an einer Stelle zusammenstellen und als Inspiration für Meditationen benutzen. Falls Sie Christ sind, kann Ihr Altar beispielsweise ein Kreuz oder eine Taube umfassen. Falls Sie Jude sind, haben Sie möglicherweise ein heiliges Buch oder einen Davidsstern. Wenn Sie Buddhist sind, könnten Sie eine Statue von Buddha oder ein Bild Ihres Lehrers aufstellen. Und wenn Sie keiner bestimmten Religion angehören, könnten Sie auch einige Steine, eine Kerze und eine Topfpflanze wählen.

Obwohl ein Altar nicht unbedingt zum Meditieren benötigt wird, kann er als kreativer und sich permanent entwickelnder Ausdruck Ihres inneren Lebens dienen, eine Reflexion Ihrer tiefsten Bestrebungen, Werte und Glaubenssätze. Ein Blick auf Ihren Altar, bevor Sie sich hinsetzen, kann Ihre Verbindung mit einer spirituellen Dimension des Seins herstellen – oder er kann Sie einfach nur daran erinnern, warum Sie hier sind: um Ihre Konzentration zu entwickeln, sich zu entspannen, Ihr Herz zu öffnen und Ihren Körper zu heilen. Hier ein paar der Hauptgegenstände, die auf den meisten Altären zu finden sind (siehe auch Abbildung 8.1): Kerzen, Blumen, Weihrauch, Glocken, Natürliche Objekte, Statuen (von inspirierenden Personen), Bilder (von der Natur oder von inspirierenden Personen), Heilige Texte. Sie können diese Zusammenstellung frei nach Ihrem Geschmack variieren, erweitern oder verkleinern:

Abbildung 8.1: Verwenden Sie einen Altar, um Ihre Meditation zu inspirieren.

Einige Traditionen empfehlen, dass ein Altar alle Sinne ansprechen solle – deshalb der Weihrauch, die Glocken, die Blumen und die Kerzen, die zur Standardausrüstung vieler Hausaltäre gehören. Insbesondere kann der Duft Ihres Lieblingsweihrauchs in Ihrem Gehirn schnell per Hyperlink mit der Meditation verbunden werden, so dass Sie sich ein wenig entspannen, sobald Sie ihn irgendwo riechen.

Für Ihren Altar gilt dasselbe wie für Ihre Meditation: Fangen Sie einfach an! Verwenden Sie einen kleinen, niedrigen Tisch oder Schrank (wenn Sie auf dem Fußboden meditieren), der mit einem besonderen Tuch bedeckt ist. Sie können ihn im Laufe der Zeit auf Wunsch reichhaltiger ausstatten, oder Sie können eine Gruppe von Objekten verwenden und abwechselnd aufstellen, wie es Ihnen in den Sinn kommt. Beispielsweise können Sie Ihren Altar an die Jahreszeiten anpassen und Blumen im Frühling, Seemuscheln im Sommer, trockene Blätter im Herbst und Tannenzweige im Winter usw. verwenden.

 Eine Warnung im Hinblick auf Bilder: Sie sollten Ihren Altar für Mentoren, Lehrer und andere Personen vorbehalten, deren Gegenwart Sie mit unverfälschter Inspiration füllt – und Bilder Ihrer Lieben, für die Sie möglicherweise ambivalentere Gefühle hegen, wie beispielsweise Kinder, Eltern, Ehepartner und Freunde, auf Ihren normalen Tisch oder Schreibtisch stellen.

 ### Schönheit finden

Selbst in den chaotischsten und unangenehmsten Situationen können Sie sich auf eine Qualität oder Dimension der Schönheit einstimmen, wenn Sie dies versuchen. Stellen Sie sich vor, dass Ihr Geist wie ein CD-Spieler ist und Sie versuchen, eine bestimmte Spur auszuwählen. Oder nehmen Sie eines dieser Vexierbilder: Zuerst erkennen Sie nicht einmal die Form im Hintergrund. Aber nachdem Sie sie einmal gesehen haben, müssen Sie einfach nur Ihre Achtsamkeit verschieben, um sie wiederzufinden.

Wenn Sie sich also beim nächsten Mal an einem unangenehmen Ort oder in ebensolchen Umständen befinden – möglichst nicht stark emotional aufgeladen, was diese Übung erschwert – machen Sie Folgendes:

1. **Nehmen Sie sich einen Moment Zeit, um nach Schönheit zu suchen.**

   Vielleicht bemerken Sie einen Fleck mit grünem Gras in der Ferne oder einen Strauß Blumen auf einem Tisch oder das Lachen eines Kindes oder ein ästhetisch ansprechendes Möbelstück. Oder Sie bemerken einfach ein warmes Gefühl im Ihrem Bauch oder Herz.

2. **Atmen Sie tief durch, beachten Sie Ihren Stress und Ihr Unbehagen nicht weiter, und genießen Sie die Schönheit.**

   Stimmen Sie sich für einige Momente darauf ein wie auf ein Musikstück, das Sie lieben, oder wie auf die Atmosphäre bei einer Wanderung in den Wäldern.

3. **Richten Sie Ihren Fokus zurück auf die gegenwärtige Situation, und achten Sie darauf, ob sich Ihre Einstellung in irgendeiner Weise geändert hat.**

   Nehmen Sie aus dieser Übung mit, dass Sie Ihr Bewusstsein auf diese Weise verlagern können, wann immer Sie das Verlangen danach verspüren.

Anstrengung, Disziplin und Loslassen

In diesem Kapitel

▷ Wie man gute Meditationsgewohnheiten entwickelt, ohne zu verkrampfen

▷ Das Geheimnis, bei der Meditation und im Leben mehr Energie zu haben

▷ Die fünf Stufen des Loslassens

*W*ie ich in vorangegangenen Kapiteln erwähnt habe, hat die Meditation einiges mit dem Sport gemeinsam. Zuerst müssen Sie das Handwerkliche lernen – wie man gerade sitzt, wie man die Beine positioniert, wie man den Körper entspannt und wie man sich auf den Atem fokussiert. Dann müssen Sie die Regeln des Spiels verstehen – wie lange es dauert, wo Sie üben sollten, was Sie anziehen sollten. Aber nachdem Sie die Einzelheiten gemeistert haben, müssen Sie lernen, sich selbst einzubringen, um aus dem Gelernten das meiste herauszuholen.

Nehmen wir beispielsweise an, dass Sie an einem Marathon teilnehmen wollen und sich von einem einschlägigen Trainer in den Grundlagen des Laufens unterrichten lassen. Dann beginnen Sie, jeden Tag fünf bis zehn Kilometer zu joggen. Im nächsten Schritt müssen Sie lernen, wie Sie mit Ihrem Geist und Ihrem Körper arbeiten müssen, um die gesamte Distanz laufen zu können, ohne sich selbst vollkommen zu erschöpfen. Sie müssen einige immatrielle innere Qualitäten wie Disziplin, Anstrengung und eine gewisse Leichtigkeit oder Unangestrengtheit bei Ihrer Ausübung meistern – Qualitäten, die man nicht wirklich lehren, sondern nur beschreiben und erwecken kann.

Dasselbe gilt für die Meditation. Die *Disziplin* nimmt Sie beim Schlafittchen und setzt Sie Tag für Tag hin, selbst wenn es schwierig ist. Die *Anstrengung* hält Ihren Geist fokussiert und bringt ihn immer wieder zu Ihrem Atem oder Ihrem Mantra (oder einem anderen Meditationsobjekt) zurück. Und das *Loslassen* ermöglicht es Ihnen, sich zu entspannen und sich allem zu öffnen, was Sie erfahren, egal wie herausfordernd oder schwierig es sein mag. Zu entdecken, wie Sie diese drei Zutaten auf Ihre Meditationspraxis anwenden können, ist das Thema dieses Kapitels.

Disziplin bedeutet einfach »immer wieder«

Die meisten Menschen winken bei dem Wort *Disziplin* ab. Vielleicht erinnert es sie an einen herrischen Lehrer, der sie nachsitzen ließ, oder an Bestrafungen in der Kindheit, die den Zweck hatten, sie »auf den rechten Weg zu bringen«. Vielleicht verbinden sie Disziplin auch mit Soldaten, die in einer Reihe marschieren, oder Gefangenen, die gezwungen werden, ihren Aufsehern zu gehorchen. Aber die Disziplin, um die es hier geht, ist ziemlich anders.

Wenn ich von *Disziplin* spreche, meine ich die Art Selbstdisziplin, die Spitzenathleten dazu veranlasst, jeden Morgen aufzustehen, mehrere Kilometer zu laufen und dann ihre Übungen oder Tennisschläge wieder und wieder zu üben, lange nachdem sie sie gemeistert haben. Es handelt sich um die Art Selbstdisziplin, die einen Spitzenautor dazu motiviert, sich jeden Tag an seinen Computer zu setzen, egal wie er sich fühlt, und an seinem Manuskript zu arbeiten.

 In Wahrheit verfügen Sie bereits über Selbstdisziplin, obwohl Ihnen dies möglicherweise nicht bewusst ist. Sie benötigen Selbstdisziplin, um rechtzeitig zur Arbeit zu kommen oder um einen gefüllten Zeitplan mit geschäftlichen Terminen, persönlichen Interessen und Familienverantwortlichkeiten einzuhalten. Sie benötigen Selbstdisziplin, um Ihre Rechnungen zu bezahlen, um einen Garten zu pflegen oder um Ihre Kinder zu versorgen. Sie müssen dieselbe Selbstdisziplin einfach nur auf das Meditieren anwenden.

Noch einmal: Selbstdisziplin ist nicht mehr als die Fähigkeit, etwas immer wieder zu tun. Aber ich halte es für hilfreich, die Selbstdisziplin in drei Komponenten zu zerlegen: *Festlegung, Konsequenz* und *Selbstbeherrschung.*

Sich festlegen – und sich daran halten

Wenn Sie heiraten oder eine andere monogame Beziehung eingehen, treffen Sie mit sich selbst und Ihrem Partner eine Übereinkunft, durch dick und dünn zusammenzuhalten, egal was das Leben bringen mag. Ohne diese Festlegung würden Sie möglicherweise in Versuchung geraten, Ihren Partner zu verlassen, wenn dieser ärgerlich wird oder etwas macht, was Sie nicht leiden können – oder wenn Sie feststellen, dass Sie sich zurückziehen oder »die Liebe nachlässt«. Natürlich können Sie immer beschließen, die Beziehung zu beenden, aber solange Sie festgelegt sind, sollten Sie alles tun, um die Beziehung zu erhalten.

Dasselbe gilt für die Meditation. Die *Festlegung* ist das Fundament für Ihre Meditationsübung. Ohne Festlegung bleiben Sie nicht beim Meditieren, wenn Sie müde sind, Kopfschmerzen haben, sich nicht danach fühlen, lieber etwas anderes tun wollen oder auf eins der Hindernisse stoßen, die in Kapitel 12 beschrieben werden.

Und was bringt Sie dazu, sich überhaupt darauf festzulegen zu meditieren? Sie müssen über die Motivation verfügen (siehe Kapitel 4). Das bedeutet, dass Sie wissen müssen, welche Vorteile Sie aus dem gewinnen können, was die Meditation anzubieten hat (siehe Kapitel 2), und Sie müssen starke persönliche Gründe dafür haben weiterzumachen. Dazu mag der Wunsch gehören, das persönliche Leiden zu lindern oder den Stress zu verringern, oder das Verlangen, einen stärkeren Fokus und mehr Klarheit zu erlangen oder sich mehr für das Wohl anderer Menschen einzusetzen.

 Der Prozess der Festlegung umfasst normalerweise fünf unterscheidbare Phasen – obwohl diese nicht notwendigerweise so formell sein müssen:

✔ **Die Motivation entwicklen:** Autsch, das Leben schmerzt! Ich muss herausfinden, wie ich mit meinem Schmerz umgehen kann.

✔ **Die Absicht festlegen:** Ich weiß, ich werde jeden Tag eine halbe Stunde meditieren!

✔ **Mit sich selbst eine Abmachung treffen:** Von heute bis zum Ende des Monats lege ich mich auf Folgendes fest: Ich stehe um 7:00 Uhr auf und zähle meine Atemzüge, bevor ich zur Arbeit gehe.

✔ **Durchhalten:** Puh! Mir war nicht klar, wie schwer es sein würde, so lange still zu sitzen – aber ich weigere mich, meine Vereinbarung mit mir selbst zu brechen!

✔ **In Fahrt kommen:** Toll! Je mehr ich meditiere, desto einfacher wird es. Ich fange wirklich an, es zu genießen.

Konsequent bleiben, Tag für Tag

Nehmen Sie wieder den Sport als Beispiel. Wenn Sie einen Tag trainieren und Ihr Training dann eine Woche schleifen lassen, werden Sie keinen großen Fortschritt erzielen. Tatsächlich laufen Sie Gefahr, sich einen Muskel zu verzerren oder sich den Rücken zu verletzen, weil Sie Ihren Körper nicht allmählich vorbereitet haben, wie es die meisten Fitnessgurus empfehlen.

Wenn Sie meditieren, entwickeln Sie gewisse mentale und emotionale Muskeln wie Konzentration, Achtsamkeit (fortlaufende Aufmerksamkeit auf alles, was in Ihrem Bewusstsein von Moment zu Moment erscheint) und rezeptives Bewusstsein. (In Kapitel 1 werden diese »mentalen und emotionalen Muskeln« näher beschrieben.) Auch hier ist Konsequenz der Schlüssel – Sie müssen dranbleiben, und regelmäßig jeden Tag üben, egal wie Sie sich fühlen. Tatsächlich liefern Ihre Gefühle das Futter für Ihre Meditationsübung, wenn Sie Ihre Achtsamkeit von Ihrem Atem auf den gesamten Bereich Ihrer Erfahrungen ausdehnen. Sie müssen nichts Besonderes darstellen – kommen Sie einfach, und seien Sie Sie selbst!

Ein alter chinesischer Zen-Meister pflegte zu sagen: »Sonnengesichtiger Buddha, mondgesichtiger Buddha« – womit er meinte, ob glücklich oder traurig, ob energiegeladen oder müde, sitzen Sie einfach so, wie Sie gerade sind.

Hüten Sie sich insbesondere vor zwei Extremen: Faulheit oder *Sich-Gehenlassen* – »Ich möchte lieber schlafen, ausruhen, Fernsehen gucken« – und *Perfektionismus* – »Ich bin noch nicht für das Meditieren bereit. Ich bin nicht klug oder gut oder fokussiert genug.« Denken Sie daran, dass wir hier über Meditation für Anfänger reden – außerdem besteht der beste Weg, »gut« genug zum Meditieren zu werden, darin, es einfach zu tun!

Wenn Sport nicht Ihr Ding ist, versuchen Sie es mit Gärtnern

Obwohl das Meditieren sehr viel mit dem Trainieren und Ausüben einer Sportart gemeinsam hat, vergleichen einige Meditierende es lieber mit dem Gärtnern. Nachdem Sie die Samen gesät haben, versuchen Sie nicht, die Keimlinge aus dem Boden herauszuzwingen – oder?! Sie wässern und düngen sie einfach, dünnen sie aus und wässern noch etwas mehr, bis schließlich die kleinen Sprossen von allein erscheinen, zum Licht gelockt von einer komplexen und geheimnisvollen Mixtur aus Chemie, Genetik, Phototropismus und wer weiß was sonst noch.

Der Punkt ist: Sie müssen das nicht wissen – Sie müssen einfach Ihre Rolle spielen und die Dinge geschehen lassen! Wenn Sie übereifrig werden und den Boden zu stark wässern oder zu früh aufwühlen, stören Sie den Prozess nur.

Auf dieselbe Weise müssen Sie einfach das rechte Maß konsequenter Anstrengung in Ihre Meditation stecken – übertreiben Sie nicht, und kratzen Sie nicht dauernd auf dem Boden herum, um Spuren des Fortschritts zu finden – aber verschwinden Sie auch nicht für eine Woche und lassen Ihr Beet unbeaufsichtigt. Tun Sie, was getan werden muss, ohne sich auf das Ergebnis zu fixieren, dann wird Ihr Garten auf ganz natürliche Weise ganz von allein blühen.

Selbstbeherrschung, sowohl auf dem Kissen als auch sonst

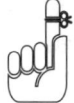 Allgemein gesagt ist _Selbstbeherrschung_ die Qualität des Geistes, die Sie davon abhält, jedem Impuls oder Wunsch nachzugeben, der durch Ihr Gehirn schießt, und die Ihnen hilft, nützliches und förderliches von unnützem oder sogar schädlichem Verhalten zu unterscheiden. Als Sportler müssen Sie Selbstbeherrschung üben, um sich davon abzuhalten, Junk-Food zu essen oder bis spät in die Nacht aufzubleiben, wenn Sie für einen großen Wettkampf trainieren. Wenn Sie meditieren, ist Selbstbeherrschung in verschiedenen Phasen gefragt:

✔ **Vor der Meditation:** Sie können reichhaltig oder bescheiden essen. Sie können auf bewusstseinsändernde Substanzen wie Tabak oder Koffein verzichten, um Ihren Geist für Ihre Meditation klar und frisch zu halten.

✔ **Bei der Meditation:** Sie können Ihre Selbstbeherrschung einsetzen, um Ihren Geist von seinen gewohnten Fantasien und Beschäftigungen zurück auf das Objekt Ihrer Meditation zu lenken, sei es Ihr Atem oder ein Mantra oder ein anderer Fokus. Achten Sie jedoch darauf, Selbstbeherrschung nicht mit Unterdrückung, Vermeidung oder Beurteilung zu verwechseln. Sie müssen sich nicht kritisieren, wenn Sie abschweifen. Sie müssen auch keine »unerwünschten« Gedanken oder Gefühle aus Ihrem Geist verdrängen. Stattdessen heißen Sie einfach willkommen, was immer auch auftauchen mag, während Sie Ihren Fokus sanft auf das Objekt Ihrer Meditation zurücklenken.

✔ **Nach der Meditation:** Wenn sich Ihre Übung vertieft und stärkt, sammeln Sie eine gewisse Macht oder Energie des Geistes an, die im Osten _Samadhi_ genannt wird. (Nähere Informationen über Energie finden Sie im Abschnitt _Die richtige Anstrengung: Nicht zu viel und nicht zu wenig._) Sie können diese Energie durch Tagträume, Planungen oder die obsessive Beschäftigung mit bestimmten Themen vergeuden – oder Sie können die Energie mit Ihrer Selbstbeherrschung zurück in Ihre Übung der Achtsamkeit kanalisieren.

Die Selbstbeherrschung hat wie die Selbstdisziplin in unserer Kultur einen negativen Beiklang. Sollen Sie schließlich nicht sagen, was Sie denken, und tun, was Sie für richtig halten? Aber was Sie im Moment für richtig halten, mag langfristig falsch sein – und Selbstbeherrschung ist die Fähigkeit, die Ihnen hilft, beides zu unterscheiden. Beispielsweise mögen Sie versucht sein, Flugtickets nach Hawaii zu kaufen, weil Ihnen Ihr Gefühl in diesem Moment sagt, dass dies jetzt genau richtig ist, aber möglicherweise haben Sie ganz andere Gefühle, wenn Sie nach einem Monat die Abrechnung Ihrer Kreditkarte erhalten. Auf dieselbe Weise mag es sich großartig anfühlen, bei der Meditation in Fantasien zu schwelgen – bis Sie sich nach einem oder zwei Monaten anfangen zu fragen, warum Sie Ihren Atem immer noch nicht von eins bis zehn zählen können. Doch vor allem denken Sie daran, sanft zu sich selbst zu sein!

Die richtige Anstrengung: Nicht zu viel und nicht zu wenig

Wenn Disziplin die Fähigkeit ist, etwas immer wieder zu tun, ist _Anstrengung_ die Qualität der Energie, die Sie für die Ausübung der Aktivität selbst aufbringen. Obwohl es Disziplin erfordern mag, jeden Tag zum Training zu erscheinen, ist Anstrengung erforderlich, um die Aerobic-Übungen auszuführen, die Gewichte zu heben oder die Bälle zu schlagen. Ich bin mir sicher, dass Sie wissen, wovon ich rede! Wie bei der Selbstdisziplin ist es hilfreich, die Anstrengung in drei bequeme Komponenten zu zerlegen: _Energie_, _Ernsthaftigkeit_ und _mühelose Anstrengung_.

100 Prozent seiner Energie geben

Es gibt ein Geheimnis des »Gesetzes der Energie«, das für die Meditation ebenso wie für den Sport und für das Leben im Allgemeinen gilt: Je mehr Sie aufwenden, desto mehr erhalten Sie zurück. Wir können sehr geizig mit unserer Energie umgehen und sie häppchenweise auf unsere Aktivitäten verteilen, als ob wir nur über eine begrenzte Menge und nicht mehr verfügen würden. Aber wenn Sie etwas lieben und sich ihm mit dem ganzen Herzen hingeben, haben Sie möglicherweise schon festgestellt, dass die Energie sich einfach selbst füttert und immer weiter zunimmt.

In einem Jahr litt Michael Jordan (ein berühmter amerikanischer Basketball-Spieler, A.d.Ü.) während der Endspiele der nationalen Basketball-Liga so stark an einer Darmgrippe, dass er Flüssigkeitsinfusionen benötigte und es kaum aushalten konnte. Jedoch getragen von seiner eigenen Hingabe (die er als »Herz« bezeichnet) und angefeuert von einer Energie, die aus einer Quelle zu fließen schien, die sehr viel größer als sein eigener erschöpfter Körper zu sein schien, riss er sich für sein Team zusammen und erzielte 38 Punkte. Jordan verkörpert die Qualität der hundertprozentigen Ergebenheit.

Jede ergebener Sie Ihre Meditation ausüben, desto mehr zapfen Sie eine scheinbar unbegrenzte Quelle der Energie an. Es ist, als ob die Flamme innerhalb Ihres Herzens die Fusionsenergie zu kanalisieren beginnt, die das Feuer der Sonne nährt. Aber verwechseln Sie diese Ergebenheit nicht mit Kampf. Denken Sie daran, sich beim Meditieren zu entspannen und zu öffnen, während Sie Ihren Geist fokussieren. Es ist diese einzigartige Balance zwischen dem Aktiven und dem Passiven, zwischen Yang und Yin, die für die Meditation charakteristisch ist. (Nähere Informationen über diese Balance finden Sie im Abschnitt _Sich mühelos anstrengen_.)

 **Tun, was Sie lieben**

Wählen Sie eine Aktivität, die Ihnen besondere Freude bereitet – Tanzen, Kochen, Malen, Liebe machen oder einfach mit Ihren Kindern spielen.

Wenn Sie diese Aktivität beim nächsten Mal ausführen, geben Sie sich ihr mit ganzem Herzen hin. Bremsen oder sparen Sie Ihre Energie in keiner Weise. Probieren Sie, sich vollkommen in der Aktivität zu verlieren – so wie Kinder es tun. Schauen Sie nicht auf die Uhr, und denken Sie nicht darüber nach, wie Sie abschneiden. Tun Sie es einfach ohne Vorbehalt – bis Sie und die Aktivität eins zu werden scheinen und eins werden.

Woher wissen Sie, wann Sie aufhören müssen? Koppeln Sie sich plötzlich aus? Oder erreichen Sie einen natürlichen Haltepunkt, an dem Sie wissen, dass es Zeit ist aufzuhören? Und wie fühlen Sie sich, wenn Sie fertig sind? Fühlen Sie sich ausgelaugt und müde? Oder fühlen Sie sich energetisiert und angeregt? Denken Sie beim nächsten Mal an diese Übung, wenn Sie sich hinsetzen, um zu meditieren.

Mit Ernsthaftigkeit ans Werk gehen

Während die Selbstbeherrschung Sie davon abhält, etwas zu tun, was schädlich oder ungesund ist, und die Ergebenheit den Funken liefert, der Ihre Meditation anfeuert, bringt die Ernsthaftigkeit Ihren Geist immer wieder zu Ihrem Fokus zurück. Egal welche Gedanken oder Gefühle auftauchen, um Sie wegzulocken, Sie bleiben einfach unbeeindruckt auf Ihrem Weg – beobachten Ihren Atem, chanten Ihr Mantra oder verrichten Ihr Tagewerk mit achtsamer Aufmerksamkeit. So wie Konsequenz erforderlich ist, um sich jeden Tag zum Meditieren hinzusetzen, braucht es Ernsthaftigkeit, um Moment für Moment zu dem Fokus Ihrer Meditation zurückzukehren, ohne zu kämpfen oder aufzugeben. Ernsthaftigkeit ist nicht sexy oder aufregend – sie ist einfach wesentlich! (Vielleicht ist es dies, was Oscar Wilde mit *The Importance of Being Earnest*, dt. *Wie wichtig es ist ernst zu sein*, meinte.)

Sich mühelos anstrengen

Als ich anfing zu meditieren, pflegte einer meiner Lehrer, der Zen-Meister Shunryu Suzuki, etwas geheimnisvoll zu sagen: »Folge der Woge, reite auf der Woge.« Aber ich habe niemals wirklich verstanden, was er meinte, bis ich anfing zu surfen. Jetzt verstehe ich es!

Wenn ich da draußen auf dem Ozean auf meinen Bord treibe, allein mit dem Wind und dem Himmel, bin ich mir quälend bewusst, wie klein und unbedeutend ich im Vergleich zu der Furcht erregenden Macht des Wassers bin. Es wäre anmaßend von mir zu sagen, dass ich die Wellen surfe – tatsächlich surfen die Wellen mich!

Ich weiß, das es für mich unmöglich ist, das Wasser in irgendeiner Weise zu kontrollieren. Dennoch muss ich eine gewisse Anstrengung aufwenden: Ich muss mich auf die Dünung konzentrieren, genau im richtigen Moment paddeln und meinen Körper auf genau die richtige Weise in Position bringen, um die Welle auf ihrem Gipfel zu fangen, so dass sie mich ans Ufer tragen kann. Und ich muss fokussiert bleiben, wenn ich mein Gewicht ganz leicht von Seite zu Seite verlagere, um die Welle so weit zu reiten, wie es mir möglich ist.

Das Meditieren ist wie das Surfen. Wenn Sie sich zu sehr anstrengen und versuchen, Ihren Geist zu kontrollieren, verspannen und verkrampfen Sie sich und machen damit das Ergebnis Ihrer Anstrengungen zunichte. Aber wenn Sie es zu locker angehen lassen und sich überhaupt nicht anstrengen, verfügen Sie nicht über den Fokus oder die Konzentration, die Sie benötigen, um Ihre Position zu halten, wenn die Wellen der Gedanken und Emotionen über Sie hereinbrechen.

Sich zur Freiheit durchgraben

Eine der großen meditativen Traditionen erzählt die Geschichte eines Gefangenen, der für ein Verbrechen, das er nicht begangen hatte, zu einer lebenslangen Haftstrafe verurteilt worden ist. Zuerst beklagt er sein Schicksal und schwelgt in Fantasien der Rache und des Selbstmitleids. Dann reißt er sich zusammen und beschließt, seine Freiheit wiederzuerlangen, egal was passiert. Deshalb fängt er an, mit einem Löffel ein Loch in die Wand seiner Zelle zu graben – ähnlich wie der Schauspieler Tim Robbins in dem Film *The Shawshank Redemption*, dt. *Die Veruteilten*.

Tag für Tag, Woche für Woche, Jahr für Jahr gräbt er und erzielt einen langsamen, aber stetigen Fortschritt. Dann eines Tages lehnt er sich, erschöpft von seiner Anstrengung, gegen die Tür seiner Zelle – und diese gibt unter seinem Gewicht nach! In einem Moment erkennt er, dass die Tür während all dieser Jahre, während er sich abmühte, sich zu befreien, immer schon offen war – aber er hätte dies möglicherweise niemals erkannt, wenn er nicht so hart daran gearbeitet hätte zu entkommen.

Der Sinn dieser Geschichte ist klar: Wenn Sie Ihre Meditation regelmäßig und mit konsequenter Anstrengung ausüben, erfahren Sie letztlich Momente, in denen alle Anstrengung von Ihnen abfällt, in denen sich die Tür weit öffnet und Sie einfach gegenwärtig, bewusst, friedlich und entspannt sind.

Obwohl diese Momente ziemlich gewöhnlich zu sein scheinen, wenn sie eintreten, können sie eine mächtige, heilende Wirkung auf Ihren Körper und Geist haben, weil sie Ihnen ein kurzen Blick auf Ihre wesensmäßige Ganzheit und Vollkommenheit eröffnen, frei von den Überlagerungen Ihrer Konditionierungen und Bestrebungen.

Jedoch besteht das Paradox darin, dass die Tür immer offen ist und die Blicke auf das Wesen jederzeit möglich sind – in einem liebevollen Blick, im Lachen eines Kindes oder im Schweigen der Bäume – aber möglicherweise müssen Sie jahrelang angestrengt üben, bis Sie über sie stolpern. Andererseits – vielleicht müssen Sie das gar nicht!

Wie das Surfen – oder Skilaufen oder jede andere Sportart – erfordert die Meditation eine permanente Verlagerung der Balance zwischen Yang und Yin, zwischen treiben und folgen, zwischen Anstrengung und Mühelosigkeit. Wie ich in Kapitel 1 erwähnt habe, ist die Konzentration das Yang der Meditation – fokussiert, mächtig, durchdringend –, und das rezeptive Bewusstsein ist das Yin – offen, ausgreifend, aufnehmend. Obwohl Sie am Anfang möglicherweise eine beträchtliche Anstrengung aufwenden müssen, um Ihre Konzentration zu entwickeln, sollten Sie sich möglichst nicht verkrampfen oder sich nicht auf die Gedanken daran fixieren. Strengen Sie sich mühelos wie ein erfahrener Surfer an.

Schließlich werden Sie sich auf ganz natürliche Weise konzentrieren und mit nur minimaler Anstrengung konzentriert bleiben können. Sie werden in der Lage sein, sich zu entspannen und Ihre Achtsamkeit für alles zu öffnen, was auftaucht. Sogar die Begriffe von Yin und Yang (Achtsamkeit und Konzentration) werden letztlich in den Hintergrund treten, und Sie können mit müheloser Anstrengung einfach nur *sein* – was das eigentliche Ziel der Meditation ist.

Zusätzlich zur mühelosen Anstrengung stellt Sie die Meditation vor eine Reihe von Paradoxa, die der Geist nicht ganz begreifen kann, aber die für den Körper und das Herz leicht verständlich sind. Die Praxis der Meditation wird durch folgende Haltungen unterstützt:

✔ **Ernst, aber leichtherzig:** Schließlich geht es bei der Meditation darum, »heller« (erleuchtet) zu werden – jedoch werden Sie, wenn Sie die Sache nicht ernst genug nehmen, keine Fortschritte machen.

✔ **Wach, aber entspannt:** Lernen Sie, diese beiden Qualitäten in Ihrer Meditation ins Gleichgewicht zu bringen. Wenn Sie sich zu sehr entspannen, laufen Sie Gefahr einzuschlafen, aber wenn Sie zu wach (d.h. zu angespannt) sind, können Sie sich verspannen.

✔ **Spontan, aber kontrolliert:** Sie können vollkommen »im Augenblick« gegenwärtig und offen für alles sein, was in Ihrem Bewusstsein auftaucht, ohne impulsiv zu werden, in jeder Fantasie zu schwelgen oder jeder Laune nachzugeben.

✔ **Engagiert, aber leidenschaftslos:** Während Sie fokussiert und aufmerksam sind, können Sie es vermeiden, sich in die überzeugenden und emotional aufgeladenen Geschichten zu verstricken, die Ihr Geist aus sich herausspinnt.

Katz-und-Maus-Meditation

Wenn Sie lernen wollen, mit müheloser Anstrengung zu meditieren und genau die richtige Balance zwischen Wachheit und Entspannung zu finden, sollten Sie eine Zeit lang Katzen beobachten.

Obwohl sie so in sich ruhend und selbstgenügsam erscheinen, sind Katzen sich klar bewusst, was um sie herum geschieht. Wenn sie das Zwitschern eines Vogels hören oder eine Maus über den Boden huschen sehen, können sie im selben Atemzug aufspringen und ihre Beute mit voller Geschwindigkeit verfolgen.

Wenn jedoch ihre Beute entwischt ist, scheinen Katzen keine Gedanken mehr daran zu verschwenden, was hätte sein können. Stattdessen lassen sie sich wieder nieder und nehmen ihre Meditation wieder auf. Sie würden Katzen niemals damit in Verbindung bringen, eine Anstrengung zu unternehmen – sie sind einfach ohne Vorbehalt sie selbst, voll vom gegenwärtigen Augenblick in Anspruch genommen und offen für alles, was passiert. Wenn Sie dieselbe Qualität von Energie und Ernsthaftigkeit auf Ihre Meditation anwenden, meistern Sie das Konzept der mühelosen Anstrengung in kürzester Zeit.

Loslassen – wie und was

In gewissen Teilen Asiens wendet man eine geniale Methode an, um Affen zu fangen. Der Jäger schneidet ein Loch in eine Kokosnuss, das gerade groß genug ist, dass ein Affe mit seiner Hand hindurchgreifen kann, aber nicht groß genug, um die Hand bei geschlossener Faust zurückzuziehen. Dann steckt der Jäger eine reife Banane in die Kokosnuss, befestigt die Kokosnuss mit einer Schnur und wartet. Wenn ein Affe die Banane ergriffen hat, ist er so davon besessen, die Frucht zu behalten, dass er sich weigert, die Banane loszulassen, und der Jäger kann den Affen wie einen Fisch am Haken zu sich heranziehen.

Wie ich in Kapitel 6 erwähnt habe, ähnelt Ihr Geist einem Affen auf mehr als eine Weise. Er springt nicht nur von Gedanke zu Gedanke wie ein Affe von Baum zu Baum, sondern er hat auch die ärgerliche Tendenz, sich an bestimmte Ideen, Meinungen, Gedanken, Erinnerungen und Emotionen zu klammern, als ob sein (und Ihr) Leben davon abhinge, – sowie andere Ideen mit der gleichen Macht von sich zu weisen.

Dieser ständige Wechsel zwischen Anhaften und Ablehnung verursacht Ihnen Stress, weil Sie ständig darum kämpfen zu kontrollieren, was Sie nicht kontrollieren können. Gedanken und Gefühle kommen und gehen, ob sie Ihnen gefallen oder nicht, und die Kurse an der Börse stürzen ab und Beziehungen gehen zu Bruch, obwohl Sie sich das Gegenteil gewünscht haben. (Nähere Informationen darüber, wie der Geist Leiden und Stress verursacht, finden Sie in Kapitel 5.)

Bei den Anonymen Alkoholikern und bei anderen Zwölf-Schritte-Programmen sprechen die Menschen das folgende Gebet: »Gib mir die Gelassenheit, zu akzeptieren, was ich nicht ändern kann, den Mut zu ändern, was ich ändern kann, und die Weisheit, zwischen beidem zu unterscheiden.« Beim Meditieren entwickeln Sie die Fähigkeit, zu kontrollieren oder zu ändern, was in Ihrer Macht steht – nicht die Ereignisse oder Umstände Ihres Lebens, sondern Ihre Beziehung zu ihnen –, und die Geistesruhe zu akzeptieren, was Sie nicht ändern können.

 Die Meditation lehrt Sie, wie Sie Ihren Affengriff, mit dem Sie sich an Ihren Erfahrungen festklammern, lösen können und eine Art inneren Freiraum herstellen und sich entspannen können, indem Sie die Kontrolle loslassen und es den Dingen erlauben zu sein, wie sie sind. Dieser Prozess umfasst mehrere Dimensionen oder Stufen, die häufig (aber nicht immer) in der folgenden Reihenfolge auftreten:

✔ **Aufhören zu urteilen:** Die meisten Leute beurteilen laufend Ihre Erfahrungen als gut, schlecht oder neutral und reagieren entsprechend: »Oh, ich mag das, ich werde versuchen, mehr davon zu bekommen.«; »Ich hasse das, ich werde das um jeden Preis vermeiden.«; »Das bringt mir nichts, ich werde es nicht weiter beachten.« Wenn Sie meditieren, fangen sie an, den ständigen Strom der Beurteilungen zu bemerken, und werden feststellen, wie er Ihren Geist dominiert und Ihre Erfahrungen verzerrt. Anstatt sich diesem gewohnheitsmäßigen Muster hinzugeben, können Sie üben, Ihre Erfahrung unvoreingenommen, ohne Urteil zu beobachten. Wenn Beurteilungen aufkommen, was zweifellos der Fall sein wird, können Sie sich ihrer einfach nur bewusst sein und der Versuchung widerstehen, sie ebenfalls zu beurteilen. Allmählich wird die Gewohnheit zu urteilen ihren Griff lockern, mit dem sie Ihren Geist umklammert.

✔ **Akzeptieren:** Zur Kehrseite, auf das Urteilen zu verzichten, gehört es, zu lernen, die Dinge einfach so zu akzeptieren, wie sie sind. Sie müssen nicht unbedingt mögen, was Sie sehen, und Sie können es natürlich ändern – aber zuerst müssen Sie es voll und klar erfahren, ohne dass Ihr Blick durch Urteile und Ablehnungen getrübt wird. Beispielsweise kann es sein, dass in Ihnen eine Menge Ärger hochbrodelt, aber Sie glauben, dass diese spezielle Emotion schlecht oder sogar böse ist, so dass Sie sich weigern, sie anzuerkennen.

Bei der Meditation haben Sie Gelegenheit, den Ärger einfach zu beobachten, wie er ist – wiederkehrende ärgerliche Gedanken, Wellen von Ärger im Bauch –, ohne zu versuchen, ihn zu ändern oder ihn loszuwerden. (Nähere Informationen über das Meditieren mit herausfordernden Emotionen und Geisteszuständen finden Sie in Kapitel 11.) Je mehr Sie die volle Bandbreite Ihrer Erfahrungen auf diese Weise willkommen heißen, desto mehr Raum schaffen Sie in sich selbst, um sie aufzunehmen – und desto mehr entschärfen Sie diese alten vertrauten Konflikte zwischen den verschiedenen Aspekten Ihrer Person.

✔ **Loslassen:** Teilnehmer des Zwölf-Schritte-Programms reden auch manchmal darüber »loszulassen und Gott zu lassen«. Der erste Schritt umfasst das Loslassen der Illusion, dass Sie eine unbegrenzte Kontrolle über Ihr Leben haben. Bei der Achtsamkeits-Meditation können Sie das Loslassen üben, indem Sie aufhören, darum zu kämpfen, Ihren Geist zu kontrollieren, sowie alle Vorstellungen aufgeben, die Sie möglicherweise darüber haben, wie Ihre Meditation ablaufen sollte, indem Sie sich in den gegenwärtigen Augenblick hinein entspannen, wie er sich innen und außen entfaltet. Ob Sie es glauben oder nicht: Sie wissen bereits, wie das Loslassen funktioniert – Sie tun es jeden Abend, wenn Sie in den Schlaf abdriften.

✔ **Masken ablegen:** Das Loslassen hat auch eine tiefere Dimension: Je mehr Sie den Würgegriff Ihrer Vorlieben und Abneigungen, Präferenzen und Vorurteile, Erinnerungen und Geschichten lockern, desto mehr öffnen Sie sich der Erfahrung, einfach zu sein, jenseits aller begrenzten Identitäten oder Interpretationen. Diese Identitäten sind wie die Schalen einer Zwiebel oder wie Wolken, die das Strahlen der Sonne verdunkeln. Wenn sich Ihre Meditation vertieft, können Sie lernen, diese Wolken zu akzeptieren und dann loszulassen, ohne sie mit dem Licht zu verwechseln, das sie verdunkeln. Indem Sie sich immer weniger mit dem identifizieren, was Sie nicht sind – die Masken, die Ihre wahre Natur verbergen –, beginnen Sie allmählich, sich mit dem zu identifizieren, was Sie sind: reines Sein. (Nähere Informationen über das reine Sein finden Sie in Kapitel 1.)

Unterwerfen: Wenn Ihre Meditation Sie für die Erfahrung des reinen Wesens öffnet, fangen Sie möglicherweise an, den Wert der zweiten Stufe des Zwölf-Schritte-Programms zu erkennen: »Sich Gott ergeben.« Die Wahrheit ist, dass die Macht oder Kraft, die tatsächlich Ihr Leben (und was Sie in Ihrem Wesen sind) kontrolliert, viel größer als Ihr kleines Selbst und überaus vertrauenswürdig ist – einige würden sogar sagen, dass sie heilig oder göttlich ist. Wenn Sie anfangen, Ihren schraubstockartigen Griff um das Lenkrad Ihres Lebens zu lockern, stürzen Sie nicht kopfüber in einen chaotischen Abgrund, wie Sie vielleicht befürchten. Stattdessen geben Sie Ihre scheinbare Kontrolle auf und überlassen sie einer Instanz, die immer schon die Kontrolle hatte – nennen Sie sie Gott oder Selbst oder reines Sein. Bei Ihrer Meditation können Sie tatsächlich diese Unterwerfung als eine immer tiefer gehende Entspannung in das heilige Schweigen oder die Stille hinein erfahren, die Sie umgibt, durchdringt und trägt.

Annehmen und loslassen

Eng anklammern und hart wegstoßen, gieren und hassen, verteidigen und angreifen – traditionell als *Anhaften* und *Ablehnung* bezeichnet – sind die Hauptgründe für das Leiden und den Stress. Zusammen mit der Gleichgültigkeit bilden sie die sprichwörtlichen drei Gifte des Meditationswissens.

Glücklicherweise können Sie die Heilmittel gegen diese Gifte kultivieren, indem Sie die zwei wichtigsten Haltungen oder Funktionen der Meditation praktizieren: Akzeptieren und Loslassen. Sie sind untrennbar miteinander verbunden: Solange Sie nicht akzeptieren, können Sie nicht loslassen. Solange Sie nicht loslassen können, haben Sie keinen Raum, wieder zu akzeptieren. Ein Zen-Meister hat dies folgendermaßen ausgedrückt: »Lass es los, und es füllt deine Hand.« Die folgende kleine Übung gibt Ihnen Gelegenheit, sowohl das Akzeptieren als auch das Loslassen zu üben:

1. **Setzen Sie sich bequem hin, und atmen Sie einige Male tief durch. Richten Sie jetzt Ihre Aufmerksamkeit auf das Kommen und Gehen Ihres Atems.**

2. **Verlagern Sie nach einigen Minuten Ihr Bewusstsein auf Ihre Gedanken und Gefühle.**

   Gehen Sie mit der Einstellung am die Übung heran, dass Sie alles willkommen heißen, was in Ihrer Erfahrung auftaucht, ohne es zu bewerten oder abzulehnen.

3. **Wenn die Gedanken und Gefühle kommen und gehen, beobachten Sie die Bewegung, das zu vermeiden oder wegzustoßen oder nicht zu sehen, was für Sie unangenehm oder nicht akzeptabel ist.**

   Akzeptieren Sie diese Bewegung, wie Sie weiterhin jede Erfahrung willkommen heißen, woraus auch immer sie bestehen mag.

4. **Nach fünf oder zehn Minuten, wenn Sie ein Gefühl für das Akzeptieren bekommen haben, verlagern Sie Ihre Aufmerksamkeit auf den Prozess des Loslassens.**

   Kultivieren Sie die Einstellung, dass Sie alles loslassen, was auftaucht, egal wie dringend oder attraktiv es sein mag.

Beachten Sie das Streben, die Gedanken und Gefühle, die für Sie angenehm oder überzeugend sind, festzuhalten oder sich mit Ihnen zu beschäftigen. Halten Sie sich sanft zurück, und fahren Sie fort, Ihren Griff zu lockern und loszulassen.

Nachdem Sie ein Gefühl für das Akzeptieren und Loslassen entwickelt haben, können Sie sie in einer Meditationssitzung kombinieren. Was immer auftaucht, heißen Sie es willkommen, und lassen Sie es los, heißen Sie es willkommen, und lassen Sie es los. Dies ist der zweifache Rhythmus der Achtsamkeits-Meditation.

Mit dem Bauch atmen

Zum gesunden Atmen gehört das Öffnen und Dehnen des Bauches und der Brust. In unserer Kultur lernen wir frühzeitig, den Bauch einzuziehen und ihn (oder unsere Gefühle) nicht zu zeigen.

Das Problem liegt darin, dass wir es nicht zulassen, mit dem Bauch zu atmen. Diese Gewohnheit begrenzt einfach die Menge des lebensverbessernden Sauerstoffs, den wir aufnehmen, und betont das Stressmuster, die Muskeln des Unterleibs und das Zwerchfell (den großen internen Muskel, der den unteren Teil des Brustkorbs bedeckt) zu verspannen und den Atem anzuhalten. Um diesem Muster entgegenzuwirken und Ihnen zu helfen, sich zu entspannen, probieren Sie die folgende Übung aus, die aus dem Hatha-Yoga abgeleitet ist:

1. **Achten Sie darauf, wie Sie im Moment atmen.**

   Welche Teile Ihres Körper dehnen sich aus, wenn Sie atmen, und welche nicht? Wie tief und schnell (oder langsam) atmen Sie? Wo fühlt sich Ihre Atmung gespannt oder behindert an? Wie fühlen sich Ihre Bauchmuskeln und Ihr Zwerchfell an?

2. **Machen Sie eine bewusste Anstrengung, um Ihren Bauch beim Atmen auszudehnen.**

   Ich benutze das Wort »Anstrengung« absichtlich, weil die Muskeln Ihres Unterleibs und Ihres Zwerchfells anfangs ziemlich gespannt sein können.

3. **Atmen Sie tief und langsam in Ihren Bauch.**

   Beachten Sie den Widerstand Ihres Körpers gegen die Änderung Ihres gewohnten Atemmusters.

4. **Fahren Sie auf diese Weise für fünf Minuten mit dem Atmen fort, und atmen Sie dann auf natürliche Weise.**

   Stellen Sie Unterschiede fest? Fühlen sich Ihre Unterleibsmuskeln entspannter an? Atmen Sie tiefer als vorher? Fühlen Sie sich energiereicher oder ruhiger?

Führen Sie diese Übung regelmäßig aus. Sie kann besonders nützlich sein, wenn Sie gestresst oder ängstlich sind, sich die Spannung im Bauch aufzubauen beginnt und Ihre Atmung flacher wird. Gehen Sie einfach zur Bauchatmung über, und achten Sie darauf, was passiert.

Ihr Herz öffnen: Liebe, Mitgefühl und Vergebung

10

In diesem Kapitel

▶ Das Für und Wider, Ihr Herz zu öffnen

▶ Ihren »zarten Punkt« und die zarten Emotionen im Innern erforschen

▶ Sich selbst (der schwierigste Teil!) und andere lieben lernen

▶ Einige großartige Techniken zur Entwicklung von Mitgefühl

▶ Ihre Arterien mit Vergebung und Dankbarkeit reinigen

---

*V*ielleicht fragen Sie sich, warum ich ein Kapitel dieses Buches dem Herzen widme. Geht es schließlich beim Meditieren nicht darum, ruhig zu sitzen und den Geist zu fokussieren, wogegen die Affären des Herzens am besten bei romantischen Begegnungen und vertrauten Familiendiskussionen aufgehoben sind?

Nun ja, die großen meditativen Traditionen lehren, dass Sie bei der Meditation die Energie des Herzens auf dieselbe Weise kultivieren können wie die Achtsamkeit. (Näheres über die Achtsamkeit finden Sie in Kapitel 1.) Egal welche Form diese Energie annimmt – Liebe, Freude, Frieden, Mitgefühl oder Hingabe –, Sie können sie bewusst und absichtlich erzeugen und ausweiten, um ein Feld aufzubauen, das nicht nur für Sie, sondern auch für die Leute in Ihrer Umgebung von Vorteil ist.

Wie Sonnenlicht wärmt und nährt das Strahlen eines offenen Herzens jeden, auf den es trifft. Aber das Herz ist häufig, wie die Sonne, von Wolken eingeschlossen und verdeckt, die hier die Form schwieriger Emotionen und Geisteszustände wie Furcht, Ärger, Urteil und Zweifel annehmen. Wenn Sie meditieren, zerstreuen Sie allmählich einige dieser Wolken, indem Sie Ihren erregten Geist beruhigen (siehe Kapitel 6). Sie können auch direkt daran arbeiten, die negativen Geschichten aufzulösen, die Ihnen Ihr Geist erzählt, und die schwierigen Emotionen aufzulösen (siehe Kapitel 11). Alternativ können Sie die Methode ausprobieren, die ich in diesem Kapitel beschreibe: Sie können die Wolken verdunsten lassen, indem Sie die natürliche Wärme Ihres Herzens durch Praktiken verstärken, die speziell die Liebe und das Mitgefühl kultivieren.

Bevor ich Ihnen zeige, wie Sie dies tun können, möchte ich Ihnen jedoch einen Überblick über das Gebiet geben. Ja, ich weiß, dass Sie wissen, wo Ihr Herz sitzt. Aber haben Sie es jemals mit fokussierter Aufmerksamkeit untersucht? Wissen Sie, warum es sich schließt – und was es geschlossen hält? Und haben Sie jemals all die Möglichkeiten in Betracht gezogen, welchen Nutzen Sie davon haben können, es zu öffnen? Hier sind einige Antworten.

Wie sich Ihr Herz schließt – und wie Sie es wieder öffnen können

Ich brauche wohl nicht zu sagen, dass Sie nicht mit einem geschlossenen Herzen geboren wurden. Wie jeder weiß, der jemals Zeit mit einem Neugeborenen verbracht hat, haben Babies Herzen, die Liebe ausstrahlen wie die Sonne Wärme in den Tropen. Aber wenn sie aufwachsen, zwingen die Stöße und Kratzer und Härten des Lebens sie allmählich, ihre Zartheit und andere weiche Emotionen mit einer Schicht der Zähigkeit und Abwehr zu schützen – die Wolken, über die ich weiter oben gesprochen habe. Diese Schicht umgibt Ihr Herz und schließt es ein, um Ihre Verletzlichkeit zu schützen – aber auch um Ihre eigene Liebe einzusperren und die Liebe anderer Leute davon abzuhalten einzudringen.

Vielleicht gehören Sie zu den seltenen Menschen, deren Herz die meiste Zeit offen bleibt. Falls dies der Fall ist, kann ich Sie nur beglückwünschen! Vielleicht hüllen Sie sich auch in eine Wolkendecke – oder manchmal etwas noch Festeres wie eine Rüstung – ein, wenn Sie morgens zur Tür hinausgehen, und legen sie aber wieder ab, wenn Sie Zeit mit Freunden oder Familienmitgliedern verbringen. Vielleicht öffnet und schließt sich Ihr Herz auf natürliche Weise, wie Ebbe und Flut wechseln oder wie sich das Wetter ändert. Vielleicht gehören Sie aber auch zu den Millionen von Menschen, die Schwierigkeiten haben, Liebe hereinzulassen oder auf andere auszudehnen.

Verlieren Sie nicht den Mut! Sie können ganz bestimmt lernen, wie Sie Ihr Herz wieder öffnen können, wie ich später in diesem Abschnitt beschreiben werde. Aber zuerst möchte ich die Faktoren beschreiben, die Ihr Herz immer wieder schließen, wenn es anfängt, sich zu öffnen – oder die es vollkommen geschlossen halten –, sowie die Vorteile, die sich bei einem offnen Herzen einstellen, falls Sie diese noch nicht selbst herausgefunden haben.

Einige Faktoren, die Ihr Herz immer wieder schließen

Wie die meisten Menschen schließen Sie Ihr Herz, ob automatisch oder absichtlich, weil Sie sich verärgert, verletzt oder von anderen bedroht fühlen. Vielleicht haben Sie Angst, dass sie Ihre Freundlichkeit ausnutzen oder dass sie Ihre zarten Gefühle mit ihrer Grobheit zerdrücken oder dass sie schmerzvolle Erinnerungen in Ihnen wecken. Vielleicht haben Sie auch einfach die Nase voll davon, dass Sie so oft ungerecht behandelt wurden, und wollen dies auf keinen Fall noch einmal zulassen. Wir haben alle unsere eigenen einzigartigen Gründe dafür, unsere Herzen zu schließen. Was immer Ihre Gründe sein mögen, sie können Sie davon abhalten, die Liebe zu erfahren, die Sie wirklich wollen.

 Hier sind einige der häufigsten Faktoren, die das Herz schließen:

✔ **Furcht:** Wenn Sie – aus welchem Grund auch immer – Angst haben, angegriffen, kritisiert, manipuliert oder überwältigt zu werden, schließen Sie Ihr Herz zu Ihrem Selbstschutz. Ein beliebter Slogan sagt: »Lieben heißt die Furcht loslassen – und lernen zu vertrauen, sowohl sich selbst als auch anderen«.

✔ **Ärger:** Wenn Sie alte Verletzungen festhalten und Bitternis und Ärger in Ihrem Herz ansammeln lassen, schließen Sie Ihr Herz – nicht nur den Menschen, die Sie verletzt haben, sondern auch dem Leben selbst gegenüber.

✔ **Nicht aufgelöster Kummer:** Diese natürliche menschliche Emotion kann sich festsetzen, wenn Sie ständig über Ihren Verlust nachgrübeln und sich weigern, die Vergangenheit loszulassen. Wenn Kummer Ihr Herz füllt, zögern Sie, es zu öffnen, weil Sie den Schmerz im Inneren nicht fühlen wollen.

✔ **Eifersucht:** Tatsächlich handelt es sich bei der Eifersucht um eine Art Ärger. Sie kann Ihr Herz dem Menschen gegenüber verschließen, der hat, was Sie gern hätten – und sich selbst gegenüber, weil Sie irgendwie »minderwertig« sind.

✔ **Schmerz:** Wenn Sie zulassen, dass sich Gefühle des Schmerzes oder der Verletzung in unerträglichem Maße anstauen, kann dies die Ursache dafür sein, dass Ihr Herz vollkommen zugemauert ist und ein Schild sagt: »Draußen bleiben! Durchgang verboten!«

✔ **Begehren und Anhaften:** Solange Sie emotionell der Vorstellung anhängen, dass das Leben auf gewisse Weise ablaufen müsse, werden Sie Ihr Herz schließen, sobald andere Menschen sich dem in den Weg stellen. Tatsächlich sind Emotionen wie Kummer, Schmerz und sogar Ärger letztlich im Anhaften verwurzelt – und in der Furcht, das zu verlieren, dem Sie anhaften.

✔ **Selbstzentriertheit:** Wenn Sie glauben, dass Sie ein isoliertes Individuum sind, das von anderen Menschen und von seinem eigenen Wesenskern abgeschnitten ist, werden Sie Ihren eigenen kleinen Bereich – Ihre eigenen Besitztümer, Ihre eigenen Errungenschaften, Ihr eigenes Glück – festhalten und Ihr Herz schließen, wenn dies notwendig sein sollte, um diesen Bereich zu verteidigen. In vielen meditativen Traditionen wird diese Haltung auch als das *Ego* bezeichnet. Die Selbstzentriertheit erhält das Gefühl des Getrenntseins aufrecht und führt zum Entstehen der anderen Faktoren in dieser Liste.

Letztlich können natürlich nur die am weitesten erleuchteten, selbstlosen Menschen ihr Herz immer offen halten. Damit meine ich Menschen wie Jesus oder Mutter Teresa! Die anderen Menschen schließen ihr Herz immer wieder. Nur wenn die Barrieren aufgelöst sind, die uns von anderen trennen – was das Wesen der Erleuchtung ausmacht –, können wir unser Herz sogar unter den schwierigsten Umständen öffnen.

Aber, erleuchtet oder nicht, Sie können definitiv die Fähigkeit entwickeln, Ihr Herz zu öffnen, wenn Sie wollen. Tatsächlich untergräbt die regelmäßige Übung der Meditation allmählich die Erfahrung der Getrenntheit, die dafür verantwortlich ist, dass das Herz überhaupt geschlossen bleibt. (Nähere Informationen über die Getrenntheit finden Sie in Kapitel 5.) Wer weiß? Vielleicht öffnet sich eines Tages Ihr Herz, um sich niemals wieder zu schließen!

Einige gute Gründe dafür, das Herz offen zu halten

Stellen Sie sich vor, dass ein Außerirdischer auf der Erde landet und versucht, anhand unserer Schlager etwas über die Menschen herauszufinden. Wahrscheinlich würde er zu dem Schluss kommen, dass wir die Liebe (was immer das sein mag!) für unendlich wertvoller halten als alles andere zusammen. Aber wenn unser ET erst einmal herausgefunden hat, wie er die Liebe messen kann, wäre er möglicherweise überrascht zu entdecken, wie wenig dieser unschätzbaren Substanz tatsächlich die meiste Zeit zwischen uns fließt. Liebe, würde der ET zweifellos schließen, ist nicht nur kostbar, sondern unglaublich schwer zu finden.

Für Lebewesen, die geliebt, geschätzt oder sogar verehrt werden wollen, stellen wir uns merkwürdigerweise sehr ungeschickt an, wenn es um die Erfüllung unserer Wünsche geht. Anstatt sie in der kleinen Liebesmaschine in unserer Brust selbst herzustellen, beschweren wir uns darüber, nicht genug davon zu bekommen, und suchen krampfhaft nach jemand anderem, der sie uns geben kann, und versuchen, uns liebenswürdiger zu machen, indem wir unser Aussehen verbessern oder mehr Geld verdienen. Aber die Wahrheit ist, dass der Beatles-Song recht hat: Die Liebe, die Sie bekommen, entspricht der Liebe, die Sie geben. Anders ausgedrückt: Die wirksamste Methode, um Liebe zu bekommen, besteht darin, die Liebe selbst zu erzeugen.

Indem Sie sorgende, liebevolle Gefühle entwickeln, können Sie sich tatsächlich selbst mit der Nahrung versorgen, die Sie suchen. Indem Sie gleichzeitig diese Gefühle auf andere abstrahlen, können Sie ihre zarten Herzen berühren und auf natürliche Weise dieselben Gefühle in ihnen auslösen. Damit können Sie einen ständig fließenden Strom der Liebe erzeugen, der sich selbst nährt.

Falls Sie diese Art zwischen sich und einem anderen Menschen niemals selbst erfahren haben, haben Sie vielleicht Menschen kennen gelernt, die auf diese Weise leben. Ihre Augen funkeln vor positiver Achtung, ihre Worte sagen über andere nur Gutes, und wo immer Sie auch hingehen, rufen sie Liebe hervor. Durch die hier beschriebenen Praktiken können Sie beginnen, einen Fluss liebevoller Gefühle zu erzeugen. Es hängt alles von Ihnen ab.

Freundlichkeit ist der Schlüssel

Obwohl die Kultivierung eines offenen Herzens definitiv ein eigenes Kapitel verdient, wird sie traditionell als das Fundament betrachtet, auf dem die Meditationsübung beruht, anstatt als separate Technik oder Methode behandelt zu werden.

Beispielsweise lernt man in Südostasien, Großzügigkeit, Geduld und liebende Güte zu entwickeln, bevor man lernt zu meditieren. Und tibetische Meditierende widmen den Nutzen jeder Meditation dem Frieden und der Harmonie aller Wesen und nicht nur sich selbst. Wie der Dalai Lama, Gewinner des Friedensnobelpreises sagt: »Meine Religion ist Freundlichkeit.«

Sie können jede Technik ganz exakt ausführen, aber wenn Sie nicht mit dem Herzen dabei sind, werden Sie die vielen wundervollen Vorteile der Meditation nicht ernten.

Um beispielsweise für den gegenwärtigen Augenblick offen zu sein, wie es die Achtsamkeits-Meditation lehrt (Näheres über die Achtsamkeit finden Sie in Kapitel 6), müssen Sie sich mit jeder Dimension Ihres Wesens öffnen: Körper, Geist, Seele und Herz. Achten Sie deshalb darauf, ein gewisses Maß an Liebe und Sorge zum Meditieren mitzubringen – insbesondere auch sich selbst gegenüber!

 Hier sind einige der zahllosen Vorteile, lieben zu lernen:

✔ **Energie und ein Gefühl der Weite:** Wenn Sie jemals verliebt waren (vielleicht sind Sie es auch in diesem Moment!), wissen Sie, wie vital und lebendig Sie sich fühlen können, wenn Ihr Herz weit offen ist. Statt des normalen Empfindens von Begrenzung, das Sie gewöhnlich erfahren, fühlen Sie, wie Sie keine Grenzen haben, als ob Sie nicht wirklich sagen können, wo Sie aufhören und die Außenwelt (oder Ihr/Ihre Geliebte/r) beginnt.

✔ **Frieden und Wohlbefinden:** Wenn Ihr Herz mit Liebe gefüllt ist, fühlen Sie sich ohne äußeren Grund glücklich und friedvoll. Tatsächlich sind Liebe, Glück, Freude, Frieden, Wohlbefinden einfach verschiedene Bezeichnungen und Versionen derselben grundlegenden Energie – der liebevollen, lebensspendenden Energie des Herzens.

✔ **Gute Gesundheit:** Ja, Liebe spendet Leben und reichert das Leben an. Zum einen bringt sie Menschen zusammen, um Babies zu zeugen, und im Allgemeinen trägt Liebe zur optimalen Gesundheit bei, indem sie einen unmessbaren Lebensfunken zur Verfügung stellt, der nicht nur die internen Organe nährt, sondern auch dem Körper (und dem Menschen) einen Grund gibt zu leben. Der Arzt Dean Ornish, Autor des *Dr. Dean Ornish's Program for Reversing Heart Disease*, dt. *Die Ornish Herz-Diät*, hat herausgefunden, dass Liebe beim Heilungsprozess wichtiger als jeder andere Faktor ist, einschließlich Diät und Übungen. Er entdeckte, dass Sie, um Ihr Herz zu heilen, Ihr Herz öffnen müssen. (Nähere Informationen über Dr. Ornish finden Sie in Kapitel 2.)

✔ **Zugehörigkeit und Verbundenheit:** Ein alter Song sagt, dass Liebe bewegt – und sicher bringt und hält sie Menschen zusammen. Wenn Sie Ihr Herz anderen gegenüber öffnen, fühlen Sie sich auf natürliche Weise mit ihnen auf eine sinntragende Weise verbunden. In ihrem tiefsten Wesen ist die Liebe die Quelle aller Sinnhaftigkeit und Zugehörigkeit.

✔ **Spirituelles Erwachen:** Wenn sie allmählich Ihre Gefühle des Getrenntseins von anderen abbauen, können liebevolle Gefühle Ihnen nach und nach die wesentliche Natur des Lebens enthüllen, die paradoxerweise ebenfalls aus Liebe besteht. Letztlich lehren die Sufis, dass wir einfach Liebe sind, die auf der Suche nach sich selbst ist.

Krieger des Herzens

All die harten Kerle (und Frauen), die glauben, dass das Öffnen des Herzens am besten etwas für Weichlinge und Idioten ist, sollten sich den Rat des tibetischen Meditationsmeisters Chögyam Trungpa anhören. (Ihm ist Härte nicht unbekannt. Trungpa floh wie der Dalai Lama und Tausende anderer Tibeter aus seinem Heimatland, als die Chinesen das Land besetzten, und wanderte über den Himalaya nach Indien, wobei er einige steile Pässe überqueren musste.)

In seinem Buch *Shambala: The Sacred Path of the Warrior*, dt. *Das Buch vom meditativen Leben*, erklärt er, dass man einen erheblichen Mut benötigt, um sich seiner Angst und Negativität zu stellen und bereit zu sein, sein Herz selbst unter den schwierigsten Umständen offen zu halten.

Obwohl Sie einen Krieger wahrscheinlich für undurchdringlich, gefühllos und stark gepanzert halten, vertritt Trungpa die entgegengesetzte Ansicht. Er sagt, dass der heilige Krieger, der die Meditation ausübt, keine Angst vor zarten Gefühlen hat – oder davor, seine Zartheit anderen mitzuteilen.

Der Punkt ist: Sie können für sich sorgen – und sich sogar selbst gegen Beschädigung verteidigen –, ohne Ihr Herz zu verschließen. Ein offenes Herz macht Sie nicht machtlos oder untauglich! Ganz im Gegenteil, es ermöglicht Ihnen, in einer Situation weise und geschickt zu reagieren, weil Sie das Leiden der anderen genauso wie Ihr eigenes fühlen.

Entdecken Sie Ihren »zarten Punkt«

Einer meiner Lehrer, der tibetische Meditationsmeister Sogyal Rinpoche, bezeichnet die Stelle in Ihrem Inneren, wo Sie zarte, liebevolle Emotionen verspüren, als Ihren *zarten Punkt*. Der zarte Punkt befindet sich in Ihrem Herzen, unter aller Härte und Abwehrbereitschaft. Um ihn zu erreichen, müssen Sie riskieren, Gefühlen zu begegnen, die Sie anderweitig möglichst vermeiden wollen, wie beispielsweise Furcht, Kummer, Ärger und die anderen, die weiter oben in diesem Kapitel besprochen wurden. Sie erkennen, dass Sie Ihren zarten Punkt erreicht haben, an dem Gefühl des zarten Sehnens, das häufig mit einer gewissen Traurigkeit oder Melancholie über das menschliche Los einhergeht. (Tatsächlich ist es wegen dieser Traurigkeit, die zu den Samen des Mitgefühls gehört, möglicherweise am Anfang etwas schmerzlich, Ihr Herz zu öffnen.)

 Weil Sie mit Ihrem zarten Punkt vertraut sein müssen, um die Meditationen auszuführen, die im Rest dieses Kapitels vorgestellt werden, sollten Sie die folgende Übung ausprobieren:

1. **Schließen Sie die Augen, atmen Sie einige Male tief durch, und entspannen Sie den Körper bei jeder Ausatmung ein wenig mehr.**

   Denken Sie daran, freundlich zu sich selbst zu sein.

2. **Stellen Sie sich das Gesicht einer Person vor, die Sie als Kind sehr geliebt und deren Liebe Sie tief bewegt hat.**

   Im Osten wird die Mutter empfohlen, aber einige Westler haben eine problematischere Beziehung zu ihren Eltern, so dass Sie es vielleicht vorziehen, Ihre Großmutter, Ihren Großvater oder eine andere vorbehaltlos liebevolle Person zu wählen. (Falls Sie als Kind niemals Liebe dieser Art empfangen haben, können Sie an eine berühmte Person denken, die Sie als vorbehaltlos liebevoll ansehen, wie beispielsweise Jesus oder Buddha oder die Göttliche Mutter.)

3. **Erinnern Sie sich an eine bestimmte Situation, in der diese Person Ihre Liebe für Sie zum Ausdruck brachte und Sie sie wirklich empfingen und es zuließen, von ihr genährt zu werden.**

4. **Achten Sie auf die zarten, liebevollen Gefühle, die diese Erinnerung in Ihrem Herzen hervorruft.**

   Die Stelle, an der Sie sie fühlen, ist Ihr zarter Punkt.

5. **Achten Sie darauf, ob andere Gefühle die Zärtlichkeit und Dankbarkeit begleiten, die Sie fühlen.**

6. **Falls Sie Schwierigkeiten haben, die Liebe wieder zu erfahren, achten Sie darauf, was Sie daran hindert.**

   Welche Gefühle bewachen Ihren zarten Punkt?

7. **Beginnen Sie damit, den Bereich in der Umgebung Ihres zarten Punkts zu erforschen.**

   In welchem Zustand befindet sich Ihr Herz im Moment? Welche anderen Gefühle rühren sich zusätzlich zu (oder anstelle) der Liebe in Ihrem Inneren? Bemerken Sie irgendwelche Spannungen oder Klammern um Ihr Herz, die es daran hindern, sich der Liebe zu öffnen?

8. **Nehmen Sie alles, was Sie finden, bewusst ohne Urteil oder Selbstkritik wahr.**

Liebe beginnt bei Ihnen

Vielleicht ist es schwer für Sie, Liebe zu fühlen und sie auf andere auszudehnen, weil Sie selbst als Kind nicht viel Liebe empfangen haben. Selbst wenn Sie niemals wirklich gelernt haben, Liebe frei zu empfangen und zu geben, kommen die Menschen laufend zu Ihnen und wollen von Ihnen etwas bekommen, das sie Ihrer Meinung nach nicht haben. Sie sind wie ein Mensch, der in der Wüste mit einem trockenen Brunnen lebt: Sie können kein Wasser mit anderen teilen, weil Sie selbst kein Wasser haben. Vielleicht stellen Sie auch fest, dass Sie zwar Wasser haben, aber dass der Brunnen immer dann austrocknet, wenn Sie das Wasser am dringendsten benötigen.

Die Meditationen, die in diesem Kapitel vorgestellt werden, graben einen tiefen Brunnen in Ihren zarten Punkt, wo die Wasser der Liebe niemals versiegen. (Tatsächlich gehört die Liebe, über die ich hier rede, niemandem; sie perlt einfach aus einer geheimnisvollen und unerschöpflichen Quelle hervor.) Möglicherweise müssen Sie jedoch die Pumpe richtig einstellen. Deshalb raten die traditionellen Anweisungen dazu, jede Meditation über Liebe und Mitgefühl zunächst auf sich selbst zu fokussieren. Nachdem Sie Ihren eigenen Brunnen bis zum Rand gefüllt haben, können Sie beginnen, den Überfluss auch anderen zukommen zu lassen.

 So wie Sie andere nicht wirklich heilen können, bis Sie sich selbst zu einem gewissen Grad geheilt haben, können Sie andere nicht lieben, solange Sie sich selbst nicht zutiefst geliebt fühlen. Außerdem verdienen Sie Liebe wenigstens in demselben Maße wie jeder andere. Im Westen üben wir häufig die Selbstverleugnung, während wir Selbstliebe mit Selbstsucht gleichsetzen. Jedoch ist im Allgemeinen das Gegenteil wahr: Menschen, die sich selbst lieben, geben Liebe freier und großzügiger als Menschen, die sich selbst nicht lieben.

Als Heilmittel gegen diese weit verbreitete westliche Krankheit der Selbstkritik und Selbstverleugnung bieten die meditativen Traditionen die Übung der Selbstliebe an. Insbesondere wenn Sie mit dem Öffnen des Herzens arbeiten, können Sie sich daran erinnern, Ihr Herz für sich selbst offen zu halten, selbst wenn, paradoxerweise, Ihr Herz geschlossen ist.

Ihr eigenes Gutsein schätzen

Wenn Sie Schwierigkeiten damit haben, liebevolle Gefühle für sich selbst zu entwickeln, sollten Sie fünf oder zehn Minuten lang über Ihre guten Eigenschaften oder die guten Dinge nachdenken, die Sie in Ihrem Leben getan haben. Machen Sie es ruhig, es tut nicht weh!

In der westlichen Kultur ist Eigenlob tabu. Stattdessen konzentrieren wir uns oft auf unsere Mängel, was dazu führt, dass wir uns eingeschränkt und ängstlich fühlen. »Hochmut kommt vor dem Fall«, sagt ein altes Sprichwort und legt nahe, dass Sie besser nicht mit sich oder Ihren Errungenschaften zufrieden sein sollten, weil dieses Gefühl Sie zerstören könnte. »Wer glaubst du eigentlich, wer du bist?«, klingt die Stimme einer aufgebrachten Mutter oder eines wütenden Vaters aus der Kindheit herüber und stürzt Sie unwissentlich in Scham und Selbstzweifel.

Trotz allem, was Ihre Eltern (oder andere einflussreiche Menschen) Ihnen gesagt oder was sie angedeutet haben, ist es in Ordnung, glücklich zu sein und im Hinblick auf sich selbst ein gutes Gefühl zu haben. Indem Sie sich auf Ihr Gutsein konzentrieren, erzeugen Sie tatsächlich positive, ausgreifende Gefühle, die Sie und jeden in Ihrer Umgebung nähren. »Freude«, sagte der Buddha, »ist das Tor zum Nirvana.«

Vier Dimensionen von Liebe

Wie Wasser hat Liebe viele Formen und Größen. So wie ein kristallklarer Bergsee, ein stiller Waldtümpel, ein rieselnder Bach und ein tosender Strom alle aus Wasser bestehen, so entstehen zarte Emotionen wie Freundlichkeit, Mitgefühl, Freude, Dankbarkeit, Vergebung, Hingabe, Großzügigkeit und Frieden oder Gleichmut im Herzen und bestehen letztlich aus Liebe. Denken Sie daran: Dies sind keine Abstraktionen, sondern natürliche menschliche Eigenschaften. Sie können lernen, sie zu kultivieren und anderen mitzuteilen.

Unter all diesen zarten Emotionen betonen die Buddhisten die folgenden vier als Eckpfeiler eines glücklichen und erfüllenden Lebens:

✔ **Liebende Güte:** Dieses Gefühl taucht spontan als Reaktion auf die Freundlichkeit anderer auf. Es hat eine warme, liebevolle, sorgende Qualität und kann mit Absicht gesteigert und erweitert werden.

✔ **Mitgefühl:** Dieses Gefühl geht einen Schritt weiter als die Liebe. Über das Sorgen für andere hinaus verspüren Sie dabei deren Leiden und fühlen sich auf natürliche Weise motiviert zu helfen, das Leiden zu lindern.

✔ **Mitfreude:** Ist das Gegenstück des Mitgefühls. Die Mitfreude besteht aus glücklichen Gefühlen, die als Reaktion auf das Glück und gute Los anderer entstehen.

✔ **Gleichmut:** Kann durch die grundlegenden Meditationspraktiken kultiviert werden, die in diesem Buch gelehrt werden. Diese Eigenschaft wird auch als *Standfestigkeit des Herzens* bezeichnet. Egal was passiert, Sie schließen es in Ihr Bewusstsein ein, ohne sich davon aufbringen oder stören zu lassen.

In den folgenden Abschnitten lege ich den Schwerpunkt auf Liebe und Mitgefühl und widme der Dankbarkeit und Vergebung als Heilmittel für Ärger und Furcht, die häufig das Herz verschlossen halten, eine besondere Aufmerksamkeit.

Wie man Liebe für sich selbst und andere erzeugt

Wie ich bereits früher erwähnt habe, verfügen Sie direkt in Ihrer Brust über eine Liebesfabrik. Jetzt werden Sie lernen, sie zu benutzen! Als Kind haben Sie wahrscheinlich viele Ratschläge bekommen, wie Sie Ihren Geist nutzen sollen. Ihre Lehrer brachten Ihnen bei, mathematische Probleme zu lösen oder sich Tatsachen einzuprägen. Ihre Eltern haben Ihnen vielleicht bei den Hausaufgaben geholfen. Vielleicht haben Sie sogar einige Bücher über dass Schnell-Lesen oder die Verbesserung Ihrer Lerngewohnheiten gelesen. Aber hat sich jemals jemand mit Ihnen hingesetzt, um Ihnen zu erklären, wie man liebt? Sicher, Sie hatten Rollenmodelle – aber haben sie Ihnen beigebracht, wie sie das taten, was sie taten? In diesem Abschnitt werden Sie einige Fähigkeiten lernen, die Sie niemals zu Hause oder in der Schule studiert haben.

Die Tore öffnen

Die folgenden Schritte beschreiben eine Meditation, um sich mit Ihrem zarten Punkt zu verbinden und den Fluss der vorbehaltlosen Liebe, die auch als *liebende Güte* bezeichnet wird, hervorzurufen. (Um diese Art Liebe von bedingter Liebe zu unterscheiden, stellen Sie sich die Liebe einer guten Mutter für ihr Baby vor. Sie gibt Ihre Liebe frei und ohne unbedingt – außer dem Glück und dem Wohlbefinden Ihres Babys – eine Gegenleistung zu erwarten.) Bei allen Meditationen in diesem Kapitel sollten Sie mit fünf oder zehn Minuten einer Achtsamkeitsübung wie dem Zählen oder Beobachten Ihres Atems (siehe Kapitel 6) beginnen, um Ihre Konzentration zu vertiefen und zu stabilisieren. Nachdem Sie diese Übung jedoch gemeistert haben, kann die Kultivierung der liebenden Güte selbst eine ausgezeichnete Methode sein, um Konzentration zu entwickeln.

1. Schließen Sie die Augen, atmen Sie einige Male tief durch, und entspannen Sie bei jeder Ausatmung Ihren Körper ein wenig mehr.

2. Stellen Sie sich das Gesicht einer Person vor, die Sie als Kind sehr geliebt und deren Liebe Sie tief bewegt hat.

3. Erinnern Sie sich an eine bestimmte Situation, in der diese Person Ihre Liebe für Sie zum Ausdruck brachte und Sie sie wirklich empfingen.

4. Achten Sie auf die Dankbarkeit und Liebe, die diese Erinnerung in Ihrem Herzen hervorruft. Lassen Sie diese Gefühle in sich aufwallen und Ihr Herz füllen.

5. Dehnen Sie diese Gefühle sanft auf diese geliebte Person aus.

   Vielleicht erfahren Sie sogar einen Kreislauf der Liebe zwischen sich und dieser Person, wenn Sie Liebe ungehemmt geben und empfangen.

6. Lassen Sie dieses liebevolle Gefühl überfließen und allmählich Ihr ganzes Wesen durchdringen.

   Lassen Sie es zu, dass Sie selbst mit Liebe gefüllt werden.

Dem Leben erlauben, Ihr Herz offen zu halten

Im Laufe eines Tages erleben Sie zweifellos Momente, in denen Sie ein spontanes Aufwallen von Liebe oder Mitgefühl fühlen. Vielleicht begegnet Ihnen eine obdachlose alte Frau, die einen Einkaufswagen schiebt, oder Sie hören einen Hund unglücklich heulen, oder Sie sehen in den Abendnachrichten das Gesicht eines hungernden Kindes oder einer trauernden Mutter an einem fernen Ort, und Ihr Herz greift zu diesen Wesen in Mitgefühl aus. Vielleicht tut auch jemand etwas unerwartet Freundliches für Sie, oder eine gute Freundin sagt Ihnen wieder einmal, dass sie Sie liebt, oder Sie schauen in die Augen von jemandem, für den Sie tiefe Gefühle hegen, und Liebe und Dankbarkeit wallen in Ihrem Herzen auf.

Anstatt schnell zum nächsten Moment zu eilen oder das Gefühl unbehaglich wegzuschieben, können Sie einige Zeit die Augen schließen, über das Gefühl meditieren und zulassen, dass es sich vertieft. Das Leben hat von ganz allein die Fähigkeit, Ihr Herz immer wieder zu öffnen, wenn Sie es gewähren lassen. Ihre Aufgabe besteht einfach nur darin, diese Momente sanft auszudehnen, bis sie allmählich beginnen, Ihr Leben zu füllen.

Den Fluss lenken

Nachdem Sie den Fluss der Liebe angeregt haben, können Sie ihn kanalisieren, erst zu sich selbst und dann zu anderen Menschen in Ihrem Leben. Nachdem Sie die vorangegangene Meditation fünf Minuten oder länger ausgeübt haben, fahren Sie auf die folgende Weise fort:

1. **Wenn Sie zulassen, dass die liebende Güte Ihr Wesen füllt, möchten Sie vielleicht die Wünsche und Absichten zum Ausdruck bringen, die dieser Liebe zugrunde liegen.**

   Zum Beispiel können Sie sich die Wünsche der Buddhisten zu eigen machen: »Möge ich glücklich sein. Möge ich friedvoll sein. Möge ich frei von Leiden sein.« Sie können auch etwas aus den westlichen religiösen Traditionen wählen, wie beispielsweise: »Möge ich mit der Gnade und Liebe Gottes gefüllt werden.« Fühlen Sie sich frei, die Wörter zu verwenden, die Ihnen für Sie passend erscheinen. Achten Sie nur darauf, dass Sie allgemein und einfach sind sowie positive Emotionen hervorrufen. Achten Sie darauf, dass Sie als Empfänger die Liebe ebenso aufnehmen, wie Sie sie ausdehnen.

2. **Wenn Sie sich für den Augenblick vollständig fühlen, stellen Sie sich jemanden vor, für den Sie Dankbarkeit und Respekt empfinden. Nehmen Sie sich einige Zeit (wenigstens einige Minuten), um den Fluss der Liebe auf diese Person zu lenken, und verwenden Sie dabei ähnliche Wörter, um Ihre Absichten auszudrücken.**

   Beeilen Sie sich nicht. Lassen Sie zu, die Liebe selbst so weit wie möglich zu fühlen, anstatt Sie sich einfach nur vorzustellen.

3. **Nehmen Sie sich einige Zeit, um diese liebende Güte auf ähnliche Weise zu einer geliebten Person oder zu einem teuren Freund zu lenken.**

4. **Richten Sie diesen Fluss der Liebe auf jemanden, für den Sie neutrale Gefühle hegen – vielleicht jemanden, den Sie von Zeit zu Zeit sehen, aber dem gegenüber Sie weder positive noch negative Gefühle haben.**

5. **Nun zum schwierigsten Teil dieser Übung: Richten Sie Ihre liebende Güte auf jemanden, für den Sie leicht negative Gefühle wie Ärger oder Verletztheit hegen.**

   Indem Sie die Liebe auf diese Person ausdehnen, selbst wenn es am Anfang nur wenig ist, fangen sie an, die Fähigkeit zu entwickeln, Ihr Herz selbst unter schwierigen Umständen zu öffnen. Schließlich können Sie die Liebe auf Leute ausdehnen, denen gegenüber Sie stärkere Emotionen wie Ärger, Furcht oder Schmerz hegen.

Wie die anderen Meditationen in diesem Buch profitiert die liebende Güte von einer längeren Übungszeit. Anstatt wenige Minuten für jede Phase aufzuwenden, versuchen Sie es mit fünf oder sogar zehn Minuten. Je mehr Zeit und Aufmerksamkeit Sie ihr widmen, desto mehr zeigen sich subtile (oder deutliche!) Änderungen in der Art und Weise, wie Sie sich von Moment zu Moment fühlen.

Vielleicht stellen Sie fest, dass Ihr Herz den Wunsch nach dem Wohlbefinden anderer noch lange ausstrahlt, nachdem Sie Ihre formale Meditation beendet haben. Und vielleicht entdecken Sie, dass Situationen, die Sie einst zu harschen Worten oder zu einem verängstigten Zurückziehen veranlasst haben, jetzt weichere Gefühle wie Sympathie oder Mitgefühl auslösen. Selbst wenn Sie anfangs nichts fühlen, kann das einfache Wiederholen Ihrer Wünsche und Absichten eine merkliche Wirkung haben.

 In ihrem Buch *Lovingkindness*, dt. *Geborgen im Sein. Die Kraft der Metta-Meditationen*, erzählt die amerikanische buddhistische Lehrerin Sharon Salzberg die Geschichte eines Retreats, in dem sie nichts anderes tat, als sieben Tage lang von morgens bis abends die liebende Güte auf sich zu lenken. Sie berichtet, dass sie absolut nichts fühlte und die Bemühung qualvoll langweilig fand. Am Tag, als sie abreiste, ließ sie ein Glas fallen. Das Glas zersplitterte, und die Splitter waren über den ganzen Boden verteilt. Anstatt sich einem Strom von Selbstvorwürfen hinzugeben, war ihre unmittelbare Reaktion ziemlich einfach: »Du bist wirklich ein Tölpel, aber ich liebe dich.« »Toll«, dachte Sie, »dann ist ja doch etwas passiert.«

Wie man Leiden mit Mitgefühl umwandelt

Wenn Sie gelernt haben, Ihr Herz zu öffnen und Ihre Liebe auf sich selbst und andere auszudehnen, sollten Sie das *Mitgefühl* ausprobieren, das einfach eine andere Form der Liebe ist. (Sie können auch einfach hier anfangen und die liebende Güte später üben.) Wenn Sie durch das Leiden anderer bewegt werden und den spontanen Wunsch verspüren, dabei zu helfen, ihren Schmerz irgendwie zu lindern, erfahren Sie die Emotion, die als *Mitgefühl* bezeichnet wird. Im Gegensatz zum Mitleid trennt das Mitgefühl Sie nicht von anderen und vermittelt Ihnen nicht das Gefühl der Überlegenheit. Ganz im Gegenteil: Im Moment des Mitgefühls stürzen die Wände zusammen, die Sie gewöhnlich trennen, und Sie fühlen den Schmerz des anderen, als wäre es Ihr eigener.

 Vielleicht haben Sie Bedenken, Ihr Mitgefühl zu kultivieren, weil Sie fürchten, von dem enormen Leiden überwältigt zu werden, das Sie umgibt. Schließlich wird die Welt von Gewalt, Armut und Krankheit geplagt, könnten Sie einwenden, und Ihre Mittel, etwas dagegen zu tun, seien sehr begrenzt. Aber die Wahrheit ist, je mehr Sie sich selbst der Erfahrung des Mitgefühls öffnen, desto weniger überwältigt werden Sie sich tatsächlich fühlen!

Wenn Sie mit der Meditation einfach nur Ihr Leben verbessern wollen, brauchen Sie diesen Abschnitt nicht zu lesen (obwohl ich der Ansicht bin, dass Sie Ihr Leben unermesslich verbessern können, wenn Sie Ihr Herz dem Mitgefühl öffnen). Aber wenn Sie die Vorteile Ihrer Meditation auf andere ausdehnen wollen – und dabei ein mitfühlenderer Mensch werden wollen –, dann kann ich Ihnen keine hilfreichere Übungsreihe empfehlen. Beginnen Sie mit der Entwicklung des Mitgefühls. Dann können Sie, wenn Sie wollen, ausprobieren, es dazu zu benutzen, die Leiden anderer in Ihrem eigenen Herzen umzuwandeln. Obwohl diese Übungen einfach sind, sind sie außergewöhnlich wirksam, um die Wolken aufzulösen, die Ihr Herz verhüllen.

Einige vorbereitende Übungen für die Erzeugung von Mitgefühl

Die folgenden kurzen Meditationen dienen zur Entwicklung des Mitgefühls. Sie wurden dem Buch *Das tibetische Buch vom Leben und Sterben* von Sogyal Rinpoche entlehnt, einem tibetischen Meditationslehrer, der schreibt: »Die Macht des Mitgefühls kennt keine Grenzen.«

Erkennen, dass andere dasselbe sind wie Sie

 Wenn Sie Schwierigkeiten mit einem geliebten Partner oder Freund haben, schauen Sie über Ihren Konflikt und die Rolle, die diese Person in Ihrem Leben spielt, hinaus, und denken Sie einige Zeit lang über die Tatsache nach, dass diese Person einfach ein menschliches Wesen wie Sie ist. Sie hat dasselbe Verlangen nach Glück und Wohlbefinden, dieselbe Furcht vor dem Leiden, dasselbe Bedürfnis nach Liebe. Achten Sie darauf, wie diese Meditation Ihre Gefühle für die Person ändert und Ihre Schwierigkeiten beeinflusst.

Sich in einen anderen hineinversetzen

 Wenn Sie jemandem begegnen, der leidet, und Sie nicht wissen, wie Sie ihm helfen können, versetzen Sie sich eine Zeit lang mit Ihrer Vorstellung in die Position dieser Person. Was würde es für Sie bedeuten, wenn Sie dieselben Probleme hätten? Wie würden Sie sich fühlen? Was würden Sie benötigen? Welches Verhalten anderer würden Sie sich wünschen? Achten Sie darauf, ob Sie jetzt klarer sehen, wie Sie dieser Person helfen können.

Sich eine geliebte Person anstelle einer anderen vorstellen

 Anstatt sich selbst in die Position einer leidenden Person zu versetzen, ist es vielleicht für Sie noch einfacher, Mitgefühl zu entwickeln, wenn Sie sich vorstellen, dass eine Person, die Sie zutiefst lieben, dieselben Schwierigkeiten erfährt. Wie würden Sie sich fühlen? Was würden Sie tun, um ihr zu helfen? Übertragen Sie jetzt diese Gefühle auf die Person, die tatsächlich leidet, und beachten Sie, wie sich Ihre Einschätzung der Situation ändert. (Diese Meditation fügt Ihrer geliebten Person nicht nur keinen Schaden zu, versichert Sogyal Rinpoche, sondern sie kann tatsächlich davon profitieren, wenn Sie Ihr Mitgefühl auf sie richten.)

 ## Was ist, wenn Sie Ihr Herz nicht öffnen können – oder schwierige Emotionen aufkommen, wenn Sie dies tun?

Wenn Sie in Ihrem Herzen nichts fühlen, während Sie die Übungen in diesem Kapitel ausführen, machen Sie sich keine Sorgen. So wie Sie möglicherweise eine Weile pumpen müssen, bevor Sie Wasser aus einem Brunnen im Boden bekommen, werden Sie möglicherweise feststellen, dass Sie Ihre Wünsche und Absichten für das Wohlbefinden anderer häufiger wiederholen müssen, bevor Sie merkliche Ergebnisse erzielen – und dass Ihre Gefühle von Tag zu Tag wechseln. Machen Sie einfach weiter, und vertrauen Sie darauf, dass Sie schließlich fühlen werden, wie die Liebe in Ihrem Herzen aufsteigt. Und falls dies nicht passiert, ist das auch in Ordnung. Egal, was Sie fühlen, Ihre guten Wünsche werden für jeden, einschließlich Sie selbst, einen unermesslichen Nutzen haben.

Einige Menschen stellen fest, dass diese das Herz öffnenden Praktiken schwierige negative Emotionen wie Kummer, Furcht, Ärger oder Wut an die Oberfläche spülen. Falls dies passiert, rate ich Ihnen auch hier wieder: Keine Sorge, Sie machen nichts falsch!

Ganz im Gegenteil, Sie machen sich die unaufgelösten und nicht integrierten Emotionen bewusst, die Ihr Herz verschlossen halten. Dehnen Sie nur die liebende Güte auf Ihre Person und auf die Emotionen selbst aus, und heißen Sie diese in Ihrem Herzen willkommen, so weit Ihnen das möglich ist. So wie die Liebe der Schönen das Biest in einen Prinzen verwandelte, können Sie schließlich Ihre hässlichsten Aspekte durch die Macht der liebenden Güte verwandeln. (Nähere Informationen über das Arbeiten mit schwierigen Emotionen finden Sie in Kapitel 11.)

Seine Verdienste widmen

Nachdem Sie herausgefunden haben, wie sich das Mitgefühl anfühlt, können Sie es üben, den Wert all Ihrer positiven Handlungen dem Wohlbefinden anderer zu widmen. Insbesondere sollten Sie die traditionelle Übung ausführen, alle Tugenden und Verdienste, die Sie durch Ihre Meditationen erlangen, allen Wesen auf der ganzen Welt zu widmen. Sie können dies einfach dadurch tun, dass Sie Ihre Absicht in selbst gewählten Worten ausdrücken, begleitet von einem aus dem Herzen kommenden Wunsch, dass alle Wesen glücklich und frei von Leiden sein mögen.

Leiden mit der Macht des Herzens umwandeln

Wie Sie vielleicht feststellen werden, wenn Sie die folgende Übung durchführen, ist das Herz fürwahr ein mächtiges Organ. Natürlich beziehe ich mich nicht auf das physische Herz, sondern auf ein _energetisches Zentrum_, das sich in der Mitte der Brust rechts neben dem anatomischen Herzen befindet. Jedoch sind die beiden eng verbunden, wie die Arbeit von Dean Ornish bestätigt: Um Ihr Herz zu heilen, müssen Sie Ihr Herz zu öffnen. (Nähere Informationen über das Programm von Dean Ornish zum Öffnen des Herzens finden Sie in Kapitel 2. Nähere Informationen über Energiezentren finden Sie in Kapitel 12.)

Indem Sie diese Meditation regelmäßig ausführen, können Sie tatsächlich die Fähigkeit entwickeln, Ihr Leiden und das Leiden anderer in Frieden, Freude und Liebe umzuwandeln. Das Erstaunliche ist, das der Prozess Sie nicht schwächt oder überwältigt, wie Sie vielleicht befürchten. Ganz im Gegenteil hilft er Ihnen, Vertrauen in die Stärke und Widerstandskraft Ihres eigenen Herzens und in Ihre Fähigkeit zu entwickeln, die Leben anderer zu berühren.

Wenn Sie mir nicht glauben, probieren Sie diese Meditation aus. Wenn Sie sie beherrschen, üben Sie sie regelmäßig mehrere Wochen lang, und achten Sie darauf, was passiert. Egal ob die Menschen in Ihrem Leben weniger leiden werden (was passieren kann) oder nicht, ich kann Ihnen garantieren, dass Sie sich letztlich selbst friedvoller fühlen und liebevoller zu sich sein werden.

1. **Setzen Sie sich bequem hin, machen Sie einige tiefe Atemzüge, und meditieren Sie in gewohnter Weise für einige Minuten.**

   Vollständige Meditationsunterweisungen finden Sie in Kapitel 6.

2. **Schließen Sie die Augen, und stellen Sie sich vor, wie sich die liebevollsten und mitfühlendsten Wesen, die Sie jemals gekannt oder von denen Sie jemals gehört haben, über Ihrem Kopf versammelt haben.**

   Wenn es in Ihr Weltbild passt, stellen Sie sich religiöse oder spirituelle Persönlichkeiten wie Jesus, Mohammed, die Mutter Maria, den Dalai Lama oder Ihre Lieblingsheiligen oder -weisen vor.

3. **Stellen Sie sich vor, dass sie sich alle zu einem Wesen vereinigen, das durch die Wärme und das Licht der Liebe und des Mitgefühls glüht und diese abstrahlt.**

4. **Stellen Sie sich vor, dass dieses Wesen in Ihr Herz herabsteigt, wo es die Form einer Kugel aus einem unendlich strahlenden, unendlich mitfühlenden Licht annimmt, die sich mit Ihrem eigenen zarten Punkt vereinigt.**

In den folgenden Phasen üben Sie es, Negativität aufzunehmen, sie in der Kugel innerhalb Ihres Herzens umzuwandeln und sie dann als positive Energie zu sich selbst und zu anderen zu senden:

Phase 1: Die Atmosphäre umwandeln

1. **Halten Sie einen Moment inne, um den gegenwärtigen Zustand Ihres Geistes zu registrieren.**

2. **Ziehen Sie beim Einatmen jede Negativität, Agitation, Dunkelheit oder Depression ein, die Sie dort finden, und leiten Sie sie in die Kugel aus Licht in Ihrem Herzen. Stellen Sie sich vor, wie sie dort in Klarheit, Ruhe, Frieden und Freude umgewandelt wird.**

3. **Atmen Sie diese positiven Qualitäten beim Ausatmen in Ihren Geist, und fühlen Sie, wie Sie ihn füllen und reinigen.**

4. **Fahren Sie mehrere Minuten lang fort, das Dunkle einzuatmen und das Licht auszuatmen.**

   Falls es Ihnen hilft, können Sie sich das Negative als heißen, dunklen Rauch und das Positive als kühles, weißes Licht vorstellen.

Phase 2: Sich selbst umwandeln

1. **Stellen Sie sich vor, dass Sie vor sich selbst stehen und sich Ihres eigenen Stresses, Ihres Leidens und Ihrer Unzufriedenheit bewusst werden.**

   Beispielsweise könnten Sie feststellen, dass Sie Ärger auf Ihren Chef verspüren, Angst vor einer anstehenden schwierigen Aufgabe haben oder immer noch wegen einer falschen Behandlung als Kind verletzt oder bitter sind.

2. **Lassen Sie es zu, Mitgefühl mit sich selbst und Ihren Leiden zu fühlen.**

3. **Lenken Sie beim Einatmen jedes Leiden, auf das Sie stoßen, in die Kugel aus Licht in Ihrem Herzen, und atmen Sie eine lindernde, sorgende, mitfühlende Energie aus, die Sie einhüllt und die das »Sie« vor Ihnen füllt.**

Falls es Ihnen hilft, ein bestimmtes Bild für diese Energie zu verwenden, wie beispielsweise frische Blumen oder eine kühle Brise, tun Sie das. Alternativ können Sie das Bild des weißen Lichts verwenden, das in der vorangegangenen Phase vorgeschlagen wurde.

4. **Führen Sie diese Ein- und Ausatmung auf diese Weise fünf Minuten oder länger durch.**

Phase 3: Situationen umwandeln

1. **Vergegenwärtigen Sie sich eine kurz zurückliegende Situation, in der Sie sich schlecht oder unpassend verhalten haben.**

   Vielleicht geben Sie sich selbst die Schuld, oder Sie fühlen sich schuldig oder reumütig. Vielleicht haben Sie diese Gefühle auch unterdrückt. Stellen Sie sich die Situation so lebendig wie möglich vor.

2. **Beachten Sie, wie Ihre Handlungen die anderen beteiligten Menschen beeinflussten.**

3. **Übernehmen Sie die volle Verantwortung für Ihre Handlungen.**

   Beachten Sie, dass ich *Verantwortung* sagte, nicht Schuld. Sie haben es vergeigt, und Sie geben vorbehaltlos zu, dass Sie es vergeigt haben, ohne sich selbst deswegen zu verdammen, ohne aber auch zu verleugnen oder zu rechtfertigen, was Sie getan haben.

4. **Atmen Sie die Verantwortung, Schuld, Schmerz oder andere negative Emotionen ein, und atmen Sie Vergebung, Verständis, Versöhnung und Harmonie aus.**

5. **Fahren Sie auf diese Weise mehrere Minuten lang fort.**

   Falls Ihnen eine andere Situation in den Sinn kommt, schieben Sie sie beiseite, und führen Sie diese Übung mit ihr zu einem anderen Zeitpunkt aus.

Phase 4: Andere umwandeln

1. **Stellen Sie sich vor, ein Freund oder eine geliebte Person würde derzeit leiden.**

2. **Atmen Sie den Schmerz und das Leiden dieser Person mit Mitgefühl ein, und atmen Sie Liebe, Frieden, Freude und Heilung aus.**

3. **Beginnen Sie nach mehreren Minuten, den Kreis Ihres Mitgefühls auszuweiten, um zuerst andere Personen, die Ihnen wichtig sind, dann Personen, denen gegenüber Sie neutrale Gefühle hegen, und schließlich Personen einzuschließen, die Sie nicht mögen oder schwierig finden.**

   (Nähere Informationen über die Reihenfolge dieses Vorgehens finden Sie im Abschnitt *Wie man Liebe für sich selbst und andere erzeugt* weiter oben in diesem Kapitel.) Atmen Sie ihr Leiden und ihren Schmerz ein, und atmen Sie Frieden, Liebe und Freude aus. Verwenden Sie dabei Bilder, die Sie hilfreich finden.

4. **Dehnen Sie Ihr Mitgefühl auf diese Weise aus, zuerst auf alle Menschen auf der Welt und dann auf alle Wesen überall.**

   Auch wenn Sie nicht in der Lage sind, sie zu visualisieren, können Sie ihre Gegenwart beim Ein- und Ausatmen spüren.

5. **Beenden Sie die Meditation, indem Sie jede Tugend, die Sie möglicherweise durch diese Übung erworben haben, dem Nutzen aller Wesen widmen.**

Sie können diese Phasen in anderer Reihenfolge oder separat ausführen, wenn Sie wollen, aber es ist wichtig, dass Sie diese Übung jedes Mal mit sich selbst beginnen.

Die eigenen Widerstände mit Dankbarkeit und Vergebung überwinden

Das Herz zu öffnen und es offen zu halten ist selbst für den liebevollsten Menschen eine Herausforderung. Seien Sie deshalb nicht überrascht, wenn Sie einen großen Widerstand dagegen verspüren, die Übungen durchzuführen, die in diesem Kapitel vorgestellt werden. Wenn Sie versuchen, Ihr Herz zu öffnen, können Sie Schichten des Ärgers Menschen gegenüber freilegen, die Sie auf irgendeine Weise in der Vergangenheit falsch behandelt haben. Vielleicht fühlen Sie einfach einen tiefsitzenden Ärger auf das Leben im Allgemeinen wegen der vielen Steine, die es Ihnen in den Weg geworfen hat, wegen der unerfüllten Erwartungen oder wegen der zerbrochenen Träume. Falls dies so ist, willkommen im Club!

Um diesen Ärger aufzuweichen, der eine Art Kruste um Ihr Herz bilden kann, sollten Sie die Qualitäten der Vergebung und der Dankbarkeit entwickeln. Die erste ermöglicht es Ihnen, das alte Unrecht (einschließlich des Unrechts, das Sie glauben selbst begangen zu haben) aufzulösen und loszulassen. Die zweite kultiviert eine Wertschätzung der guten Dinge, die Sie in diesem Leben empfangen haben (und weiter empfangen), aber niemals voll anerkannt haben.

Vergebung: Das universelle Lösungsmittel

Wenn der Ärger – was einfach ein anderes Wort für *alter Ärger* ist, der sich über die Monate und Jahre angesammelt hat – der Unrat ist, der den freien Fluss der Liebe in und aus Ihrem Herzen behindert, dann ist Vergebung das universelle Lösungsmittel, das ihn hinwegspült. Sie mögen Ärger gegenüber einer speziellen Person oder einer Gruppe von Leuten hegen. Der Grund dafür, kann bis in Ihre frühe Kindheit zurückreichen. Egal in welcher Situation Sie sich befinden, Sie können den Ärger auflösen, wenn Sie wollen – aber Sie müssen dazu bereit sein! Um es einfacher zu machen, sollten Sie damit beginnen, Menschen in Ihre Liebende-Güte-Meditation einzuschließen, über die Sie sich geärgert haben. (Siehe den Abschnitt *Wie man Liebe für sich selbst und andere erzeugt* weiter oben in diesem Kapitel.) Und jetzt raten Sie mal! Auch hier stellen Sie möglicherweise wieder fest, dass die Person, die Sie am meisten lieben und der Sie am meisten vergeben müssen, Sie selbst sind.

Hier folgt eine Meditation, die Ihnen hilft, Ärger, Verletzungen und Schuld aufzulösen und Ihr Herz wieder zu Ihnen selbst und zu anderen zu öffnen:

1. **Setzen Sie sich wie gewohnt hin, atmen Sie einige Male tief durch, entspannen Sie Ihren Körper, und schließen Sie Ihre Augen.**

2. **Lassen Sie es zu, dass Bilder und Erinnerungen an Worte, Handlungen und selbst Gedanken, die Sie sich niemals selbst vergeben haben, durch Ihren Geist ziehen.**

   Vielleicht haben Sie jemanden verletzt und weggestoßen, den Sie liebten, oder Sie haben etwas genommen, das Ihnen nicht gehörte, oder »Nein« zu einer Chance gesagt und es später bedauert.

3. **Denken Sie darüber nach, wie viel Leiden Sie verursacht haben und wie viel Sie möglicherweise selbst erlitten haben. Lassen Sie es zu, jeden Schmerz oder jede Reue zu fühlen.**

4. **Dehnen Sie Ihre Vergebung sanft und aus vollem Herzen auf sich selbst aus. Verwenden Sie dabei Worte wie die folgenden:**

   »Ich vergebe dir für alle Fehler, die du gemacht hast, und für alle Leiden, die verursacht hast. Ich vergebe dir für allen Schmerz, den du anderen verursacht hast, ob absichtlich oder unabsichtlich. Ich weiß, dass du gelernt hast und gewachsen bist. Jetzt ist es Zeit weiterzugehen. Ich vergebe dir! Magst du glücklich und voller Freude sein. Ich schließe dich wieder in mein Herz ein.« (Verwenden Sie hier und an anderen Stellen Ihre eigenen Worte, wenn Sie wollen.)

5. **Öffnen Sie Ihr Herz sich selbst gegenüber, und lassen Sie es zu, sich selbst mit Liebe zu füllen.**

   Fühlen Sie, wie sich die Wolken auflösen, die Ihr Herz verhüllen.

6. **Stellen Sie sich eine geliebte Person vor, der gegenüber Sie einigen Ärger fühlen.**

   Denken Sie darüber nach, wie sie Sie verletzt haben mag. Denken Sie auch darüber nach, wie oft Sie andere auf ähnliche Weise verletzt haben.

7. **Lassen Sie sanft zu, wie sich die Wolken um Ihr Herz weiter auflösen, wenn Sie von ganzem Herzen Ihre Vergebung auf diese Person ausweiten und dabei Worte wie die folgenden verwenden:**

   »Ich vergebe dir dafür, dass du mir Schmerz verursacht hast, ob absichtlich oder unabsichtlich. Ich weiß, dass ich auch andere verletzt und im Stich gelassen habe. Ich vergebe dir aus ganzem Herzen. Mögest du glücklich und voller Freude sein. Ich schließe dich wieder in mein Herz ein.« Fühlen Sie, wie sich Ihr Herz dieser Person gegenüber wieder öffnet.

8. **Stellen Sie sich jemanden vor, dessen Vergebung Sie brauchen.**

   Vielleicht haben sie diese Person verletzt oder auf andere Weise falsch behandelt.

9. **Bitten Sie diese Person sanft um Vergebung. Verwenden Sie dabei Worte wie die folgenden:**

   »Bitte vergib mir für das, was ich getan oder gesagt habe, um dir Schmerz zu verursachen, ob absichtlich oder unabsichtlich. Ich bitte dich um Vergebung. Bitte schließe mich wieder in dein Herz ein.«

10. **Stellen Sie sich vor, wie sich das Herz dieser Person zu Ihnen öffnet und die Liebe wieder frei zwischen Ihnen hin- und herfließt.**

11. **Stellen Sie sich jemanden vor, dem gegenüber Sie großen Ärger fühlen – vielleicht jemanden, den Sie wegen der Art und Weise aus Ihrem Herz ausgeschlossen haben, wie er Sie einst verletzt hat.**

12. **Lassen Sie sanft zu, dass sich die Wolken um Ihr Herz auflösen, wenn Sie von ganzem Herzen Ihre Vergebung auf diese Person ausweiten, wie es weiter oben beschrieben wurde.**

13. **Denken Sie über all die vielen Leute nach, denen gegenüber Sie wegen des Schmerzes, den diese Personen Ihnen anscheinend verursacht haben, Ihr Herz geschlossen haben.**

    Fühlen Sie all die Schichten von Ärger und Schmerz, die sich im Laufe der Jahre um Ihr Herz herum aufgestaut haben.

14. **Denken Sie an all die vielen Male, wo Sie sich so wie diese Personen verhalten haben.**

15. **Stellen Sie sich all diese Leute vor, wie Sie vor Ihnen stehen, und vergeben Sie allen aus vollem Herzen, und bitten Sie sie mit Worten wie den folgenden um Vergebung:**

    »Ich vergebe euch alles, was ihr möglicherweise getan habt, um mir Schmerz zu verursachen, ob absichtlich oder unabsichtlich. Ich vergebe euch. Bitte vergebt mir. Mögen wir unsere Herzen füreinander öffnen und in Frieden und Harmonie zusammenleben.« Fühlen Sie auch hier, wie sich Ihr Herz weit öffnet und den freien Fluss der Liebe zwischen Ihnen zulässt.

16. **Atmen Sie einige Momente tief durch, und bleiben Sie mit Ihrer Aufmerksamkeit bei Ihrem Herzen, bevor Sie aufstehen und Ihrem Tagewerk nachgehen.**

Anstatt die volle hier beschriebene Vergebungs-Meditation auszuführen, können Sie einfach Ihre Vergebung je nach Anforderung der Situation auf bestimmte Leute ausdehnen. Aber Sie sollten jedes Mal, wenn Sie diese Übung praktizieren, darauf achten, sich selbst einige Minuten dieser Meditation zu reservieren.

Dankbarkeit: Die Quelle der Freude

Was fällt Ihnen auf, wenn Sie andere Leute anschauen? Fallen Ihnen die vielen Weisen auf, wie sie sich von Ihnen zurückhalten oder Sie ignorieren oder Sie absichtlich verletzen? Sehen Sie, wie das Leben Ihre Erwartungen nicht erfüllt und wie Sie es versäumen, Ihr eigenes Potenzial voll auszuschöpfen? Oder bemerken Sie die vielen, oft unsichtbaren Weisen, auf die das Leben Sie unterstützt und nährt – und die Leute, die Ihnen Liebe entgegenbringen und die Ihnen helfen?

Abhängig davon, ob Sie ein Optimist oder ein Pessimist sind, ist Ihr Glas halb voll oder halb leer. Nun ja, ob Sie es glauben oder nicht: Sie haben tatsächlich die Macht, Ihre Perspektive zu wählen. In den folgenden Meditationen haben Sie Gelegenheit, sich selbst daran zu erinnern, wie voll Ihr Glas tatsächlich ist!

Sich an das Gute erinnern

Die folgende Übung dient dazu, selbst in den hartnäckigsten negativen Personen Wertschätzung gegenüber sich selbst zu erwecken:

1. **Setzen Sie sich bequem hin, und atmen Sie einige Male tief durch.**

2. **Verbringen Sie einige Minuten damit, sich all die guten Dinge ins Bewusstsein zu rufen, die Ihnen während der vergangenen 24 Stunden passiert sind.**

   Vielleicht erinnern Sie sich an einen Moment, in dem Sie jemand mit Liebe oder Freundlichkeit behandelt hat – vielleicht ein Freund oder ein Familienmitglied oder einfach eine Person in einem Geschäft oder auf der Straße. Vielleicht erinnern Sie sich an ein einfaches Vergnügen, wie beispielsweise eine gute Mahlzeit zu essen oder die Sonne in den Bäumen zu sehen oder das Lächeln auf dem Gesicht eines Babys.

3. **Denken Sie ebenso an all die guten Dinge, die Sie während derselben 24 Stunden getan haben.**

4. **Lassen Sie es zu, dass Sie Wertschätzung und Dankbarkeit für diese besonderen Momente fühlen.**

5. **Denken Sie auf dieselbe Weise über die vergangene Woche nach.**

   Atmen Sie weiter, während Sie sich an all die guten Dinge erinnern, die passiert sind. Wenn negative Erinnerungen auftauchen, achten Sie im Moment nicht auf sie.

6. **Wenn Sie genügend Zeit haben, dehnen Sie die Meditation allmählich auf den vergangenen Monat, das vergangene Jahr – die vergangenen zwei Jahre, die vergangenen fünf Jahre aus.**

   Rufen Sie sich so deutlich wie möglich alle angenehmen, glücklichen und freudvollen Momente ins Gedächtnis, die Sie erlebt haben. Denken Sie an alle guten Dinge, die Sie getan haben, sowie an alle Situationen, in denen Sie von anderen unterstützt oder beschenkt wurden.

7. **Lassen Sie es zu, dass Gefühle der Dankbarkeit und Wertschätzung in Ihrem Herzen aufwallen.**

Wenn Sie sehr viel Zeit haben, können Sie die Meditation auf Ihr gesamtes Leben ausdehnen. Natürlich werden Sie nicht in der Lage sein, sich an alle guten Dinge zu erinnern, aber Sie sollten darauf achten, sich alle Hauptereignisse zu vergegenwärtigen, einschließlich der Weisen, wie Ihre Eltern Sie ernährt und unterstützt haben und es Ihnen ermöglicht haben, zu der Person heranzuwachsen, die Sie heute sind. Wenn Sie Ärger gegenüber Ihren Eltern oder gegenüber einem Elternteil empfinden, praktizieren Sie die Vergebungs-Meditation im vorangegangenen Abschnitt.

Zweiundsiebzig Mühen

Als ich Zen-Mönch war, chanteten wir immer vor dem Essen, um unsere Dankbarkeit für die »zweiundsiebzig (d.h. unzähligen) Mühen« auszudrücken, die uns unsere Nahrung gebracht haben.

Indem Sie sich die vielen Bemühungen vergegenwärtigen, die es ermöglichen, dass Sie so leben können, wie Sie leben, können Sie der möglichen Tendenz entgegenarbeiten, sich bitter, verärgert oder undankbar zu fühlen.

 Die folgende kurze Übung kann Ihnen helfen, zu schätzen, wie abhängig Sie von der Energie und harten Arbeit anderer sind:

1. **Setzen Sie sich bequem hin, und atmen Sie einige Male tief durch.**

2. **Richten Sie Ihren Geist auf eine moderne Errungenschaft, die Sie für unverzichtbar halten.**

   Dabei kann es sich um Ihr Auto, Ihren Computer oder Ihr Telefon handeln.

3. **Denken Sie einige Momente lang darüber nach, wie wichtig dieses Objekt für Sie ist und wie Ihr Leben ohne es aussehen würde.**

   Sicher, Sie können sich immer ein anderes besorgen, aber im Augenblick hängen Sie von diesem bestimmten Objekt ab – es ist das einzige, das Sie haben.

4. **Denken Sie an die vielen Menschen und die harte Arbeit, die dazu beigetragen haben, dieses Objekt zu erzeugen – vom Rohmaterial bis zum fertigen Produkt.**

   Wenn Sie Ihr Auto als Beispiel wählen, können Sie daran denken, wie zunächst Bergarbeiter in verschiedenen Teilen der Welt – möglicherweise unter schwierigsten Umständen – die Eisen-, Chrom- und anderen Erze geschürft haben, aus denen das Metall gewonnen wurde. Dann können Sie sich vorstellen, wie die Stahl- und Metallarbeiter die Legierungen mischten und die Teile schmiedeten. Sie können auch an die Ölarbeiter denken, die nach dem Öl bohrten, und die Chemotechniker, welche die Kunststoffe synthetisierten und formten, die für das Lenkrad, das Armaturenbrett und andere Komponenten aus Kunststoff verwendet wurden. Danach können Sie an die Ingenieure denken, die Ihr Auto entwarfen, und die Fabrikarbeiter, die es Stück für Stück zusammengebaut haben – usw.

5. **Nehmen Sie sich einige Momente Zeit, um diese Leute zu schätzen.**

   Sicher, sie wurden für das bezahlt, was sie taten, aber sie haben auch ihre kostbare Lebensenergie beigetragen. Ohne ihre Liebe, ihren Schweiß und ihre Hingabe hätten Sie kein Auto zum Fahren. Vielleicht spüren Sie die Regung, ihnen für ihre Geschenke zu danken.

Sie können sich sicher vorstellen, dass Sie ziemlich viel Zeit damit verbringen könnten, über die »unzähligen Mühen« nachzudenken, die Ihnen dieses Auto gebracht haben – oder diesen Computer oder das Telefon. Natürlich geht es bei dieser Übung darum, mit Dankbarkeit und Wertschätzung an die gegenseitige Abhängigkeit zu denken – an die vielen Weisen, wie Sie von der Energie, von der Hingabe und von den guten Absichten anderer abhängen, um durch Ihren Tag zu kommen. Wenn Sie auf diese Weise einige Zeit über die Dinge nachdenken, stellen Sie möglicherweise fest, dass Sie selbst einfache Dinge mit neuen Augen sehen.

Den Bauch entspannen

Stephen Levine, ein amerikanischer Meditationslehrer, der ausführlich über das Heilen und Sterben geschrieben hat, sagt, dass der Zustand Ihres Bauches den Zustand Ihres Herzens widerspiegelt. Indem Sie Ihren Bauch bewusst immer wieder entspannen, können Sie loslassen und sich den zarten Gefühlen in Ihrem Herzen öffnen. (Die folgende Meditation ist seinem Buch *Guided Meditations, Explorations and Healings* entlehnt.)

1. **Setzen Sie sich bequem hin, und atmen Sie einige Male tief durch.**

2. **Richten Sie Ihre Achtsamkeit allmählich auf Ihren Körper.**

   Machen Sie sich zunächst die Empfindungen in Ihrem Kopf bewusst, und gehen Sie dann mit Ihrem Bewusstsein langsam über den Nacken und die Schultern bis zum Rumpf und den Armen hinunter.

3. **Wenn Sie Ihren Bauch erreichen, entspannen Sie sanft diesen Bereich Ihres Körpers.**

   Lassen Sie bewusst jede Spannung los, und halten Sie nichts zurück.

4. **Lassen Sie es zu, dass Ihr Atem in Ihren Bauch hinein und aus ihm heraus fließt.**

   Wenn Sie einatmen, hebt sich Ihr Bauch. Wenn Sie ausatmen, senkt sich Ihr Bauch.

5. **Fahren Sie fort, Ihren Bauch mit jedem Atemzug weiter zu entspannen.**

   Lassen Sie jeden Ärger, jede Furcht, jeden Schmerz oder jeden unaufgelösten Kummer los, den Sie möglicherweise in Ihrem Bauch festhalten. Sie können den Prozess unterstützen, indem Sie dabei schweigend ein Wort oder einen Ausdruck wie »entspannen« oder »loslassen« wiederholen.

6. **Während Sie fortfahren, Ihren Bauch zu entspannen, achten Sie darauf, wie Ihr Herz reagiert.**

7. **Nachdem Sie fünf Minuten oder länger diese Bauchentspannungs-Meditation durchgeführt haben, öffnen Sie die Augen, und gehen Sie Ihrem Tagewerk nach.**

   Prüfen Sie dann und wann Ihren Bauch. Wenn Sie feststellen, dass Sie ihn wieder anspannen, atmen Sie sanft, und entspannen Sie ihn.

Teil III

Problemsituationen
und Feinheiten der Meditation

The 5th Wave   By Rich Tennant

»Normalerweise kombiniere ich meine Meditationen. Heute sind die Heilungs-,
die Einsichts- und die Unordentliches-Haar-Meditation an der Reihe.«

In diesem Teil...

Meditieren lernen ähnelt dem Autofahren lernen. Sie können nach Herzenslust auf dem Parkplatz herumkurven, aber wehe, wenn Sie in die Rush-hour geraten.

In diesem Teil erhalten Sie Expertenrat über den Umgang mit den Windungen und Wendungen Ihres internen Verkehrs beim Meditieren – beispielsweise wenn intensive Emotionen oder zwanghafte Gedanken Sie in eine Ecke zu drängen drohen, oder wenn Umwege und Ablenkungen Sie von Ihrem Kurs abzubringen scheinen und Sie Gefahr laufen, am Steuer einzuschlafen. Sie werden auch erfahren, wie Sie die Meditation abseits vom Weg verwenden können, um spirituelles Neuland zu erkunden. Schließlich haben Sie Gelegenheit, Ihre neu erworbenen Fähigkeiten in einem Übungsprogramm zusammenzufassen, das Sie Tag für Tag ausführen können.

Schwierige Emotionen und gewohnheitsmäßige Muster in der Meditation

11

In diesem Kapitel

▶ Ihre Erfahrungen mit Freundlichkeit, Sorgfalt und Neugier behandeln

▶ Einige Tipps für den Umgang mit Furcht, Ärger und Traurigkeit

▶ Staubereiche, Verhaltensmuster und unterbewusste Geschichten auflösen

▶ Muster loslassen, die Energie zum Fließen bringen und sie – bewusst – ausagieren

▶ Einen Therapeuten finden, der Ihnen helfen kann, wenn Sie wirklich feststecken

---

Durch das Meditieren werden Sie in der Regel ruhiger, weiter und entspannter – wenigstens die meiste Zeit über. Wenn Sie jeden Tag Ihren Atem beobachten, ein Mantra wiederholen oder eine andere grundlegende Technik üben, beginnt Ihr Geist, sich auf natürliche Weise zu beruhigen, während Gedanken und Gefühle spontan wie die Blasen in einer Flasche Mineralwasser emporperlen und zerplatzen. Dieser Prozess ist so entspannend, dass die Anhänger der Transzendentalen Meditation ihn als *Entstressen* bezeichnen.

Wenn Sie regelmäßig eine Zeit lang meditieren, stellen Sie jedoch möglicherweise auch fest, dass gewisse Emotionen oder Zustände des Geistes regelmäßig zurückkehren und Sie ablenken und stören. Anstatt sich aufzulösen, spielen dieselben sexuellen Fantasien, traurigen oder furchtvollen Gedanken oder schmerzlichen Erinnerungen immer wieder wie eine Schallplatte, die auf einer bestimmten Spur festhängt, in Ihrem Bewusstsein. Vielleicht meditieren Sie auch über die liebende Güte (siehe Kapitel 10), aber stoßen immer wieder auf unaufgelösten Ärger oder Wut. Statt die Nebel zu beobachten, die von der Oberfläche des Sees aufsteigen, haben Sie begonnen, in die schlammigen und manchmal turbulenten Wasser Ihrer inneren Erfahrung hinabzusteigen. (Die Erforschung dieser Wasser wird in Kapitel 5 ausführlicher beschrieben.)

Zuerst sind Sie vielleicht über das überrascht, bestürzt oder sogar verängstigt, was in Ihnen auftaucht, und möglicherweise kommen Sie zu dem Schluss, dass Sie etwas falsch machen. Aber Sie brauchen keine Angst zu haben! In Wahrheit ist dies ein Zeichen dafür, dass Ihre Meditation tatsächlich angefangen hat, sich zu vertiefen, und Sie bereit sind, den Bereich Ihrer Meditationstechniken zu erweitern, um auch in diesem neuen Terrain navigieren zu können.

An diesem Punkt ist es angeraten, Ihre Übung der Achtsamkeit (siehe Kapitel 6) von der Atmung und den Körperempfindungen auf die Gedanken und Emotionen auszuweiten. Wenn Sie sanft den Fokus des Lichts Ihres Bewusstseins auf diese Dimensionen Ihrer Erfahrung lenken, beginnen Sie zu erkennen, was tatsächlich in Ihrem Inneren vor sich geht. Dabei können Sie sich selbst besser kennen lernen – und sogar Freundschaft mit sich selbst schließen. Wenn Sie ausdauernd üben, können Sie schließlich einige alte Verhaltensmuster Ihres Denkens, Fühlens und Verhaltens durchbrechen und sogar auflösen – Muster, die Ihnen seit sehr langer Zeit immer wieder Probleme und Stress verursacht und Ihre Entwicklung behindert haben. (Nähere Informationen darüber, wie der Geist Leiden und Stress verursacht, finden Sie in Kapitel 5.)

Wie man mit seiner Erfahrung Freundschaft schließt

Die meisten Menschen (mich eingeschlossen!) sind außergewöhnlich unnachsichtig mit sich selbst. Tatsächlich behandeln Sie sich selbst wahrscheinlich in einer Weise, die Ihnen einer geliebten Person oder Freunden gegenüber nie in den Sinn kommen würde. Wenn Sie einen Fehler machen, belegen Sie sich möglicherweise mit wüsten Schimpfwörtern, oder Sie häufen harte Beurteilungen und Kritik auf sich, einschließlich einer Litanei aller anderen Fehler, die Sie im Laufe der Jahre begangen haben. Wenn Sie eine zarte oder verletzliche Emotion spüren, stoßen Sie sie möglicherweise als schwächlich oder zimperlich zurück und versuchen, schnell darüber hinwegzugehen, anstatt sich selbst Zeit zu geben, sie vollständig zu fühlen.

Beispielsweise konnte ich neulich meinen Schlüssel nicht finden und war bestürzt, in meinem Kopf eine ärgerliche, ungeduldige Stimme zu hören, die mich dafür tadelte, dass ich so dumm und vergesslich gewesen war! Kommt Ihnen das bekannt vor? Die meisten Menschen haben ein Bild davon, wie sie handeln, denken und fühlen sollten. Sie kämpfen laufend darum, ihre Erfahrung und ihr Verhalten mit diesem Bild in Einklang zu bringen – und geben sich dann die Schuld dafür, wenn dies nicht gelingt.

Beim Meditieren haben Sie die Gelegenheit, diese Neigung umzukehren und Ihre Erfahrung einfach so zu erforschen, wie sie ist, ohne zu versuchen, sie zu bewerten oder zu ändern. (Nähere Informationen über das Umkehren der Beurteilungen und das Akzeptieren des Gegebenen finden Sie in Kapitel 9.) Wenn Sie den Stress, die Konflikte und die Turbulenz in Ihrem Inneren durch Frieden und Harmonie ersetzen wollen, müssen Sie Freundschaft mit sich selbst schließen – das bedeutet, dass Sie sich selbst mit derselben Freundlichkeit, Sorgfalt und Neugier behandeln müssen, die Sie einem engen Freund entgegenbringen würden. Sie können damit beginnen, indem Sie Ihren Gedanken und Gefühlen mit einem sanften, nicht bewertenden Bewusstsein begegnen.

Ihre Gedanken und Gefühle umarmen

Nachdem Sie damit vertraut sind, Ihren Atem zu beobachten und Ihr Bewusstsein auf Ihre Empfindungen auszuweiten (siehe Kapitel 6), können Sie Ihr Bewusstsein sogar noch weiter ausweiten und Gedanken, Bilder, Erinnerungen und Gefühle einschließen. Beginnen Sie wie bei den Empfindungen mit der Beobachtung Ihres Atems, und erlauben Sie es sich, einen Gedanken oder ein Gefühl zu erforschen, wenn er bzw. es so stark wird, dass Ihre Aufmerksamkeit darauf gezogen wird. Wenn dieser Gedanke oder dieses Gefühl nicht mehr das Feld Ihres Bewusstseins dominiert, kehren Sie sanft zu Ihrem Atem zurück.

Natürlich haben Sie, wenn Sie bereits eine Zeit lang meditieren, möglicherweise bemerkt, dass Sie laufend von dem reißenden Strom der Gedanken und Gefühle fortgetragen werden, die Ihren Geist durchfluten. In einem Moment zählen oder beobachten Sie Ihren Atem oder praktizieren Sie Ihr Mantra, im nächsten Moment grübeln Sie über ein Gespräch nach, das Sie gestern geführt haben, oder planen das morgige Abendessen. Es ist, als ob Sie versehentlich ein Boot bestiegen haben und sich plötzlich mehrere Kilometer flussabwärts wiederfinden. Wenn dies passiert, nehmen Sie einfach zur Kenntnis, dass Sie abgeschweift sind, und kehren Sie sofort dahin zurück, wo Sie begonnen haben.

Jetzt werden Sie jedoch diese Dimension Ihrer Erfahrung nicht als Ablenkung einstufen, sondern Sie werden sie beim Meditieren mit achtsamen Bewusstsein (Achtsamkeits-Meditation) einschließen. Wenn Sie feststellen, dass Ihre Aufmerksamkeit zu einem Gedanken oder Gefühl abschweift, bleiben Sie bewusst bei dieser Erfahrung, bis sie ihre Intensität verliert. Kehren Sie dann sanft zu Ihrem Hauptfokus zurück.

Ihre Erfahrung benennen

Wenn Sie Ihre Meditation erweitern, um Gedanken und Gefühle einzuschließen, ist häufig die Praxis hilfreich, Ihre Erfahrung zu benennen oder zur Kenntnis zu nehmen. Beginnen Sie mit einem achtsamen Bewusstsein, das auf Ihren Atem gerichtet ist, und fangen Sie dann schweigend an, den eingehenden und den ausgehenden Atem zu benennen. Wenn Sie in einem wirklich ruhigen und fokussierten Zustand sind, können Sie sogar Feinheiten wie »langer Atem«, »kurzer Atem«, »tiefer Atem«, »flacher Atem« usw. einschließen.

Lassen Sie das Benennen einfach und dezent, wie eine sanfte, nicht beurteilende Stimme im Hintergrund Ihres Geistes ablaufen. Der buddhistische Meditationslehrer Jack Kornfield sagt in seinem Buch *A Path with Heart*, dt. *Frag den Buddha und geh den Weg des Herzens*, dass Sie »95 Prozent Ihrer Energie dem Empfinden jeder Erfahrung und fünf Prozent einem sanften Namen im Hintergrund« geben sollten.

Wenn Sie die Benennung Ihres Atems gemeistert haben, können Sie die Übung auf alle starken Empfindungen, Gedanken oder Gefühle ausdehnen, die Ihre Aufmerksamkeit weg von Ihrem Atem ziehen. Wenn Sie beispielsweise Ihren Atem beobachten und benennen, stellen Sie möglicherweise fest, dass Ihr Fokus von einer hervorstechenden Emotion unterbrochen wird. Benennen Sie diese Erfahrung sanft und wiederholt, so lange sie besteht – »Traurigkeit, Traurigkeit, Traurigkeit« oder »Ärger, Ärger, Ärger« – richten Sie dann Ihre Aufmerksamkeit sanft auf Ihren Atem zurück. Machen Sie dasselbe mit Gedanken, Bildern und Geisteszuständen: »Planung, Planung«, »Sorgen, Sorgen« oder »Sehen, Sehen«.

Verwenden Sie die einfachsten Wörter, die Sie finden können, und fokussieren Sie sich immer nur auf eine Sache. Diese Übung hilft Ihnen, einen anderen Blick auf oder eine Distanz zu Ihrer laufend wechselnden inneren Erfahrung zu gewinnen, anstatt sich in dem Strom zu verlieren.

Indem Sie bestimmte Gedanken und Emotionen benennen, erkennen Sie auch an, dass sie existieren. Wie ich früher erwähnt habe, versuchen wir häufig, Erfahrungen zu unterdrücken oder zu verleugnen, die wir als unerwünscht oder unakzeptabel einstufen, wie beispielsweise Ärger, Furcht, Urteile oder Verletzungen. Aber je mehr Sie versuchen, sich vor Ihrer Erfahrung zu verstecken, desto mehr Macht kann diese über Ihr Verhalten gewinnen, worauf Freud vor mehr als einem Jahrhundert so weise hingewiesen hat.

Das Benennen ermöglicht es Ihnen, das durchdringende Licht des Bewusstseins in die Nischen Ihres Herzens und Geistes zu lenken und Ihre Gedanken und Gefühle einzuladen, aus ihrem Versteck ans Tageslicht zu kommen. Möglicherweise mögen Sie nicht, auf was Sie anfangs stoßen – aber dann können Sie auch Ihre Selbstbeurteilungen und Selbstkritiken ebenso benennen. Letztlich werden Sie feststellen, dass Sie von nichts mehr überrascht sein werden, was Sie über sich selbst entdecken – und je mehr Sie mit Ihren eigenen augenscheinlichen Mängeln und Schwächen Freundschaft schließen, desto mehr Sie können Ihr Herz auch für die Unzulänglichkeiten anderer öffnen.

Alles willkommen heißen, was auftaucht

 Wenn Sie sich daran gewöhnt haben, Empfindungen, Gedanken und Gefühle beim Meditieren einzuschließen, können Sie die Tore Ihres Bewusstseins weit öffnen und alles willkommen heißen, was auftaucht, ohne es zu beurteilen oder Widerstand dagegen zu leisten. Stellen Sie sich vor, dass Ihr Geist wie der Himmel ist und innere und äußere Erfahrungen wie Wolken kommen und gehen.

Zuerst stellen Sie möglicherweise fest, dass Ihre Aufmerksamkeit hierhin und dorthin gezogen wird und erst das eine Objekt und dann ein anderes untersucht. Sie müssen Ihre Aufmerksamkeit nicht in irgendeiner Weise kontrollieren. Lassen Sie sie wandern, wohin sie will, von Gedanken zu Empfindungen zu Gefühlen und wieder zurück.

Schließlich erleben Sie möglicherweise Perioden in Ihrer Meditation, in denen Ihr Geist sich weitläufig und ausgedehnt fühlt und nicht von Gedanken, Gefühlen oder äußeren Ablenkungen gestört zu werden scheint. Was immer Sie erfahren mögen, bleiben Sie einfach dabei, Ihr Bewusstsein zu öffnen und alles aufzunehmen, was kommt. (Nähere Informationen über die verschiedenen Ebenen der Erfahrung, auf die Sie stoßen können, finden Sie in Kapitel 5.) Hier ist jedoch eine Warnung angebracht: Obwohl diese Übung höchst einfach ist, ist sie tatsächlich ziemlich fortgeschritten und erfordert eine gut entwickelte Konzentrationskraft, um über längere Zeit ausgeführt werden zu können. Außerdem ist es schwierig, sie zu erlernen – ähnlich wie das Fahrradfahren. Zuerst müssen Sie *entdecken*, wie es sich anfühlt, das Gleichgewicht zu halten. Dann kehren Sie einfach immer wieder zu dem Punkt des Gleichgewichts zurück, wenn Sie umzukippen beginnen.

Mit schwierigen Emotionen meditieren

Als Psychotherapeut, als Meditierender und als Meditationslehrer habe ich im Laufe der Jahre einige Dinge darüber gelernt, wie sich Menschen der geheimnisvollen und manchmal Furcht erregenden

Welt der menschlichen Emotionen nähern. Zum einen glauben viele Leute, dass sich in ihrem Inneren eine Büchse der Pandora mit hässlichen, widerlichen Emotionen wie Wut, Eifersucht, Hass und Schrecken versteckt, und sie haben Angst, dass diese dämonischen Energien, falls diese Büchse geöffnet wird, sie und ihre Lieben überwältigen werden. Zum anderen hängen die meisten Menschen der Vorstellung nach, dass diese »negativen« Gefühle bodenlos und unauflösbar seien und dass es besser sei, sie zu vermeiden, egal wie schmerzlich es auch sein mag, sie festzuhalten.

 Unglücklicherweise bezahlen Sie einen wahrhaft hohen Preis dafür, wenn Sie Ihr Leben damit verbringen, Ihren Gefühlen zu widerstehen und sie zu verleugnen. Negative Gefühle nicht anzuerkennen kann den Fluss der positiveren Gefühle wie Liebe und Freude hemmen. Als Folge davon können Sie in einen Zustand geraten, in dem Sie sich einsam fühlen, weil Ihnen der enge emotionale Kontakt mit anderen fehlt und Sie möglicherweise nicht mehr in der Lage sind, Liebe zu geben und zu empfangen, wenn sich die Gelegenheit dazu bietet. Außerdem neigen negative Gefühle, die Sie in Ihrem Inneren anstauen, dazu, Stress zu verursachen, Ihr Immunsystem zu unterdrücken und zu stressinduzierten Leiden wie Magengeschwüren, Krebs und Herzkrankheiten beizutragen. Sie blockieren auch wertvolle Lebensenergien, die Sie andernfalls in konstruktive oder kreative Kanäle lenken könnten. Außerdem haben Emotionen, die beharrlich unterdrückt und verleugnet werden, die ärgerliche Gewohnheit, zu unpassenden Zeiten hervorzubrechen, wenn Sie am wenigsten damit rechnen, und Sie dazu veranlassen, Dinge zu sagen oder zu tun, die Sie später bereuen.

Natürlich gibt es einige Menschen, die in das andere Extrem verfallen und so vollkommen von mächtigen emotionalen Reaktionen überwältigt zu sein scheinen, dass sie keine einfachen Entscheidungen fällen oder ein rationales Gespräch führen können. Aber diese Leute erfahren ihre Emotionen nicht wirklich, sondern schwelgen in ihnen und lassen es zu, dass die Emotionen ihr Leben lenken.

Die Meditation bietet Ihnen eine alternative Methode an, mit Ihren Emotionen umzugehen. Anstatt die Emotionen zu unterdrücken, in ihnen zu schwelgen oder zu explodieren, können Sie Ihre Emotionen direkt so erfahren, wie sie sind – als ein Zusammenspiel von Gedanken, Bildern und Empfindungen. Wenn Sie die Fähigkeit gemeistert haben, Ihren Atem zu beobachten und Ihr Bewusstsein auf den Fluss der Gedanken und Gefühle auszuweiten – was Monate oder sogar Jahre dauern kann – können Sie Ihre Aufmerksamkeit auf bestimmte Emotionen fokussieren, die Sie für schwierig halten und eine *durchdringende Einsicht* in die Natur der Erfahrung entwickeln.

 Anstatt bodenlos oder endlos zu sein, wie einige Menschen befürchten, werden Sie feststellen, dass die meisten mächtigen Emotionen in Wellen kommen und von begrenzter Dauer sind, wenn Sie sie vollständig erfahren. Einer meiner Lehrer pflegte zu sagen: »Wogegen du Widerstand leistest, das kommt wieder.« – und was Sie willkommen heißen, hat die Tendenz, sich aufzulösen und zu verschwinden.

Die folgenden Abschnitte geben Ihnen einige Richtlinien für die Erforschung einiger der häufigsten Emotionen. Obwohl es viele verschiedene Gefühle gibt, habe ich festgestellt, dass sie alle mehr oder weniger Varianten oder Kombinationen einiger weniger grundlegender Gefühle sind: Ärger, Furcht, Traurigkeit, Freude, Aufregung und Verlangen. (Meiner Ansicht nach ist die Liebe etwas Tieferes als die Emotionen. Sie ist ein fundamentaler Ausdruck des Seins selbst.) So wie die reichhaltige Farbpalette eines Künstlers letztlich auf die Grundfarben Blau, Gelb und Rot reduziert werden kann, sind schwierige oder negative Emotionen, wie beispielsweise Eifersucht, Schuld, Langeweile und Niedergeschlagenheit, Kombinationen von (oder Reaktionen auf) vier grundlegende Gefühle: Ärger, Furcht, Traurigkeit und Verlangen. (Wenn Sie mit einem bestimmten Gefühl Probleme haben, arbeiten Sie mit ihm wie mit einem dieser vier Grundgefühle. Näheres über das Verlangen finden Sie in Kapitel 12.)

Mit Ärger meditieren

Als ich zwischen zwanzig und dreißig Jahre alt war und seit mehreren Jahren regelmäßig meditiert hatte, war ich stolz darauf, durchgehend ruhig und ausgeglichen zu sein und niemals ärgerlich zu werden. Dann gestand mir meine damalige Freundin eines Tages, dass sie eine Affäre mit einem anderen Mann hatte! Ohne zu zögern nahm ich eine Tasse vom Tisch und warf sie an die Wand. Ich erinnere mich, wie ich über die plötzliche Intensität meiner Emotionen bestürzt war. In dem einen Moment schien ich vollkommen friedvoll zu sein, und im nächsten Moment kochte ich vor Wut. Mein Ärger mag dem Umstand entsprechend angemessen gewesen sein, aber sicher hatte ich ihn nicht auf die richtige Weise zum Ausdruck gebracht. Gedemütigt kehrte ich auf mein Meditationskissen zurück, um dieser Erfahrung tiefer auf den Grund zu gehen – natürlich nachdem ich die Beziehung mit meiner Freundin beendet hatte.

Sich den eigenen Dämonen stellen

Die Tibeter erzählen eine wundervolle Geschichte über den großen Meditationsmeister Milarepa, der vor über 900 Jahren lebte. Milarepa zog sich in ferne Höhlen hoch im Himalaya zurück, um dort zu meditieren. Einmal stellte er fest, dass seine Höhle von einer Gruppe Dämonen bewohnt wurde, die ihn von seiner Übung ablenkten. (Offensichtlich bevorzugten auch Dämonen damals Höhlen – zweifellos um nach Abwechslung zu suchen!)

Zuerst versuchte er, sie zu bezähmen, aber sie wollten nicht nachgeben. Dann beschloss er, sie anzuerkennen und seine Freundlichkeit und sein Mitgefühl auf sie auszudehnen, und die Hälfte von ihnen verschwand. Den Rest hieß er von ganzem Herzen willkommen und lud sie ein zurückzukommen, wann immer sie wollten. Bei dieser Einladung verschwanden alle Dämonen bis auf einen besonders wilden wie ein Regenbogen. Ohne sich um seinen eigenen Körper zu sorgen und mit der größtmöglichen Liebe und dem stärksten Mitgefühl ging Milarepa zu dem Dämon und legte ihm seinen Kopf als Gabe in den Mund. Der Dämon verschwand spurlos und kehrte niemals zurück.

Denken Sie an diese Geschichte von Milarepa, wenn Sie beim nächsten Mal mit Ihren eigenen inneren Dämonen kämpfen – mit Emotionen und Zuständen des Geistes, die Sie schwierig oder unangenehm finden. Stellen Sie sich vor, was passieren würde, wenn Sie sie willkommen heißen würden, anstatt zu versuchen, sie zu vertreiben!

Für viele Menschen, insbesondere Frauen, ist es tabu, ärgerlich zu werden, weil es ihnen – selbst als Kindern – nicht erlaubt wurde, ihren Ärger auszudrücken. Deshalb wenden sie enorme Mengen von Energie auf, um zu versuchen, dieses Gefühl zu umgehen. Andere Menschen scheinen ständig vor aktuellem und altem Ärger zu kochen, obwohl sie dies möglicherweise selbst nicht erkennen.

 Wenn Sie mit Ihrem Ärger meditieren, werden Sie wahrscheinlich anfangen zu erkennen, wo und wie Sie ihn in Ihrem Körper erfahren. Wo entwickeln sich Spannungen, und welche Körperregionen ziehen sich zusammen? Was passiert mit Ihrer Atmung? Wo stellen Sie ein Anstauen von Energie fest? Welchen Einfluss hat dies auf Ihre sanfteren Emotionen? Wenn Sie das Bewusstsein Ihres Ärgers aufrechterhalten, stellen Sie dann fest, dass er sich verlagert oder sonst in irgendeiner Weise verändert? Wie lange dauert dieser Zustand? Hat er einen Anfang und ein Ende?

Als Nächstes können Sie Ihre Aufmerksamkeit auf Ihren Geist richten. Welche Arten von Gedanken und Bildern begleiten die Gefühle des Ärgers? Stellen Sie fest, dass Sie ständig anderen Menschen Schuld zuweisen und sich selbst verteidigen? Wenn Sie Ihre Untersuchung fortsetzen und die anfängliche Schicht von Ärger abschälen, was finden Sie darunter? Meiner Erfahrung nach entsteht Ärger im Allgemeinen als Reaktion auf eine oder zwei tiefere Emotionen: Verletzungen oder Angst. Wenn Sie verletzt sind, so wie es mir durch den Betrug meiner Freundin widerfuhr, schlagen Sie möglicherweise voller Ärger auf die Person ein, die Sie Ihrer Meinung nach verletzt hat. Und wenn Sie Angst haben, schützen Sie sich möglicherweise mit einem Panzer aus Ärger, anstatt Ihre Angst zuzugeben, nicht einmal sich selbst gegenüber. Unter den Verletzungen und der Furcht, maskiert Ärger im Allgemeinen eine sogar noch tiefere Schicht des Verlangens, die Dinge in ganz gewisser Weise einzurichten. Wenn sich die Umstände ändern oder nicht nach Plan verlaufen, fühlen Sie sich verletzt oder ängstlich und reagieren dann mit Ärger.

 Unterlassen Sie bei Ärger, wie bei allen Emotionen, jede aufkommende Bewertung und jeden sich regenden Widerstand, und stellen Sie sich dem Ärger direkt. Möglicherweise verstärkt sich der Ärger, bevor er sich auflöst – bleiben Sie trotzdem bei ihm. Unter dem Ärger können die tiefen Quellen der Kraft verborgen liegen – und letztlich werden Sie entdecken, wie Sie diese Quellen erschließen können, ohne ärgerlich zu werden.

Mit Furcht und Angst meditieren

Viele Menschen zögern zuzugeben, dass sie Angst haben, sogar sich selbst gegenüber. Irgendwie glauben sie, dass sie der Angst durch das Eingeständnis Macht geben, ihr Leben zu lenken. Anders ausgedrückt: Tief in ihrem Inneren haben sie Angst vor ihrer Angst! Insbesondere Männer unternehmen oft große Anstrengungen, um ihre Furcht oder Angst hinter einer Fassade des Selbstvertrauens oder des Ärgers oder der Rationalität zu verbergen. Das andere Extrem sind natürlich Menschen, die einfach vor allem Angst zu haben scheinen.

 Die Wahrheit ist: Wenn Sie ein Mensch und keine bionische oder außerirdische Kreatur sind, werden Sie – wenigstens gelegentlich – Angst oder Furcht empfinden. Zusätzlich zu dem rohen Adrenalinstoß, den Sie fühlen, wenn Ihr physisches Überleben auf dem Spiel steht, erleben Sie die Furcht, die unvermeidlich entsteht, wenn Sie vor

dem Unbekannten oder den Unsicherheiten des Lebens stehen – was heutzutage ziemlich häufig passieren kann. Letztlich haben Sie Angst, weil Sie glauben, dass Sie ein getrenntes, isoliertes Wesen sind, das von Kräften umgeben ist, die sich Ihrer Kontrolle entziehen. Je mehr die Mauern, die Sie von anderen trennen, durch das Meditieren zusammenfallen, desto mehr verringern Sie Ihre Furcht und Angst auf natürliche Weise. (Nähere Informationen über Getrenntheit und Isolierung finden Sie in Kapitel 5.)

Wie beim Ärger können Sie Ihre Meditation dazu verwenden, Ihre Angst zu erforschen und letztlich Freundschaft mit ihr zu schließen. Schließlich handelt es sich einfach um eine Emotion, die wie andere Emotionen aus physischen Empfindungen, Gedanken und Glaubenssätzen zusammengesetzt ist. Wenn Sie mit der Angst arbeiten, ist es besonders wichtig, freundlich und sanft mit sich selbst umzugehen.

Beginnen Sie damit, sich dieselben Fragen wie über den Ärger zu stellen: Wo und wie erfahren Sie die Angst in Ihren Körper? Wo bemerken Sie Spannungen und Kontraktionen? Was passiert mit Ihrer Atmung oder mit Ihrem Herz? Achten Sie als Nächstes auf die Gedanken und Bilder, welche die Angst begleiten. Häufig entsteht Angst durch eine Vorwegnahme der Zukunft und der Vorstellung, dass Sie unfähig sind, damit umzugehen. Wenn Sie diese katastrophalen Erwartungen als das sehen, was sie sind, und zum gegenwärtigen Augenblick zurückkehren – den Körperempfindungen, dem Kommen und Gehen Ihres Atems – stellen Sie möglicherweise fest, dass die Angst sich verschiebt und sich aufzulösen beginnt. Dann können Sie sie, wenn sie zurückkehrt, einfach bei ihrem Namen rufen – »Angst, Angst, Angst« – wie einen alten, vertrauten Freund.

Sie können auch die Empfindungen ein wenig verstärken und zulassen, dass Sie anfangen zu zittern oder sich zu schütteln, falls Sie dies wollen. Sie können sich sogar vorstellen, dass die Angst Sie überwältigt und ihr Schlimmstes tut (natürlich in dem Wissen, dass Sie überleben werden) – eine besonders hilfreiche Methode, wenn Sie Angst vor Ihrer Angst haben, wie es bei vielen Menschen der Fall ist. Sich der eigenen Angst direkt zu stellen, ohne zu versuchen, sie loszuwerden oder ihr zu entfliehen, erfordert einen gewaltigen Mut. Jedoch haben diese Praktiken auch die Fähigkeit, Sie in den gegenwärtigen Augenblick zu bringen und Ihr Herz Ihrer eigenen Verletzlichkeit gegenüber zu öffnen.

Mit Traurigkeit, Kummer und Depression meditieren

Für die meisten Menschen ist es einfacher, Traurigkeit zu fühlen, als Ärger oder Angst auszudrücken. Leider widmen sie ihr nicht die Zeit und die Aufmerksamkeit, die sie verdient, weil ihnen als Kindern befohlen wurde, mit dem Weinen aufzuhören, bevor sie dazu bereit waren. Da uns das Leben unvermeidlich eine Reihe von Enttäuschungen und Verlusten bringt, können sich Traurigkeit und Kummer, die nicht ausgedrückt werden, im Inneren anstauen und letztlich zu Depressionen führen. (Viele Menschen, die ich in der Therapie sehe, leiden unter leichten Depressionen, die auch durch unterdrückten Ärger oder durch eine »erlernte Hilflosigkeit« verursacht sein können. Mehr über die erlernte Hilflosigkeit finden Sie in Kapitel 5.)

 Um Freundschaft mit Ihrer Traurigkeit zu schließen, müssen Sie sie sanft und liebevoll in Ihrem Bewusstsein halten und ihr reichlich Raum zum Ausdruck geben. Wie beim Ärger und bei der Angst beginnen Sie mit der Erforschung der Empfindungen. Vielleicht bemerken Sie eine Schwere in Ihrem Herz, ein Zusammenziehen in Ihrem Zwerchfell oder haben das Gefühl, dass Ihre Augen und Ihre Stirn verstopft sind, als ob Sie anfangen wollen zu weinen, es aber nicht können. Wenn Sie wollen, können Sie diese Empfindungen auch verstärken und beobachten, was passiert.

Richten Sie dann Ihre Aufmerksamkeit auf die Gedanken, Bilder und Erinnerungen, die Ihre Traurigkeit verursachen. Vielleicht durchleben Sie immer wieder den Verlust einer geliebten Person oder einen Augenblick, in dem ein enger Freund etwas Unfreundliches zu Ihnen sagte. Wenn Sie niedergeschlagen sind, wiederholen Sie möglicherweise immer wieder dieselben negativen, selbstzerstörerischen Glaubenssätze und Werturteile, wie beispielsweise »Ich bin nicht gut genug« oder »Mir fehlen wichtige Fähigkeiten, um erfolgreich zu sein«.

Wenn Sie Ihr Bewusstsein öffnen, um den gesamten Bereich der Erfahrungen einzuschließen, die mit der Traurigkeit verbunden sind, kann es passieren, dass Sie einige herzzerreißende Tränen vergießen – und dabei fühlen, wie Sie selbst leichter werden und wie Ihre Traurigkeit ein wenig nachlässt. (Um herauszufinden, wie Sie mit Kernglaubenssätzen arbeiten, ziehen Sie die folgenden beiden Abschnitte dieses Kapitels zu Rate.) Letztlich werden Sie, solange Sie Ihren Leiden und den Leiden anderer gegenüber offen bleiben, ein gewisses Maß von zarter Traurigkeit in Ihrem Herzen verspüren.

Gewohnheitsmäßige Muster auflösen – mit Bewusstsein

Wenn Sie Ihre Emotionen untersuchen (wie es in dem vorangegangenen Abschnitt beschrieben wird), werden Sie allmählich entdecken, dass sie nicht so überwältigend oder endlos sind, wie Sie befürchtet haben. Mit einem achtsamen Bewusstsein und dem Benennen werden die meisten Emotionen durch Ihren Körper fließen und allmählich aufgelöst. Wenn Sie beispielsweise Ihren Ärger oder Ihre Angst sanft untersuchen, können sie sich anfänglich verstärken, aber dann brechen sie in sich zusammen und lösen sich wie eine Welle auf dem Strand auf.

Aber gewisse dauerhafte Emotionen und physische Verspannungen sowie die Gedanken und Bilder, die sie begleiten und schüren, scheinen immer wieder zu kommen, egal wie oft Sie sie bemerken und benennen. Dies sind die *Geschichten* und gewohnheitsmäßigen Verhaltensmuster, die wie Wurzeln tief in Körper und Geist reichen und aus denen die wiederkehrenden Gedanken und Gefühle hervorgehen. (Nähere Informationen über diese Geschichten finden Sie in Kapitel 5.) In Ihren Meditationen kann es passieren, dass Sie eine Geschichte aus Ihrer Vergangenheit (einschließlich aller begleitenden Emotionen und Geisteszustände) immer wieder durchspielen, in der Sie beschimpft oder ungerecht behandelt werden. Vielleicht betrachten Sie sich selbst als Misserfolg und fantasieren wie besessen über eine imaginäre Zukunft, in der Sie irgendwie glücklicher und erfolgreicher sind. Oder vielleicht sorgen Sie sich laufend über Ihren Job oder Ihre Beziehung, weil Sie glauben, dass Sie den Menschen nicht trauen können oder die Welt kein sicherer Ort ist.

 In seinem Buch _A Path with Heart_, dt. _Frag den Buddha und geh den Weg des Herzens_, nennt der buddhistische Meditationslehrer Jack Kornfield diese Verhaltensmuster _beharrliche Besucher_ und vertritt die Meinung, dass sie immer wieder in Ihrer Meditation (und Ihrem Leben!) auftauchen, weil sie irgendwo feststecken oder in irgendeiner Weise nicht abgeschlossen sind. Wenn Sie ihnen die liebevolle Aufmerksamkeit widmen, die sie verdienen, und sie so gründlich untersuchen, wie es erforderlich ist (indem Sie die durchdringende Einsicht anwenden, die ich ausführlich in Kapitel 5 beschreibe), entdecken Sie möglicherweise als Erstes, dass sie komplexer und tiefer verwurzelt sind, als Sie sich möglicherweise vorgestellt haben. Aber mit einer beharrlichen Untersuchung entwirren und enthüllen Sie die verborgene Energie und Weisheit, die sie enthalten. Je mehr Sie ihre Muster auflösen, desto mehr befreien Sie die physischen und energetischen Verspannungen, die ihnen zugrunde liegen, und desto freier, weiträumiger, ausgreifender – und, ja, gesünder! – werden Sie.

Die folgenden Abschnitte sind eine kurze Synopsis der Haupttechniken zur Auflösung von Verhaltensmustern. Probieren Sie sie selbst aus. Wenn Sie sie für hilfreich halten, können Sie sie beim Meditieren einbauen. Falls Sie stecken bleiben oder tiefer gehen wollen, aber nicht wissen wie, sollten Sie sich einen Meditationslehrer oder Psychotherapeuten suchen, der mit diesem Ansatz vertraut ist.

Nennen Sie Ihre »Melodie«

Kornfield empfiehlt eine ziemlich humorvolle Weise, um anzufangen: Nennen Sie Ihre zehn »Lieblingsmelodien«. (Wenn Sie wollen, können Sie bei fünf aufhören.) Dann können Sie, wenn eine bestimmte Melodie wiederkehrt, sie einfach zur Kenntnis nehmen und benennen, ohne sich wieder in dasselbe schmerzhafte Muster hineinziehen zu lassen. Dabei handelt es sich einfach nur um eine Variante der Technik, Ihre Erfahrungen zu benennen (die weiter oben beschrieben wurde). Diese Technik kann hilfreich sein, ist aber nur begrenzt wirksam.

Ihr Bewusstsein erweitern

Der Teil des Musters, das sich Ihnen in Ihrer Meditation enthüllt, kann einfach die Spitze des sprichwörtlichen Eisbergs sein. Vielleicht bleibt ein Gefühl der Spannung in Ihrem Unterbauch, und Sie wissen nicht warum. Wenn Sie Ihr Bewusstsein erweitern, entdecken Sie möglicherweise, dass unter der Oberfläche Angst vor der Zukunft und unter der Angst eine Schicht von Verletzungen liegt. Wenn Sie auch Gedanken und Ideen mit einschließen, entdecken Sie möglicherweise, dass Sie tief in Ihrem Inneren glauben, dass Sie unfähig sind. Deshalb haben Sie Angst, dass Sie nicht zurechtkommen, und Sie fühlen sich verletzt, wenn andere Sie kritisieren, weil es einfach Ihr eigenes negatives Selbstbild bestätigt. Indem Sie die gesamte Bandbreite Ihrer Gedanken, Bilder und Gefühle willkommen heißen, erstellen Sie einen inneren Freiraum, in dem sich die Muster allmählich entfalten und auflösen können. (Vertrauen Sie mir – diese Methode funktioniert tatsächlich, obwohl Sie nicht sofort Ergebnisse erhalten!)

Ihre Gefühle fühlen

Muster bleiben oft so lange bestehen, bis die zugrunde liegenden Gefühle gründlich gefühlt werden. Das stimmt, ich sagte *gefühlt* – nicht einfach nur anerkannt oder benannt! Viele Menschen halten zu ihren Gefühlen eine Armeslänge Abstand oder verwechseln sie mit Gedanken oder Ideen. Ich könnte abstrakt über Kummer oder Angst reden, aber ich brauchte Jahre der Meditation (und eine brauchbare Therapie; siehe den Abschnitt *Wie (und wann) Hilfe bei Verhaltensmustern suchen*), bevor ich wusste, wie sie sich tatsächlich in meinem Körper anfühlten. Andere Menschen (wie ich weiter oben im Abschnitt *Mit schwierigen Emotionen meditieren* beschrieben habe) verstricken sich vollkommen in ihre Gefühle. Wenn Sie Ihr Bewusstsein ausweiten, fragen Sie sich selbst:»Welche Gefühle habe ich noch nicht gefühlt?« Denken Sie daran: Ihre Gefühle zu fühlen, macht sie nicht größer oder schlimmer – wenigstens auf lange Sicht nicht. Tatsächlich erlauben Sie es dadurch Ihren Gefühlen, durchzuziehen und sich aufzulösen!

Ihre Widerstände und Anhaftungen bemerken

Ich habe bereits erwähnt, dass die Gefühle, denen Sie Widerstand leisten, immer wieder kommen. Ich möchte es noch ergänzen: Die Dinge, denen Sie verhaftet sind, kommen ebenfalls immmer wieder. Wenn eine bestimmte Geschichte oder schwierige Emotion immer wieder in Ihrem Geist durchgespielt wird, sollten Sie Ihre Beziehung zu ihr untersuchen. Beispielsweise können Sie fragen: Welche Gefühle habe ich im Hinblick auf dieses bestimmte Muster oder diese Geschichte? Habe ich ein persönliches Interesse daran, mich an sie zu klammern? Falls dies der Fall ist, was habe ich davon? Oder was fürchte ich, wenn ich sie aufgebe? Beurteile ich sie als unerwünscht und kämpfe ich darum, sie loszuwerden? Falls dies der Fall ist, was gefällt mir an ihr nicht? Wenn Sie sich entspannen und sanft öffnen können, um das Muster in Ihrem Bewusstsein willkommen zu heißen (siehe die vorangegangenen Abschnitte), stellen Sie möglicherweise fest, dass die Muster, die so starr und unverrückbar erschienen, ebenfalls lockerer werden.

Weisheit finden

Manchmal enthalten die wiederkehrenden Geschichten oder Muster eine Botschaft, und sie hören nicht auf, Ihnen zuzusetzen, bis Sie zuhören. Wenn ich immer wieder dasselbe unangenehme oder schwierige Gefühl während der Meditation habe und es sich verlagert oder ändert, wenn ich es bewusst beobachte, »gebe ich ihm gelegentlich eine Stimme« und frage es, als wäre es ein enger Freund: »Was willst du mir sagen? Was benötige ich, um zu hören?« Manchmal entdecke ich, dass ein zarter, verletzlicher Teil meiner selbst Beachtung und Unterstützung braucht. Bei anderen Gelegenheiten höre ich die Stimme der Verantwortung, die mich daran erinnert, eine wichtige Übereinkunft einzuhalten. (Eine hilfreiche Methode, um auf diese Stimmen und Aspekte zu hören, finden Sie in dem Einschub *Fokussieren: westliche Methoden zur Auflösung von Blockaden* später in diesem Kapitel.)

 **Negative Muster durch positive Energie ersetzen**

Viele Meditationstraditionen raten, bei dem lebenslangen Prozess, sich zu reinigen und Verhaltensmuster aufzulösen, Hilfe von außen zu suchen. Ich meine dabei nicht Psychotherapie oder Prozac (eine in den USA weit verbreitete stimmungsaufhellende Droge, A.d.Ü.), sondern beziehe mich auf spirituelle Wesenheiten oder Energien, die vorgeblich allein zu dem Zweck existieren, Ihre spirituelle Entwicklung anzuregen und zu ermutigen. Westliche Religionen haben ihre Engel und Heiligen, der Hinduismus und der Buddhismus haben ihre Gottheiten und Schützer, der Schamanismus hat seine geistigen Helfer oder Verbündeten und Krafttiere.

Sie brauchen all dieses spirituelle Zeug nicht zu glauben, aber ich rate Ihnen trotzdem, die folgende Übung einfach auszuprobieren. Anstelle spiritueller Verbündeter können Sie sich Menschen vorstellen, von denen Sie in der Vergangenheit vorbehaltlos unterstützt worden sind – oder Sie können einfach bei dem Bild einer leuchtenden Kugel bleiben. Der Punkt ist: Diese Übung kann selbst ein mächtiger Verbündeter dabei sein, mit schmerzlichen oder schwierigen Emotionen oder Erfahrungen umzugehen. Wie bei allen Meditationen gilt: Je mehr Sie sie üben, desto wirksamer wird sie.

1. **Setzen Sie sich hin, und meditieren Sie wie gewohnt für mehrere Minuten.**

   Wenn Sie keine normale Methode haben, um zu meditieren, können Sie in Kapitel 6 eine finden – oder Sie sitzen einfach ruhig und warten auf weitere Anweisungen.

2. **Stellen Sie sich eine leuchtende Kugel aus weißem Licht vor, die etwa 30 Zentimeter über Ihrem Kopf und etwas vor Ihnen schwebt.**

   Diese Kugel verkörpert und verströmt wie die Sonne alle positiven, heilenden, harmonischen Qualitäten, die Sie im Augenblick in Ihrem Leben am meisten manifestieren wollen. (Sie sollten anfangs spezifischer sein – Stärke, Klarheit, Frieden, Liebe. Später können Sie einfach das Licht einschalten.)

3. **Stellen Sie sich vor, wie Sie all diese Qualitäten mit dem heilenden Licht aufsaugen, als ob Sie ein Sonnenbad nehmen.**

4. **Stellen Sie sich vor, wie dieses Licht in alle Richtungen in die fernsten Ecken des Universums ausstrahlt und die Energien aller wohlwollenden Kräfte, die Ihr Wachstum und Ihre Entwicklung unterstützen, zurück in die Kugel zieht.**

5. **Stellen Sie sich vor, wie die Kugel wie das Licht von tausend Sonnen scheint und diese positive, heilende Energie durch Ihren Körper und Geist strömt und alle Negativität und Spannung, Dunkelheit und Depression, Sorge und Angst verjagt und sie durch Strahlen, Vitalität, Frieden und die anderen positiven Qualitäten ersetzt, die Sie erwerben oder verstärken wollen.**

6. **Halten Sie das Bild dieses mächtigen, heilenden Lichts fest, das jede Zelle und jedes Molekül Ihres Wesens durchdringt, alle Verspannungen und Blockaden auflöst, die Ihnen bewusst sind, und Sie sauber, klar und ruhig zurücklässt.**

7. Stellen Sie sich vor, wie diese leuchtende Kugel allmählich in Ihr Herz hinabsteigt, wo sie fortfährt, dieses mächtige Licht auszustrahlen.

8. Stellen Sie sich selbst als leuchtendes Wesen mit einer Kugel aus Licht in Ihrem Herzen vor, das laufend Klarheit, Harmonie und Reinheit ausstrahlt – erst zu jeder Zelle und jedem Partikel Ihres eigenen Wesens und dann durch Sie hindurch zu jedem anderen Wesen in jeder Richtung.

Sie können die Gefühle und Bilder, die diese Übung hervorruft, für den Rest des Tages mit sich herumtragen.

In den Kern der Materie vordringen

Wie der große tibetische Meditierende Milarepa (siehe den Einschub *Sich den eigenen Dämonen stellen* weiter oben in diesem Kapitel) müssen Sie manchmal Ihren Kopf in den Mund des Dämons stecken, bevor er endgültig verschwindet. Anders ausgedrückt: Möglicherweise müssen Sie die *energetische Kontraktion* untersuchen, die im Kern Ihres Musters liegt. (Wenn ich hier den Begriff *energetisch* verwende, beziehe ich mich auf das östliche Modell des menschlichen Organismus als System von energetischen Kanälen und Zentren, die blockiert oder zusammengezogen werden können. Diese Blockierungen führen zu schmerzlichen Emotionen und Geisteszuständen und können letztlich Krankheiten verursachen. Weitere Informationen über Energiekanäle und -zentren finden Sie in Kapitel 12.)

Zu diesem Zweck können Sie Ihr Bewusstsein sanft auf das direkte Zentrum der Kontraktion richten und detailliert beschreiben, was Sie dort finden. Wenn Sie sich die Erinnerungen, Gefühle oder Glaubenssätze bewusst machen, die das Muster zusammenhalten, lockert sich häufig die Kontraktion, Ihr Bewusstsein erweitert sich, und Ihre Meditation beginnt leichter zu fließen. (**Anmerkung:** Wenn Sie mit außergewöhnlich schmerzhaften, tief sitzenden Verspannungen zu tun haben, sollten Sie möglicherweise qualifizierte professionelle Hilfe in Anspruch nehmen. Siehe den Abschnitt *Wie (und wann) Hilfe bei Verhaltensmustern suchen.*)

Die Blockadestelle mit Wesen durchdringen

Nachdem Sie eine Zeit lang meditiert haben und erste Einblicke in Ihre eigene, innewohnende Ganzheit und Vollkommenheit (die ich im ersten Kapitel 1 als *Wesen*, engl. *being*, dt. auch *Sein*, bezeichnet habe) erlangt haben, können Sie die folgende Abkürzung ausprobieren. Achten Sie nicht auf die Gedanken und Ideen, die Ihre Muster begleiten, und seien Sie sich einfach der physischen und energetischen Verspannung bewusst. Richten Sie jetzt Ihre Aufmerksamkeit auf Ihre Ganzheit und Vollkommenheit. Sie erfahren sie als ruhige, entspannte Energie in Ihrem Körper, als ein zutiefst liebevolles Gefühl in Ihrem Herzen, als ein Empfinden der Ausdehnung oder Weiträumigkeit oder als ein anderes einzigartiges Gefühl. Stellen Sie sich vor, wie sich Ihre Ganzheit und Vollkommenheit allmählich ausweitet und die Verspannung mit reinem Wesen durchdringt und sättigt. Fahren Sie mit dieser Übung fort, wenn sich die Verspannung lockert und im Wesen auflöst. (Eine noch mächtigere Variante dieser Technik finden Sie im Einschub *Negative Muster durch positive Energie ersetzen.*)

Mit Mustern arbeiten, bevor Sie blockiert werden

Nachdem Sie das Beobachten Ihrer Reaktionsmuster, wiederholten Geschichten und Sorgen und ihre Entwirrung beim Meditieren gemeistert haben, können Sie anfangen, mit ihnen bei ihrer Entstehung im Alltagsleben zu arbeiten. Beispielsweise stellen Sie möglicherweise beim Meditieren fest, dass Sie dazu neigen, immer wieder ein Drama aufzuführen, in dem andere Leute Ihnen laufend vorenthalten, was rechtmäßig Ihnen gehört, und Sie stauen Gefühle der Verletzung und des Ärgers an. Wenn Sie bemerken, wie diese Geschichte und die zugehörigen Glaubenssätze (zum Beispiel »Ich bekomme niemals, was ich will.« oder »Niemand liebt mich.«) in Ihren Beziehungen oder bei der Arbeit auftauchen, können Sie Ihre erworbenen Fähigkeiten verwenden, um einen kleinen Schritt zurückzutreten, Distanz zu halten und der Versuchung zu widerstehen, sich wie gewohnt in die Geschichte hineinziehen zu lassen.

Mit Verhaltensmustern arbeiten: ein Fallbeispiel

Das folgende Beispiel ist aus meiner eigenen Erfahrung abgeleitet und zeigt, wie man mit Verhaltensmustern arbeiten kann. Vor nicht allzu langer Zeit bemerkte ich eine gewisse Spannung in meinen unteren Unterleib, nicht nur beim Meditieren, sondern auch zwischen den Sitzungen. Als die Spannung mehrere Tage lang anhielt, beschloss ich, sie näher zu untersuchen. Sanft lenkte ich mein Bewusstsein und meinen Atem auf den Bereich.

Als ich mein Bewusstsein ausweitete, bemerkte ich, dass ich auch in meiner Kehle und meinem Unterkiefer verspannt war. Als ich das Gefühl näher untersuchte, wurde mir allmählich bewusst, dass ich vor etwas Angst hatte, obwohl mir zunächst nicht klar war, wovor. Ich widersetzte mich dem Gefühl nicht nur, indem ich meinen Unterkiefer anspannte, sondern lehnte es irgendwie ab und wollte es loswerden.

Ohne zu versuchen, mein Gefühl auf irgendeine Weise zu ändern, meditierte und atmete ich eine Zeit lang. Bald begann es, sich ein wenig zu lockern, aber nicht vollkommen aufzulösen. Dann fragte ich sanft nach mehr Informationen, und ich erkannte, dass ich Angst vor einer anstehenden Präsentation hatte. Mehrere Erinnerungen an Kindheitssituationen, in denen mir das Gefühl vermittelt wurde, nicht gut genug zu sein, wurden deutlich in meinem Geist lebendig, und ich erlebte Wellen der Traurigkeit und vergoss einige Tränen, gefolgt von einem Mitgefühl mit mit selbst.

Als ich jetzt mein Bewusstsein auf das Zentrum der Verspannung in meinem Bauch lenkte, löste sie sich schnell auf. Stattdessen füllten Gefühle der Ruhe und des Wohlbefindens diesen Bereich. Mit einem Gefühl größerer Entspannung und Weite kehrte ich zu meiner normalen Meditation zurück. Mehrere Tage später, als ich die Präsentation durchführte, bemerkte ich, dass ich mich entspannter und selbstsicherer als sonst fühlte.

Je konsequenter Sie Ihre Muster in der Meditation auflösen, desto schneller können Sie sie abfangen, wenn sie sich bilden – und desto freier und weniger reaktiv werden Sie allmählich. Schließlich können Sie sogar damit beginnen, sich nicht mehr mit den Mustern, sondern mit dem weiträumigen Bewusstsein zu identifizieren, in dem die Muster entstehen und vergehen.

Wie man Muster – im Augenblick! – beiseite schiebt

Wenn Sie feststellen, dass Ihre Verhaltensmuster zu tief verankert sind, um (zumindest im Augenblick!) aufgelöst werden zu können, können Sie dennoch eine zeitweilige Erleichterung erzielen, indem Sie eine oder mehrere der folgenden Techniken anwenden. Denken Sie daran, dass Sie ein Muster nicht unbedingt auf die Matte niederringen und auszählen müssen; manchmal müssen Sie es einfach nur ein wenig beiseite schieben oder verlagern, um mit Ihrer Meditation fortfahren zu können.

Loslassen – oder sein lassen

Ob Sie es glauben oder nicht: Sie können möglicherweise ein Muster fallen lassen und weitergehen. Seien Sie jedoch vorsichtig – wenn Sie tatsächlich versuchen, es wegzuschieben, könnte es zurückkehren und Sie verfolgen. Statt Kampf und Ablehnung erfordert dieser Ansatz die Bereitschaft, die Dinge so zu akzeptieren, wie sie sind. (Nähere Informationen über die Stufen des Loslassens finden Sie in Kapitel 9.) Manchmal können Sie einfach anhalten, sich die Verspannung bewusst machen und Ihren Körper allmählich entspannen, bis sich die Verspannung aufgelöst hat. (Detaillierte Anweisungen, wie Sie sich entspannen können, finden Sie in Kapitel 6.) Oder Sie können Ihr Bewusstsein auf das Wesen selbst verlagern (falls Sie es bereits erfahren haben) und einfach die Muster sein lassen, ohne zu versuchen, sie zu ändern.

Die Aufmerksamkeit verlagern

Die Bibel sagt: »Alles unter dem Himmel hat seine Zeit«. Dies gilt auch für das Arbeiten mit Ihren Verhaltensmustern. Wenn Sie mit dringenderen Sorgen beschäftigt sind, müssen Sie in der Lage sein, Ihre Muster beiseite zu schieben und Ihre Aufmerksamkeit dorthin zu lenken, wo sie am meisten benötigt wird. Sie können später zu Ihren Schwierigkeiten zurückkehren, wenn Sie Zeit und Energie dazu haben.

Die Energie verschieben

Manchmal ist es hilfreich, die Energie, die in einem bestimmten Muster gebunden ist, auf eine andere Aktivität zu lenken. Gehen Sie joggen, tanzen Sie zu lauter Musik, oder spülen Sie das Geschirr. Damit lösen Sie die Muster nicht auf, aber Sie nehmen ihnen gewissermaßen die Spitze. Vielleicht haben Sie einen dieser Western gesehen, in denen der Held nach draußen geht und Holz hackt, anstatt zu seiner Kanone zu greifen und seine Nachbarn zu erschießen. Er »verschiebt die Energie«, egal ob er das weiß oder nicht. Sie können die Energie auch intern verschieben – beispielsweise, indem Sie Ihre Angst vor einem anstehenden Ereignis in Aufregung und Neugier umwandeln.

Emotionen in der Vorstellung ausagieren

Wenn eine Emotion oder ein Impuls eine solche Intensität hat, dass Sie meinen, damit einfach nicht umgehen zu können, können Sie sie bzw. ihn auf eine von zwei Weisen ausagieren. Zuerst können Sie versuchen, die Emotion oder den Impuls beim Meditieren auszuagieren, indem Sie sich vorstellen, wie Sie diese Emotion oder diesen Impuls übertreiben und dann mit einer achtsamen Aufmerksamkeit zulassen, wie sie bzw. er sich vollkommen entfaltet. Dieser Ansatz unterscheidet sich von einer reinen Fanatsie, die eher eine obsessive, unbewusste Qualität hat. Wenn Sie aufmerksam beobachten, wie sich diese Emotion oder dieses Muster in Ihrem Bewusstein entfaltet, erkennen Sie, dass sie bzw. es nicht so überwältigend ist, wie Sie möglicherweise glaubten. Gleichzeitig haben Sie Gelegenheit, ihre Grenzen und den Schaden oder Schmerz zu beobachten, die dieses Gefühl oder dieses Muster Ihnen zufügen kann. Beispielsweise können Sie in Ihrer Vorstellung Ihre Wut oder Ihr Verlangen achtsam ausagieren und beobachten, was passiert. Werden Sie von ihr bzw. ihm vollkommen überwältigt? Wie werden die anderen Beteiligten davon beeinflusst? Bringt sie bzw. es wirklich die Erfüllung, die Sie suchen?

Achtsamkeit im wirklichen Leben ausagieren

Als Alternative, insbesondere wenn das Muster unwiderstehlich zu sein scheint, können Sie es im Leben ausagieren, wie es Sie sonst auch tun, aber jetzt mit Achtsamkeit. Beachten Sie, wie Sie sich in Ihrem Körper fühlen, wenn Sie dem Ausagieren bis zum Ende folgen. Ein Beispiel: Sie versuchen tapfer, Ihrem Verlangen nach einem Eis mit Sahne zu widerstehen, aber Ihre Willenskraft lässt schnell nach. Stattdessen können Sie ausprobieren, diesem Verlangen eine Zeit lang nachzugeben, dabei aber jeden Bissen und jede Empfindung achtsam zu beobachten – sowohl während des Essens als auch danach. Tatsächlich könnten Sie sogar versuchen, so viel zu essen, wie Sie wollen. Ich garantiere Ihnen, dass Sie bei diesem Prozess Ihre Einstellung zu Eis mit Sahne ändern. (Nähere Informationen über das Bewusstsein im Alltag finden Sie in Kapitel 17.)

Fokussieren: Westliche Methoden zur Auflösung von Blockaden

Die folgende Meditationstechnik namens _Fokussieren_ wurde von Eugene Gendlin, einem Psychologie-Professor an der Universität von Chicago, entwickelt, um normalen Menschen zu helfen herauszufinden, wo sie blockiert sind, und die notwendigen – inneren und äußeren – Änderungen einzuleiten. (Obwohl diese Technik dieselbe Bezeichnung verwendet, unterscheidet sie sich von der fokussierten Aufmerksamkeit, die ich an anderer Stelle in diesem Buch beschrieben habe.)

Die Technik basiert auf der Erkenntnis, dass sich ein Problem als Empfindung im Körper manifestiert und dass man wissen kann, wo diese Empfindung festgehalten wird. Indem Sie sich auf diese Stelle Ihres Körpers fokussieren, können Sie wertvolle Informationen darüber entdecken, wer Sie sind und was Sie wirklich wollen und brauchen. (Wenn Sie ausführlichere Informationen suchen, empfehle ich Ihnen Gendlins Buch *Focusing*, dt. *Focusing. Selbsthilfe bei der Lösung persönlicher Probleme*.)

1. **Setzen Sie sich bequem hin, und entspannen Sie sich für einige Momente.**

2. **Gehen Sie zu dem Ort in Ihrem Inneren, wo Sie Dinge fühlen, und fragen Sie:»Wie geht es mir? Was ist nicht ganz in Ordnung? Worauf muss ich im Moment meine Aufmerksamkeit richten?«**

   Sie suchen nicht nach einer intensiven Emotion, sondern nach etwas, das subtiler und weniger fassbar ist: eine *gefühlte Empfindung*. (Eine gefühlte Empfindung ist der Ort in Ihrem Inneren, den Sie heranziehen, wenn jemand Sie fragt:»Was ist Ihr Empfinden bei dieser Person oder Situation?« Es handelt sich nicht genau um ein Gefühl und definitiv nicht um einen Gedanken, sondern eher um eine Art Wissen des Körpers.)

3. **Nehmen Sie, was Sie bekommen, legen Sie es beiseite, und stellen Sie dieselben Fragen wieder, bis Sie über eine Liste von drei oder vier Dingen verfügen, auf die Sie sich im Augenblick fokussieren möchten.**

4. **Wählen Sie ein Objekt aus, aber dringen Sie nicht in das Objekt ein, sondern geben Sie dem Objekt einen gewissen Raum.**

   Achten Sie nicht auf die Gedanken und Analysen, die Ihnen möglicherweise ins Bewusstsein kommen, und bleiben Sie ganz einfach mit Ihrer gefühlten Empfindung bei diesem Objekt in seiner Gesamtheit.

5. **Fragen Sie sich:»Was ist der Kern dieses Problems?«**

   Ziehen Sie keine voreiligen Schlüsse, und versuchen Sie nicht, es zu verstehen. Lassen Sie es einfach zu, dass dieser Kern schweigend hervorkommt. Möglicherweise stellen Sie fest, dass Sie etwas anderes bekommen, als Ihr Geist erwartet hat. Sie wissen es mit Ihrem Körper.

6. **Bleiben Sie mit dem Kern dieser gefühlten Empfindung eine Minute oder länger sitzen, und lassen Sie es zu, dass ein Wort, ein Bild oder ein Gefühl aus ihm hervorsteigt.**

   Versuchen Sie nicht, es zu verstehen. Bleiben Sie sich des Kerns einfach mit einer sanften Neugier bewusst, und warten Sie darauf, dass sich ein tieferes Wissen enthüllt.

7. **Vergleichen Sie dieses Wort, Bild oder Gefühl mit der gefühlten Empfindung in Ihrem Körper, und fragen Sie:»Ist dies richtig? Passt es wirklich?«**

   Falls dies der Fall ist, werden Sie eine Verschiebung fühlen: einen tiefen Atem oder einen Seufzer der Erleichterung oder eine leichte Entspannung im Inneren. Falls nicht, fragen Sie die gefühlte Empfindung:»Was fühlt sich dann richtig an?«, und warten Sie auf eine Antwort. Denken Sie daran, dass Sie Ihren Körper, nicht Ihren Geist nach Information fragen.

8. **Wenn Sie eine Antwort bekommen, die sich richtig anfühlt, bleiben Sie für einige Momente schweigend mit ihr sitzen, und geben Sie Ihrem Körper Gelegenheit zu reagieren.**

    Möglicherweise entfaltet sich die gefühlte Verschiebung weiter, oder möglicherweise erfahren Sie eine Befreiung von Energie oder eine andere merkliche Resonanz in Ihrem Körper.

Hier ist ein Beispiel für das Fokussieren. Nehmen wir beispielsweise an, dass Sie von einem Gespräch besessen sind, das Sie gestern mit einer Freundin geführt haben, und es immer wieder in Ihrem Geist durchspielen, ohne es loslassen zu können. Deshalb beschließen Sie, Ihre Gedanken nicht zu beachten und Ihre Aufmerksamkeit auf Ihre innere gefühlte Empfindung des Gesprächs zu richten. Wenn Sie sich nach innen wenden, stellen Sie fest, dass die gefühlte Empfindung in Ihrem Herzen angesiedelt ist und dass sich als Kern ein bestimmter Ausdruck in der Stimme Ihrer Freundin herausschält.

Während Sie mit der gefühlten Empfindung sitzen, erkennen Sie, dass der Kern des Problems nicht genau der Ausdruck der Stimme ist, sondern etwas, das in Ihnen ausgelöst wird. Was ist es? Ist es ein Gefühl der Eifersucht ... nein, ist nicht ganz richtig; es ist ein Empfinden, bestimmte Erwartungen nicht ganz zu erfüllen, nicht ganz so gut wie sie zu sein oder – um es noch genauer zu sagen – nicht das zu tun, was Sie wirklich lieben, so wie sie es tut. Das ist es: Sie sind sich bewusst, dass Sie nicht tun, was Sie in Ihrem Leben wirklich tun wollen, und die Worte Ihrer Freundin haben dieses Empfinden in Ihrem Inneren ausgelöst.

Mit dieser Erkenntnis bemerken Sie eine gefühlte Verschiebung oder Befreiung in Ihrem Inneren, möglicherweise von Tränen des Erkennens und von Traurigkeit begleitet. Sie haben gerade eine Runde des Fokussierens abgeschlossen, und Sie können dieselbe Technik für jedes andere Problem oder jede andere gefühlte Empfindung verwenden.

Wie (und wann) Hilfe bei Verhaltensmustern suchen

Vielleicht sind Sie so voller negativer Gedanken und Gefühle, dass Sie es selbst beim Meditieren praktisch unmöglich finden, sich zu konzentrieren. Die Stimmen (oder Bilder) in Ihrem Kopf spucken unaufhörlich Sorgen, Gefühle der Reue, Beurteilungen und Kritik in einer solchen Menge und einer solchen Geschwindigkeit aus, dass Sie Ihr eigenes Denken kaum wahrnehmen können. Vielleicht können Sie sich einigermaßen erfolgreich auf Ihren Atem fokussieren oder Ihr Mantra rezitieren, aber wenn eine bestimmte zwingende Geschichte oder ein solches Muster ausgelöst wird, werden Sie von ihrer bzw. seiner Intensität hinweggespült.

Mein erster Rat besteht darin, regelmäßig zu meditieren und zu sehen, was passiert. Wie fühlen Sie sich nach einigen Wochen oder Monaten der regelmäßigen Übung? Machen Sie irgendwelche Fortschritte? Fühlen Sie sich ruhiger und friedvoller? Vertieft sich Ihre Konzentration?

Falls jedoch gewisse Muster hartnäckig auftauchen – insbesondere wenn sie Ihre Fähigkeit beeinträchtigen, Ihre Arbeit zu verrichten oder liebevolle, befriedigende Beziehungen aufrechtzuerhalten – sollten Sie eine Psychotherapie in Erwägung ziehen. Natürlich weiß ich, dass einige Leute immer noch ein wenig verlegen oder beschämt sind, wenn sie zugeben, dass sie Hilfe bei ihren Problemen benötigen. Aber betrachten Sie es folgendermaßen: Menschen haben schon seit Urzeiten Medizinmänner und -frauen, Schamanen, Rabbis, Priester und lokale Ältere um Rat gebeten, wenn sie Probleme hatten.

Das Problem ist, dass es viele verschiedene Formen und Richtungen der Psychotherapie (unserer modernen, säkularen Version des weisen Rates) gibt – tatsächlich so viele, wie es Psychotherapeuten gibt. Ohne eine bestimmte Richtung abwerten zu wollen (schließlich rede ich hier über meinen eigenen Beruf), möchte ich Ihnen einige Richtlinien für die Auswahl eines Therapeuten geben.

Reden ist wichtig – aber Sie müssen mehr tun

Selbst die klassische Freudsche Therapie, die vollständig aus Gesprächen besteht, zielt auf den Moment, in dem die Einsichten eine tiefere Stelle berühren und eine im Inneren gefühlte Verschiebung oder emotionale Befreiung auslösen. (Erinnern Sie sich an die Kernszene in dem Film *Good Will Hunting*, als Robin Williams zu Matt Damon sagt: »Es war nicht dein Fehler.«?) Das Problem ist, das eine Therapie, die nur mit Gesprächen arbeitet, sehr langsam dorthin kommt – und manchmal überhaupt nicht. Wenn Sie nicht gerade einen Robin Williams greifbar haben, suchen Sie einen Therapeuten, der Gespräche mit einer oder mehreren Techniken kombiniert, die Sie schneller in die Tiefe bringen – beispielsweise Primärtherapie, Bioenergenitk, Reichsche Körperarbeit, Hypnotherapie, geführtes Bilderleben, aktive Vorstellungskraft, Sandspiel, körperzentrierte Therapie, Atemarbeit, Fokussieren oder EMDR (Eye Movement Desensitization and Reprocessing).

Fragen Sie herum

Wenn Sie Namen geeigneter Therapeuten suchen, fragen Sie zuerst Freunde, Familienmitglieder oder andere Personen, die ähnliche Interessen oder Werte haben wie Sie. Seien Sie nicht schüchtern – möglicherweise werden Sie überrascht sein zu entdecken, wie viele Menschen, die Sie kennen, in den letzten Jahren zu einem Psychotherapeuten gegangen sind. Rufen Sie dann diesen Therapeuten an, und reden Sie mit ihm eine Zeit lang am Telefon. Denken Sie daran, dass Sie das Recht haben, ihn alles zu fragen, was Sie wissen wollen. Vielleicht vereinbaren Sie auch eine oder zwei Probesitzungen, bevor Sie sich endgültig entscheiden. Schließlich ist es besser, dass Sie jetzt einige Hundert Mark für die Probesitzungen ausgeben, als nach sechs Monaten oder einem Jahr zu entdecken, dass Sie einen Fehler gemacht haben.

Wählen Sie die Person, nicht die Empfehlungsschreiben

Selbst wenn ein Therapeut die besten Empfehlungen vorweisen kann und seine Wände mit seinen akademischen Graden und Zertifikaten bedeckt sind, prüfen Sie, mit wem Sie es zu tun haben. Hört er sorgfältig zu, und bekommt er mit, was Sie sagen? Ist er nicht nur einsichtig, sondern liegen Sie mit ihm auch emotional auf einer Wellenlänge? Fühlen Sie sich in seiner Gegenwart wohl? Wollen Sie ihm Ihre empfindsamsten Stellen und schwierigsten Probleme anvertrauen? Letztlich müssen Sie bei diesen Fragen auf Ihre Gefühle und Ihre Intuition hören.

Entscheiden Sie, ob Spiritualität für Sie wichtig ist

Wenn Sie eine bestimmte spirituelle Ausrichtung haben – oder gerade dabei sind, eine zu entwickeln – sollten Sie sich möglicherweise einen Therapeuten suchen, der eine ähnliche Richtung vertritt. Wenn Ihre Auswahl nicht groß genug ist, wählen Sie wenigstens einen Therapeuten, der die Spiritualität anerkennt, anstatt sie schlecht zu machen. Er wird nicht nur offen dafür sein, mit Ihnen über meditative und transpersonale (d.h. über das Persönliche herausreichende) Erfahrungen zu reden, sondern kann Ihnen möglicherweise auch dabei helfen, die Meditation mit der Therapie zu kombinieren, um effizienter an Ihren Problemen zu arbeiten. (Nähere Informationen über transpersonale Erfahrungen finden Sie in Kapitel 12.)

Das innere Kind aufsuchen

Wenn Sie sich rastlos oder erregt fühlen, können Sie das kleine Kind in Ihrem Inneren aufsuchen, den Teil von Ihnen, der die tiefen Gefühle entwickelt. Die folgende Meditation hilft Ihnen, Ihr inneres Kind zu beruhigen und zu nähren.

1. **Beginnen Sie, indem Sie sich bewusst machen, was Sie im Moment fühlen und wo Sie es fühlen.**

2. **Atmen und entspannen Sie sich einige Momente im Bewusstsein Ihrer Gefühle.**

3. **Stellen Sie sich vor, dass in Ihrem Inneren ein kleiner Junge oder ein kleines Mädchen verborgen ist, der bzw. das diese Gefühle hat.**

   Dieses Kind ist Ihr junger, unentwickelter Teil. Vielleicht taucht ein Bild auf, oder Sie haben einfach eine gute Empfindung oder ein inneres Wissen.

4. **Stellen Sie die folgenden Fragen: »Wie alt ist dieses Kind? Wie heißt es? Welche Art Aufmerksamkeit erwartet es von mir in diesem Moment?«**

   Möglicherweise möchte es beruhigt oder gehalten werden, vielleicht möchte es einfach nur spielen.

5. **Falls möglich, stellen Sie sich vor, dass Sie ihm geben, was es sich wünscht.**

6. **Fahren Sie fort, mit ihm zu reden, so lange Sie wollen, und dabei – der Situation angemessen – Wörter oder physischen Kontakt auszutauschen.**

7. **Wenn Sie fertig sind, achten Sie darauf, wie Sie sich fühlen.**

   Vielleicht sind Sie entspannt oder zufrieden – oder wenigstens weniger aufgeregt oder ängstlich.

8. **Umarmen Sie auf jeden Fall Ihr inneres Kind (wenn es bereit ist, umarmt zu werden), sagen Sie ihm, dass Sie es lieben, und vermitteln Sie ihm die Sicherheit, dass Sie es von Zeit zu Zeit wieder besuchen werden – und bitte, tun Sie dies auch!**

Mit Hindernissen und Nebenwirkungen umgehen

12

In diesem Kapitel

▶ Hindernisse als Futter für Ihre Mühle verwenden

▶ Mit geänderten Zuständen und ungewöhnlichen Erfahrungen umgehen, ohne abgelenkt zu werden

▶ Ihre sieben Energiezentren erforschen, und was Sie von ihnen lernen können

Die Meditation kann wie jede Reise atemberaubende Ausblicke und Attraktionen am Wegesrand haben, die Sie inspirieren und Ihre Neugier wecken können – und sie kann Ihnen auch Hindernisse in den Weg stellen, Sie auf Abwege führen und Pannen bescheren, die Sie am Weiterkommen hindern. Wie ich in Kapitel 1 erwähnt habe, betrachte ich dieses Buch als ausführlichen Reiseführer, und das gegenwärtige Kapitel ist eine Reparaturanleitung, die Sie lesen können, wenn Sie Probleme mit Ihrem Motor oder einem platten Reifen haben oder plötzlich im Stau stehen.

Natürlich ist es auch möglich, dass Sie Ihren Reiseweg ohne die geringsten Zwischenfälle hinter sich bringen und ohne Verzögerung Ihr Ziel erreichen. Falls Sie beim Meditieren keine Probleme haben, können Sie dieses Kapitel im Moment überspringen. Aber wenn Sie wissen wollen, welche Hindernisse sich Ihnen möglicherweise in den Weg stellen – oder falls Sie bereits auf die ersten Probleme gestoßen sind! – dann lesen Sie weiter. Sie bekommen einige hilfreiche Tipps für den Umgang mit den häufigsten Hindernissen. Außerdem finden Sie Beschreibungen schöner Aussichten, die Sie von Ihrem Weg ablenken können, falls Sie sich blenden lassen und nicht wissen, wie Sie vorsichtig mit ihnen umgehen können.

Wie Sie die Hindernisse auf Ihrer Meditationsreise umgehen

Obwohl Sie die Meditation so komplex gestalten können, wie Sie wollen, ist die grundlegende Übung (wie ich in Kapitel 1 erwähnt habe) tatsächlich ziemlich einfach: Setzen Sie sich hin, seien Sie ruhig, richten Sie Ihre Aufmerksamkeit nach innen, und fokussieren Sie Ihren Geist. Jedoch hat niemand behauptet, dass es einfach sein wird – jedenfalls nicht die ganze Zeit über!

Zusätzlich zu den schwierigen Emotionen und Verhaltensmustern, die ich in Kapitel 11 beschreibe, stößt jeder, der regelmäßig meditiert, unvermeidlich auf wenigstens einige der vielen klassischen Blockaden oder Hindernisse. (Lassen Sie sich nicht von dem Wort »Hindernis« abschrecken. Diese Probleme können Sie verlangsamen, aber sie müssen Sie nicht stoppen.) Sie machen nichts falsch, wenn Sie schläfrig, rastlos oder gelangweilt werden, wenn Sie Ihre Meditation immer wieder hinausschieben oder wenn Sie sich fragen, ob sich die Anstrengung lohnt. Tatsächlich stoßen Sie einfach nur auf ein weiteres gewohnheitsmäßiges Verhaltensmuster, das Probleme in jedem Bereich Ihres Lebens verursacht. Die Meditation bietet ein Labor, in dem Sie diese Muster mit achtsamer Aufmerksamkeit untersuchen können, damit Sie die Ergebnisse bei Ihrer Arbeit oder Ihren Freundschaften oder Ihrem Familienleben anwenden können. (Anders ausgedrückt: Die »Hindernisse« liefern Futter für die Mühle Ihres Selbstbewusstseins und Ihrer Verhaltensänderung.)

In diesem Buch ermutige ich Sie immer, sich selbst und die Hindernisse, die auf Ihrer Reise entstehen, mit derselben Freundlichkeit, Sorgfalt und Neugier zu behandeln, die Sie einem engen Freund entgegenbringen würden. Denken Sie daran, dass es nicht darum geht, dass Sie durch sie hindurch zu einem hochfliegenden Platz der Klarheit und Ruhe preschen, sondern die Hindernisse bieten selbst ein ausgezeichnetes Rohmaterial für Ihre Arbeit im Labor, wenn Sie lernen, wie Sie sich allen auftauchenden Erfahrungen mit einem sanften, nicht bewertenden Bewusstsein öffnen können. Anstatt Sie als Hindernisse zu betrachten, können Sie sie als Boten betrachten, welche die Geschenke der gewachsenen Energie, der Weisheit und der Selbstakzeptanz mit sich bringen. Wie ich in Kapitel 11 beschrieben habe, kann es hilfreich sein, damit anzufangen, Ihre Erfahrung zu benennen, bevor Sie Ihre Untersuchung fortsetzen.

Schläfrigkeit

Viele Menschen gehen wie Schlafwandler durch ihr Leben schenken dem, was um sie herum passiert, nur eine minimale Aufmerksamkeit. Sind Sie schon einmal nach Hause gefahren und haben sich, nach dem Sie angekommen waren, gefragt, wie Sie dorthin gekommen sind? Da es bei der Meditation darum geht aufzuwachen und achtsam zu sein, ist es kein Wunder, dass alle Meditierenden mit Dumpfheit und Schläfrigkeit kämpfen – wenigstens gelegentlich.

Das wahrscheinlich häufigste Hindernis, die Schläfrigkeit, äußert sich auf mehrere Weisen. Fangen Sie an, Ihre Erfahrung zu untersuchen: Wo fühlen Sie die Schläfrigkeit in Ihrem Körper? Was passiert mit Ihrem Geist? Sind Sie physisch müde oder einfach mental stumpf? Vielleicht gähnen Sie, weil Sie tagelang nicht gut geschlafen haben – in diesem Fall sollten Sie aufhören zu meditieren und ein Nickerchen machen.

Häufiger wird Ihr Geist jedoch stumpf, wenn Sie sich dagegen sträuben, eine unangenehme oder unerwünschte Emotion wie Furcht oder Traurigkeit zu fühlen. Sie können sich fragen: »Was vermeide ich in diesem Moment? Was liegt direkt unter der Oberfläche dieser Schläfrigkeit?« (Sie könnten sogar diese Untersuchung auf die anderen Momente in Ihrem Leben ausdehnen, in denen Sie abschalten oder stumpf werden.)

Wenn Sie eine Zeit lang meditiert haben, stellen Sie möglicherweise fest, dass Sie schläfrig werden, wenn sich Ihr Geist beruhigt und nicht mehr so stark stimuliert wird, um dauernd beschäftigt zu sein. In diesem Moment müssen Sie möglicherweise Ihre Energie erhöhen, indem Sie Ihre Augen weit öffnen und sich aufrecht hinsetzen. Falls Ihre Schläfrigkeit weiterhin besteht, können Sie aufstehen und herumgehen oder kaltes Wasser auf Ihr Gesicht spritzen, um wach zu bleiben.

Unruhe

Wenn Sie Schwierigkeiten haben, beim Meditieren aufmerksam zu bleiben, weil Ihr Geist erregt, besorgt oder ängstlich ist und Sie begierig darauf sind, etwas anderes zu tun, können Sie damit beginnen, die Unruhe zu benennen und darauf zu achten, wie Sie sie in Ihrem Körper erfahren. Vielleicht spannen Sie Ihren Bauch oder Kopf an, oder Sie haben ein unangenehmes Gefühl in Ihren Armen und Beinen. Vielleicht stellen Sie fest, dass Sie unbehaglich auf der Kante Ihres Kissens hocken, als ob Sie jeden Moment aufspringen wollten, um etwas zu essen zu holen oder zu telefonieren.

 Achten Sie auch darauf, was Ihr Geist tut. Springt er unkontrollierbar von Thema zu Thema, oder ist er von Sorge besessen, weil ein bestimmtes Ereignis bevorsteht oder Sie Verantwortung übernehmen müssen? Beobachten Sie, so weit es geht, Ihre Unruhe, ohne sich von ihr anstecken zu lassen – oder dem Impuls nachzugeben, aufzustehen und zu gehen. Sie sollten auch üben, Ihre Atemzüge zu zählen, oder eine andere Konzentrationstechnik zu praktizieren, um Ihren Geist zu beruhigen, bis Sie Ihre normale Übung wieder aufnehmen können (vielleicht ist dies auch Ihre regelmäßige Übung). Die Unruhe kann wie die Schläfrigkeit auch eine Reaktion auf ein schmerzliches oder unangenehmes Gefühl sein, das Sie nicht erfahren wollen.

Langeweile

Möglicherweise glauben Sie wie die meisten Menschen, dass Sie gelangweilt werden, weil das Objekt Ihrer Aufmerksamkeit einen geringen Wert hat oder uninteressant ist. Aber vielleicht sollten Sie Ihre Langeweile näher untersuchen. Die Wahrheit ist: Langeweile entsteht, weil Sie nicht aufmerksam genug sind oder Sie an einer Bewertung oder Vorliebe festhalten, die Sie davon abhält, sich vorbehaltlos dem gegenwärtigen Augenblick zu öffnen. Tatsächlich haben sich die meisten Menschen an eine ständige Stimulation gewöhnt und haben Schwierigkeiten still zu sitzen, wenn sie sich auf etwas Einfaches fokussieren sollen – beispielsweise auf die Beobachtung ihres Atems.

Langeweile kann Sie wie Unruhe davon abhalten, die feineren Schönheiten des Lebens zu erfahren – und Meditation kann Ihnen eine wundervolle Gelegenheit bieten, Ihre Langeweile zu erforschen. Beginnen Sie damit, sie zu benennen: »Langeweile, Langeweile.« Wie erfahren Sie sie in Ihren Körper? Welche Geschichten spinnt Ihr Geist zusammen? Anstatt auf Ihre Langeweile zu reagieren, langweilen Sie sich einfach mit Achtsamkeit. Möglicherweise fasziniert Sie Ihre eigene Langeweile so sehr, dass Sie nicht mehr gelangweilt sind!

Angst

Manchmal setzen Sie sich zum Meditieren hin und stellen fest, dass Ihr Geist mit ängstlichen Gedanken und Gefühlen gefüllt ist, die Sie vorher nicht bemerkt haben. Wo sind sie hergekommen? Vielleicht haben Sie sich möglicherweise über etwas geängstigt, das aber nicht bemerkt, bevor Sie begannen zu meditieren. Oder Ihre achtsame Aufmerksamkeit hat alte Ängste an die Oberfläche gespült, um sie zu erforschen und aufzulösen. Vielleicht haben Sie auch Angst vor der

Meditation selbst – weil Sie fürchteten, dass Sie sie nicht richtig ausführen oder nicht mit Ihrem Stress umgehen können, oder weil Sie fürchten, dass schwierige Erinnerungen oder Gefühle auftauchen könnten, während Sie meditieren.

Falls dies der Fall ist, sind Sie nicht allein! Angst ist eine der grundlegenden und am weitesten verbreiteten menschlichen Emotionen – kein Wunder, dass sie ihr Haupt in der Meditation erhebt. Sie können Ihre Übung als eine ausgezeichnete Gelegenheit verwenden, mit Ihrer Angst zu arbeiten, indem Sie die Anweisungen in Kapitel 11 befolgen.

 ### Wenn Angst kein Hindernis mehr ist

In ihrem Buch *When Things Fall Apart* erzählt die in Amerika geborene buddhistische Lehrerin Pema Chödrön die Geschichte eines jungen Westlers, der in den 60er Jahren nach Indien ging. Er wollte verzweifelt seine negativen Emotionen überwinden, insbesondere seine Angst, die er als ein Hindernis seines Fortschritts betrachtete.

Der Lehrer, den er dort traf, sagte ihm immer wieder, er solle aufhören zu kämpfen, aber der junge Mann betrachtete diese Unterweisung einfach als eine weitere Technik, um seine Angst loszuwerden.

Schließlich schickte ihn sein Lehrer zum Meditieren in eine Hütte im Vorgebirge. Spät in der Nacht, während er saß, hörte er ein Geräusch. Er drehte sich um und sah eine riesige Schlange, die sich mit erhobenem Kopf in der Ecke hin- und herwiegte. Der junge Mann war starr vor Angst. Er saß vor der Schlange, unfähig, sich zu bewegen oder einzuschlafen. Er konnte keine Meditationstechniken anwenden, um seine Gefühle zu vermeiden – er konnte nur mit seinem Atem und seiner Furcht und der Schlange in der Ecke sitzen.

Gegen Morgen, als die letzte Kerze erlosch, erfuhr der junge Mann einen Fluss der Zartheit und des Mitgefühls für alle Tiere und Menschen in der Welt. Er konnte ihr Leiden und ihr Verlangen fühlen, und er konnte erkennen, dass er seine Meditation benutzt hatte, um sich nicht nur von anderen, sondern auch von sich selbst abzusondern.

In der Dunkelheit begann er zu weinen. Ja, er war ärgerlich und stolz und verängstigt – aber er war auch einzigartig und weise und unermesslich wertvoll. Mit tiefer Dankbarkeit stand er auf, ging zu der Schlange hinüber und verbeugte sich. Dann schlief er auf dem Fußboden ein. Als er aufwachte, war die Schlange verschwunden – genau wie sein verzweifeltes Bedürfnis, mit seiner Angst zu kämpfen.

Zweifel

Dieses Hindernis kann ganz besonders schwierig sein, weil es die gesamte Reise in Frage stellt: »Habe ich die Fähigkeiten, um meditieren zu können? Mein Geist beruhigt sich niemals – vielleicht sollte ich Yoga oder Tai Chi üben. Worin liegt der Sinn, meinen Atem zu beobachten? Wie kann diese Übung überhaupt Entspannung und Geistesruhe bringen?« Natürlich ist es wichtig,

Fragen zu stellen und vernünftige Antworten zu bekommen – aber wenn Sie sich dafür entschieden haben, die Meditation auszuprobieren, müssen Sie Ihre Zweifel als Futter für Ihre Mühle betrachten, anstatt sie immer wieder ernst zu nehmen.

 Zweifel können Sie auch dazu veranlassen, sich selbst zu hart anzutreiben und hohe Erwartungen an sich zu stellen. Bei der Meditation müssen Sie Ihre Erwartungen beiseite schieben (wie ich in Kapitel 6 erwähnt habe) und sie einfach in dem Glauben ausführen, dass sich die Vorteile im Laufe der Zeit auf natürliche Weise ansammeln werden. Um diesen Glauben zu entwickeln, sollten Sie möglicherweise zusätzlich einige andere Bücher lesen, die wie dieses Buch die Segnungen der Meditation rühmen.

Zweifel wühlen Ihren Geist auf und erschweren die Konzentration. Beginnen Sie damit, Ihre Zweifel zu benennen, und achten Sie auf die Empfindungen, die der Zweifel hervorruft, und die Geschichten, die er hervorspinnt. Bei einem achtsamen Bewusstsein beruhigen sich die Zweifel allmählich und ziehen sich in den Hintergrund zurück. Schließlich können sich sogar all Ihre kleinen Zweifel zu einem großen Zweifel zusammenballen, der Sie dazu motiviert, tief in die Erforschung der Natur der Existenz einzutauchen und eigene Antworten zu finden.

Aufschieben

Das Aufschieben oder Zögern kann Ihre Meditation wie das Zweifeln mit kreischenden Bremsen zum Stehen bringen. Denn schließlich können Sie, wenn Sie die Meditation immer wieder aufschieben, ihre Vorteile nicht ernten. Wenn Sie in anderen Bereichen Ihres Lebens dazu neigen, Dinge aufzuschieben, haben Sie jetzt die Gelegenheit, über Ihre normalen Ausreden auf die tieferen Gefühle und Sorgen hinauszublicken, die dieses Verhaltensmuster nähren. Nehmen Sie sich einige Zeit, um sich ehrlich – aber auch sanft und ohne Wertung – zu fragen, was Sie daran hindert, Ihre Absichten durchzuführen.

Wie in den vorangegangenen Abschnitten beschrieben wurde, haben Sie möglicherweise Angst oder sind gelangweilt oder haben Zweifel über den Wert der Meditation. Vielleicht gibt es in Ihnen einen Aspekt, der zur Selbstsabotage neigt und der verhindern möchte, dass Sie die positiven Änderungen erfahren, die Ihnen die Meditation bietet, und der deshalb Ihre Bemühungen immer wieder untergräbt. Vielleicht sind Sie auch zu rastlos und abgelenkt, um Zeit für genau die Aktivität zu finden, die Ihnen dabei helfen kann, mit Ihrer Unruhe und Ablenkbarkeit umzugehen. Nachdem Sie den Rhythmus Ihrer Meditation wiedergefunden haben, können Sie dieses Muster weiter erforschen. (Wenn Sie Ihre Motivation auffrischen oder Selbstdisziplin entwickeln wollen, lesen Sie Kapitel 4 oder Kapitel 9.)

Übereifer

Wenn Sie beim nächsten Mal eine liebevolle junge Mutter sehen, achten Sie darauf, wie sie sich um ihr Baby kümmert. Überwacht sie laufend sein Gesicht, um Zeichen der Krankheit oder des Unbehagens zu entdecken? Nein, wenn sie eine gesunde Beziehung zu ihrem Kind hat, schaut sie mit einer warmen und fürsorglichen Aufmerksamkeit, aber ohne Angst oder Unruhe sanft in seine Augen.

Es ist hilfreich, mit derselben sanften, achtsamen Aufmerksamkeit zu meditieren. Wenn Sie dazu neigen, von einer Sache besessen zu werden, oder Ihren Fokus perfektionistisch wie einen Laser halten wollen, sind Sie nach der Meditation möglicherweise gestresster als vorher. Stattdessen sollten Sie Ihre Aufmerksamkeit wie eine liebevolle Mutter entspannen und Ihre Erfahrung beobachten, ohne unruhig zu werden oder sich anzuspannen. Sie sollten möglicherweise auch die tiefere Angst untersuchen, die Ihren Übereifer verursachen könnte.

Übereifer kann sich auch darin zeigen, dass Sie laufend Ihren Fortschritt überwachen und sich immer wieder fragen: »Wie komme ich voran?« Das Problem ist: Der wahre Fortschritt beim Meditieren besteht darin, einfach gegenwärtig zu sein, ohne sich zusätzlich darum zu sorgen, welchen Fortschritt man macht. Auch hier gilt wieder: Sie können Ihr Bewusstsein entspannen und einfach zulassen, dass geschieht, was Sie tun.

Selbstbewertung

Die Selbstbewertung ist wie die Angst eine beinahe universale menschliche Erfahrung, wenigstens im Westen. Möglicherweise bewerten Sie Ihre Meditation: »Ich führe sie nicht richtig aus. Ich kann mich nicht konzentrieren.« Oder Sie bewerten Ihr Wesen insgesamt: »Ich bin unfähig. Ich bin nicht liebenswert. Ich bin nicht gut genug.« Der bewertende Geist kann sich sogar als objektiver Beobachter oder spiritueller Lehrer verkleiden, der laufend Ihren Fortschritt mit einem verinnerlichten Ideal vergleicht: »Wenn du wie der Buddha wärst, würdest du vollkommen ruhig und ungestört sein.« Oder: »Wenn du ein guter Christ (oder Moslem oder Jude) wärst, würdest du keinen Ärger und keine Angst empfinden.« Leider, pflegte einer meiner Lehrer zu sagen, »bringt das Vergleichen um« – was bedeutet, dass es dazu neigt, die einzigartige Vitalität und Ausdrucksfähigkeit zu dämpfen, die zu Ihnen ganz allein gehört und die mit nichts anderem vergleichbar ist.

Indem Sie Ihre Selbstbewertungen benennen oder zur Kenntnis nehmen, können Sie eine gewisse Distanz zu ihnen herstellen, anstatt ihr Wort als Evangelium zu betrachten, wie das bei vielen Menschen der Fall ist. Wie hört sich die Stimme Ihrer Selbstbeurteilung an? Welche Geschichten dreht sie Ihnen als Wahrheit an? Erinnert sie Sie an jemanden – beispielsweise an einen Elternteil oder einen Chef? Neigen Sie dazu, Aspekte Ihrer Erfahrung zu verdrängen, weil sie Ihnen in irgendeiner Weise unerwünscht sind? Achten Sie darauf, wie sich die Bewertung in Ihrem Körper anfühlt. Wenn Sie sich gerade wieder einmal selbst beurteilen, können Sie möglicherweise feststellen, dass Sie sich als Reaktion darauf anspannen und verkrampfen.

Wenn Sie mit Ihren Beurteilungen vertraut werden, können Sie damit beginnen, sie wie alte Freunde willkommen zu heißen, nicht nur bei der Meditation, sondern auch im Alltagsleben – ohne ihnen ihre Geschichten abzukaufen.

Anhaften und Verlangen

Die Angst und das Bewerten versuchen, gewisse Erfahrungen zu vermeiden oder abzuwehren; das Anhaften versucht dagegen, das festzuhalten, was Sie haben, während das Verlangen ständig versucht, etwas Besseres zu finden. Wenn Sie einer Sache verhaftet sind – Ihrer Karriere oder Ihrer Beziehung oder Ihren materiellen Besitztümern – neigen Sie wahrscheinlich dazu, sich dem Loslassen zu widersetzen, wenn sich die Umstände ändern. Wer würde dies nicht tun? Aber das Anhaften kann die Bühne für den Schmerz bereiten, da das Leben die seltsame Tendenz hat zu tun, was ihm beliebt, trotz Ihrer gegenteiligen Präferenzen. Wie das Verlangen fließt die Unzufriedenheit damit, nicht zu haben, was Sie wollen, und zu haben, was Sie nicht wollen, wie eine schmerzliche Unterströmung direkt unter der Oberfläche des Wachbewusstseins.

Ich empfehle hier nicht, nach einem vollständigen Nicht-Anhaften und einer absoluten Wunschlosigkeit zu streben – schließlich konnte dies nur der Buddha durchziehen! Ich setze auch nicht Verlangen mit Vergnügen gleich – tatsächlich kann die Erfahrung des Verlangens extrem unangenehm sein, wie ein quälendes Jucken, das niemals verschwindet, egal wie stark man kratzt. Wahres Vergnügen erfüllt dagegen ein tiefes und natürliches menschliches Bedürfnis. Aber ich plädiere dafür, dass Sie lernen, Ihr Wünschen und Anhaften mit einem weiteren Raum zu umgeben, so dass Sie nicht von dem unvorhersagbaren Auf und Ab des Lebens überwältigt werden. (Nähere Informationen über das Anhaften finden Sie in Kapitel 5.)

Anhaften und Verlangen können sich beim Meditieren auf mehrere Weisen äußern. Vielleicht sind Sie auf die Momente der relativen Ruhe versessen und regen sich auf, wenn Ihr Geist sich erregt oder in einem Thema verliert. Vielleicht mögen Sie gewisse Gedanken sehr gern – beispielsweise Fantasien des finanziellen Erfolgs oder Erinnerungen an Ihren letzten Urlaub – und stellen fest, dass Sie diese nur zögernd loslassen, um zu Ihrem Atem oder Mantra zurückzukehren. Vielleicht sind Sie laufend sinnlich erregt und sehnen sich nach einer vorgestellten Befriedigung außerhalb Ihrer Reichweite.

Wie bei den anderen Hindernissen können Sie Ihr Anhaften und Verlangen untersuchen, indem Sie sie zunächst sanft benennen, wenn sie auftauchen und dann die Gedanken und Empfindungen beobachten, aus denen sie sich zusammensetzen.

Stolz

Das folgende Meditationsszenario ist klassisch: Sie haben regelmäßig für einige Wochen gesessen, und eines Tages beruhigt sich Ihr Geist wie die Oberfläche eines stillen kleinen Waldsees. Das Nächste, an das Sie sich erinnern, sind Gedanken wie die folgenden: »Toll, ich denke fast überhaupt nicht mehr, und ich habe meine Atemzüge jetzt für wenigstens fünf Minuten von eins bis zehn gezählt. Spitze! Ich bekomme dieses Meditationszeug wirklich in den Griff. Bald werde ich ein Experte sein. Vielleicht werde ich sogar erleuchtet ...« Sie sind nicht nur vom Affen des Stolzes gebissen worden, der auf Ihre erzielten Ergebnisse anspringt und sie dazu benutzt, Ihr durchhängendes Selbstbild aufzupolieren, sondern Sie sind auch von Ihrer Meditation abgelenkt worden. Stolz kann sich auch darin zeigen, vor Ihrer Familie und Ihren Freunden damit anzugeben, wie oft Sie meditieren, oder darin, sich einfach nur als etwas Besonderes und anderen überlegen zu fühlen.

Wie ich in dem Abschnitt _Anhaften und Verlangen_ erklärt habe, sollten Sie die Gedanken und Gefühle untersuchen, aus denen Ihr Stolz besteht. Darunter finden Sie möglicherweise eine Angst oder Unsicherheit oder ein Verlangen, geliebt und anerkannt zu werden. Sie können sich selbst auch daran erinnern, dass Meditation nichts mit Leistung zu tun hat, sondern ganz und gar damit, im gegenwärtigen Augenblick für alles offen zu sein, was auftaucht. Sobald Sie sich darüber aufblasen, wie gut Sie meditieren, sind Sie abgelenkt – kehren Sie dann einfach sanft zu Ihrem Atem zurück.

Fliehen

Wenn Sie vermeiden wollen, sich bestimmten Problemen oder Herausforderungen in Ihrem Leben zu stellen, wenden Sie sich möglicherweise der Meditation zu, um bequem vor ihnen fliehen zu können, und verbringen Ihre Zeit mit langen Stunden auf Ihrem Kissen, die Sie besser dafür verwendet hätten, Ihre Rechnungen zu bezahlen, sich auf einen Wechsel in Ihrer Karriere vorzubereiten oder Ihre Gefühle mit Ihrem Partner auszutauschen. Vor einigen Jahren brachte die Zeitschrift _New Yorker_ einen Cartoon, der diesen Punkt illustriert: Ein Zen-Mönch sitzt friedlich auf seinem Kissen, während sich hinter ihm ein riesiger, chaotischer Haufen aller möglichen Dinge auftürmt.

 Die Meditation kann Ihnen helfen, Ihren Geist zu beruhigen, Ihr Herz zu öffnen und sich Ihrer Angst und anderen Gefühlen zu stellen, die sich Ihnen in den Weg stellen – aber letztlich müssen Sie Ihr Schild senken und das, was Sie gelernt haben, in der wirklichen Welt anwenden. (Anders ausgedrückt: Meditation kann – wie Arbeit, Sex und Fernsehen – Sucht erzeugend sein, wenn Sie sie missbrauchen.) Nun brauchen Sie keine Angst zu haben, dass Sie süchtig werden, wenn Sie jeden Tag ein halbe oder eine Stunde mit dem Meditieren verbringen – oder sogar dann und wann zu einem Retreat fahren. Aber wenn Sie feststellen, dass Sie sich vor den Herausforderungen des Lebens verstecken, sollten Sie aufpassen – die Themen, die beim Meditieren immer wiederkehren, sind möglicherweise gar keine Ablenkungen, sondern dringliche Probleme, um die Sie sich kümmern müssen.

Umgehen

So wie Sie sich vor den Problemen des Lebens verstecken können, können Sie mit Ihrer Meditation auch vermeiden, sich tieferen psychischen und emotionalen Problemen zu stellen. Insbesondere wenn Sie eine starke Konzentration entwickeln, können Sie sich auf Ihren Atem oder ein anderes Objekt der Meditation fokussieren, während Sie aktiv unangenehme oder »nicht spirituelle« Gefühle unterdrücken. Ich kenne Menschen, die nach vielen Jahren der Meditation in Klöstern oder Ashrams schließlich entdecken, dass sie buchstäblich auf einem lebenslangen unaufgelösten Kummer, Ärger oder Schmerz sitzen. Wenn Sie die Richtlinien befolgen, die in Kapitel 11 für das Arbeiten mit Ihren Emotionen beschrieben werden, brauchen Sie möglicherweise nicht mit diesem speziellen Hindernis zu kämpfen.

Die Nebenwirkungen genießen – ohne sich ablenken zu lassen

Zusätzlich zu den Hindernissen, machen Sie auf Ihrer Reise möglicherweise auch eine Reihe ungewöhnlicher und verlockender Erfahrungen, die ich als *Nebenwirkungen* oder *Sehenswürdigkeiten* bezeichnen möchte. Weiter oben in diesem Kapitel und in Kapitel 11 beschreibe ich gewöhnliche Emotionen, Muster und Geisteszustände, die sich Ihnen in den Weg stellen können, wenn sich Ihre Meditation vertieft. Hier spreche ich über etwas, das Bewusstseinsforscher als *geänderte Zustände* bezeichnen – nicht normale Erfahrungen von Körper, Geist und Gefühl, die, obwohl im Grund harmlos, einen Meditationsanfänger überraschen, verwirrenden oder verängstigen können.

Einige Menschen meditieren jahrelang und erfahren niemals etwas Außergewöhnliches. Beispielsweise hielt ich als Zen-Mönch laufend die Hoffnung aufrecht, einen dramatischen Durchbruch zu erleben, aber hatte nur gelegentlich Einsichten, die Tausende von Stunden der Meditation unterbrachen. Andere Menschen setzen sich hin und beginnen nach einigen Sitzungen flüchtige Blicke auf das zu erfahren, was Forscher als die *transpersonale Dimension* der Erfahrung bezeichnen. Eine Freundin von mir hat immer schon Engel und andere transzendente Wesen gesehen, sowohl wenn sie auf ihrem Meditationskissen saß als auch sonst.

Die Meditationstraditionen unterscheiden sich darin, wie sie solche außergewöhnlichen Erfahrungen einstufen. Einige lehren, dass es einfach darum geht, im Hier-und-Jetzt zu sein – und dass alles andere, was passiert, einfach nur eine potenzielle Ablenkung ist. Ein anderer Cartoon im *New Yorker* bringt es auf den Punkt: Ein grimmiger alter Mönch, der in der Meditation sitzt, wendet sich zu seinem jüngeren Begleiter und sagt, offensichtlich in Reaktion auf eine Frage:»Das ist es. Da ist nichts sonst.« Diesen Traditionen folgend, besteht der Moment des wahren Erwachens einfach nur darin, dass sich die Perspektive verschiebt, ohne Feuerwerk oder blinkende Leuchtschilder. Dagegen betrachten andere Traditionen außergewöhnliche Erfahrungen als sinntragende oder möglicherweise sogar notwendige Wegmarken auf dem Weg zur Freiheit und zum Erwachen. (Nähere Informationen über spirituelle Erfahrungen finden Sie in Kapitel 13.)

Bei der Achtsamkeits-Meditation, der Methode, die ich in diesem Buch beschreibe (siehe Kapitel 6), begegnen Sie dem Außergewöhnlichen auf dieselbe Weise, wie Sie das Gewöhnliche willkommen heißen – mit sanfter, achtsamer Aufmerksamkeit. Da es darum geht, willkommen zu heißen, was immer auch auftaucht – und dabei zu der Person zu erwachen, die Sie bereits sind –, sind alle Erfahrungen, die Sie auf diesem Weg machen, einfach nur Sehenswürdigkeiten. Genießen Sie sie, und gehen Sie weiter. Wenn sie zu einer Ablenkung oder schmerzhaft werden, sollten Sie sich möglicherweise einen qualifizierten Lehrer suchen.

Um Ihnen zu helfen, mit diesen Erfahrungen umzugehen, ohne sich ablenken zu lassen oder überwältigt zu werden, empfiehlt der buddhistische Lehrer Jack Kornfield in seinem Buch *A Path with Heart*, dt. *Frag den Buddha und geh den Weg des Herzens*, an die folgenden drei Richtlinien zu denken:

✔ **Nebenwirkungen sind, was sie sind.** Haften Sie ihnen nicht an, und betrachten Sie sie nicht als Zeichen einer spirituellen Errungenschaft oder eines spirituellen Misserfolgs. Gehen Sie einfach weiter.

✔ **Bremsen Sie, falls es notwendig wird.** Wenn die Nebenwirkungen zu intensiv werden, hören Sie für eine Weile auf zu meditieren und führen Sie einige mehr »erdende« Aktivitäten aus, die Sie mit Ihrem Körper und der Erde verbinden – wie beispielsweise im Garten arbeiten, sich massieren lassen oder in der Natur wandern. (Um Ihnen zu helfen, sich zu erden, probieren Sie die Meditation in dem Einschub *Was tun, wenn Sie sich nicht geerdet fühlen?* später in diesem Kapitel.)

✔ **Würdigen Sie die geänderten Zustände als Teil des größeren Tanzes der Meditation.** Lassen Sie sich nicht dazu hinreißen, ihnen Widerstand zu leisten oder gegen sie zu kämpfen. Versuchen Sie einfach, sie wie jede andere Erfahrung willkommen zu heißen.

Die folgenden Unterabschnitte heben einige außergewöhnliche Erfahrungen hervor, die Ihnen beim Meditieren begegnen können. Sie sind in vier Kategorien aufgeteilt. (Wenn Sie ausführliche Beschreibungen dieser Erfahrungen suchen, empfehle ich Ihnen sehr *A Path with Heart*, dt. *Frag den Buddha und geh den Weg des Herzens*.)

Entzücken und Seligkeit

Wenn sich Ihre Konzentration vertieft (aber manchmal auch vorher), beginnen Sie möglicherweise, ungewöhnliche physische Erfahrungen zu machen, die als *Entzücken*, oder auch als *Verzückung*, bezeichnet werden. (Wie ich bereits erwähnt habe, machen viele Menschen die Erfahrung des Entzückens überhaupt nicht.) Die vielleicht häufigste Form des Entzückens zeigt sich als angenehme Bewegung einer feinen (oder stärkeren) Energie durch den Körper. Bei ihrer Bewegung stößt diese Energie auf verkrampfte oder verspannte Bereiche, die sich als Reaktion auf diese Berührung öffnen und lösen. Die energetische Lösung kann sich in Form von Vibrationen, von Zittern oder von wiederholten spontanen Bewegungen äußern, die in der Yoga-Tradition als *Kriyas* bezeichnet werden. Sie können beispielsweise aus Muskelkontraktionen, welche die Wirbelsäule emporwandern, oder aus unwillkürlichen Bewegungen der Arme oder des Kopfes bestehen.

Obwohl die Energie des Entzückens im Allgemeinen als angenehm erfahren wird, werden Sie verständlicherweise wahrscheinlich überrascht und ein wenig verwirrt sein festzustellen, dass sich Ihr Körper in Weisen bewegt, die Sie anscheinend nicht kontrollieren können. Beispielsweise berichtet Jack Kornfield, wie seine Arme anfingen, wie die Flügel eines Vogels zu schlagen, während er eine intensive Meditation in einem Kloster in Thailand durchführte. Nach mehreren Tagen befolgte er den Rat seines Lehrers, die Bewegung zu beobachten, ohne zu versuchen, sie zu stoppen oder zu kontrollieren, und allmählich hörte sie von allein auf.

Denken Sie einfach daran, dass Sie nicht verrückt werden oder etwas Falsches tun, wenn Sie Entzücken erfahren. Tatsächlich ist das Entzücken im Allgemeinen ein Zeichen für eine Vertiefung der Konzentration. Bleiben Sie, so weit Sie können, bei Ihrer Meditation, nehmen Sie Ihre Erfahrung mit Ihrem achtsamem Bewusstsein zur Kenntnis, und lassen Sie zu, dass die Energie ihre heilende Arbeit der Lösung Ihrer Blockaden ausführt. Wenn die Energie zu intensiv wird, hören Sie einfach mit dem Meditieren auf, und tun Sie etwas Normales und betätigen Sie sich körperlich, wie Kornfield empfiehlt.

Aber Entzücken bedeutet mehr als einfach Energie. Es kann sich auch in anderen Formen und Erfahrungen zeigen. Beispielsweise haben Sie möglicherweise ohne ersichtlichen Grund Frösteln oder Hitzewallungen. Oder Sie erfahren Ihren Körper als außergewöhnlich schwer und dicht oder als transparent und mit Licht gefüllt. Oder Sie erfahren prickelnde oder kribbelnde Empfindungen, denen Wellen des Vergnügens und des Entzückens folgen. Das Entzücken kann so viele Formen annehmen, wie es Menschen gibt, die sie erfahren.

Seligkeit ist das mächtige Entzücken, das eine spirituelle Einsicht oder intuitive Erfahrung begleitet. Beispielsweise berichten Mystiker der jüdisch-christlichen Tradition häufig von Erfahrungen der Seligkeit, als sie den Endpunkt ihrer Reise erreichten: Einheit mit Gott.

Visionen und andere Sinneserfahrungen

Wenn Sie kein Entzücken erfahren, sollten Sie nicht enttäuscht sein – möglicherweise erfahren Sie Ihre geänderten Zustände über einen visuellen Kanal. Meine Freundin, die Engel sieht, hat auch Visionen, in ihrer Meditation zu anderen Ebenen zu reisen, wo sie erleuchtete Wesen trifft, die sie lehren und ihr Kraft verleihen. Diese Erfahrungen verwirren sie nicht; ganz im Gegenteil, sie genießt sie und lädt sie sogar ein.

Obwohl Sie möglicherweise nicht solche ausführlichen Visionen haben, können Sie farbige Lichter oder Bilder sehen, die anscheinend aus vergangenen Leben stammen, oder Sie können lebhafte Erinnerungen haben oder Einblicke in andere Realitäten bekommen. Auch hier gilt: Sie brauchen nicht verwirrt zu sein – nehmen Sie sie einfach als Beleg einer vertieften Konzentration, und lassen Sie sich nicht von dem Fokus Ihrer Meditation ablenken. (Natürlich sollten Sie, wenn die Erfahrungen für Sie eine Bedeutung haben, darauf hören, was sie Ihnen zu bieten haben. Aber bei der Meditation, die ich in diesem Buch lehre, geht es darum, Sie für den gegenwärtigen Augenblick zu erwecken, und nicht darum, Ihre Meditationszeit damit zu verbringen, die endlose Welt der geänderten Zustände zu erforschen.)

Zusätzlich zu visuellen Phänomenen haben Sie möglicherweise auch auditive oder olfaktorische (Geruchs-) Erfahrungen, einschließlich innerer Stimmen oder Musik oder mächtiger, volltönender Geräusche oder ungewöhnlicher Gerüche. Möglicherweise stellen Sie auch fest, dass die Meditation Ihre Wahrnehmungsfähigkeit verbessert, so dass Sie die Dinge klarer sehen, hören, riechen, fühlen oder tasten. (Abhängig von Ihrem speziellen Geschmack und dem Objekt Ihrer Wahrnehmung stellen Sie möglicherweise fest, dass diese gewachsene Empfindsamkeit angenehm oder unangenehm ist.)

Emotionale Achterbahn

Wenn sich Ihr Geist beruhigt und Sie Ihre Erfahrung willkommen heißen, schaffen Sie einen inneren Raum für ungefühlte (und möglicherweise unbewusste) Emotionen, die sich in diesen Raum hinein entfalten und dort auflösen können. (Nähere Informationen über der Prozess der spontanen Befreiung finden Sie in Kapitel 11.) Eine meiner frühen Zen-Freundinnen verbrachte ihre ersten paar Jahre der Meditation damit, leise auf ihrem Kissen zu weinen. Sie berichtete, dass ihre Gefühle häufig einen geringen Inhalt oder wenig zu erzählen hätten – sie ereigneten sich einfach als Energiewellen in ihrem Körper. Andere Leute, die ich kenne, meditierten regelmäßig mehrere Jahre lang, ohne großartige Emotionen zu erfahren, um dann plötzlich wie ein Flugzeug, das auf Turbulenzen stößt, Tage oder sogar Wochen des Ärgers oder Kummers zu erfahren.

 Wenn Sie Schwierigkeiten im Umgang mit den Emotionen haben, können Sie die Richtlinien befolgen, die ich in Kapitel 11 gebe – möglicherweise sollten Sie auch den Rat eines qualifizierten Meditationslehrers suchen. (Ratschläge, wie Sie einen Lehrer finden können, stehen in Kapitel 13.) Andernfalls können Sie fortfahren, mit achtsamem Bewusstsein zu sitzen und zulassen, dass die Emotionen in Wellen durch Ihren Körper, Ihren Geist und Ihr Herz laufen. Manchmal stammen diese Gefühle – die, nebenbei bemerkt, sowohl Ekstase und Freude als auch Traurigkeit und Schmerz umfassen können – aus tiefen unbewussten Schichten, die bis in die frühe Kindheit zurückreichen können. Bei anderen Gelegenheiten scheinen die Gefühle überhaupt nichts mit Ihnen zu tun haben. Was immer Sie erfahren mögen, Sie können üben, es mit achtsamem Bewusstsein willkommen zu heißen, ohne zu versuchen, es zu ändern oder zu verdrängen.

Energetische Öffnungen

Wenn Sie regelmäßig mehrere Wochen oder Monate meditieren, erzeugen Sie Energie, die sich allmählich in Ihrem Körper ansammelt. Schließlich kann diese Energie die relativ feine Form des Entzückens annehmen (siehe den vorangegangenen Abschnitt) – oder sie kann sich als *Kundalini* ausdrücken, die mächtige Lebenskraft, die (gemäß der indischen tantrischen Tradition) alle Dinge belebt und die wie eine Schlange zusammengerollt an der Basis der Wirbelsäule ruht. (Nähere Informationen über das indische Tantra finden Sie in Kapitel 3.)

Meditation kann die Kundalini erwecken und durch den zentralen Energiekanal (der parallel zur Wirbelsäule läuft, aber von ihr getrennt ist) emporsteigen lassen. Dieser Vorgang kann auch durch gewisse andere Aktivitäten und Ereignisse ausgelöst werden – beispielsweise durch die Geburt, Sex, ein Gebet, mächtige Emotionen oder ein physisches Trauma. Wenn die Kundalini emporsteigt – was ganz langsam und allmählich oder plötzlich und unerwartet passieren kann – begegnet Sie den sieben Hauptenergiezentren (den so genannten *Chakren*), die entlang des zentralen Kanals von der Basis der Wirbelsäule bis zur Krone des Kopfes angeordnet sind. (Eine detaillierte Lagekarte der Chakren finden Sie in Abbildung 12.1. **Anmerkung:** Die Chakren werden von unten nach oben dargestellt, wobei das erste Chakra an der Basis der Wirbelsäule und das siebte an der Spitze des Kopfes liegt.)

Die Chakren werden von denen, die sie sehen können, als sich drehende Räder oder Wirbel aus Energie beschrieben. Die Chakren transformieren Energie von einer Frequenz in eine andere (beispielsweise von spiritueller zu emotionaler) und dienen als Vermittler zwischen dem inneren Leben eines Individuums und der externen Welt. Offensichtlich funktionieren sie am besten, wenn sie offnen und relativ im Gleichgewicht sind. Wenn sie geschlossen oder nicht im Gleichgewicht sind – was häufig vorkommt –, können Sie möglicherweise gewisse Probleme, Leiden oder Schwierigkeiten haben, die mit bestimmten Chakren korrespondieren.

Abbildung 12.1: Die Lage der Chakren (Energiezentren) mit ihren traditionellen Symbolen

Insbesondere Menschen, die häufig meditieren, können dazu neigen, ihre oberen Chakren (vom Herzen an aufwärts) relativ leicht zu öffnen, während sie ihre unteren Chakren relativ geschlossen halten. Beispielsweise finden es viele Leute einfacher, spirituelle Erfahrungen zu machen oder vorbehaltlose Liebe für alle Wesen zu fühlen, als sich mit persönlichen Kernproblemen wie Vertrauen, Sicherheit, Intimität und Selbstsicherheit auseinander zu setzen. Als Folge davon erfordern diese unteren Zentren möglicherweise eine besondere Aufmerksamkeit und eine vorsichtige Untersuchung, bevor sie sich öffnen.

Was tun, wenn Sie sich nicht geerdet fühlen?

Manchmal stellen Menschen, die meditieren, fest, dass sich ihre *oberen Chakren* (das sind die Energiezentren vom Herzen bis zur Krone) schneller öffnen als ihre unteren Chakren, was zu einem Zufluss von Energie und Einsichten im Bereich des Kopfes und der Schultern führt, während die untere Hälfte ihres Körpers stagniert oder relativ unempfindlich bleibt. Insbesondere Menschen, die sich von auffallenden Nebenwirkungen der Meditation ablenken lassen, können das Gefühl der Erdung und den Kontakt zu ihren grundlegenden Bedürfnissen nach Nahrung, Schlaf und physischer Übung verlieren.

Die folgende einfache Übung kann Ihnen helfen, sich zu erden, wenn Sie das Gefühl bekommen, als würden Sie sich aus Ihrem Körper herausheben und auf eine ätherischere Ebene gehen:

1. **Setzen Sie sich ruhig hin, schließen Sie die Augen, und atmen Sie einige Male tief durch.**

   Falls möglich, setzen Sie sich auf den Boden, und halten Sie Ihren Rücken relativ gerade (in Kapitel 7 finden Sie weitere Informationen über Sitzhaltungen).

2. **Fokussieren Sie Ihr Bewusstsein auf Ihren unteren Unterleib auf einen Punkt, der etwa fünf Zentimeter unter Ihrem Nabel und etwa vier Zentimeter innerhalb Ihres Körpers liegt.**

   Kampfkünstler bezeichnen diesen Bereich als *T'an T'ien*. Sie glauben, dass dieser Punkt ein Fokus der Lebensenergie, des *Chi*, ist. Untersuchen Sie diesen Bereich mit achtsamer Aufmerksamkeit, und nehmen Sie zur Kenntnis, wie er sich anfühlt.

3. **Lenken Sie Ihren Atem in diesen Bereich, dehnen Sie ihn aus, wenn Sie einatmen, und ziehen Sie ihn zusammen, wenn Sie ausatmen.**

   Atmen Sie bewusst und absichtlich fünf Minuten oder länger in Ihren T'an T'ien, und lassen Sie es zu, dass sich Ihr Bewusstsein und Ihre Energie dort konzentrieren. Beachten Sie, wie sich Ihr Zentrum der Schwerkraft vom oberen Teil Ihres Körpers in Ihren T'an T'ien verlagert.

4. **Fahren Sie fort, in Ihren T'an T'ien zu atmen, stellen Sie sich vor, dass Sie ein Baum sind, dessen Wurzeln tiefer in die Erde reichen.**

   Fühlen und visualisieren Sie, wie diese Wurzeln Ihrem T'an T'ien entspringen und durch die Basis Ihrer Wirbelsäule in den Boden und so tief in die Erde wachsen, wie Sie sich vorstellen können.

5. **Fühlen und visualisieren Sie, wie diese Wurzeln bei der Einatmung Energie aus der Erde in Ihren T'an T'ien emporziehen, und fühlen Sie, wie sich die Energie bei der Ausatmung durch die Wurzeln ausbreitet.**

   Fahren Sie für fünf oder zehn Minuten fort, diese Zirkulation der Energie zu fühlen und zu visualisieren – empor beim Einatmen, hinunter beim Ausatmen.

6. **Wenn sich Ihr T'an T'ien geladen und stark fühlt, können Sie aufstehen und Ihrem Tagewerk nachgehen.**

   Dann und wann können Sie für einen oder zwei Momente innehalten und sich Ihre Wurzeln noch einmal vergegenwärtigen.

Gewisse Meditationstechniken haben das Ziel, die Kundalini zu erwecken und sie durch die Chakren zu lenken, bis sie die Krone des Kopfes erreicht, wo sie letztlich in einem Moment der mächtigen Erleuchtung nach oben durchbricht. Andere arbeiten an der Öffnung und Energetisierung bestimmter Chakren. (Beispielsweise finden Sie in Kapitel 10 Meditationen für das Öffnen des Herzens.) Die Haupttechnik, die ich in diesem Buch vorstelle, die Achtsamkeits-Meditation, beschäftigt sich überhaupt nicht auf Chakren. Aber Menschen, die die Achtsamkeits-Meditation praktizieren, können die Öffnung bestimmter Energiezentren als Nebenwirkung ihrer meditativen Reise erfahren.

Um Ihnen zu helfen, diese Energieöffnungen zu erkennen, falls und wenn sie auftreten, werde ich jedes Chakra etwas ausführlicher beschreiben. (Nebenbei bemerkt: Die indische tantrische Tradition, die sowohl den Hinduismus als auch den Buddhismus umfasst, ist nicht die einzige, die über Chakren redet: Jüdische Kabbalisten, Sufi-Derwische und taoistische Weise sprechen alle davon, dass jeder Mensch über ein eigenes einzigartiges Energiesystem mit Energiezentren verfügt.) Zusätzlich zu den Erfahrungen, die unter den folgenden Punkten beschrieben werden, fühlen Sie möglicherweise eine Spannung oder ein Zusammenziehen in dem Bereich, wenn ein Chakra relativ geschlossen ist, und eine merkliche Zunahme der Energie, wenn es sich öffnet.

✔ **Erstes Chakra:** Dieses Chakra liegt an der Basis der Wirbelsäule. Es ist mit den Fragen des Überlebens und der Sicherheit verbunden. Wenn es relativ geschlossen ist, fühlen Sie sich möglicherweise unsicher und ungeerdet, möglicherweise sogar verängstigt und misstrauisch, was Ihre Fähigkeit zu überleben angeht. Wenn es sich öffnet, fühlen Sie möglicherweise Energie, die nach unten durch Ihren Körper in die Erde fließt und von Bildern und Gefühlen begleitet wird, die mit Sicherheit und Überleben sowie einem umfassenden Empfinden von Stabilität und Vertrauen begleitet wird. *Positiver Ausdruck:* »Ich bin sicher und in der Welt und in meinen Körper zu Hause.«

✔ **Zweites Chakra:** Dieses Chakra liegt im unteren Unterleib fünf Zentimeter unter dem Nabel. Es ist mit den Fragen der Sexualität, der Kreativität und des emotionalen Anhaftens verbunden. Wenn es relativ geschlossen ist, schämen Sie sich möglicherweise Ihres Körpers, sind sexuell gehemmt und emotional von anderen getrennt. Wenn es sich öffnet, erfahren Sie möglicherweise einen Ansturm sexueller Gefühle oder Bilder, einschließlich möglicher Bilder vergangenen Missbrauchs oder Fehlverhaltens, sowie von Empfindungen der Potenz, der Verspieltheit und des Fließens mit anderen. *Positiver Ausdruck:* »Ich bin ein kreatives, sexuelles, emotionales Wesen.«

✔ **Drittes Chakra:** Dieses Chakra liegt am Solarplexus direkt unter dem Zwerchfell. Es ist mit den Fragen der interpersonalen Macht und der Authentizität verbunden. Wenn dieses Chakra relativ geschlossen ist, haben Sie möglicherweise Schwierigkeiten zu vertrauen (entweder sich selbst oder anderen), sich gegen andere abzugrenzen oder Ihren eigenen Ärger oder Ihre Verletzlichkeit auszudrücken oder selbst nur anzuerkennen. Wenn es sich öffnet, erfahren Sie möglicherweise eine Befreiung von Ärger oder Schuld und eine Vertiefung und Ausweitung Ihres Atems, begleitet von Gefühlen der persönlichen Macht und Vitalität. *Positiver Ausdruck:* »Ich vertraue mir selbst und anderen.«

✔ **Viertes Chakra (oft als »Herz-Chakra« bezeichnet):** Dieses Chakra liegt im Zentrum der Brust in der Nähe des Herzens. Es ist mit den Fragen der Liebe und des Selbstvertrauens verbunden. Wenn dieses Chakra geschlossen ist, fühlen Sie möglicherweise Selbsthass, Ärger und Entfremdung von anderen, und Sie haben möglicherweise Schwierigkeiten, ungehindert Liebe zu geben und zu empfangen. Wenn es sich öffnet, erfahren Sie möglicherweise eine Befreiung von altem Kummer oder Schmerz, begleitet von Liebe oder Freude oder schmerzlichen Erinnerungen und einem Empfinden einer grenzenlosen Ausdehnungsmöglichkeit.

(Nähere Informationen über das Öffnen des Herz-Chakras finden Sie in Kapitel 10.) *Positiver Ausdruck:* »Ich bin liebevoll und es wert, geliebt zu werden.«

✔ **Fünftes Chakra (auch als das »Kehlkopf-Chakra« bezeichnet):** Dieses Chakra liegt im Zentrum der Kehle. Es ist mit den Fragen des ehrlichen, direkten und verantwortlichen Selbstausdrucks verbunden. Wenn es relativ geschlossen ist, haben Sie möglicherweise Schwierigkeiten, Ihre Gefühle, Gedanken oder Sorgen mitzuteilen, ohne sie abzuschwächen oder zu verfälschen, um sie für andere akzeptabler zu machen. Wenn sich dieses Chakra öffnet, erfahren Sie möglicherweise einen plötzlichen Andrang von Dingen, die Sie immer sagen wollten, begleitet von einem gewachsenen Vertrauen auf Ihre eigene Stimme und Kreativität. *Positiver Ausdruck:* »Ich habe ein Recht, meine Wahrheit auszudrücken.«

✔ **Sechstes Chakra:** Dieses Chakra liegt zwischen und etwas über den Augenbrauen. Es ist mit den Fragen der intellektuellen Klarheit, Intuition und persönlichen Vision verbunden. Wenn dieses Chakra relativ geschlossen ist, haben Sie möglicherweise Schwierigkeiten, klar zu denken und für die Zukunft zu planen, sowie starke persönliche Meinungen, Vorurteile oder negative Glaubenssätze über selbst. Wenn sich dieses Chakra öffnet, haben Sie möglicherweise plötzliche Einsichten oder Intuitionen, die Ihre intellektuellen oder spirituellen Horizonte erweitern, möglicherweise begleitet von inneren Visionen oder sogar psychischen Fähigkeiten. *Positiver Ausdruck:* »Ich sehe Dinge klar.«

✔ **Siebtes Chakra (auch als »Kronen-Chakra« bezeichnet):** Dieses Chakra liegt an der obersten Spitze des Kopfes. Es ist mit den Fragen der Freiheit und spirituellen Transzendenz verbunden. Wenn dieses Chakra relativ geschlossen ist (wie es bei den meisten Menschen der Fall ist), fühlen Sie sich möglicherweise von der heiligen oder spirituellen Dimension des Lebens abgeschnitten. Wenn es sich öffnet, fühlen Sie möglicherweise einen feinen Druck oder Schmerz, dem eine Befreiung von Energie durch die Krone des Kopfes folgt sowie ein Einströmen, das Menschen als Gnade, Frieden, Segen oder Erleuchtung beschrieben haben. Gleichzeitig fühlen Sie möglicherweise, wie sich Ihre Identität auflöst und sich mit der unermesslichen Weite des Seins selbst vermischt. Ich brauche nicht zu betonen, dass das Öffnen dieses Chakren ein kostbares Ereignis ist, das in gewissen spirituellen Traditionen heiß begehrt wird. *Positiver Ausdruck:* »Ich bin.«

Ihre Chakren prüfen

Weil die Energiezentren oder Chakren in gewissen meditativen Traditionen eine so bedeutende Rolle spielen und sich bei einer regelmäßigen Meditation auf natürliche Weise öffnen können, wollen Sie möglicherweise einen kurzen Überblick über Ihre eigenen Chakren haben, einfach um ein Gefühl dafür zu bekommen, worum es geht. Setzen Sie sich ruhig hin, entspannen Sie sich, und atmen Sie einige Male tief durch.

✔ **Erstes Chakra:** Richten Sie Ihr Bewusstsein auf Ihr Perineum, den Punkt in der Mitte zwischen dem Anus und den Genitalien. (Falls Sie nicht wissen, worüber ich rede, fokussieren Sie sich einfach auf den Bereich tief unten in Ihrem Becken am untersten Punkt Ihres Unterleibs.)

Wenn Ihr Bewusstsein auf diese Stelle gerichtet ist, stellen Sie sich vor, wie Sie den Bereich mit Ihrem Atem sanft liebkosen. Wie fühlt sich der Bereich an? Bemerken Sie Spannungen, Vibrationen oder eine Erregung? Fühlt es sich an, als sei dieses Energiezentrum offen und energetisiert oder geschlossen und zusammengezogen? Nehmen Sie sich Zeit, und versuchen Sie nicht, es herauszufinden – seien Sie sich einfach der Empfindungen bewusst.

✔ **Zweites Chakra:** Richten Sie Ihr Bewusstsein auf den Punkt, der fünf Zentimeter unter Ihrem Nabel und etwa vier Zentimeter innerhalb Ihres Unterleibs liegt. Atmen Sie, wie bei dem voranstehenden Punkt beschrieben, in den Bereich, und prüfen Sie, wie er sich anfühlt.

✔ **Drittes Chakra:** Richten Sie Ihr Bewusstsein auf Ihren Solarplexus, den Bereich in Ihrem oberen Unterleib rechts unter Ihrem Brustbein. Atmen und fühlen Sie, wie oben beschrieben.

✔ **Viertes Chakra:** Richten Sie Ihr Bewusstsein auf das Zentrum innerhalb Ihrer Brust in der Nähe des Herzens. Atmen und fühlen Sie wieder.

✔ **Fünftes Chakra:** Richten Sie Ihr Bewusstsein auf das Zentrum Ihrer Kehle in der Nähe des Adamsapfels. Atmen und fühlen Sie.

✔ **Sechstes Chakra:** Richten Sie Ihr Bewusstsein auf Ihr »drittes Auge,« den Punkt auf Ihrer Stirn zwischen und etwas über Ihren Augenbrauen. Atmen und fühlen Sie.

✔ **Siebtes Chakra:** Richten Sie Ihr Bewusstsein auf Ihre Schädeldecke. Atmen und fühlen Sie.

Wenn Sie nacheinander jedes Chakra suchen und Ihr Bewusstsein darauf richten, können Sie die folgende Übung ausführen. (Alternativ können Sie einfach Ihren Fokus auf eins oder zwei Chakren richten, die anscheinend Ihre Aufmerksamkeit auf sich lenken wollen, weil sie sich verspannt oder unbequem oder besonders energetisiert anfühlen.)

Hier ist die Übung:

1. **Setzen Sie sich ruhig hin, schließen Sie Ihre Augen, atmen Sie einige Male tief durch, und entspannen Sie sich mit jeder Ausatmung ein wenig mehr.**

2. **Wenn Sie Ihr Bewusstsein sanft auf das Chakra richten, schieben Sie alle Gedanken beiseite, und lassen Sie zu, dass ein Bild (oder Bilder) auftauchen.**

   Das Bild kann die Form einer Erinnerung, eines Objekts, einer geometrischen Form oder einer Farbe annehmen. Akzeptieren Sie, was immer auftaucht, und sitzen Sie damit für einige Momente.

3. **Fragen Sie sich: »Wenn dieses Chakra eine Stimme hätte, was würde es sagen?«**

   Lassen Sie es zu, dass es ausführlich zu Ihnen sprechen kann, und nehmen Sie sich die Zeit zuzuhören.

4. **Schließlich sollten Sie sich fragen: »Wenn dieses Chakra ein Tier wäre, welches Tier wäre es dann?«**

   Lassen Sie es zu, dass ein Bild oder eine gefühlte Empfindung eines Tiers in Ihrem Bewusstsein auftaucht und sich entfaltet.

Wenn Sie nicht auf jede dieser Fragen eine Reaktion bekommen, sollten Sie sich keine Sorgen machen. Viele Leute sind auf einem Kanal (zum Beispiel dem auditorischen) stärker als auf einem anderen (zum Beispiel dem visuellen). Mit fortgesetzter Übung stimmen Sie sich allmählich auf Ihre Chakren und deren Mitteilungen an Sie ein. Jedes Mal, wenn Sie die Übung ausführen, erhalten Sie andere Informationen, abhängig vom aktuellen Zustand Ihrer Energiezentren.

Sich auf den Schlaf vorbereiten

Die meisten Menschen gehen nachts voller Sorgen, Probleme und Aufregung ins Bett, die sie tagsüber angesammelt haben. Sie sollten stattdessen versuchen, sich mit einer der folgenden Übungen auf den Schlaf vorzubereiten:

✔ Wenn Sie sich ausziehen, stellen Sie sich vor, dass Sie alle Sorgen und Verantwortlichkeiten ablegen, eine nach der anderen. Stellen Sie sich vor, wie Sie leichter, entspannter und weiträumiger werden, bis Ihr Geist vollkommen leer und mit einem angenehmen, rosigen Glühen gefüllt ist. Stellen Sie sich vor, dass dieses Glühen in Ihr Herz herabsteigt und Ihr Bewusstsein in Zentrum Ihres Herzens ruht, wenn Sie in den Schlaf abdriften.

✔ Bevor Sie schlafen gehen, lassen Sie Ihren Tag etwas ausführlicher Revue passieren. Nehmen Sie sich Zeit, Ihre positiven Errungenschaften und Erfahrungen zu schätzen. Wenn Sie auf etwas stoßen, das Ihnen leid tut, denken Sie über die Lektion nach, die Sie gelernt haben. Fühlen Sie in Ihrem Herzen Dankbarkeit allen Leuten gegenüber, die heute auf verschiedene Weisen zu Ihrem Leben beigetragen haben, wenn Sie in den Schlaf abdriften.

✔ Legen Sie sich auf Ihren Rücken, und fühlen Sie den Kontakt Ihres Körper mit dem Bett. Entspannen Sie Ihren Körper allmählich von unten nach oben, indem Sie mit Ihren Füßen beginnen und sich langsam über Beine, Hüften, Rumpf, Arme, Nacken und Kopf nach oben arbeiten. Wenn Sie fertig sind, fühlen Sie Ihren Körper als eine leuchtende Kugel aus Entspannung, wenn Sie in den Schlaf abdriften.

Spiritualität kultivieren

In diesem Kapitel

▷ Die Eigenschaften einer echten spirituellen Erfahrung entdecken

▷ Den spirituellen »Fluss« kennen lernen, der durch alle Religionen fließt

▷ Ihre Identität vom Körper zum Sein ausdehnen

▷ Die Getrenntheit überwinden und Gott (oder dem Selbst, dem Geist oder der Quelle) näher kommen

▷ Einsicht in die tiefere Wirklichkeit gewinnen, die allen Erscheinungen zugrunde liegt

▷ Ein spirituellen Lehrer finden und bewerten

***

*I*n diesem ganzen Buch beziehe ich mich wiederholt auf die *Spiritualität*, obwohl ich sie häufig hinter Metaphern oder Abstraktionen verberge. Wie könnte ich schließlich sonst ausdrücken, was nicht ausdrückbar ist? In Kapitel 1 rede ich davon, den Berg der Meditation zu besteigen, und beschreibe kurz, was Ihnen begegnen könnte, falls Sie jemals den Gipfel erreichen. An anderen Stellen verwende ich Wörter wie »reines Wesen« oder »wahre Natur« oder »angeborene Perfektion.« Falls diese ziemlich verwirrenden Anspielungen auf eine *spirituelle Dimension des Seins* Ihr Interesse geweckt haben, können Sie in diesem Kapitel erfahren, wie Sie die Spiritualität durch die Meditation nach Herzenslust erforschen können.

Nein, Sie finden hier keine detaillierten Anweisungen, wie Sie die Erleuchtung erlangen oder Gott direkt begegnen können. Dafür müssen Sie wohl andere Bücher und Lehrer konsultieren. Aber ich gebe Ihnen einen kurzen Einblick, was der spirituelle Pfad zu bieten hat, so dass Sie wissen, welche Richtung Sie auf Ihrer Reise einschlagen müssen.

Wenn Sie jemals in der Esoterik-Abteilung Ihrer Buchhandlung gestöbert haben, wissen Sie, wie viele Bücher geschrieben worden sind, die vorgeben, Ihnen den rechten Weg zu zeigen. Dennoch fragen Sie sich möglicherweise immer noch, worum es bei diesem ganzen spirituellen Kram überhaupt geht. Vielleicht suchen Sie auch eine kleine Anleitung, um sich unter den vielen verschiedenen Ansätzen zurechtzufinden. In diesem Kapitel finden Sie einige Antworten, die auf meinem natürlich zugegebenermaßen begrenzten Verständis basieren.

Anmerkung: Das Kapitel, das Sie gerade beginnen, enthält eine Vielzahl spiritueller Ausdrücke, die auf eher säkular ausgerichtete Leser anstößig wirken können. Wenn Sie sich unruhig auf Ihrem Platz winden, wenn Sie Wörter »Geist«, »Gnade« oder »höhere Wirklichkeit« hören, sollten Sie dieses Kapitel möglicherweise ganz auslassen. Andererseits können Sie sich selbst aber auch einer ganz neuen Dimension der Erfahrung öffnen. Uups! – das war schon wieder eins dieser Wörter!

Was bedeutet Spiritualität überhaupt?

Wenn Sie regelmäßig meditieren, werden Sie spirituelle Erfahrungen machen – garantiert. Indem Sie Ihren Atem beobachten oder ein Mantra rezitieren oder einfach nur ruhig sitzen und mit voller Aufmerksamkeit dem Geräusch des Windes in den Bäumen lauschen, unterbrechen Sie Ihre normalen Beschäftigungen und stimmen sich selbst auf den gegenwärtigen Augenblick ein. Das ist der Ort, an dem Einblicke in die spirituelle Dimension des Seins im Allgemeinen stattfinden – in der Gegenwart. (Tatsächlich legt der Titel eines Bestsellers von Alan Watts aus den 70er Jahren, *Be Here Now*, dt. *Leben ist jetzt*, nahe, dass das bewusste Gegenwärtigsein eine von Natur aus spirituelle Aktivität ist. Siehe den Einschub *Wo die Vertikale auf die Horizontale trifft* später in diesem Kapitel.) Um ein altes Sprichwort aufzugreifen: Spirituelle Erfahrungen sind Zufälle – aber Sie machen sich selbst für Zufälle anfällig, wenn Sie meditieren.

 Hier sind einige der Erfahrungen, die Sie möglicherweise machen werden:

✔ Eine Einsicht in Ihre Verbundenheit mit anderen Wesen und Dingen

✔ Ein Aufwallen einer grenzenlosen, vorbehaltlosen Liebe, die sich in Ihrem ganzen Körper verbreitet

✔ Ein angenehmer Strom von Gnade oder Segnungen oder Licht von oben

✔ Eine direkte Wahrnehmung der Leere, Substanzlosigkeit oder Unbeständigkeit der Natur aller Dinge

✔ Ein Fluss von Energie, welche die Wirbelsäule durch die Energiezentren emporsteigt und Ihnen das Gefühl einer größeren Weite oder des Kontakts mit dem Geistigen vermittelt. (Näheres über Energiezentren finden Sie in Kapitel 12.)

✔ Eine Erfahrung feiner innerer Töne, Farben oder Formen, die eine spirituelle Bedeutung haben

✔ Eine Erfahrung, dass sich Ihr Körper in Licht auflöst oder sich Ihre Grenzen ausdehnen und im Raum auflösen

✔ Eine Verschiebung der Identität: Statt Körper-Geist zu sein, erfahren Sie sich jetzt als Raum oder Bewusstsein, in dem der Körper-Geist existiert.

✔ Ein tiefes und gewisses Wissen (jenseits des Geistes) um eine heilige Gegenwart, die sowohl in als auch jenseits der Welt von Raum und Zeit existiert

✔ Visionen von Engeln oder anderen spirituellen Wesen

✔ Ein direktes Bewusstsein der Gegenwart des Göttlichen

✔ Die innere Erfahrung, von Gott geliebt zu werden (oder sogar, mit ihm eins zu sein)

Wie können Sie sicher sein, ob Sie eine spirituelle Erfahrung gemacht haben? Oder anders ausgedrückt: Was macht eine Erfahrung spirituell? Nun ja, Sie könnten von Ihrer Meditation aufstehen und tatsächlich sagen: »Toll, das war eine spirituelle Erfahrung.« Die Erfahrung mag auch irgendwie zu Ihren spirituellen Glaubenssätzen passen und das, was Sie bereits wissen, noch einmal untermauern, oder dieses Wissen ausweiten. Vielleicht fühlen Sie sich einfach als Folge davon inspiriert oder geweitet oder liebevoller oder offen sich selbst oder anderen gegenüber. (Wie ich in Kapitel 6 erwähnt habe, ist das Wort *spirituell* von dem lateinischen Wort für *Atem* oder *Lebenskraft* abgeleitet. Zu den verwandten Worten gehören beispielsweise auch *Inspiration* oder *Respiration*, dt. *Atmung*.)

 Die Definitionen von *Spiritualität* und *spiritueller Erfahrung* hängen wirklich von der Person ab, die Sie fragen. Einige Menschen betrachten Spiritualität als den Lebensfunken, der ihre religiösen Aktivitäten antreibt und anreichert. Für andere ist Spiritualität nicht an ein religiöses Dogma oder Ritual gebunden. Doch egal, welche Auffassung sie im Einzelnen vertreten, alle Definitionen weisen auf einen Einblick in etwas, das tiefer oder höher oder wirklicher oder bedeutungsvoller als unser gewöhnliches Alltagsleben erscheint.

Der amerikanische Gelehrte William James bemerkt in seinem klassischen Buch *The Varieties of Religious Experience*, dt. *Die Vielfalt religiöser Erfahrung*, das er an der Wende zum zwanzigsten Jahrhundert geschrieben hat, dass spirituelle Erfahrungen im Allgemeinen vier Eigenschaften haben:

✔ **Unbeschreibbarkeit:** Sie können nicht angemessen mit Worten beschrieben werden, sondern müssen direkt erfahren werden.

✔ **Einsicht:** Sie sind im Allgemeinen mit der Entdeckung tiefer, wichtiger Wahrheiten verbunden, die von dem rationalen Geist nicht verstanden werden können.

✔ **Vergänglichkeit:** Sie dauern eine begrenzte Zeitspanne, aber sie können wiederkehren, und ihre Bedeutung kann sich immer weiter selbst enthüllen, selbst wenn die Erfahrungen selbst nur noch zu Erinnerungen geworden sind.

✔ **Passivität:** Sie können sich auf spirituelle Erfahrungen vorbereiten, aber wenn sie eintreten, empfangen Sie sie passiv, und sie entfalten sich mit einer eigenen Kraft in Ihrem Bewusstsein.

 Wo existiert die »spirituelle Dimension«? Einige Menschen erfahren sie in ihrem Inneren, als das Herz oder das Zentrum oder den tiefsten Kern Ihres Wesens unterhalb des Körpers oder der Persönlichkeit. Andere erfahren sie außerhalb, über sich oder überall um sich herum, durch spirituelle Wesen auf anderen Ebenen der Wirklichkeit (wie Engel oder Geister oder Bodhisattvas) oder einfach als einen Fluss oder eine geistige Kraft, die alles Leben erfüllt. Sie haben möglicherweise spirituelle Erfahrungen, wenn Sie beispielsweise einen Sonnenuntergang beobachten oder den Strand entlang gehen oder wenn Sie mit Ihren Kindern spielen oder sich in der Einsamkeit mit sich selbst auseinander setzen. Letztlich scheint es so zu sein, dass die spirituelle Dimension sowohl innerhalb als auch außerhalb von uns in unserem tiefsten Wesenskern und in jedem Wesen und Ding jenseits der üblichen Begrenzungen von Raum und Zeit existiert.

Wo die Vertikale auf die Horizontale trifft

Das folgende Modell hilft Ihnen, die Beziehung zwischen dem Gewöhnlichen und dem Spirituellen zu verstehen, und zeigt, wie die Meditation beides zusammenbringt.

Ihr Alltagsleben ereignet sich auf der horizontalen Ebene von Raum und Zeit, Ursache und Wirkung. (Einige Traditionen nennen diese Ebene die *relative* Stufe der Wirklichkeit.) Sie sind laufend damit beschäftigt, von hier nach dort zu gehen, an die Vergangenheit oder an die Zukunft zu denken, Pläne für den nächsten Tag zu machen und den vergangenen Tag zu beurteilen, zu handeln, Dinge auszuführen und zu eilen – und vielleicht gelegentlich innezuhalten, um sich zu entspannen oder Fernsehen zu gucken. Auf dieser horizontalen Ebene entwicklen Sie sich nach außen: Sie wachsen auf, Sie lernen die Lektionen des Lebens, Sie knüpfen Beziehungen und gründen eine Familie, Sie verfolgen Ihre Karriere, Sie erreichen ein gewisses Maß an Reife und Weisheit – alles sehr wichtige Errungenschaften.

Gleichzeitig gibt es eine vertikale Ebene, die nichts mit Raum und Zeit zu tun hat. (Im Gegensatz zu der relativen Ebene wird sie als die *absolute* Ebene bezeichnet.) Es handelt sich um den zeitlosen oder ewigen Bereich, den alle großen religiösen Traditionen beschreiben – den Gipfel des Berges, den ich in Kapitel 1 beschrieben habe. Er wird als *vertikal* bezeichnet, weil er den horizontalen Bereich in jedem Augenblick durchschneidet und durchdringt. Und wenn Sie wissen, wie Sie sich auf ihn einstimmen können, können Sie es zulassen, dass er Sie informiert, inspiriert und Ihr Sein mit Gnade, geistiger Kraft, Weisheit und Mitgefühl füllt – die Worte hängen von der Natur Ihrer Erfahrung und der Tradition ab, der Sie anhängen (falls Sie das tun).

Die Meditation bringt Sie aus Ihrem zeitgebundenen Planen und Denken heraus in den gegenwärtigen Augenblick und genau an die Stelle, wo die spirituelle Dimension Ihr gewöhnliches Leben trifft. Dort können Sie Ihre spirituellen Erfahrungen machen, wenn Sie sich ihnen öffnen.

Wenn Sie sitzen und Ihren Körper, Atem und Geist durch das Beobachten Ihres Atems oder das Rezitieren eines Mantras koordinieren, stellen Sie eine innere Harmonie oder Ausrichtung her, die das Einströmen der vertikalen Ebene einlädt. (Tatsächlich durchdringen sich die vertikale und die horizontale Ebene immer – Sie bemerken es einfach nur nicht.) Und wenn Sie in Ihrem gewöhnlichen Leben immer wieder zwischen den Meditationen zu dem gegenwärtigen Augenblick zurückkehren, ist es wahrscheinlicher, dass Sie die geistige Kraft in jedem Wesen und Ding erkennen, das Ihnen begegnet.

Die »ewige Philosophie«: Wo alle Religionen konvergieren

Damit Sie nicht glauben, dass diese Thematik der Spiritualität an die eine oder andere Tradition gebunden ist, möchte ich darauf hinweisen, dass bestimmte Philosophen die großen Weltreligionen – vom Christentum bis Zoroastrismus – untersucht und dabei herausgefunden haben, dass sie alle von einem gemeinsamen spirituellen Fluss durchströmt werden. Dieser Fluss wird als die *ewige Philosophie* bezeichnet. Er besteht aus drei miteinander verbundenen Strömungen oder Prinzipien. (Ich weiß, diese Diskussion wird etwas mystisch, aber bleiben Sie dran – ich werde sie so weit wie möglich erhellen.)

✔ **Es existiert eine größere Wirklichkeit, die der gewöhnlichen Welt der Dinge, des Lebens und des Geistes zugrunde liegt.** Die großen Traditionen unterscheiden sich in ihren Auffassungen, ob diese Wirklichkeit jenseits der gewöhnlichen Wirklichkeit liegt (sie transzendiert), ob sie diese durchdringt oder ob sie im Wesentlichen mit dieser identisch ist. Aber Sie stimmen alle darin überein, dass diese göttliche oder spirituelle Wirklichkeit existiert. Einige nennen sie *Gott* oder den *Heiligen Geist*, *Das Eine* (oder *Die Einen*), die das Universum erschufen und das Leben weiterhin von oben lenken. Andere bezeichnen es als den *Grund des Seins*, die unpersönliche Essenz, die das Leben unterstützt und aufrechterhält. Wieder andere nennen es die *Leere* oder die *Essenz des Seins* oder das *Selbst* oder das *Tao*. Doch egal wie ihr Name lauten mag, diese spirituelle Dimension ist ein heiliges Mysterium, das dem menschlichen Leben Bedeutung und Zweck und Wahrheit verleiht.

✔ **In jeder Person existiert etwas, das dieser größeren Wirklichkeit ähnlich oder sogar mit ihr identisch ist.** Auch hier können sich die Traditionen darin unterscheiden, welche Form dieses Etwas annehmen kann. Christen nennen es *Seele*, Juden sprechen von dem *inneren göttlichen Funken*, Hindus nennen es das *Atman*, und Buddhisten verwenden Worte wie *Buddha-Natur* oder *großer Geist*. Aber alle stimmen damit überein, dass dieses Etwas uns mit der größeren (oder höheren oder tieferen) Wirklichkeit verbindet, die dem gewöhnlichen Leben zugrunde liegt.

✔ **Das ultimative Ziel des menschlichen Lebens besteht darin, diese größere Wirklichkeit zu erkennen.** Die Sufi-Mystiker suchen die Vereinigung mit ihr, buddhistische Mönche streben danach, zu dieser Wirklichkeit zu erwachen, christlich Kontemplierende sehnen sich danach, Einblicke in diese Wirklichkeit zu bekommen – und der Rest der Menschen ist ganz zufrieden damit, sich mit ihr verbunden zu fühlen (oder ihr einfach nur gelegentlich in der Kirche, im Tempel oder in der Synagoge zu huldigen). Trotz ihrer unterschiedlichen Betrachtungsweisen stimmen die großen spirituellen Traditionen darin überein, dass jedes menschliche Wesen ein tiefes Verlangen in sich trägt (auch wenn dieses tief vergraben oder verkleidet sein mag), diese größere Wirklichkeit zu erkennen.

Wie ich in Kapitel 1 erwähnt habe, können Sie den Berg des Wesens auf vielen Wegen besteigen. Aber alle Pfade stimmen darin überein, dass der Berg existiert, dass Sie irgendwie berufen sind, ihn zu besteigen (vielleicht einfach weil »er da ist«, wie es Sir Edmund Hillary über den Mount Everest sagte), und dass das, was Sie auf seinem Gipfel entdecken, schon immer (wenigstens in gewisser Form) in Ihrem Inneren existiert hat.

Vom Glauben zur Reife: Die Ebenen der spirituellen Verbundenheit

Ihre Einstellung zu all diesen spirituellen Themen kann verschiedene Formen annehmen. Sie können sie vollkommen ignorieren – aber ich bezweifle, dass Sie in diesem Kapitel bis an diese Stelle gekommen wären, falls Sie an dem Thema überhaupt kein Interesse haben. Sie können in der einen oder anderen Form an die Spiritualität glauben. (Vielleicht glauben Sie an die Existenz von Engeln oder hängen der Doktrin einer bestimmten Religion an oder lesen Bücher über Schamanen oder Heilige oder Weise und glauben an die Wirklichkeit, die sie beschreiben.) Oder Sie können danach streben, die spirituelle Dimension selbst zu erfahren.

 Zur Vereinfachung möchte ich die spirituelle Verbundenheit in sechs Aspekte gliedern. Sie schließen sich gegenseitig aus – Sie können sich auf einen oder zwei oder alle einlassen, wenn Sie wollen. Sie sind nicht hierarchisch geordnet. Anders ausgedrückt: Ein Aspekt ist nicht unbedingt besser oder höher oder fortgeschrittener als ein anderer. Und sie sind sicher nicht in Stein gemeißelt, sondern einfach mein Versuch, etwas zu erfassen, das letztlich unergründlich ist. Diese sechs Aspekte sind:

✔ **Glauben an eine geistige Kraft:** Ich spreche hier von *geistiger Kraft* (im Original verwendet der Autor das Wort *spirit*, dt. *Geist*, A.d.Ü.), um Bezug auf die größere Wirklichkeit zu nehmen, die weiter oben erwähnt wurde und die der gewöhnlichen Welt der Menschen und Dinge zugrunde liegt. An eine geistige Kraft zu glauben ist ein wichtiger erster Schritt, weil er Sie für die Möglichkeit öffnet, sich ihr in gewisser Weise zu nähern.

✔ **Zu der geistigen Kraft erwachen:** Wenn Sie einen Einblick in die spirituelle Dimension bekommen haben (durch eine der spirituellen Erfahrungen, die weiter oben in diesem Kapitel beschrieben wurden), glauben Sie nicht mehr nur – sondern dann wissen Sie. Aber solche Erfahrungen können zu kaum mehr als Erinnerungen verblassen, wenn sie nicht durch regelmäßige spirituelle Übungen genährt oder aufgefrischt werden.

✔ **Mit der geistigen Kraft in Kontakt sein:** Manchmal werden Sie durch das Erwachen wesentlich transformiert. Wenn Sie Menschen und Dinge betrachten, sehen Sie sie nicht mehr auf dieselbe alte Weise, sondern Sie sind von einer neuen Bedeutung und Tiefe durchdrungen und mit der spirituellen Dimension in Kontakt, egal wohin Sie gehen und was Sie tun.

✔ **Von der geistigen Kraft durchdrungen sein:** Sie spüren nicht nur die Gegenwart der geistigen Kraft in jedem Wesen und Ding, sondern Sie wissen mit Sicherheit, dass die geistige Kraft auch jede Faser Ihres eigenen Wesens durchdringt – oder, anders ausgedrückt, dass Sie und die geistige Kraft im Wesentlichen dasselbe sind. Sie erfahren die geistige Kraft deutlich als die größere Wirklichkeit oder Substanz Ihres Lebens, die Sie mit allem verbindet.

✔ **Mit der geistigen Kraft eins sein:** Wenn die Getrenntheit abfällt und Sie sich mit der größeren Wirklichkeit vereinigen, erreichen Sie den Zustand der *Einheit*, der *Unio mystica*, die von den Mystikern und Zen-Meistern beschrieben wird. Aber bis Sie diese Erkenntnis gründlich in alle Aspekte Ihres Lebens integriert haben, können Sie immer wieder aus diesem Zustand herauskommen oder in ihn hineingehen, ohne in ihm voll etabliert oder verwurzelt zu sein.

✔ **Keine Trennung von geistiger Kraft und gewöhnlichem Leben:** Jetzt wissen Sie ohne jeden Zweifel, dass die gewöhnliche Alltagswirklichkeit, die heilige geistige spirituelle Dimension und Ihre eigene wesentliche Natur ein und dasselbe sind. Egal wohin Sie gehen oder was Sie tun, Sie treffen das Göttliche in jedem und allem, ohne die geringste Spur der Getrenntheit.

Das Selbst auflösen oder erweitern: Der Zweck spiritueller Praxis

Die großen spirituellen Traditionen stimmen auch darin überein, dass der Hauptgrund, aus dem wir leiden – und das Hauptproblem, das wir lösen müssen – darin besteht, das Getrenntsein zu erfahren und als Individuum isoliert und von Gott oder der Quelle oder unserer eigenen wesentlichen Natur abgeschlossen zu sein. Wenn Sie meditieren, überbrücken Sie den sichtbaren Abgrund, der Sie trennt, und verbinden sich mit Ihrem Atem, mit Ihren Körper und Ihren Sinnen, mit Ihrem Herzen, mit dem gegenwärtigen Augenblick und letztlich mit einer größeren Wirklichkeit. (Diese Verbindung ist der Faktor, der die Heilung fördert, wie Dr. Dean Ornish und andere Forscher herausgefunden haben. Näheres über die bahnbrechenden Arbeiten von Ornish zur Umkehr von Herzkrankheiten finden Sie in Kapitel 2.)

Wie ich in dem vorangegangenen Abschnitt erwähnt habe, können Sie an die geistige Kraft glauben, zu ihr erwachen, mit ihr in Kontakt bleiben und von ihr durchdrungen werden – alles sehr wichtige und wertvolle Abschnitte auf Ihrer spirituellen Reise. (Tatsächlich befinden sich praktisch alle Menschen, die ich kenne, mich eingeschlossen, irgendwo auf diesem Kontinuum.) Aber das ultimative Ziel der spirituellen Übung besteht darin, Ihnen zu helfen, die offensichtliche Getrenntheit komplett zu überwinden und mit der geistigen Kraft vollkommen eins zu werden.

Einen spirituellen Text kontemplieren

Die folgende Meditation ist so alt wie das geschriebene Wort – oder sogar älter, da die Menschen sich spirituelle Texte eingeprägt haben, lange bevor sie schreiben konnten.

1. **Setzen Sie sich ruhig hin, schließen Sie die Augen, atmen Sie einige Male tief durch, und entspannen Sie sich bei jeder Ausatmung ein wenig mehr.**

2. **Wählen Sie eine beliebte Passage der spirituellen Literatur, und lesen Sie einige Sätze oder Absätze – gerade genug, um eine spirituelle Wahrheit zu vermitteln, aber nicht genug, um Ihren analytischen Geist zu beschäftigen.**

   Wenn Sie sind nicht sicher sind, wo Sie Material finden können, empfehle ich Ihnen eine allgemeine Anthologie wie *The Enlightened Heart* von Stephen Mitchell oder den neueren Bestseller *Spiritual Literacy* von Frederic und Mary Ann Brussat.

3. **Beachten Sie, wie die Passage Sie beeinflusst.**

   Vermittelt Sie Ihnen das Gefühl, weiträumiger oder entspannter zu sein? Inspiriert Sie sie oder bringt sie Tränen der Dankbarkeit oder Wertschätzung in Ihre Augen? Erinnert sie Sie an eine andere spirituelle Erfahrung oder Einsicht, die Sie früher hatten?

4. **Lassen Sie die Passage weiter auf sich einwirken.**

   Sie können sie noch einmal lesen und bei ihr verweilen, wenn Sie wollen, oder einfach nur zulassen, dass gewisse Worte oder Ausdrücke in Ihrem Herzen und Geist Resonanz finden. Denken Sie aber nicht darüber nach, und analysieren Sie sie nicht, wie Sie es sonst tun würden. Bleiben Sie einfach bei der Resonanz oder dem Aspekt der Wahrheit, den sie mitteilt.

5. **Bedenken Sie, dass die Wörter einfach nur ein Behälter sind, der einen wertvollen Schatz enthält.**

   Indem Sie die Wörter kontemplieren, entdecken Sie den Schatz – aber fixieren Sie sich nicht auf die Wörter.

6. **Wenn Sie fühlen, dass Sie fertig sind, können Sie beginnen, auf Ihre normale Weise zu meditieren.**

   Sie können auch einfach aufstehen und Ihrem Tagewerk nachgehen.

7. **Wenn Ihnen während des Tages ein Wort oder Satz der Passage ins Bewusstsein kommt, halten Sie für einen Moment inne, und lassen Sie das Wort oder den Satz auf sich wirken.**

Je häufiger Sie auf diese Weise spirituelle Lehren lesen, desto mehr können Sie sie assimilieren und sich allmählich aneignen.

Das Selbst auflösen

 Was hält Ihre Trennung aufrecht? Nun ja, einige Traditionen bezeichnen es als *Ego* oder *Selbst*, andere nennen es *Persönlichkeit* oder *Stolz* oder *Selbstbild* oder *Selbstverhaftung*. Im Wesentlichen handelt es sich um die Glaubenssätze und Geschichten, die ich in Kapitel 5 beschreibe, die innere Turbulenz und die selbstzentrierten Beschäftigungen und Muster, die Sie davon abhalten, die Dinge klar zu sehen. Natürlich sind diese Beschäftigungen und Muster tief verwurzelt, und es kann ein ganzes Leben (oder mehrere Leben!) engagierter Übung erforderlich sein, um sie loszuwerden, aber Sie können beginnen, sie aufzulösen, indem Sie einige der meditativen Praktiken ausüben, die ich in Kapitel 11 beschreibe. (Auf einer tieferen Stufe des Verständnisses sind Sie tatsächlich nie von dieser geistigen Kraft getrennt, nicht einmal für einen Moment – Sie denken einfach, dass Sie es sind. Aber darin liegt das Rätsel, das wir alle lösen müssen. Der große indische Weise Ramana Maharshi pflegte zu sagen:»Das Einzige, was Sie vom Selbst trennt, ist der Glaube, dass Sie getrennt sind.«)

Wenn Sie diese Muster entwirren, lösen Sie allmählich das begrenzte Selbst auf, für das Sie sich selbst gehalten haben, und erkennen Ihre Identität mit der größeren Wirklichkeit. Noch einmal: Diese Reise kann sehr lange dauern (selbst mehrere Lebenszeiten, wenn Sie an die Reinkarnation glauben), und sie kann mit Schwierigkeiten, Ängsten und Unsicherheiten beladen sein, wie Sie feststellen werden, wenn Sie die Biographien großer Heiliger oder Weiser lesen. Außerdem müssen Sie ein gesundes Maß an Selbstliebe und Selbstakzeptanz entwickeln, um die Reise überhaupt zu überstehen. (Sie brauchen auch die Führung eines erfahrenen Lehrers. Nähere Informationen über Lehrer finden Sie im Abschnitt *Wie man einen Lehrer findet – und warum Sie sich darum kümmern sollten* am Ende dieses Kapitels. Mehr über Selbstliebe finden Sie in Kapitel 10.)

Das Selbst erweitern

 Zusätzlich zum Auflösen des Selbst können Sie die spirituelle Reise auch als eine Erweiterung der Identität von eng nach weit verstehen, bis Sie sich schließlich mit der *leuchtenden, ewigen Unermesslichkeit* selbst (d.h. der geistigen Kraft oder Gott) identifizieren können. Die alten indischen Weisen benutzten das Modell der fünf Körper, die zunehmend feineren Ebenen der Identifikation entsprechen, beginnend mit dem physischen Körper und aufsteigend zur Identifikation mit dem Grund des Seins oder der größeren Wirklichkeit selbst.

Hier folgt ein ähnliches Modell (basierend auf den fünf Körpern und locker an die Schriften des Philosophen Ken Wilber angelehnt), das Sie möglicherweise hilfreich finden, um Ihre eigene spirituelle Erfahrung und Ihr Wachstum zu verstehen. (Entschuldigung, Ken, dafür, dass einige deiner Gedanken auf den Kopf gestellt werden!) Denken Sie daran, dass Sie jedes Mal, wenn Sie Ihre Identität auf eine neue Stufe ausweiten, die vorhergehende Stufe verinnerlichen, anstatt sie hinter sich zu lassen.

✔ **Physischer Körper:** Einige Menschen scheinen an nichts anderes zu denken als Essen, Trinken, Schlafen und Sex – sie identifizieren sich hauptsächlich mit ihren physischen Bedürfnissen und Instinkten. Auch Kinder identifizieren sich hauptsächlich mit dieser Stufe, obwohl sie auch mit einem Fuße in dem spirituellen Bereich stehen, insbesondere während der ersten drei oder vier Jahre.

✔ **Persona:** Wenn Sie größer werden und mehr mit anderen interagieren, entwickeln Sie eine Persönlichkeit – einen Satz von Gewohnheiten, Neigungen und Präferenzen – zusammen mit einem Selbstbild, das hauptsächlich darauf basiert, wie andere Sie sehen. Allmählich, fangen Sie an, Ihre Identität auszuweiten und diese soziale Persona zu verinnerlichen, und beschäftigen sich möglicherweise mit Ihrem Aussehen, Ihrer Wirkung auf andere oder mit anderen »Ausrüstungsgegenständen«, die zu Ihrem Selbstbild gehören, wie beispielsweise materielle Besitztümer.

✔ **Reifes Ego:** Wenn Sie genügend Zeit damit verbringen, Ihr inneres Leben zu erforschen, und Ihre tieferen Gefühle, Werte und Visionen kennen zu lernen, entwickeln Sie möglicherweise im Laufe der Zeit ein reifes Ego – ein gesundes, abgerundetes Empfinden Ihrer Identität. Sie wissen, was Sie wollen und was Sie für andere tun können. Menschen, die sich mit ihrem reifem Ego identifizieren, scheinen geerdet und selbstsicher sein und gehören häufig zu den Personen, die sich selbst verwirklichen – sie entfalten in ihren Beziehungen und in ihrem Beruf ihr volles Potenzial als menschliche Wesen. Gemäß der traditionellen westlichen Psychologie repräsentiert das reife Ego den Höhepunkt der menschlichen Entwicklung.

✔ **Energiekörper:** Die spirituellen Traditionen fahren dort fort, wo die säkulare westliche Psychologie aufhört. Jenseits vom Körper-Geist liegen der Energiekörper (die Aura, die den physischen Körper umgibt), der sich abhängig von Ihrer Stimmung ausdehnt und zusammenzieht, Ihre Energieebene und zahllose andere Faktoren. (Ob Sie es bemerken oder nicht, Sie reagieren laufend auf die Energiekörper der Menschen, die Sie treffen.)

Die klassische Übung, um Ihren Energiekörper zu erfahren, läuft folgendermaßen ab: Reiben Sie Ihre Handflächen und Finger einige Minuten lang kräftig gegeneinander, halten Sie sie dann drei bis fünf Zentimeter auseinander, und achten Sie auf das Energiefeld zwischen ihnen. Bringen Sie sie näher zusammen und weiter auseinander, und fühlen Sie, wie die Energie dichter und dünner wird und pulsiert, wenn sich Ihre Hände bewegen. Wenn Sie diese Dimension näher erforschen wollen, lesen Sie den Einschub *Mit Ihrem Energiekörper spielen* später in diesem Kapitel.

Menschen, die Ihre Identitäten ausweiten, um ihre Energiekörper einzuschließen, stellen fest, dass Sie mehr als einfach nur Körper-Geist sind, wodurch sie sich zu einer spirituellen Dimension des Seins öffnen.

✔ **Transpersonale Dimension:** Diese breite Kategorie umfasst den vollen Bereich der außernormalen Erfahrungen, vom Hellsehen und anderen Formen außersinnlicher Wahrnehmung (Extra Sensory Perception, ESP) über Entzücken und Seligkeit und Visionen von Engeln, Göttern und Göttinnen und anderen überweltlichen Wesen bis zur direkten Vereinigung mit Ihrem höheren Selbst – oder sogar mit einer persönlichen Manifestation Gottes. (Nähere Informationen über Entzücken und Seligkeit finden Sie in Kapitel 12.) Wenn Sie Ihre Identität ausweiten, um diese feineren Ebenen von Wesen einzuschließen, wissen Sie ohne Zweifel, dass Sie weit mehr sind, als Sie früher zu sein glaubten, und Sie fangen an, auch auf eine höhere Quelle der Weisheit und des Mitgefühls zuzugreifen. (Nahtod-Erfahrungen passen häufig in diese Kategorie, ebenso die Erfahrungen, die in Bestsellern wie *Conversations with Gott* und *Die Prophezeihung von Celestine* beschrieben werden.)

✔ **Einblicke ins Sein:** Wenn Sie das Sein direkt mit seiner ganzen innewohnenden Perfektion und Vollkommenheit erfahren, erkennen Sie, dass Sie niemals von dem getrennt waren, wer Sie wirklich sind, nicht einmal für einen Augenblick. Die Zen-Meister bezeichnen eine solche direkte Erfahrung des Seins als *Kensho* – buchstäblich: Ihre wahre Natur sehen – aber möglicherweise benötigen Sie eine Reihe von Kenshos, bevor Sie jenseits allen Zweifels wissen, wer Sie sind, und aufhören, zu einer begrenzteren Identifikation zurückzugehen.

✔ **Grund des Seins:** Nur die großen Mystiker und Weisen kommen so weit. Jetzt sind Sie ohne Getrenntheit eins mit der geistigen Kraft oder dem Grund des Seins – in den Worten der indischen Schriften: »Du bist das.« Sicher, Sie werden weiterhin essen, trinken, schlafen und sich die Nase putzen, aber Sie vergessen niemals für einen einzigen Augenblick, wer Sie wirklich sind – und Ihr Wesen strahlt Weisheit und Mitgefühl mit anderen aus.

Nachdem Sie jetzt das Territorium kennen gelernt haben, können Sie Ihre Bücher schließen und sich auf ein Quiz vorbereiten. Nein, im Ernst, Leute – Menschen haben tatsächlich Erfahrungen wie die oben beschriebenen, und ich war der Meinung, dass Sie möglicherweise wissen wollen, auf was Sie sich einlassen, wenn Sie beschließen, Ihre Meditation für spirituelle Zwecke zu verwenden. (Noch einmal: Ich rate Ihnen dringend, sich einen Lehrer zu suchen, wenn Sie dies tun.) Der Ansatz, das Selbst aufzulösen, und der Ansatz, das Selbst zu erweitern, führen Sie letztlich zu demselben Ziel: dem tiefen inneren Wissen, dass Sie und Gott oder der Grund des Seins identisch sind – »nicht zwei«, wie es einige Lehrer ausdrücken. Obwohl die meisten spirituellen Traditionen dazu neigen, einen der beiden Ansätze zu betonen, bieten sie im Allgemeinen beide, abhängig von Ihren Neigungen, als Alternativen an.

Auf dieselbe Weise unterscheiden sich die spirituellen Traditionen der Welt durch die Wege, die sie betonen. Beispielsweise neigt die jüdisch-christliche Tradition dazu, den *Weg der Hingabe* zu betonen, wogegen der Buddhismus den Schwerpunkt auf den *Weg der Einsicht* legt. Aber wer die Hingabe übt, hat tiefgründige Einsichten in die Natur der Existenz, und wer nach Einsicht strebt, kann auch Praktiken der Hingabe ausüben, die ihn bei seinem Bemühen unterstützen. Außerdem sind für einige Traditionen, beispielsweise den Hinduismus und den Sufismus, beide Wege wichtig. (Der dritte Hauptweg, das *selbstlose Dienen*, bei dem jede Handlung spirituellen statt persönlichen Zielen gewidmet ist, kann dazu verwendet werden, die Erfahrungen sowohl der Hingabe als auch der Einsicht zu vertiefen. Beispielsweise diente Mutter Teresa den Ärmsten der Armen als Ausdruck ihrer Hingabe an Jesus, während die Bodhisattvas der buddhistischen Tradition anderen dienen, um ihnen zu helfen, sich von den Begrenzungen ihres Unwissens zu befreien.)

Mit Ihrem Energiekörper spielen

Haben Sie jemals die Empfindung gehabt, dass Sie größer als Ihr physischer Körper waren? Oder dass sich der Raum, den Sie einnehmen, in Abhängigkeit von den Umständen ausdehnt und zusammenzieht? (Nein, es geht hier nicht um die Durchführung einer Diät.) Haben Sie jemals das Gefühl gehabt, dass Sie keine Grenzen hatten und endlos weitergingen? Falls dies der Fall war, haben Sie die Erweiterung und Zusammenziehung Ihres Energiekörpers, der Aura von Energie, erfahren, die Ihren physischen Körper umgibt.

Die folgende kleine Übung zeigt Ihnen, wie Sie mit Ihrem Energiekörper spielen können:

1. **Setzen Sie sich ruhig hin, schließen Sie die Augen, atmen Sie einige Male tief durch, und entspannen Sie sich bei jeder Ausatmung ein wenig mehr.**

2. **Stellen Sie sich einige Minuten lang vor, dass Sie einen Spaziergang in der Natur machen oder Zeit mit jemandem verbringen, den Sie lieben.**

   Beachten Sie, wie groß Sie sich fühlen.

   Beachten Sie dann, wie sich Ihre Größe (aber nicht Ihr Bauchumfang) ändert, wenn Sie sich vorstellen, in einem Stau zu stecken oder Rechnungen zu bezahlen oder in einen Streit hineingezogen zu werden.

3. **Achten Sie als Nächstes auf Ihren Energiekörper, ohne sich irgendetwas vorzustellen.**

   Wie weit dehnt er sich Ihrer Meinung nach über Ihren physischen Körper hinaus? Fünfzehn Zentimeter? Mehrere Dezimeter? Dehnt er sich nach vorn so weit aus wie nach hinten? Ragt er höher über Ihren Körper hinaus als tiefer in den Boden hinein? Ist er dicker als die Luft oder dünner? Ist er an einigen Stellen dicker als an anderen?

4. **Gehen Sie in einen Raum, in dem Sie sich wohl fühlen, bleiben Sie einen Moment in seiner Mitte stehen oder sitzen, und prüfen Sie die Grenzen des Raums in jeder Richtung.**

5. **Füllen Sie den Raum mit Ihrer Energie – füllen Sie ihn mit sich!**

   Stellen Sie sich ihn vor, empfinden Sie ihn, visualisieren Sie ihn, füllen Sie ihn mit Gesang, tun Sie alles, was Ihnen hilft, den Raum so weit wie möglich zu füllen.

6. **Ziehen Sie Ihre Energie zurück, bis sie eine Kugel um Sie herum bildet, etwa 60 bis 90 Zentimeter von Ihnen entfernt.**

   Beachten Sie, wie die Energie dichter wird.

7. **Spielen Sie damit, Ihre Energie auf diese Weise mehrere Male auszudehnen und zusammenzuziehen, dann entspannen Sie sich und achten darauf, wie Sie sich fühlen.**

Durch regelmäßige Experimente mit Ihrem Energiekörper, können Sie ein direktes Verständis der spirituellen Wahrheit erlangen, dass Sie mehr als Ihr physischer Körper sind. (Diese Übung ist an eine Reihe von Übungen in dem Buch *The Lover Within* von Julie Henderson angelehnt.)

Der Weg der Hingabe: Auf der Suche nach der Einheit

Wenn Sie an die Existenz eines persönlichen Gottes glauben oder Erfahrungen einer Gegenwart gemacht haben, die größer als Sie selbst war und die Sie mit Gefühlen des Wir und der Ehrfurcht gefüllt hat, werden Sie möglicherweise zum Weg der Hingabe hingezogen. Dieser Weg ist der hauptsächliche spirituelle Weg in der jüdisch-christlichen Tradition und im Islam und bildet einen der Hauptströme des Hinduismus.

 Obwohl die Anhänger eine tiefe Verbundenheit mit Gott fühlen können und glauben, dass ein göttlicher Funke in Ihrem Herzen scheint, machen sie häufig die Erfahrung eines schmerzvollen Getrenntseins von Gott. Der anonyme Autor des mystischen christlichen Textes *The Cloud of Unknowing* (*Die Wolke der Unwissenheit*) drückt dies folgendermaßen aus: »Eine Person, welche die tiefe Erfahrung macht, getrennt von Gott zu existieren, fühlt die stärkste Traurigkeit. Und jeder andere Kummer scheint in Vergleich dazu unbedeutend zu sein.« Durch Kontemplation, Mantra-Rezitation (siehe den Abschnitt *Mantra: Das Göttliche in jedem Moment hervorrufen* später in diesem Kapitel), Chanten, selbstlosen Dienst und andere Praktiken der Hingabe versuchen Anhänger, näher zu Gott zu gelangen, indem Sie ihre gesamte Liebe und Aufmerksamkeit auf Gott fokussieren – und letztlich, wenn sie zur Mystik neigen, in einem Zustand der ekstatischen Einheit vollkommen mit Gott eins werden.

Als Brücke zwischen dem Selbst und dem Göttlichen (insbesondere wenn das Göttliche wie in gewissen Schulen des Hinduismus und Buddhismus kein persönliches Gesicht hat) kann die Hingabe auch auf den spirituellen Führer gerichtet werden. Beispielsweise sprach im Westen der große Sufi-Dichter Rumi entzückt von seiner Liebe und Verehrung für Shams von Tabriz, seinem »Freund« und Lehrer; und gewisse christliche Mystiker schrieben Liebesbriefe, in denen sie dieselbe Hingabe zueinander wie zu Gott zum Ausdruck brachten. Im Osten forderten einige hinduistische Lehrer die Hingabe ihrer Schüler als einen wesentlichen Schritt zur spirituellen Reife, und tibetische Buddhisten üben den Guru-Yoga, bei dem sie den Lehrer als Verkörperung ihrer eigenen wesentlichen Natur verehren. (Siehe den Abschnitt *Guru-Yoga: Die tibetische Hingabe-Mediation* später in diesem Kapitel.)

 Obwohl der Weg der Hingabe den allgemeinen Richtlinien für die Spiritualität folgt, die weiter oben in diesem Kapitel beschrieben wurden, enthält er einige einzigartige Aspekte oder Phasen der Entwicklung. (Auch hier gilt: Dieses Thema mag ziemlich abgehoben erscheinen – aber wenn Sie zur Mystik neigen, sollten Sie auf jeden Fall wissen, was es mit diesem Weg auf sich hat.) Diese Phasen lauten:

✔ **Tugend entwickeln:** In allen großen Traditionen der Hingabe müssen sich die Anhänger auf die Vereinigung mit Gott vorbereiten, indem sie ein Leben der Reinheit und Enthaltung führen.

✔ **Ein höhere Oktave der Liebe kultivieren:** Der Anhänger kann damit beginnen, persönliche Liebe für Gott oder den Lehrer zu fühlen, aber schließlich entwickelt sich diese Liebe in eine vorbehaltlose, transpersonale Liebe, die keine Grenzen kennt und nicht von der Liebe zu dem Objekt abhängt, das angerufen wird. (Nähere Informationen über die vorbehaltlose Liebe finden Sie in Kapitel 10.)

✔ **Die Dualität überwinden:** Ausgehend von dem schmerzvollen Empfinden von Getrenntheit näher sich der Anhänger allmählich immer Gott, um sich letztlich mit ihm zu vereinigen, bis keine Spur von Getrenntheit bleibt. Der hinduistische Weise Swami Vivekananda hat dies folgendermaßen ausgedrückt:»Liebe, Liebender und Geliebtes sind eins.«

✔ **Den persönlichen Gott transzendieren:** Letztlich muss der Anhänger sogar Gott transzendieren, wenn Gott als Wesenheit mit einem bestimmten Namen oder einer Form erfahren wird. Auf dieser Stufe lösen sich Liebender und Geliebtes in Gott als dem absoluten Grund des Wesens auf, der namenlosen, formlosen größeren Wirklichkeit, deren Essenz die Liebe ist.

✔ **Alles ist Gott:** Die Unterscheidungen werden auf diesen höheren Ebenen sehr subtil: Wenn der Anhänger nicht mehr kontemplieren oder meditieren muss, um die Einheit mit Gott zu erfahren, sondern Gott immer und überall beim Wachen oder Schlafen sieht, hat er den Gipfel des Wegs der Hingabe erreicht. Jetzt sind das getrennte Selbst und alles selbstzentrierte Streben abgefallen, jede Handlung bringt die vollkommene Ausrichtung mit dem göttlichen Zweck zum Ausdruck:»Nicht mein Wille, sondern dein Wille geschehe.«

Um Ihnen einen Eindruck vom Weg der Hingabe zu vermitteln, folgen drei Praktiken, die Sie ausprobieren können. Für die ersten beiden gibt es in allen großen spirituellen Traditionen der Welt Entsprechungen. Die dritte Praktik liefert ein Beispiel für eine Übung der Hingabe aus der buddhistischen Tradition.

Mantra: Das Göttliche in jedem Moment hervorrufen

Während der ganzen Geschichte haben Meditierende und Mystiker der großen Traditionen der Hingabe die ständige Rezitation eines *Mantras* (eines heiligen Wortes oder Ausdrucks, das bzw. der normalerweise direkt von einem Lehrer vermittelt wird) empfohlen, um den Anhänger näher zum Göttlichen zu bringen. (Nähere Informationen über Mantras finden Sie in Kapitel 3.) Zuerst können Sie üben, das Mantra laut zu wiederholen; dann, wenn Sie mehr Übung haben, können Sie es schweigend sich selbst gegenüber wiederholen; und letztlich können Sie zu einer rein mentalen Rezitation fortschreiten (der die größte Wirkung zugeschrieben wird).

 Einige Praktizierende der Mantra-Meditation arbeiten auch mit einem Rosenkranz (oder *Mala* in Sanskrit), um ihre Meditation besser überwachen zu können, indem sie bei jeder Rezitation eine Perle weitergehen. (Eine einfache Mala können Sie bei jedem Esoterik-Versand oder in esoterischen Buchläden kaufen.) Alternativ können Sie den Ton mit dem Kommen und Gehen Ihres Atems koordinieren.

Obwohl Sie damit beginnen können, Ihre Mantra-Rezitation einige Minuten oder Stunden am Tag zu praktizieren, besteht das traditionelle Ziel in einer ständigen Übung. Das heißt, Sie wollen zu dem Punkt gelangen, an dem Sie das Wort oder den Ausdruck nonstop wiederholen, um Ihre Aufmerksamkeit permanent auf das Göttliche zu fokussieren und von gedanklichen Verhaltensmustern fern zu halten. Letztlich wird Ihr Geist »einspitzig«, und Sie werden immer und ausschließlich an Gott denken – was der erste Schritt auf dem Weg zur Einheit ist. (Wenn Sie den Film *Gandhi* gesehen haben, erinnern Sie sich möglicherweise daran, dass er mit dem Mantra *Ram*, einem der hinduistischen Namen für Gott, auf den Lippen starb.)

Ich brauche wohl nicht zu sagen, dass Sie sich glücklich schätzen können, wenn Sie anfangs Ihr Mantra auch nur einige Minuten lang behalten können. Aber wenn Sie ein Mantra von einem Lehrer empfangen haben (oder ein Mantra kennen, das für Sie eine besondere Bedeutung hat oder ein besonderes Gefühl in Ihnen auslöst) und Sie eine starke Hingabe fühlen, wer weiß dann schon, wie weit Sie in Ihrer Übung gehen können? (Um Inspiration auf Ihrem Weg zu erhalten, sollten Sie den klassischen spirituellen Text *Der Weg eines Pilgers*, als Knaur-Taschenbuch erhältlich, lesen. Er erzählt die Geschichte eines anonymen russisch-orthodoxen Bauern, der dem Weg der Hingabe folgte und das Jesus-Gebet *Herr Jesus Christus, erbarme dich meiner* Tag und Nacht rezitierte.)

Die Übung der Gegenwart Gottes

Die folgende althergebrachte Übung ist in allen großen spirituellen Traditionen der Welt zu finden. Wenn Sie einen Blick auf das Heilige erhascht haben, können Sie üben, es überall in jedem und allem zu sehen, wo Sie hinschauen. Ein alter Zen-Meister pflegte zu jedem Wesen, das ihm begegnete, zu sagen: »Buddha! Buddha!« Als der zeitgenössische tibetische Lehrer Kalu Rinpoche ein Aquarium in San Francisco besuchte, ging er herum und klopfte an die Glasscheiben, um die Fische auf sich aufmerksam zu machen, damit er sie segnen und ihnen Glück und Wohlbefinden wünschen konnte.

 Die *Übung* ist ganz einfach: Denken Sie daran, das Heilige oder Göttliche in jedem Wesen und Ding zu sehen. Bruder Lawrence von der Auferstehung, ein katholischer Bruder aus dem 17. Jahrhundert, nannte sie die *Übung der Gegenwart Gottes.* Möglicherweise glauben Sie, dass alles Gott oder von Gott durchdrungen oder von Gott erschaffen ist oder den Funken des Göttlichen in sich trägt. Was immer Sie glauben, die Übung erinnert Sie daran, nicht auf die Oberfläche oder auf Ihre Wünsche und Abneigungen zu schauen, sondern auf die heilige, spiritueller Dimension, die immer

gegenwärtig ist. Für diejenigen, die diese Übung ausführen, liegt Gott – wie die Schönheit – in den Augen des Betrachters. (Anstatt beispielsweise auf den gestressten Ausdruck auf den Gesichtern der Menschen zu reagieren, können Sie darüber hinweg auf die Liebe in ihren Herzen oder den Glanz in ihren Augen oder die Reinheit ihrer wesentlichen Natur schauen, auch wenn diese tief verborgen sein mag.)

Natürlich ist diese Übung nicht leicht, auch wenn sie einfach ist. Sie können mit zehn Minuten beginnen und sehen, was passiert. Wenn es Ihnen gefällt, können Sie sie auf natürliche Weise ausweiten, wenn Sie sich dazu inspiriert fühlen. (Eine Erinnerungshilfe: Sie können beispielsweise einen Ausdruck wie *Auch dies ist göttlich* zwar nicht laufend wie ein Mantra, aber periodisch als Erinnerung wiederholen.)

Guru-Yoga: Die tibetische Hingabe-Meditation

Für praktizierende tibetische Buddhisten verkörpert der Hauptlehrer oder *Guru* die Weisheit und das Mitgefühl aller erleuchteten Wesen in Raum und Zeit. Durch Anrufung des Gurus und »eifriges Beten mit vorbehaltloser Hingabe«, um die Worte des großen zeitgenössischen Meisters Dudjom Rinpoche (zitiert in *Das tibetische Buch vom Leben und Sterben* von Sogyal Rinpoche) zu verwenden, »wird nach einer gewissen Zeit der direkte Segen des weisen Geistes des Meisters übertragen und stärkt Sie mit einer einzigartigen Erkenntnis, die jenseits der Worte tief in Ihrem Geist verankert ist.«

Anders ausgedrückt: Das Ziel des Guru-Yoga besteht darin, eins mit der größeren Wirklichkeit (nennen Sie sie *Gott* oder *geistige Kraft* oder *Spirit* oder *Buddha-Natur*) zu werden, indem man sich zunächst mit dem Geist und dem Herzen eines erleuchteten Meisters vereinigt. (In der tibetischen Tradition ist der weise Geist des Guru, von dem man sagt, er gleiche der Weite des Himmels, letztlich mit dem Sein selbst identisch.)

Glücklicherweise müssen Sie kein tibetischer Buddhist sein, um von dieser Übung zu profitieren. Die folgende Version der Übung kann von jedem ausgeführt werden (angelehnt an *Das tibetische Buch vom Leben und Sterben* von Sogyal Rinpoche):

1. **Setzen Sie sich ruhig hin, schließen Sie die Augen, atmen Sie einige Male tief durch, und entspannen Sie sich mit jeder Ausatmung ein wenig mehr.**

   Wenn Sie bereits meditieren können, tun Sie dies wie gewohnt einige Minuten lang.

2. **Stellen Sie sich über Ihrem Kopf ein erleuchtetes Wesen oder einen Heiligen vor, den Sie lieben oder verehren – vielleicht Jesus, Buddha, Moses oder Mutter Teresa.**

   Wenn Sie keine engere Beziehung zu Heiligen und Weisen haben, stellen Sie sich einfach ein Wesen mit unbegrenzter Weisheit und unendlichem Mitgefühl vor. Wenn Ihnen das Visualisieren schwer fällt, spüren Sie einfach, wie dieses Wesen in Ihrem Herzen lebt.

3. **Verstärken Sie die Erfahrung, indem Sie Ihre Gefühle der Begeisterung und Hingabe verstärken.**

Dieses Wesen existiert tatsächlich direkt hier und jetzt, und es verkörpert die Segnungen aller erleuchteten Heiligen und Weisen.

4. **Entspannen Sie den Körper, fühlen Sie die Gegenwart dieses Wesens in Ihrem Herzen, und bitten Sie es, Ihnen dabei zu helfen, Ihre eigene wesentliche Natur zu verwirklichen.**

5. **Lassen Sie es zu, dass sich Ihr Geist und Herz mit dem Geist und Herzen dieses erleuchteten Wesens vereinigen, wenn Sie es bitten, Sie mit Klarheit und Mitgefühl zu erfüllen.**

6. **Halten Sie die Vereinigung Ihres Geistes und Ihres Herzens mit denen des erleuchteten Wesens aufrecht, während Sie ein Mantra der Hingabe rezitieren, wenn Sie eins haben.**

   (Siehe den Abschnitt *Mantra: Das Göttliche in jedem Moment hervorrufen* weiter oben in diesem Kapitel.) Wenn Sie kein Mantra haben, sitzen Sie einfach mit Verehrung und Hingabe.

7. **Fühlen Sie, wie sich Ihr Geist und Herz allmählich mit dem Geist und Herzen des Gurus vereinigen – die weit, klar und leuchtend wie der Himmel sind.**

8. **Stellen Sie sich vor, dass Tausende von Strahlen reinen weißen Lichts von dem Guru ausströmen und jede Zelle Ihres Körpers durchdringen und Sie dabei mit dem himmelsgleichen Geist der Erleuchtung vollkommen heilen, reinigen und kräftigen.**

9. **Lassen Sie es zu, dass sich der Guru in Licht auflöst und eins mit Ihnen wird, so dass Sie und der Guru untrennbar sind.**

10. **Ruhen Sie mehrere Minuten lang in der weiten, leuchtenden, himmelsgleichen Natur des Geistes.**

    Sie wissen ohne Zweifel, dass Ihr Geist und der Geist des Guru eins sind.

Chanten und verbeugen

Neben der Meditation und Kontemplation umfasst der Pfad der Hingabe normalerweise aktive Praktiken wie Chanten, Singen und Verbeugen. Wie Sie möglicherweise bemerkt haben, wenn Sie jemals in einem Gospel-Chor mitgesungen oder indische Hymnen der Hingabe gechantet haben, können Sie dabei Ihre Geister beleben, Ihr Herz öffnen und Ihre Hingabe verstärken, indem Sie Ihre Stimme zum Preis des Göttlichen erheben.

Wenn Sie zum Weg der Hingabe neigen (oder Ihre Hingabe zu gering ausgeprägt ist!), versuchen Sie, Ihre Meditation gelegentlich mit ein wenig Chanten oder Singen zu verbinden. Wählen Sie Songs, die in Ihnen etwas Positives auslösen oder für Sie eine spezielle Bedeutung haben. (Ich kenne zum Beispiel viele Hindus und Buddhisten, die gern *Amazing Grace* singen.)

Die traditionelle Weisheit lehrt auch, dass das Chanten heiliger Wörter und Sätze die Kraft haben kann, Ihre Energiezentren zu öffnen, zu stimulieren und zu harmonisieren. (Nähere Informationen über Energiezentren finden Sie in Kapitel 12.) Auf diese Weise hilft das Chanten dabei, Ihren Körper »einzustimmen« und ihn auf die Meditation und andere spirituelle Praktiken vorzubereiten.

Kommen wir nun zu den Verbeugungen: Welche bessere Methode gibt es, Ihre selbstzentrierten Beschäftigungen und Verhaltensmuster aufzugeben, als regelmäßig auf die Knie zu fallen? Ein berühmter Zen-Meister hatte dauernd eine Schwiele auf seiner Stirn, weil er sich immer wieder verbeugte, um seine Sturheit aufzuweichen. Mein erster Zen-Lehrer pflegte zu sagen:»Buddhismus ist eine Religion des Verbeugens.«

Natürlich spielt das Verbeugen auch in der jüdisch-christlichen und in der islamischen Tradition eine große Rolle. Wie die Meditation handelt es sich um eine universell anerkannte Übung, um die Getrenntheit zu überwinden und sich der spirituellen Dimension des Seins anzunähern.

Aber das Verbeugen bedeutet nicht, dass Sie Ihre Autonomie an eine äußere Macht oder Kraft abgeben. Wenn Sie sich verbeugen – vor Gott, Jesus, Buddha oder dem Bild eines Lehrers oder Heiligen – verbeugen Sie sich letztlich vor Ihrer eigenen wesentlichen Natur.

Tatsächlich betrachte ich das Verbeugen als einen Ausdruck der wesentlichen Einheit von Innen und Außen, dem Objekt der Verbeugung und dem sich Verbeugenden. Oder wie man in Indien sagt: »Das Göttliche in mir verbeugt sich vor dem Göttlichen in dir.«

Der Weg der Einsicht: Entdecken, wer Sie sind

Wenn Sie Antworten auf wesentliche spirituelle Fragen wie »Wer bin ich?« oder »Was ist Wirklichkeit?« suchen, aber kein spezielles Interesse an Gott oder an Hingabe haben, werden Sie möglicherweise zum Weg der Einsicht hingezogen. Jede religiöse Tradition hat ihre eigene Version oder Entsprechung dieses Weges – das Christentum hat die *Via Negativa* (negativen Weg) des Wüstenvaters, das Judentum verfügt über die mystischen Praktiken der Kabbalah, im Hinduismus gibt es die Lehren der Nicht-Dualität (wie Advaita Vedanta), und der Buddhismus fokussiert sich fast ausschließlich auf die Kultivierung der Einsicht. (Selbst buddhistische Praktiken der Hingabe wie der Guru-Yoga dienen letztlich dazu, größere Einsicht oder Weisheit zu erlangen.)

 Im Gegensatz zur Hingabe, die den Geist auf eine Repräsentation des Göttlichen konzentriert, arbeitet der Weg der Einsicht damit, sich die gegenwärtige Erfahrung direkt bewusst zu machen und sie zu untersuchen, um hinter die Oberfläche der Erscheinungen auf die tiefere Wirklichkeit zu blicken, die ihnen zugrunde liegt. Wenn Sie immer wieder fragen und tief in das blicken, was anscheinend wirklich ist, stoßen Sie unvermeidlich auf die letzte Wirklichkeit – die formlose, unzerstörbare Essenz aller Erscheinungen. (Es handelt sich um eine Kunst wie das Abschälen der Schichten einer Zwiebel).

Nun geht es bei diesem Ansatz nicht darum, die relative Wirklichkeit normaler Menschen und Dinge (mich und Sie eingeschlossen) zu verleugnen. Stattdessen lehrt der Weg der Einsicht im Allgemeinen, dass die Wirklichkeit zwei Ebenen hat: die *relative* und die *absolute*. (Siehe auch den Einschub *Wo die Vertikale auf die Horizontale trifft* weiter oben in diesem Kapitel.)

Sicher – auf der relativen Ebene ist es wichtig, seinen Lebensunterhalt zu verdienen, die Rechnungen zu bezahlen, Zeit mit der Familie oder mit Freunden zu verbringen. Wenn Sie so tun, als sei das *Relative* nicht wirklich, werden Sie Probleme bekommen. (Dabei denke ich gleich an den

Verkehrsrichter oder den Konkursabwickler!) Die Sufis sagen: »Vertraue auf Gott, aber achte darauf, dass du dein Kamel am Pfosten festbindest.«

Gleichzeitig gibt es jedoch eine absolute Stufe – eine göttliche Gegenwart oder heilige Dimension, die dieser Welt zugrunde liegt und ihr eine Bedeutung gibt. Wenn Sie auf diese Ebene stoßen, sehen Sie die tiefere Wirklichkeit der Dinge, einfach wie der Mystiker Gott überall sieht, wo er hinschaut. Ob direkt oder allmählicher, der Weg der Einsicht führt Sie in seinen verschiedenen Inkarnationen dahin, diese absolute Stufe der Wirklichkeit zu erfahren oder kennen zu lernen. (Im Osten wird dieses Wissen als *Erleuchtung* oder *Befreiung* bezeichnet. Im Westen wird es *Gnosis* genannt – das lateinische Wort, von dem das englische Wort *knowing*, dt. *Wissen*, abgeleitet ist.)

Die meisten Basistechniken, die in diesem Buch beschrieben werden, zeigen Ihnen, wie Sie Ihre gegenwärtige Erfahrung untersuchen können, um schließlich Ihre Einsicht zu entwickeln. Die folgenden drei Übungen sollen Ihnen einen Blick auf die absolute Ebene ermöglichen. Sie sollen Ihre normale Weise durchdringen, die Dinge wahrzunehmen, und eine tiefere Wirklichkeit enthüllen. Im Allgemeinen funktionieren sie am besten, wenn Sie vorher eine grundlegende Meditationstechnik wie die Atembeobachtung oder die Rezitation eines Mantras praktiziert haben.

Ihre Grenzen erweitern

Diese Technik setzt da an, wo die Energiekörper-Meditation aufhört (siehe den Einschub *Mit Ihrem Energiekörper spielen* weiter oben in diesem Kapitel). Sie zeigt Ihnen, dass Sie nicht an Ihrer Haut – und auch nicht an den entferntesten Grenzen der Milchstraße – aufhören.

1. **Setzen Sie sich ruhig hin, schließen Sie die Augen, atmen Sie einige Male tief durch, und entspannen Sie sich bei jeder Ausatmung ein wenig mehr.**

2. **Spüren Sie die Festigkeit und Dichte Ihres Körpers, wie Sie ihn normalerweise wahrnehmen.**

3. **Stellen Sie sich beim Einatmen vor, dass sich Ihr Kopf mit einem weichen, klaren Nebel füllt. Stellen Sie sich beim Ausatmen vor, dass alle Festigkeit und Dichte aus Ihrem Kopf entweichen und ihn angenehm leer und weit und offen für Empfindungen und Lebensenergie zurücklassen.**

   Keine Bange, Sie werden nicht verschwinden!

4. **Atmen Sie den Nebel in Ihren Nacken und ihre Kehle, und atmen Sie jede Spannung oder Dichte aus, so dass der Bereich geräumig und offen wird.**

5. **Dehnen Sie diese Meditation auf Ihre Brust, Ihre Lungen und Ihr Herz aus, dann auf Ihre Arme und Hände, Ihren Unterleib und Ihre inneren Organe, Ihr Becken, Ihr Gesäß und Ihre Genitalien, schließlich auf Ihre Oberschenkel, Ihre Unterschenkel und Ihre Füße.**

6. **Fühlen Sie, wie Ihr ganzer Körper vollkommen leer, geräumig und offen für den Strom der Lebensenergie ist.**

   Bleiben Sie einige Momente lang in diesem Gefühl ohne Gedanken oder Analyse. Genießen Sie das Summen!

7. **Falls sich gewisse Bereiche immer noch dicht oder fest anfühlen, atmen Sie in sie hinein, bis sie leer und offen sind.**

Vielleicht stellen Sie fest, dass die Grenzen Ihres Körpers jetzt diffus sind – Sie sind nicht sicher, wo Sie aufhören und wo die Außenwelt beginnt.

8. **Erweitern Sie die Grenzen Ihres Körpers und Ihres Bewusstseins, bis sie den gesamten Raum und alles umfassen, was darin enthalten ist.**

9. **Erweitern Sie sie so weit, dass Sie das gesamte Gebäude enthalten, dann den gesamten Häuserblock, die ganze Stadt, den Staat.**

Verweilen Sie bei jeder Ausdehnung einige Minuten lang.

10. **Erweitern Sie die Grenzen noch weiter, um die Erde, dann das Sonnensystem, die Milchstraße und das Universum einzuschließen und um schließlich sogar über die fernsten Grenzen des bekannten Universums hinauszugehen.**

Verweilen Sie auch hier einige Minuten lang auf jeder Stufe. Sie befinden sich jetzt jenseits alles Messbaren – Sie enthalten alles. Heißen Sie alle Gedanken, Gefühle oder Empfindungen willkommen, die in diesem unermesslichen Raum entstehen.

11. **Nachdem Sie mehrere Minuten in dieser Weite verbracht haben, können Sie damit beginnen, Ihre Aufmerksamkeit auf Ihre Gefühle zu richten.**

Falls Sie Schwierigkeiten haben, überhaupt etwas zu fühlen, ist das in Ordnung – genießen Sie einfach die Ausweitung einige Minuten länger! Richten Sie dann Ihre Aufmerksamkeit auf Ihren Körper: Fühlen Sie eine größere Ruhe, und sind Sie entspannter als vorher? Hat sich Ihre Atmung in irgendeiner Weise geändert?

12. **Kehren Sie allmählich zu Ihrem Körper zurück. Stehen Sie dann auf, und gehen Sie Ihrem Tagewerk nach.**

Achten Sie darauf, ob sich Ihr Selbstbild oder Ihre Erfahrung von Menschen und Dingen in irgendeiner Weise geändert hat.

Sie können den ersten Teil dieser Übung (das Leeren und Öffnen) für sich allein ausführen, wenn Sie wollen. Sie können damit Ihren Geist beruhigen und Ihren Körper entspannen und harmonisieren. Mit regelmäßiger Übung erlangen Sie die Fähigkeit, mit einer Bewegung Ihres Bewusstseins ein weiträumiges, offenes, strahlendes Gefühl in Ihren Körper zu schaffen.

In die Natur des Geistes blicken

 Im Zen gibt es eine Geschichte über den ersten chinesischen Patriarchen Bodhidharma, der der Legende nach neun Jahre lang beim Meditieren mit dem Gesicht zu einer Wand saß, ohne sich zu bewegen. Die Zen-Anhänger statten diese legendäre Persönlichkeit mit allerlei übernatürlichen Fähigkeiten aus. Beispielsweise soll er sich angeblich seine Augenlider abgeschnitten haben, so dass er meditieren konnte, ohne einzuschlafen, und dass an den Stellen, wo die Augenlieder auf den Boden fie-

len, die ersten Teepflanzen wuchsen. (Schließlich bietet Tee eine freundlichere, sanftere Methode, um wach zu bleiben.)

Wie auch immer – ein ernster Mönch namens Hui-ko kam zu Bodhidharma und bat den Patriarchen demütig, ihm dabei zu helfen, seinen sorgenvollen Geist zu beruhigen. Nachdem sich Bodhidharma lange Zeit geweigert hatte, mit Hui-ko zu reden, sagte er ihm schließlich, er solle seinen Geist suchen und ihn zu Bodhidharma bringen, damit dieser den Geist beruhigen könne. Monatelang suchte der junge Mönch beim Meditieren nach seinem Geist, aber schließlich kehrte er zu Bodhidharma zurück und berichtete ihm, dass er den Geist nirgends finden könne. »Dann habe ich deinen Geist für dich beruhigt«, antwortete Bodhidharma – und Hui-ko wurde unmittelbar erleuchtet. (Sie wissen, wie diese Zen-Geschichten sind!)

 Wie diese Anekdote nahe legt, haben die Buddhisten einige mächtige Techniken entwickelt, um den Geist zu erforschen und seine wesentliche Natur zu erkennen (bei der es sich um die größere Wirklichkeit handelt, über die wir weiter oben in diesem Kapitel gesprochen haben). Sie müssen nicht bei einem Zen-Meister studieren, um selbst einen Eindruck von dieser wesentlichen Natur zu bekommen. Die folgende Übung habe ich der tibetischen Tradition entlehnt:

1. **Setzen Sie sich ruhig hin, schließen Sie die Augen, atmen Sie einige Male tief durch, und entspannen Sie sich mit jeder Ausatmung ein wenig mehr.**

2. **Meditieren Sie auf normale Weise einige Minuten lang, um sich zu entspannen und Ihren Geist zu fokussieren. Lassen Sie es dann zu, dass er in seinem »natürlichen Zustand« ruht, wie es die Tibeter ausgedrückt haben, ohne etwas Besonderes zu tun.**

   Wenn Sie dieser Übung mit geöffneten Augen folgen und geradeaus in den Raum vor sich schauen können, großartig – so machen es die Tibeter. Aber wenn Sie abgelenkt werden, können Sie die Augen schließen.

3. **Stellen Sie sich eine Reihe von Fragen, und antworten Sie, indem Sie Ihren Geist benutzen, um direkt auf Ihren Geist zu schauen.**

   Denken Sie nicht über Ihren Geist nach, analysieren Sie Ihren Geist nicht, und fixieren Sie sich nicht auf den Inhalt Ihres Geistes, wie beispielsweise Gedanken oder Gefühle. Betrachten Sie stattdessen Ihren Geist einfach, wie Sie einen Vogel oder einen Baum anschauen würden. Sie sehen ihn, und dann verweilen Sie dort mit Ihrem Geist. Nehmen Sie sich einige Minuten Zeit, um die Fragen zu beantworten.

4. **Beginnen Sie damit, auf einen bestimmten Gedanken zu achten, wie er entsteht und in Ihrem Geist verweilt.**

   ◆ Beispielsweise können Sie eine Erinnerung oder einen Plan oder eine Fantasie wählen.

   ◆ Hat dieser Gedanke einen Umriss oder eine Form? Wie groß ist er?

   ◆ Hat er eine oder mehrere Farben?

   ◆ Hat er einen Anfang, eine Mitte und ein Ende?

   ◆ Wo ist der Gedanke angesiedelt? Ist er innerhalb oder außerhalb Ihres Körpers?

◆ Wo ist dieser Gedanke entstanden? Wo geht er hin, wenn Sie nicht mehr an ihn denken? Wie bleibt er bestehen, wenn Sie weiter an ihn denken?

◆ Hat der Gedanke Substanz oder ist er einfach leer und offen und mit Raum gefüllt? Hinterlässt er eine Spur in Ihrem Geist wie Fußabdrücke auf dem Strand, oder hinterlässt er keine Spur, wie das Schreiben auf Wasser?

5. Richten Sie Ihre Aufmerksamkeit auf Ihren Geist selbst, und stellen Sie die folgenden Fragen.

◆ Denken Sie daran, dass ich hier über den Geist rede, nicht über das Gehirn. Wenn Sie glauben, dass Ihr Geist in Ihrem Gehirn beheimatet ist, nun, dann suchen Sie ihn und bringen ihn zu mir!

◆ Hat Ihr Geist selbst einen Umriss oder eine Form? Wie groß ist er? Hat er eine oder mehrere Farben?

◆ Ist Ihr Geist identisch mit Ihren Gedanken, oder verhält er sich wie der Grund oder Raum, auf bzw. in dem Ihre Gedanken entstehen und vergehen?

◆ Wo ist Ihr Geist angesiedelt? Ist er innerhalb oder außerhalb Ihres Körpers? Hat er einen Anfang oder ein Ende?

◆ Hat Ihr Geist Substanz wie die Erde, oder ist er leer und weit wie der Himmel? Ist er blank und dunkel, oder ist er hell und klar?

6. Verweilen Sie einige Minuten lang bei der Natur Ihres Geistes, bevor Sie aufstehen und Ihrem Tagewerk nachgehen.

Fragen Sie sich »Wer bin ich?«

Seitdem Menschen die Fähigkeit haben, über ihre Erfahrung nachzudenken, haben Sie sich gefragt: »Wer bin ich?« Zen-Meister, Sufi-Scheiche, indische Weise, jüdische Rabbis und Lehrer praktisch jeder anderen spirituellen Tradition haben diese Frage dazu verwendet, ihren Schülern zu helfen, über ihre gewohnten Identitäten hinauszusehen, um eine tiefere Erkenntnis ihrer wesentlichen Natur zu gewinnen.

Wenn Sie sich diese Frage zum ersten Mal stellen, antworten Sie möglicherweise mit den normalen Antworten: »Ich bin eine Frau«, »Ich bin Vater«, »Ich bin Rechtsanwalt« oder »Ich bin ein Läufer«. Wenn Sie nachfragen, erhalten Sie möglicherweise spirituellere Antworten, wie beispielsweise: »Ich bin eine Verkörperung der Liebe« oder »Ich bin ein Kind Gottes«. Aber wenn Sie diese Antworten einfach beiseite schieben und Ihre Untersuchung fortsetzen, werden Sie schließlich eine direkte Intuition einer fundamentaleren Identität haben, die nichts mit Ihrer Auffassung zu tun hat, was Ihre Identität ist.

 Führen Sie die folgende Übung möglichst mit einem Partner durch. (Eine Person beginnt mit dem Antworten, die anderen mit dem Fragen.) Falls Sie keinen Partner haben, können Sie die Übung allein vor einem Spiegel ausführen:

1. **Setzen Sie sich bequem mit dem Gesicht zu Ihrem Partner hin. Schauen Sie sich gegenseitig entspannt und natürlich an.**

2. **Hören Sie sich die erste Frage des Fragestellers an: »Wer bist du?« Antworten Sie mit dem, was Ihnen ins Bewusstsein kommt, egal was es sein mag.**

3. **Nach einer Pause fragt der Fragesteller wieder: »Wer bis du?«, und Sie antworten wieder.**

   Natürlich müssen Sie, wenn Sie allein sind, beide Rollen spielen.

4. **Fahren Sie auf diese Weise für 15 Minuten fort. Wechseln Sie dann die Rollen für die gleiche Zeitspanne.**

   Wenn Sie der Fragesteller sind, kritisieren oder bewerten Sie die Antworten nicht in irgendeiner Weise. Hören Sie einfach zu, machen Sie eine Pause, und fragen Sie dann wieder.

   Wenn Sie die Antworten geben, suchen Sie ungezwungen nach einer Antwort. Geben Sie dann Ihre Antwort. Wenn Sie keine Antwort finden und für einen oder zwei Momente nichts zu sagen haben, bleiben Sie einfach mit dem Schweigen und dem Nicht-Wissen sitzen. Möglicherweise werden Sie nervös oder verwirrt, beginnen zu lachen oder zu weinen oder haben Momente einer tiefen Ruhe. Akzeptieren Sie alles, was auftaucht, entspannen Sie sich dabei, und machen Sie weiter. Selbst ein kurzer Blick auf Ihre wahre Natur kann Ihr Leben vollkommen transformieren.

5. **Wenn Sie fertig sind, bleiben Sie einige Minuten lang mit Ihrer Erfahrung sitzen, bevor Sie aufstehen und Ihrem Tagewerk nachgehen.**

Wie man einen Lehrer findet – und warum Sie sich darum kümmern sollten

Wenn Sie gern Tennis spielen möchten, aber nicht wissen wie, was würden Sie tun? Erstens könnten Sie andere Menschen beim Spielen beobachten oder sich ein oder zwei Bücher kaufen und auf den Platz gehen und mit dem Üben beginnen. Aber nachdem Sie die Grundlagen gemeistert haben, möchten Sie möglicherweise Unterricht nehmen oder eine persönliche Unterweisung bekommen, die Ihnen helfen soll, Ihre Schlagtechnik zu verbessern oder Fehler auszumerzen, die Sie sich angewöhnt haben. Sicher, gelegentlich schaffen es autodidaktische Wunderkinder zu Profis zu werden – aber die meisten guten Tennisspieler, die ihr Spiel verbessern wollen, suchen sich irgendwann einen Lehrer.

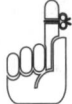 Dasselbe gilt für die Meditation. Sie können die Übungen, die in diesem Buch beschrieben werden, wochen-, monate- oder sogar jahrelang praktizieren und die Vorteile ohne zusätzliche Unterweisungen ernten. Aber an einem gewissen Punkt stoßen Sie möglicherweise auf Schwierigkeiten, mit denen Sie selbst nicht fertig werden (siehe Kapitel 11 und 12). Möglicherweise beginnen Sie auch, spirituelle Erfahrungen zu machen, die Ihnen eine Einsicht in eine größere Wirklichkeit geben und Ihren Appetit auf eine weitere Erforschung wecken. Um weitere Fortschritte machen zu können und Ihre Meditationsübung zu verbessern, müssen Sie sich einen Lehrer suchen.

Die richtige Art Lehrer wählen

Bevor Sie einen Lehrer finden können, müssen Sie jedoch wissen, welche Art Lehrer Sie haben wollen. Die meisten Meditationslehrer hängen einer bestimmten spirituellen Richtung an – beispielsweise sind sie Yogis oder Zen-Buddhisten oder christliche Kontemplierende – und die Unterweisungen, die sie anbieten, sind in eine bestimmte Ideologie eingebunden, die Vorschriften über die spirituelle Reise und die Lebensführung sowie eine eigene Terminologie umfasst. Das ist kein Problem, wenn Sie so etwas suchen – aber wenn Sie Ihre Unterweisungen direkt, ohne Spiritualität bekommen wollen, haben Sie möglicherweise mehr Schwierigkeiten, einen Lehrer zu finden.

Einige Hatha-Yoga-Lehrer geben grundlegende Meditationsunterweisungen mit einem Minimum von Sanskrit-Wörtern, und möglicherweise kennen sie sogar das Territorium gut genug, um Ihnen zu helfen, wenn Sie feststecken. Immer mehr Fortbildungsanstalten für Erwachsene bieten nicht weltanschaulich gebundene Lehrgänge für Meditation oder Stressreduktion an, aber Sie sollten sich vorher das Renommee des Lehrers anschauen – er oder sie ist möglicherweise auf dem Übungsweg nicht weiter fortgeschritten, als Sie es sind.

Wenn Sie die Achtsamkeits-Meditationen praktizieren, die ich in diesem Buch vorstelle (siehe Kapitel 6), sollten Sie sich näher mit der Vipassana-Tradition des Buddhismus, auch *Einsichts-Meditation* genannt, befassen. Jon Kabat-Zinn, Autor des Bestseller *Wherever You Go There You Are* (*Wo immer Sie hingehen, dort sind Sie*), langjähriger Vipassana-Lehrer und Gründer der achtsamkeitsbasierten *Stress Reduction Clinic* am Medizinischen Zentrum der Universität von Massachusetts hat ein Programm entwickelt, das zukünftigen Lehrern der grundlegenden Bewusstseinspraktiken eine gründliche Ausbildung bietet. Sie können auch einfach Unterricht in Vipassana nehmen, verwenden, was für Sie eine Bedeutung hat und Ihnen hilft, und den Rest lassen. Viele Lehrer gehen kaum auf den Buddhismus ein, insbesondere in den einführenden Kursen nicht.

Wenn Sie sich zu einer bestimmten spirituellen Tradition oder einem speziellen Pfad hingezogen fühlen, sollten Sie weniger Schwierigkeiten haben, einen Lehrer zu finden. Trotzdem sollten Sie sich vorher überlegen, welche Art Lehrer Sie benötigen. Die folgende Liste nennt vier Hauptkategorien von Lehrern. Sie basiert auf dem Inhalt ihrer Lehren sowie ihren Beziehungen zu ihren Schülern. (Die Bezeichnungen, die ich hier verwende, stehen nicht unbedingt im Lebenslauf eines Lehrers oder in seiner Werbebroschüre. Sie sind einfach meine Art, mir Klarheit über die verschiedenen Rollen zu verschaffen, die Lehrer spielen. Einige Lehrer können eine Kombination einiger oder aller vier Rollen verkörpern.)

✔ **Instruktor:** Lehrt Sie Techniken und bietet guten Rat, wie Sie sie anwenden können, und hilft Ihnen, Probleme zu beseitigen oder Ihre Technik zu verbessern. Vielleicht ein Freund oder Kollege.

✔ **Mentor:** Gibt Ihnen persönliche Ermutigung und Unterstützung bei Ihrer Übung, bietet Führung, um Blockaden zu überwinden und zeigt ein Rollenmodell von jemandem, der bereits vor Ihnen angekommen ist. Unterrichtet gewöhnlich auch die Techniken.

✔ **Pandit (Sanskrit: Gelehrter):** Vermittelt Wissen, indem er spirituelle Lehren und Text darlegt und erläutert. Kann ein Gelehrter sowie auch ein Meditierender sein.

✔ **Meister:** Verkörpert die Essenz der spirituellen Lehren. Hilft Ihnen, durch Ihre Blockaden zu brechen und erleichtert den Prozess, das Selbst zu erweitern oder aufzulösen. Kann zu seinen Schülern intensive oder lockere, schwierige oder leichte Beziehungen haben.

Warum Sie möglicherweise einen Lehrer benötigen

Wie ich früher erwähnt habe, kann Ihnen ein Meditationslehrer helfen, Ihre Praxis zu verbessern und mit den grundlegenden Fragen klarzukommen, die auf dem Weg auftauchen können. Aber wenn Sie Ihre Übung vertiefen und als Mittel für spirituelle Zwecke verwenden wollen (wie weiter oben in diesem Kapitel beschrieben wurde), sollten Sie sich einen spirituellen Mentor oder Meister suchen.

Zunächste stoßen Sie möglicherweise auf die Art Schwierigkeiten und Herausforderungen, die in den Kapiteln 11 und 12 beschrieben werden. Beispielsweise können Sie möglicherweise mit intensiven wiederkehrenden Emotionen wie Ärger oder Furcht nicht richtig umgehen. Oder Sie stoßen auf Hindernisse wie Zweifel oder Aufschieben und wissen nicht, wie Sie allein damit umgehen können. Vielleicht machen Sie erste Erfahrungen mit mächtigen Strömen von Energie, die Ihre Wirbelsäule auf und ab laufen, und wissen nicht, wie Sie sie anhalten können. Plötzlich brauchen Sie einen Lehrer – und zwar schnell!

Wenn Sie Ihre Reise fortsetzen, haben Sie möglicherweise echte spirituelle Einsichten und machen Erfahrungen, ohne zu wissen, wie Sie diese reproduzieren oder aufrecht erhalten können. Tatsächlich ähnelt der Prozess des spirituellen Wachstums häufig eher einer verwirrenden, wegelosen Wildnis als einem »Weg«, wie er beschönigend genannt wird. Die Wahrheit ist, dass Sie niemals wissen, was Ihnen begegnen wird, wenn Sie intensiv üben. Ein Beispiel: Wenn Sie beim Meditieren probieren, Ihr Selbst auszudehnen oder aufzulösen, stoßen Sie möglicherweise auf einen mächtigen Widerstand von den Kräften Ihrer Psyche, die sich dem Wandel widersetzen. Schließlich geht es hier um eine radikale Transformation – und die meisten Menschen sträuben sich selbst gegen die kleinsten Änderungen in ihrem Leben.

 Ihr spiritueller Lehrer kann Sie durch den Prozess der Transformation leiten und dabei unterstützen oder ihn sogar beschleunigen, indem er Sie mit den Weisen konfrontiert, auf denen Sie sich widersetzen oder zurückhalten. Einige Lehrer verhalten sich mehr wie _spirituelle Freunde_ und behandeln Sie mit der Kameradschaft und Gleichheit, die Sie von einem Kollegen erwarten, während sie zugleich den Reichtum ihres Wissens mit Ihnen teilen. Andere verhalten sich eher wie _traditionelle Gurus_, die ihr Wissen direkt an Sie weitergeben und aktiv gegen Ihre Blockaden kämpfen. (Natürlich liegen viele Lehrer irgendwo zwischen diesen beiden Extremen und kombinieren Aspekte beider Stile miteinander.)

Doch egal welche Methode sie verfechten, helfen Ihnen alle guten Lehrer durch ihre Beziehung zu Ihnen, ein heiliges Gefäß oder einen Raum zu schaffen und aufrechtzuerhalten, in dem sich der schwierige, wunderbare und letztlich befreiende Prozess der spirituellen Transformation in Ihrem Inneren entfalten kann.

Worauf Sie bei einem Lehrer achten müssen

Bevor ich rate, worauf Sie bei einem Lehrer achten sollten, möchte ich Sie ermutigen, Ihre Erwartungen und Vorurteile zu untersuchen. Wenn Sie an einen spirituellen Lehrer denken, welche Bilder oder Ideen tauchen in Ihrem Bewusstsein auf? Vielleicht stellen Sie sich einen Klostermönch in einer erdfarbenen Robe vor, der Ihnen mit gedämpfter Stimme spirituellen Rat gibt und dann in seine Zelle zurückkehrt, um seine Übungen fortzusetzen. Vielleicht denken Sie auch an eine freudvolle, ausgreifende Person, die in der Welt lebt und Liebe und Licht ausstrahlt, wo immer sie hingeht.

Einige Menschen idealisieren den Lehrer und erwarten, dass er perfekt ist – und verlieren ihre Illusionen, wenn sich herausstellt, dass dies nicht der Fall ist. Andere gehen in das andere Extrem und haben Schwierigkeiten, irgendjemanden mit Ehrfurcht zu behandeln oder fest verankerte Meinungen lange genug loszulassen, um die Weisheit anderer an sich heranzulassen. Im Westen neigen wir dazu, Autoritäten zu misstrauen, und glauben wie die amerikanischen Pioniere und Cowboys, dass wir alles selbst tun können. Außerdem sagen Sie möglicherweise: Schauen Sie sich die vielen Prediger, Priester und selbst ernannten Gurus an, die bei Missetaten ertappt wurden. Während ein gesundes Maß an Skepsis Wunder wirken kann, kann zu viel davon Sie gänzlich von Lehrern (und damit von spiritueller Übung) fernhalten.

Den Guru in Ihrem Inneren konsultieren

Bevor Sie anfangen, nach einem spirituellen Lehrer zu suchen, sollten Sie Ihre eigene innere Quelle der Führung und Weisheit befragen. Letztlich ist es die einzige Quelle, der Sie wirklich trauen können, und ein guter Lehrer wird Ihnen helfen, sie zu finden. Ja, das stimmt, selbst *Sie* haben einen Guru in Ihrem Inneren. Wie Jesus sagte: »Suchet, und ihr werdet finden; klopfet an, und die Tür wird euch aufgetan.« Nun ja, bei der folgenden Übung geht es um das Suchen und Finden:

1. **Setzen Sie sich ruhig hin, schließen Sie die Augen, atmen Sie einige Male tief durch, und entspannen Sie sich mit jeder Ausatmung ein wenig mehr.**

2. **Nehmen Sie sich einige Minuten Zeit, um sich selbst an einem sicheren, bequemen, entspannenden, friedlichen Ort vorzustellen. Benutzen Sie alle Sinne, um die Erfahrung so lebhaft wie möglich zu gestalten.**

3. **Während Sie diesen friedlichen Ort erforschen, beginnen Sie möglicherweise, die Gegenwart eines weisen und mitfühlenden Wesens zu spüren.**

   Erkennen Sie, dass dieses Wesen Ihr höheres Selbst oder Ihre tiefste Wahrheit repräsentiert. (Fühlen Sie sich frei, einen Namen Ihrer Wahl für dieses Wesen zu verwenden.) Vielleicht spüren Sie diese Gegenwart irgendwo in Ihrem Körper, oder möglicherweise haben Sie nur eine Ahnung von seiner Anwesenheit. Wenn Sie diese Gegenwart nicht sofort spüren, fahren Sie fort, Ihren friedlichen Ort zu genießen, während Sie diese Gegenwart einladen, Ihnen zu erscheinen.

4. **Stellen Sie sich vor, dass Sie sich an einem bestimmten Platz hinsetzen und vor sich hin schauen, entspannt und offen.**

5. **Allmählich materialisiert sich dieses weise und mitfühlende Wesen in dem Raum vor Ihnen.**

   Beachten Sie, wie es Ihnen erscheint. Es kann die Form eines weisen alten Mannes oder einer Frau oder eines Zen-Meisters oder eines christlichen Kontemplierenden annehmen, oder es kann als Rose oder Baum oder (wenn Sie kein visueller Typ sind) einfach nur als ein Gefühl in Ihrem Bauch oder Herz erscheinen. Vielleicht ist es einfach eine ältere, weisere Version von Ihnen.

6. **Akzeptieren Sie die Erscheinung, egal welche Form sie hat, und behandeln Sie sie mit dem Respekt und der Verehrung, die Sie einem spirituellen Lehrer entgegenbringen würden.**

   Anmerkung: Wenn dieses Wesen in irgendeiner Weise kritisch oder strafend zu sein scheint, ist es nicht dasjenige, das Sie suchen. Bitten Sie es deshalb, beiseite zu treten und zuzulassen, dass das echte erscheint.

7. **Verbringen Sie einige Minuten schweigend in der Gegenwart dieses weisen und mitfühlenden Wesens.**

   Sie könnten sich vorstellen, dass das Wesen Licht und Liebe in alle Richtungen ausstrahlt, während Sie schweigend empfangen, was es anzubieten hat.

8. **Nehmen Sie sich einige Minuten oder länger Zeit, um Ihre Fragen zu stellen und Antworten zu erhalten.**

   Keine Bange, wenn dieser Austausch anfänglich seltsam oder unbeholfen zu sein scheint. Wenn Sie häufiger üben, werden Sie feststellen, dass dieses Wesen eine eigene Stimme entwickelt.

9. **Bevor Sie sich verabschieden, können Sie dieses Wesen bitten, Ihnen ein Geschenk zu geben, das genau die Qualitäten repräsentiert, die Sie genau in diesem Moment benötigen.**

10. **Wenn Sie fühlen, dass Sie fertig sind, danken Sie diesem Wesen dafür, dass es heute Zeit mit Ihnen verbracht hat.**

    Sagen Sie ihm, dass Sie es in Zukunft gern wiedertreffen möchten, und verabschieden Sie sich im Moment von ihm.

11. **Verlagern Sie Ihr Bewusstsein allmählich auf Ihre Sinneserfahrung, und öffnen Sie Ihre Augen.**

12. **Nehmen Sie sich einige Zeit, um über Ihr Erlebnis, die Antworten und die Geschenke nachzudenken, die Sie empfangen haben.**

 Was immer Ihre Erwartungen und Vorurteile sein mögen, wenn Sie einen Lehrer suchen, müssen Sie sie möglicherweise beiseite lassen, weil er oder sie in einer Verkleidung erscheinen kann, mit der Sie nicht rechnen. Gleichzeitig sollten Sie Ihren möglichen Lehrer mit der folgenden Checkliste von Qualitäten vergleichen, welche

die besten Lehrer verkörpern – wenigstens meiner bescheidenen Einschätzung nach. (Diese Liste basiert auf meinen eigenen Beobachtungen im Laufe von mehr als 25 Jahren spiritueller Übung.) Nicht alle Lehrer haben alle dieser Eigenschaften, aber natürlich gilt: je mehr, desto besser.

✔ Sie sind bescheiden, gewöhnlich, realistisch, nicht arrogant oder aufgeblasen. In Zen-Klöstern reinigt der oberste Mönch die Toiletten.

✔ Sie sind ehrlich, geradlinig und klar, nicht ausweichend oder abwehrend. Wenn Menschen spirituell reifen, werden Sie zunehmend freier von psychischem Ballast.

✔ Sie ermutigen unabhängiges Denken und einen offenen Forschungsdrang in ihren Schülern, anstatt blinden Gehorsam einem bestimmten Dogma oder einer Ideologie gegenüber zu verlangen.

✔ Sie kümmern sich hauptsächlich um die spirituelle Entwicklung ihrer Schüler, nicht um Ruhm, Macht, Einfluss oder die Größe ihrer Organisation.

✔ Sie praktizieren, was sie predigen, statt sich selbst von den moralischen und ethischen Richtlinien auszunehmen, die andere befolgen müssen.

✔ Sie verkörpern die höchsten spirituellen Qualitäten, wie beispielsweise Freundlichkeit, Geduld, Gleichmut, Freude, Frieden, Liebe und Mitgefühl.

Wie man einen Lehrer findet

Nachdem ich jetzt die Bedeutung eines Lehrers erklärt und beschrieben habe, worauf Sie achten müssen, möchte ich Ihnen ein Geheimnis verraten: Der Prozess, einen Lehrer zu finden, kann genauso geheimnisvoll wie die spirituelle Reise selbst sein. Für einige Menschen ist es ähnlich wie die Suche nach einem Liebhaber oder einem Partner – die Suche ist mit einer komplexen Mischung aus Glück, Verfügbarkeit und Chemie verbunden. Bei anderen ist es einfach: Sie folgen einfach dem Rat eines Freundes oder tauchen zur rechten Zeit am rechten Ort auf. Ich traf meinen ersten Lehrer, nachdem ich im örtlichen Telefonbuch nach *Zen* gesucht hatte. Andere Menschen, die ich kenne, trafen ihren Lehrer im Traum, bevor sie ihm leibhaftig begegneten. Eine bekannte indische Redewendung sagt: »Wenn der Schüler bereit ist, erscheint der Lehrer.«

 Letztlich müssen Sie auf Ihre Intuition, Ihr eigenes inneres Wissen, vertrauen, wenn Sie einen Lehrer wählen – sie ist die einzige Ausrüstung, auf die Sie sich verlassen können, wenn Sie in unserem fehlerhaften Universum der Phänome navigieren wollen. Der beste Rat, den ich jemals von einem Lehrer erhielt, kam von einem tibetischen Lama, der meine Brust in der Nähe meines Herzens berührte und sagte: »Der wahre Guru ist in deinem Inneren.« (Anweisungen, wie Sie Kontakt mit Ihrem inneren Lehrer aufnehmen können, finden Sie in dem Einschub *Den Guru in Ihrem Inneren konsultieren*.)

Ich habe mich intuitiv zu Lehrern wegen der Wesensqualitäten hingezogen gefühlt, die sie auszustrahlen schienen. Andererseits bin ich auch unerwartet durch eine ungewöhnliche Abfolge der Ereignisse auf Lehrer gestoßen. Seien Sie offen, aber nicht leichtgläubig, skeptisch, aber nicht zynisch. Fühlen Sie sich frei, Fragen zu stellen und gute Antworten zu erwarten. Nehmen Sie sich Zeit. Der Dalai Lama hat berichtet, dass tibetische Schüler manchmal Jahre damit verbringen, Lehrer zu prüfen, um sicherzustellen, dass diese die Lehren verkörpern, die sie vertreten. So wie Sie nicht Hals über Kopf heiraten würden, sollten Sie auch nicht überstürzt eine enge und tiefe Beziehung zu einem spirituellen Lehrer eingehen.

Den Himmel des Geistes entdecken

Die folgende kurze Meditation, die Sie jederzeit draußen durchführen können, gibt Ihnen einen Eindruck von der Weite Ihrer eigenen wesentlichen Natur, die im Zen mit dem passenden Ausdruck *großer Geist* bezeichnet wird.

1. **Setzen oder legen Sie sich an einem möglichst klaren Tag nieder, und schauen Sie in den Himmel.**

   Schieben Sie Ihren analytischen Geist und alles, was Sie über den Himmel wissen und denken, für den Augenblick beiseite.

2. **Nehmen Sie sich einige Minuten Zeit, um die Weite des Himmels zu betrachten, der sich endlos in alle Richtungen zu erstrecken scheint.**

3. **Lassen Sie zu, dass sich Ihr Geist allmählich erweitert, um den Himmel zu füllen – nach oben und unten, Norden und Süden, Osten und Westen.**

   Lassen Sie alles Empfinden von persönlichen Grenzen los, während Sie den Himmel mit Ihrem Bewusstsein füllen.

4. **Werden Sie vollkommen zum Himmel, und verweilen Sie einige Minuten lang in dieser Erfahrung.**

5. **Kehren Sie allmählich zu Ihrem gewöhnlichen Empfinden von sich selbst zurück.**

   Wie fühlen Sie sich? Hat sich Ihr Bewusstsein in irgendeiner Weise verändert?

   Wenn Sie diese Übung beherrschen, können Sie sie jederzeit am Tag für kurze Momente ausführen, um sich daran zu erinnern, wer Sie sind – beispielsweise wenn Sie morgens mit Ihrem Hund spazieren gehen oder bei einer Arbeitspause aus dem Fenster schauen.

Ein eigenes Meditationsprogramm entwickeln

14

In diesem Kapitel

▷ Techniken finden, die der eigenen Motivation entsprechen

▷ Die eigene Praxis mit Meditationen für Geist, Herz und Körper abrunden

▷ Die Vorteile der regelmäßigen Meditation entdecken

▷ Die Teile zu einer Übung zusammensetzen, die für Sie funktioniert

▷ Mit anderen in Gruppen, Workshops und Retreats meditieren

---

*W*ie Sie möglicherweise beim Durchblättern der Kapitel bemerkt haben, enthält dieses Buch Meditationstechniken, die einer Reihe verschiedener spiritueller und säkularer Quellen entlehnt sind. Vielleicht bin ich einfach gierig, aber ich wollte sicherstellen, das gesamte Gebiet abzudecken und Meditationen anzubieten, mit denen jeder etwas anfangen kann.

Ich brauche wohl nicht zu sagen, dass Sie weder alle diese Techniken üben können noch dies tun sollten. Deshalb zeige ich Ihnen jetzt, wie Sie die Techniken auswählen können, die für Ihre Zwecke geeignet sind, und Sie zu einem Meditationsprogramm zusammenfügen können, das auf Ihre speziellen Bedürfnisse zugeschnitten ist. Außerdem bekommen Sie einige Tipps, wie Sie andere Menschen finden können, um mit ihnen zu meditieren – und wie Sie ein eigenes kleines klosterähnliches Retreat für ein Tag organisieren können.

Die Puzzlestücke zusammenfügen

In vergangenen Jahrhunderten konnten gewöhnliche Menschen nicht in einen Buchladen gehen und ein Exemplar von *Meditation für Dummies* kaufen, um sich passende Meditationstechniken herauszusuchen und wie Touristen bei einer Weinverkostung auszuprobieren. Stattdessen schätzten sie sich außergewöhnlich glücklich, wenn sie zufällig auf einen Lehrer stießen, der bereit war, sie in das Geheimnis einer Methode einzuweihen. Dann nahmen sie diese mit nach Hause und praktizierten sie zielstrebig für den Rest ihres Lebens.

Aber die Zeiten haben sich geändert, und wir leben heute in einem wahrhaften Meditationssupermarkt, in dem in jedem Gang andere Techniken angeboten werden. Was soll ein armer Mensch auswählen? Nun, zunächst müssen Sie wissen, was Sie mögen oder nicht und was Sie durch die Meditation erreichen wollen. Dann müssen Sie dies und jenes ausprobieren, Ihrem Gefühl vertrauen und sich schließlich für eine bestimmte Methode entscheiden. Dann können Sie diese Methode als Kernstück verwenden, um das herum Sie ein regelmäßiges Übungsprogramm aufbauen – so wie beispielsweise ein wundervolles Mahl einen ganz besonders erlesenen Wein unterstreichen kann. Aber genug der epikureischen Metaphern!

Die folgende Liste führt die Hauptkomponenten einer kompletten Meditationsübung auf, die in diesem Buch vorgestellt werden. Die Liste enthält sowohl Meditationen als auch verwandte Praktiken:

✔ Achtsamkeits-Meditation (Kapitel 6)

✔ Mantra-Meditation (Kapitel 3 und 13)

✔ Body-Scan und Entspannung (Kapitel 6)

✔ Gehmeditation (Kapitel 15)

✔ Liebende-Güte-Meditation (Kapitel 10)

✔ Mitgefühls-Meditation (Kapitel 10)

✔ Mit Emotionen und Verhaltensmustern arbeiten (Kapitel 11)

✔ Hingabe-Meditation (Kapitel 13)

✔ Einsichtspraktiken wie beispielsweise die Selbsterforschung (Kapitel 13)

✔ Heilungs-Meditation (Kapitel 16)

✔ Bewusstsein in Aktion (Kapitel 15)

✔ Die Verwendung eines Meditationsaltars (Kapitel 8)

✔ Chanten und/oder Verbeugen (Kapitel 13)

✔ Ihre Übung widmen (Kapitel 13)

Woher wissen Sie, welche Praktiken Sie in Ihr eigenes maßgeschneidertes Übungsprogramm aufnehmen sollten? Grundsätzlich: Es ist besser, einfach zu beginnen. Wählen Sie eine Technik, und bleiben Sie einige Monate – oder sogar Jahre – dabei. Wenn Sie dann das Gefühl haben, dass sich Ihre Konzentrationsfähigkeit einigermaßen gut entwickelt hat, können Sie sich damit beschäftigen, wie traditionelle Meditierende verschiedene Praktiken kombiniert haben.

In der buddhistischen Tradition werden beispielsweise im Allgemeinen Meditationen, welche die Weisheit kultivieren sollen, mit Meditationen kombiniert, die Mitgefühl oder Liebe wecken und steigern sollen. Diese grundlegenden Techniken werden dann nach Bedarf durch Meditationen zur Selbsterforschung oder Heilung ergänzt. Dann praktizieren die Buddhisten einige Gehmeditationen (die als Brücke zwischen der Sitzmeditation und dem Alltagsleben dienen). Schließlich rahmen sie das ganze Programm ein, indem sie sich am Anfang daran erinnern, warum sie meditieren, und indem sie am Ende die Tugend oder Kraft der Meditation dem Wohle anderer widmen. (Natürlich ist diese Mischung von Zutaten kein zufälliges Sammelsurium, sondern hat sich über mehrere Tausend Jahre hinweg entwickelt.)

Vielleicht wollen Sie nicht ganz so methodisch vorgehen, sondern sich lieber von Ihrer Intuition leiten lassen, was für Sie richtig ist. Falls dies so ist, tun Sie es! Vielleicht ist der Prozess, sich einen Satz von Meditationstechniken zu wählen, letztlich genauso persönlich und geheimnisvoll wie die Wahl des Lebenspartners. Aber bevor Sie Ihre Wahl treffen, sollten Sie einige Hinweise zur Prüfung Ihrer Motivation, zur Zusammenstellung der Übungen und zur Verlässlichkeit Ihrer Intuition beachten.

Jedem das Seine

So wie Sie Butter nicht mit einem Hackmesser aufs Brot schmieren oder nicht mit einer Zahnbürste den Fußboden schrubben würden, so müssen Sie nicht drei Stunden am Tag meditieren, wenn Sie einfach Ihren Stress reduzieren wollen. Andererseits würden Sie sich auch nicht auf zehn Minuten pro Tag beschränken, wenn Sie das Gefühl haben, dass Sie am Ende der kommenden Woche erleuchtet werden. In Kapitel 4 beschreibe ich fünf Hauptmotivationen für die Meditation:

✔ Verbesserung des eigenen Lebens

✔ Sich selbst verstehen und akzeptieren

✔ Die eigene wahre Natur erkennen

✔ Andere erwecken

✔ Die angeborene Perfektion zum Ausdruck bringen

Wenn Sie wissen, welche Motivation Sie am meisten antreibt, können Sie leichter festlegen, wie und wie viel Sie meditieren sollten. (Die meisten Menschen gehören zu den ersten drei Kategorien; die beiden anderen sind im Allgemeinen für erfahrene Meditierende reserviert.) Die Achtsamkeits-Meditation (ausführlich in Kapitel 6 erklärt) eignet sich hervorragend als Basis-Übung, egal welche Motivation Sie haben, und sie kann auf jeden Moment Ihres Lebens ausgeweitet werden (siehe Kapitel 15). Aber der Rest liegt bei Ihnen.

Wenn Sie zum Beispiel die Heilung eines chronischen Leidens unterstützen wollen, können Sie eine oder mehrere Heil-Meditationen aus Kapitel 16 hinzunehmen. Wenn Sie sich selbst besser kennen lernen oder besser mit schwierigen Emotionen oder Verhaltensweisen umgehen wollen, sollten Sie einige der Techniken aus Kapitel 11 praktizieren. Und wenn Sie direkt den Gipfel des Meditationsberges (siehe Kapitel 1) ansteuern, können Meditationen aus Kapitel 13 ausprobieren, um näher zu Gott zu gelangen oder eine direkte Einsicht in Ihren Wesenskern zu gewinnen.

Vergessen Sie nicht, dass dieses Buch nur eine Einführung ist. Wenn Sie eine bestimmte Richtung weiter verfolgen wollen, benötigen Sie andere Bücher und letztlich vielleicht einen lebendigen Lehrer. (Im Anhang finden Sie eine Bücherliste. Wie man einen Lehrer wählt, wird in Kapitel 13 beschrieben.)

Stärken ausbauen oder Schwächen kompensieren?

Zusätzlich zu Ihrer Motivation sollten Sie etwas mehr über Ihre allgemeinen Neigungen und Persönlichkeitszüge und deren Einfluss auf Ihre Meditation wissen. Beispielsweise sind einige Menschen eher rational und fühlen sich zur Meditation hingezogen, weil sie eine größere Klarheit oder mehr Verständis suchen. Andere identifizieren sich mehr mit ihren Gefühlen und fühlen sich aus einem tiefen Verlangen heraus zur Meditation hingezogen, um Gottes Liebe zu fühlen oder um ihre Hingabe oder Ihr Mitgefühl auszudrücken oder um enger mit einem bestimmten Lehrer zusammenzuarbeiten. Wieder andere sind mehr auf ihren Körper fixiert und wenden sich der Meditation zu, um physische Heilung, mehr Energie oder Kraft zu suchen. Diese drei Typen – Menschen des Kopfes, des Herzens und des Körpers – werden in einigen großen meditativen Traditionen sowie in den westlichen wissenschaftlichen Traditionen beschrieben. Nehmen Sie sich einige Momente Zeit, um Ihre vorherrschende Ausrichtung herauszufinden.

Der *Kopf-Typ* fühlt sich sofort zu den Einsichtspraktiken hingezogen, der *Herz-Typ* neigt zu den Praktiken der Hingabe und des Mitgefühls, und der *Körper-Typ* zieht Entspannungsübungen und heilende Meditationen vor. Aber die Wahrheit ist, dass wir alle ein Herz, einen Geist und einen Körper haben und dass wir alle drei bei in unseren Meditationsübungen entwickeln und kultivieren müssen, wenn wir uns zu kompletten, gut abgerundeten menschlichen Wesen entwickeln wollen.

 Achten Sie deshalb auf Ihre Neigungen, und gehen Sie ihnen nach, so viel Sie wollen. Schließlich müssen Sie tun, was Ihnen das Gefühl des richtigen Tuns vermittelt – und häufig ist dies genau das, was zu Ihrem Typ passt. Aber Sie sollten auch daran denken, Ihre weniger entwickelten Aspekte zu stärken, indem Sie Meditationen oder andere Übungen praktizieren, die Sie in Richtungen lenken, die Sie für gewöhnlich nicht einschlagen. Praktizieren Sie beispielsweise Einsichts-Meditationen, führen Sie aber vorher einige Chantings der Hingabe oder einige Verbeugungen durch (oder, was noch besser ist, führen Sie sie mit einer Einstellung der Freundlichkeit und des Mitgefühls aus). Konzentrieren Sie sich auf Praktiken des Mitgefühls oder arbeiten Sie mit Ihren Emotionen, aber entspannen Sie auch Ihren Körper, oder achten Sie auch auf Ihre sinnliche Erfahrung. Letztlich hilft Ihnen jede der grundlegenden Meditationen dabei, Ihre verschiedenen Aspekte – Herz, Geist und Körper – zu entwickeln, aber achten Sie auf Ihre Neigung, den einen oder anderen Aspekt den anderen gegenüber zu bevorzugen oder sogar die anderen Aspekte komplett zu übergehen.

Außerdem hat das Leben eine unheimliche Tendenz, Ihre Achillesferse zu enthüllen und Ihnen genau die Qualitäten zu zeigen, die Sie entwickeln müssen – achten Sie deshalb darauf! Wenn Sie immer wieder »überemotionale« Menschen in Ihr Leben ziehen oder wenn Sie durch das »Intellektualisieren« Ihres Partners verrückt gemacht werden, werden Ihnen vielleicht genau die Qualitäten vor Augen geführt, die Sie in Ihrem Repertoire am meisten brauchen.

Experimentieren Sie, vertrauen Sie Ihrer Intuition, und legen Sie sich dann fest

Sie wissen nicht wirklich, wie eine bestimmte Meditation auf Sie wirken wird, bis Sie sie regelmäßig ein Zeit lang geübt haben. Nur in einem Buch wie diesem darüber zu lesen, sagt Ihnen nicht viel. Sie ein oder zweimal auszuprobieren, vermittelt Ihnen vielleicht einen Eindruck und zeigt Ihnen, ob es sich lohnt, sie weiter zu praktizieren, aber Sie erzielen damit nicht die Resultate, die den Zweck der Meditation ausmachen.

Beginnen Sie damit, sich umzuschauen und verschiedene Meditationen auszuprobieren, die Ihnen ins Auge fallen. Achten Sie darauf, wie Sie sich fühlen, wenn Sie sie ausprobieren. Dann vertrauen Sie Ihrem intuitiven Empfinden, das Ihnen sagt, was für Sie richtig und angemessen ist, und legen Sie sich selbst darauf fest, die Übung tatsächlich regelmäßig für eine gewisse Zeitspanne auszuführen – ich rede hier von Monaten oder sogar Jahren. (Nähere Informationen über Disziplin, Anstrengung und Festlegung finden Sie in Kapitel 9.) Das stimmte, ich sagte _festlegen_ – was für viele sehr unangenehm ist. Einfach ausgedrückt: Sie müssen dieselbe Meditation immer wieder ausführen, wenn Sie die Vorteile ernten wollen. Ich weiß, dass dieser Rat der Neigung zu »schnellen Lösungen« in unserer Kultur zuwiderläuft, aber in der Welt der Meditation gibt es keine Abkürzungen oder Erleuchtung-im-Schnellverfahren-Schemata. Halten Sie es mit der Nike-Werbung: »Just do it« (»Tu es einfach«) – möglichst mit Freundlichkeit, Sanftheit, Geduld und Mitgefühl, aber letztlich müssen Sie es tun, immer wieder!

Vom Nachteil, ein Dilettant zu sein

Auf jedem Interessengebiet, vom Tennis bis zur Geldanlage, können Sie eine Unmenge Informationen anhäufen, mit denen Sie Ihre Familie und Freunde beeindrucken können, ohne sich tatsächlich die Hände schmutzig zu machen, indem Sie das tun, worüber Sie so viel wissen. (Beispielsweise können Sie die Tennisweltrangliste und die Ergebnisse aller Tennisturniere auswendig lernen, ohne jemals zu lernen, selbst einen Ball zu schlagen.) Dasselbe gilt für die Meditation. Im Zen pflegt man zu sagen: »Ein gemalter Kuchen macht dich nicht satt.« – und das Lesen der besten Meditationsbücher der Welt reduziert Ihren Stress oder erhöht die Ruhe in Ihrem rastlosen Geist nicht um ein Jota. (Sie werden dadurch nur zu dem, was ein buddhistischer Lehrer als _spiritueller Materialist_ bezeichnete.) Sie müssen die Ärmel hochkrempeln und anwenden, was Sie gelesen haben.

Auf dieselbe Weise werden Sie keinen Fortschritt machen, wenn Sie sich dilettantisch mit den verschiedenen Techniken beschäftigen. (»Hm, es ist Dienstag; heute muss das Bewusstsein dran sein.«) Sie müssen eine oder zwei Techniken auswählen und dabei bleiben. (Sie kennen doch den den alten Spruch: »Hansdampf in allen Gassen, und Meister in keiner«? Ihr Ziel besteht darin, Meister in der Kunst der Meditation zu werden, nicht darin, sich einige neue Tricks für Ihre Sammlung anzueignen.)

Wenn Sie auf Unruhe oder Langeweile (oder eines der anderen »Hindernisse«, die in Kapitel 12 beschrieben werden) stoßen, schließen Sie nicht sofort daraus, dass Sie einen Fehler gemacht haben. Benutzen Sie stattdessen Ihren Widerstand und andere schwierige Emotionen und Geisteszustände als Futter für die Mühle Ihrer Meditation. (Einschlägige Anweisungen dazu finden Sie in den Kapiteln 11 und 12.)

Ein regelmäßiges Übungsprogramm zusammenstellen

 Jetzt verfügen Sie über einige Richtlinien, um die verschiedenen Komponenten zu einer Übungsfolge zusammenfügen zu können, die Sie Tag für Tag ausführen können. Denken Sie daran, ein möglichst einfaches Programm zusammenzustellen – schließlich geht es bei der Meditation darum, den Körper zu entspannen und den geschäftigen Geist zu beruhigen, nicht nicht darum, Ihr Leben komplizierter zu machen. Befolgen Sie die folgenden Hauptschritte, um Ihr regelmäßiges Übungsprogramm zusammenzustellen:

✔ **Wählen Sie eine Basistechnik:** Wenn Sie nichts anderes tun, müssen Sie wenigstens eine durchführbare Meditationsübung ausführen, die Ihren Zweck erfüllt. Ich empfehle Ihnen die Achtsamkeits-Meditation, weil Sie Fähigkeiten vermittelt, die Sie auf jede Aktivität und jeden Moment Ihres Lebens übertragen können, aber einige Menschen ziehen die Mantra-Meditation oder die Konzentration auf ein bestimmtes Objekt vor.

✔ **Runden Sie Ihre Übung ab:** Wie ich in dem vorangegangenen Abschnitt vorgeschlagen habe, sollten Sie ein oder zwei weitere Übungen ausführen, die verschiedene Qualitäten von Geist, Körper oder Herz kultivieren. Aber wenn Sie jeden Tag nur wenig Zeit haben, bleiben Sie bei Ihrer Basistechnik, anstatt die Dinge zu kompliziert zu machen.

✔ **Legen Sie fest, wie viel und wie oft:** Abhängig von Ihrer Motivation und Ihren Gründen für das Meditieren werden Sie mehr oder weniger häufig für eine längere oder eine kürzere Zeitspanne sitzen. Ihr Interesse an der Meditation kann auch mit den Zyklen Ihres Lebens schwanken. Beispielsweise kann es Zeiten geben, in denen Sie sich mehr nach außen auf Ihren Beruf oder Ihr Familienleben orientieren, und Zeiten, zu denen Sie den Schwerpunkt Ihrer Aufmerksamkeit auf Ihr inneres Wachstum richten. Richtlinien zur zeitlichen Gestaltung Ihrer Meditation finden Sie in Kapitel 8.

✔ **Meditieren Sie regelmäßig:** Dies kann ich nicht oft genug betonen. Was immer Sie sonst tun mögen (und was sonst in Ihrem Leben passieren mag), bleiben Sie bei Ihrer Basistechnik, wie Sie einer geliebten Person oder Ihren Kindern treu bleiben würden – durch dick und dünn, Auf und Ab, Überfluss und Hunger und andere Klischees, die Ihnen einfallen.

✔ **Fügen Sie nach Bedarf Praktiken hinzu, aber bleiben Sie bei ihnen:** Wenn Sie beispielsweise krank werden, nehmen Sie auf jeden Fall eine heilende Meditation in Ihr Programm auf. Wenn Sie Ihr Herz etwas weiter öffnen wollen, führen Sie zusätzlich eine Liebende-Güte-Meditation durch. Aber opfern Sie auf keinen Fall Ihre Basistechnik, und bleiben Sie auch bei Ihren neuen Techniken.

✔ **Wissen, wann Sie tiefer gehen müssen:** Wenn Sie sich nach mehr Zeit auf Ihrem Meditationskissen sehnen, sollten Sie auf jeden Fall Ihren Zeitplan entsprechend gestalten. Je mehr Sie tun, desto tiefer werden Sie gehen – und Sie werden intuitiv wissen, wann Sie dazu bereit sind. Es ist besser, dass Sie warten, bis sich der Wunsch einstellt, als sich selbst anzutreiben, weil Sie meinen, Sie »sollten«. (Vorschläge für die Durchführung eines Meditations-Retreats finden Sie im Abschnitt *Zwei oder mehr beisammen: Mit anderen meditieren.*)

✔ **Hilfe suchen, wenn Sie müssen:** Sie können nur eine gewisse Strecke allein in unbekanntes Territorium vorstoßen. Falls Sie beim Meditieren anfangen, auf Probleme oder Erfahrungen zu stoßen, die Sie verwirren oder verängstigen (oder Sie einfach sicherstellen wollen, dass Sie richtig meditieren), dann sollten Sie möglicherweise nach einem Lehrer suchen. (Einen Überblick über Meditationsprobleme und -fallstricke finden Sie in Kapitel 12. Hinweise für die Suche nach einem Lehrer finden Sie in Kapitel 13.)

 ## Übungszyklen respektieren

Im Allgemeinen spreche ich nicht gern über den Fortschritt bei der Meditation. Lieber erinnere ich Sie daran, dass Sie immer schon dort gewesen sind, wohin Sie streben, nämlich genau im Hier-und-Jetzt. Zumindest bewirkt die Meditation, dass die Schleier weggezogen werden, die Sie daran hindern zu sehen, was schon immer wahr war.

Es ist besonders wichtig zu erkennen, dass mit der Meditation keine lineare Entwicklung oder Verbesserung verbunden ist. Jeder Tag ist neu, und jede Meditation unterscheidet sich von der letzten. An einem Tag kann Ihr Geist außergewöhnlich klar und still wie der sprichwörtliche Waldsee sein, was Sie zu dem Schluss veranlasst, dass Sie schließlich die Meditation in den Griff bekommen haben. Am nächsten Tag scheint Ihr Geist ohne Warnung turbulent wie der Ozean während eines Wirbelsturms zu sein. So viel zu linearen Verbesserungen!

Anstatt das Bild einer Geraden zu verwenden, ziehe ich das Bild einer Spirale vor, die sich immer wieder dreht, aber allmählich aufsteigt. Sie können Zeiten durchmachen, in denen schwierige Lebensumstände, wie beispielsweise ein Berufswechsel, Verluste oder Trennungen, schwierige Emotionen und Muster auslösen, die Ihre Meditation erfüllen. Dann erleben Sie wieder ruhigere Perioden, wenn Ihre Konzentration sich vertieft und Ihr Geist sich beruhigt. Falls Sie geduldig weiter meditieren, ohne sich zu sehr entmutigen zu lassen oder zu sehr in Hochstimmung zu geraten, werden Sie feststellen, dass Sie allmählich Ihr Bewusstsein erweitern und immer mehr in Ihre Identität einschließen – das Auf und Ab, die Höhen und Tiefen, die rauhen und die glatten Stellen. Dabei werden Sie freudvoller und friedvoller – aber nicht in der messbaren, linearen Weise, die Sie vielleicht erwartet haben.

Zwei oder mehr beisammen: Mit anderen meditieren

 Alle großen meditativen Traditionen stimmen darin überein: Meditieren mit anderen bringt außergewöhnliche Vorteile, die Ihre individuelle Übung verbessern und Ihr persönliches und spirituelles Wachstum beschleunigen. Buddhisten betrachten die Gemeinschaft der Praktizierenden als eins der drei Juwelen oder einen der Schätze der Übung. Die anderen beiden sind der erwachte Lehrer und die Wahrheit selbst. Die Juden glauben, dass Gott wirklich zuhört, wenn zehn seiner gläubigen Anhänger sich im Gebet zusammenfinden. Und Jesus selbst hat dies ziemlich elegant ausgedrückt: »Wo sich zwei oder mehr in meinem Namen versammeln, dort ist die Liebe.«

 Außerdem haben Forscher wie Dean Ornish herausgefunden, dass ein Empfinden von Zugehörigkeit oder Verbundenheit mit anderen nicht nur die Qualität des Lebens verbessert, sondern auch die Lebensdauer erhöht. In einer Studie war bei Menschen, die auf die Fragen »Werden Sie durch Ihren religiösen Glauben gestärkt?« und »Sind Sie Mitglied einer Organisation, die sich regelmäßig trifft?« mit *Ja* antworteten, die Wahrscheinlichkeit, eine Operation am offenen Herzen zu überleben, siebenmal größer als bei Menschen, die mit *Nein* antworteten. In einer anderen Studie wurden Frauen, die dieselbe konventielle Behandlung gegen metastatischen Brustkrebs bekamen, in zwei Gruppen getrennt – eine, die sich einmal in der Woche zwecks gegenseitiger Unterstützung traf, und eine, die sich nicht traf. Nach fünf Jahren war die Überlebensrate bei den Frauen, die sich getroffen hatten, doppelt so hoch wie bei den Frauen, die sich nicht getroffen hatten.

Auf einer praktischeren Ebene können Sie einfach in einer Gruppe Ermutigung durch andere Meditierende finden, die bei diesem – manchmal scheinbar langweiligen – Unterfangen Ausdauer bewiesen haben. Außerdem können Sie Ihre Übung mit anderen besprechen und nützliche Ratschläge bekommen, die auf den Erfahrungen der anderen beruhen – möglicherweise haben diese bereits die Probleme gelöst oder das Terrain durchquert, auf die bzw. das Sie gerade gestoßen sind.

Vielleicht fragen Sie sich, wie Sie andere finden können, mit denen Sie meditieren können. Es gibt mehrere Optionen: Sie können eine Gruppe oder Vereinigung suchen, die sich bereits regelmäßig trifft, sie können selbst eine Gruppe gründen oder oder Sie können einen Wochenend-Workshop oder ein Gruppen-Retreat besuchen.

Einer Meditationsgruppe beitreten oder eine gründen

In der heutigen Zeit hat sich die Meditation zu einem Mainstream-Unterfangen entwickelt. Deshalb ist es einfacher geworden, Meditationslehrgänge bei leicht erreichbaren Einrichtungen zu finden – wie beispielsweise Volkshochschulen, kirchlichen Institutionen, Synagogen, Gemeinschaftszentren oder Programmen zur Erwachsenenbildung. Das Problem ist, dass möglicherweise die Technik, die dabei gelehrt wird, für Sie nicht attraktiv ist oder dass Sie möglicherweise bereits meditieren können und einfach die Unterstützung anderer warmer Körper suchen.

Sie können Freunde fragen, die meditieren, oder öffentliche schwarze Bretter oder lokale Anzeigenblätter nach Anzeigen durchsuchen, welche die Bildung informeller Gruppen zum Zweck der Meditation ankündigen. Sie können auch selbst die Initiative ergreifen und selbst eine Gruppe gründen! Die Teilnehmer müssen nicht dieselbe Technik praktizieren und nicht denselben spirituellen oder religiösen Glaubenssätzen anhängen – sie müssen nur bereit sein, schweigend im selben Raum zusammen zu sitzen und ihre Meditation zu praktizieren. Sie können damit beginnen, einen Abschnitt aus einem der Werke der spirituellen Weltliteratur vorzulesen, falls jeder einverstanden ist, und Sie können mit einer Diskussion oder einer Schweigesitzung im Stile der Quäker aufhören, in der Menschen mitteilen, was die geistige Kraft Ihnen eingibt. Sie können aber auch einfach zusammenkommen, sich ruhig hinsetzen, sich anlächeln und wieder gehen. Die Form liegt ganz bei Ihnen.

Ihren ersten Workshop oder Ihr erstes Retreat besuchen

Falls Sie das Abenteuer reizt oder Sie einfach mehr in die Tiefe gehende Unterweisungen und Anleitung suchen, können Sie sich für eine länger dauernde Gruppenmeditation einschreiben. Es gibt viele weltweit operierende Organisationen mit lokalen Niederlassungen in vielen Ländern der Erde sowie lokale Institutionen, die individuelle Unterweisungen und Workshops, Gruppen oder Retreats anbieten (siehe Anhang). Sie können auch das Hauptkloster, die Hauptgemeinschaft oder das Haupt-Ashram selbst aufsuchen, um einen Eindruck davon zu gewinnen, wie es sich in einer Gruppe von Menschen lebt, deren Hauptinteresse das Meditieren ist.

Sie sollten sich jedoch auf jeden Fall vorher darüber informieren, was Sie während des Retreats tun werden. Hüten Sie sich vor Tendenzen in Gruppen, die Sie zu ihrem speziellen Glauben oder zu ihrer Ideologie bekehren wollen – es sei denn, natürlich, dies entspricht Ihrem eigenen Interesse.

Außerdem, egal wie entspannt die Atmosphäre oder sanft der Ansatz des Retreats sein mag, fühlen Sie sich möglicherweise zunächst ein wenig ängstlich, weil die erweiterten Perioden der schweigenden Meditation nicht die normalen Ablenkungen, wie beispielsweise Telefonate oder Fernsehen, bieten, die Sie davon abhalten, sich mit sich selbst auseinander zu setzen. Seien Sie deshalb nicht überrascht, falls Sie sich einschreiben und dann alle Arten großartiger Gründe dafür finden, in der letzten Minute abzusagen, von kranken Kindern bis zu geschäftlichen Notfällen. Mein Vorschlag: Bleiben Sie bei Ihrer ursprünglichen Absicht, und gehen Sie trotzdem. Sie werden froh darüber sein.

Hier sind einige Gründe, die auftauchen können, um Sie von Ihrem ersten Workshop oder Retreat abzuhalten, sowie einige Antworten:

✔ **»Ich bin noch nicht gut genug.«** Verständlicherweise mögen Sie schaudern, wenn Sie daran denken, drei oder vier oder sogar mehr Stunden pro Tag still zu sitzen, wenn Sie jetzt schon Schwierigkeiten haben, die Geduld aufzubringen, um selbst nur 15 Minuten ruhig zu sitzen. Lassen Sie sich jedoch von diesen Vorbehalten nicht aufhalten – Sie werden überrascht und erfreut sein, wie tief Ihre Konzentration werden kann und wie lange Sie sie aufrechterhalten können, wenn Sie die Unterstützung eines Lehrers und einer Gruppe gleichgesinnter Menschen haben.

✔ **»Ich habe Rücken- oder Knie-Probleme.«** Falls Sie unter ernsten körperlichen Einschränkungen leiden, müssen Sie möglicherweise besondere Vorsichtsmaßnahmen ergreifen oder sogar einem speziellen Zeitplan folgen, aber lassen Sie sich nicht entmutigen oder abhalten. Stellen Sie nur sicher, dass die Leiter des Retreats vorher darüber Bescheid wissen, so dass sie Ihnen helfen können, eine bequeme Sitzhaltung zu finden. (Falls Sie einfach nur unter den normalen Wehwehchen und Schmerzen leiden, die das Sitzen begleiten, werden Sie möglicherweise erfreut feststellen, dass sich die Beschwerden tatsächlich bessern oder dass Sie sich im Laufe des Retreats immer weniger von ihnen ablenken lassen.)

✔ **»Ich habe keine Zeit.«** Was genau meinen Sie damit? Wollen Sie damit sagen, dass jeder freie Moment zwischen heute und dem nächsten Weihnachtsfest vorher ausgebucht ist? Oder wollen Sie eigentlich sagen, dass Sie mit Ihrer Zeit lieber etwas anderes anfangen wollen? Nun ja, kein Problem. Aber falls Sie sich dafür entscheiden, ein Retreat zu besuchen, garantiere ich Ihnen, dass sich die Zeit wie von Zauberhand materialisieren wird. Und wer weiß? Möglicherweise stellen Sie fest, dass die Einsicht und Geistesruhe, die Sie zurückbringen, Ihnen mehr Zeit einbringt, als Sie aufgewendet haben.

Mönch für einen Tag: Ihr eigenes einsames Retreat durchführen

Wenn Sie regelmäßig einige Wochen oder Monate (oder Jahre) meditiert haben und den Wunsch verspüren, eine längere Zeitspanne zu üben, dies aber allein tun wollen (oder keinen einfachen Zugang zu einer Gruppe haben), können Sie einen eigenen Zeitplan für ein Retreat aufstellen und befolgen. Sie benötigen die Zeit (anfangs reicht auch ein halber Tag), einen passenden Ort (es ist besser, die häuslichen Ablenkungen zu vermeiden, auch wenn Sie allein leben sollten) sowie eine zusätzliche Dosis Motivation und Selbstdisziplin.

 Achten Sie darauf, sowohl Perioden für das Sitzen als auch für die Gehmeditation zu reservieren (so dass Sie Ihre müden Knie und Ihren Rücken entlasten können), lassen Sie einige offene, nicht strukturierte Lücken in Ihrem Programm, um einfach da zu sein, um in der Natur zu gehen oder um den Vögeln zuzuhören, und verwenden Sie den Zeitplan als Richtlinie statt als rigide Form, die das Leben aus Ihrer Übung herauspresst. Falls Sie ihn auf Grund Ihrer Inspiration oder körperlicher Einschränkungen ändern müssen, tun Sie dies. Achten Sie darauf, während des Tages den Geist der Meditation und der Übung der Achtsamkeit zu bewahren, egal ob Sie meditieren, ein Nickerchen machen oder zur Toilette gehen.

Sie können den folgenden Zeitplan als Anregung für die Gestaltung eines eintägigen Retreats nehmen, das ein Anfänger ohne Überanstrengung bewältigen kann:

8:00-8:45	Frühstück (Ess-Meditation)
8:45-9:00	Kontemplation (Ihrer tieferen Absicht oder Motivation, dieses Retreat durchzuführen)

9:00-9:30	Sitz-Meditation
9:30-9:45	Gehmeditation
9:45-10:15	Sitz-Meditation
10:15-10:30	Gehmeditation
10:30-11:00	Sitz-Meditation
11:00-12:30	Lesen inspirierender Texte
12:30-13:30	Mittagessen (Ess-Meditation)
13:30-15:30	Mittagspause, Spazierengehen oder weiteres Lesen inspirierender Texte
15:30-16:00	Sitz-Meditation
16:00-16:15	Gehmeditation
16:15-16:45	Sitz-Meditation
16:45-17:00	Gehmeditation
17:00-17:30	Sitz-Meditation
17:30-17:45	Widmung (des Werts dieses Retreats dem Wohle aller)
17:45-19:00	Abendessen (Ess-Meditation)

Optional

19:00-19:30	Sitz-Meditation
19:30-19:45	Gehmeditation
19:45-20:15	Sitz-Meditation
20:15-20:30	Gehmeditation
20:30-21:00	Sitz-Meditation
21:00-21:15	Widmung

 ### *Mit den Augen der Freude sehen*

Die meiste Zeit über sehen wir die Welt durch den Filter unser Wünsche, Bedürfnisse, Erwartungen und aller möglichen Stimmungen, die ihre langen Schatten auf unseren Geist werfen. Die folgende Übung dient dazu, die Filter abzulegen und die Dinge durch die Augen der Freude zu sehen:

1. **Setzen Sie sich ruhig hin, schließen Sie die Augen, atmen Sie einige Male tief durch, und entspannen Sie sich mit jeder Ausatmung ein wenig mehr.**

2. **Schieben Sie Ihre Gedanken, Ihren Kummer und Ihre Sorgen beiseite, konzentrieren Sie sich auf Ihre gegenwärtige Erfahrung, und suchen Sie den Ort in Ihrem Inneren, an dem Sie sich glücklich oder freudvoll fühlen.**

    Selbst wenn Sie sich möglicherweise im Allgemeinen traurig, ärgerlich, müde oder ängstlich fühlen, können Sie immer noch einen Ort in Ihrem Inneren finden, an dem Sie Glück oder Freude erfahren – vielleicht einen verborgenen Platz innerhalb Ihres Herzens oder eine ruhige Stelle auf der Hinterseite Ihres Kopfes.

3. **Vereinigen Sie sich mit diesem Gefühl, und lassen Sie Ihr gesamtes Wesen von ihm durchdringen.**

    Falls Sie nicht sicher sind, wie Sie dies anstellen sollen, können Sie darauf achten, ob das Gefühl eine Farbe, eine Temperatur oder eine Textur (oder alle drei Eigenschaften) hat, und sich vorstellen, dass diese Qualität Ihren Körper durchdringt und vollkommen füllt.

4. **Öffnen Sie jetzt die Augen, und schauen Sie Ihre Umgebung und die Menschen in Ihrem Leben mit diesem freudvollen Gefühl an.**

    Falls Sie feststellen, dass sich wieder alte, gewohnheitsmäßige Verhaltensmuster des Sehens einschleichen, schieben Sie sie beiseite, und fahren Sie fort, die Dinge im Licht Ihrer eigenen Freude zu sehen.

5. **Führen Sie diese Übung so lange durch, wie Sie können.**

    Wer weiß? Möglicherweise kehren Sie niemals dahin zurück, die Dinge auf die alte Weise zu sehen.

Teil IV

Meditation in Aktion

The 5th Wave · By Rich Tennant

»Die Kinder lieben es, wenn Chuck meditiert.«

In diesem Teil... entdecken Sie, wie Sie Ihre Meditation auf jeden Bereich Ihres Lebens ausdehnen können. Denn welchen Sinn hat es schließlich, eine halbe Stunde lang still zu sitzen und dann für den Rest des Tages unter Stress zu leiden? Wenn Sie in der Gegenwart und achtsam bleiben und Ihr Herz offen halten können, selbst wenn Sie mit Ihrem Partner streiten, während der Rush-hour Auto fahren, mit einem schreienden Kind oder einem ärgerlichen Chef umgehen müssen, haben Sie gelernt, überall zu meditieren, egal wo Sie sind. Außerdem werden Sie in diesem Abschnitt einige großartige Techniken kennen lernen, um die Kraft der Meditation für die Erleichterung der Heilung und die Verbesserung Ihrer Leistung einzusetzen.

Meditation im Alltag

In diesem Kapitel

▷ Tipps zur Ausdehung der Meditation auf gewöhnliche Aktivitäten

▷ Die eigenen Reaktionen in allen möglichen Siutationen
beobachten – und Ihr Leben entsprechend anpassen

▷ Die Vorteile der Meditation mit Ihrem Partner und Ihrer Familie teilen

▷ Das geheime Vergnügen von meditativem Sex entdecken

An einer anderen Stelle dieses Buches vergleiche ich die Meditation mit einem Labor, in dem Sie ausprobieren können, Ihre Aufmerksamkeit auf Ihre Erfahrung zu lenken, und entdecken können, wie Sie Qualitäten wie Frieden, Liebe und Glück kultivieren können. Allerdings haben die Entdeckungen, die Sie in der kontrollierten Umgebung eines Labors machen, nur einen begrenzten Wert, solange Sie sie nicht auf Situationen und Probleme des wirklichen Lebens anwenden können – und die Fähigkeiten, Einsichten und friedvollen Gefühle, die Sie auf Ihrem Meditationskissen haben, bringen Sie nicht sehr weit, wenn Sie sie nicht auch auf Ihre Tätigkeiten außerhalb Ihrer Meditationszeiten übertragen können. Tatsächlich ist das der Hauptzweck der Meditation – Ihnen zu helfen, ein glücklicheres, volleres, stressfreieres Leben zu führen!

Wenn Sie durch die formale Meditation Ihre Fähigkeit der Achtsamkeit steigern, verbessert sich natürlich auch Ihre achtsame Aufmerksamkeit, mit der Sie allem begegnen, sowohl auf Ihrem Kissen als auch sonst. Dennoch können Ihnen einige zusätzliche Tipps helfen, wie Sie die Übung der Achtsamkeit ausweiten können, um von Moment zu Moment offen, gegenwärtig und aufmerksam zu bleiben, selbst wenn Sie sich in schwierigen Umständen befinden sollten – wie beispielsweise in dichtem Verkehr Auto zu fahren, Besorgungen zu machen, unangenehme Aufgaben zu erledigen, auf die Kinder aufzupassen oder mit stressreichen Situationen bei der Arbeit fertig zu werden. Außerdem können Sie erfahren, wie Sie mit der Meditation die Qualität Ihres Familienlebens und Ihrer intimen Beziehungen verbessern, einschließlich der intimsten Begegnung von allen – der geschlechtlichen Liebe.

Jeden Schritt in Frieden tun: Meditation auf das Handeln ausdehnen

Das folgende Zitat drückt den Geist der Meditation-in-Aktion besser aus als alles, was ich sagen könnte. Es stammt aus dem Buch *Peace is every Step* des vietnamesischen buddhistischen Mönches Thich Nhat Hanh.

Jeden Morgen, wenn wir aufwachen, haben wir 24 brandneue Lebensstunden vor uns. Was für ein kostbares Geschenk! Wir haben die Fähigkeit zu leben, so zu leben, dass diese 24 Stunden uns und anderen Frieden, Freude und Glück bringen ... Jeder Atemzug, und jeder Schritt kann mit Frieden, Freude und Heiterkeit gefüllt sein. Wir brauchen nur wach und lebendig im gegenwärtigen Augenblick zu leben.

Die Person, die das schrieb, ist weder ein Einsiedler noch eine Pollyanna (die positive Heldin einer anfangs des 20. Jahrhunderts in Amerika populären Buchserie, A.d.Ü.). Thich Nhat Hanh hatte Erfahrung darin, die Achtsamkeit in außergewöhnlich schwierige Zeiten zu praktizieren. Während des Vietnam-Krieges arbeitete er unermüdlich daran, die Krieg führenden Parteien in seinem Heimatland zu versöhnen und gründete und leitete die buddhistische Friedensdelegation bei den Friedensverhandlungen in Paris. Für seine Bemühungen nominierte Martin Luther King ihn für den Friedensnobelpreis. Seit damals lehrt Thich Nhat Hanh aktiv eine Verbindung des achtsamen Lebens und der sozialen Verantwortung. Wo immer er auftritt, verkörpert er den Frieden, den er predigt.

Wie Nhat Hanh nahe legt, müssen Sie in jedem Augenblick wach und gegenwärtig sein – schließlich ist es der einzige Moment, den Sie haben. Sogar Erinnerungen an die Vergangenheit und Gedanken an die Zukunft stellen sich genau jetzt, in der Gegenwart, ein. Falls Sie nicht aufwachen und den Duft der Blumen riechen, Ihr Essen schmecken und das Licht in den Augen Ihres/r geliebten Partners/Partnerin sehen, versäumen Sie die Schönheit und Kostbarkeit Ihres Lebens, während es sich entfaltet. Thich Nhat Hanh sagt: »Jeder Gedanke, jede Handlung wird im Sonnenlicht des Bewusstseins heilig.«

 Auf einer praktischeren Stufe können Sie Ihren Stress nur reduzieren, wenn Sie Ihren Kopf frei machen (in dem alle stressreichen Gedanken und Emotionen um Ihre Aufmerksamkeit kämpfen) und sich dem öffnen, was im Hier-und-Jetzt passiert. Nachdem Sie beim Meditieren gelernt haben, in der Gegenwart zu bleiben, müssen Sie immer wieder, Moment für Moment, in der Gegenwart *bleiben* – andernfalls fallen Sie einfach in Ihre alten stressreichen Gewohnheiten zurück. Außerdem bietet Ihnen das achtsamen Bewusstsein Ihrer Handlungen und Erfahrungen erhebliche Vorteile:

✔ Einen stärkeren Fokus sowie größere Effizienz und Präzision beim Handeln

✔ Eine Erfahrung der Mühelosigkeit, des Flusses und der Harmonie

✔ Reduzierung des Stresses, weil der Geist nicht von Ihren gewohnheitsmäßigen Bedenken und Sorgen abgelenkt wird

✔ Besseres Genießen der Reichhaltigkeit und Fülle des Lebens

✔ Größere Verfügbarkeit oder Präsenz und die Fähigkeit, Ihr Herz zu öffnen und sich von anderen berühren zu lassen und auf sie einzugehen

✔ Tiefere Verbindungen mit geliebten Personen und Freunden

✔ Eine Offenheit der spirituellen Dimension des Lebens gegenüber

Sie müssen kein buddhistischer Mönch sein, um die Achtsamkeit zu praktizieren – Sie können aufwachen und inmitten der profansten Tätigkeiten achtsam sein. Aber dabei können Sie ganz gewiss einige der in den folgenden Abschnitten beschriebenen Techniken und Tricks der großen Meditationslehrer zu Ihrem Vorteil einsetzen.

Genießen Sie Ihr Mahl durch achtsames Essen

Haben Sie jemals eine Mahlzeit beendet und sich gefragt, was aus der Nahrung geworden ist? Sie erinnern sich daran, dass Ihnen der erste Bissen geschmeckt hat, und dann merken Sie plötzlich, dass Ihr Teller leer ist und Sie sich an keinen einzigen Bissen in der Zwischenzeit erinnern. Vielleicht haben Sie die ganze Zeit mit einem Freund geredet oder Zeitung gelesen oder sich Sorgen über Ihr Bankkonto oder Ihre Beziehung gemacht.

Die folgende Meditation soll Ihnen helfen, beim Essen Achtsamkeit zu entwickeln. Sie werden nicht nur Ihre Nahrung wie niemals zuvor genießen, sondern das achtsame Essen erleichtert auch Ihre Verdauung, indem es die Spannung oder den Stress vermindert, die Sie mit an den Tisch bringen. (Wahrscheinlich wollen Sie nicht immer in dieser meditativen Weise essen, aber dennoch können Sie jedes Mahl mit ein wenig Bewusstsein anreichern, egal wie informell es sein mag.)

1. **Bevor Sie anfangen zu essen, nehmen Sie sich einen Moment Zeit, um Ihre Nahrung zu schätzen.**

   Sie können im Zen-Stil an die Erde und den Sonnenschein denken, die dieser Nahrung Leben gaben, und an die Menschen und Anstrengungen, die sie auf Ihren Tisch gebracht haben. Sie können auch Ihren Dank Gott oder der geistigen Kraft gegenüber zum Ausdruck bringen – oder einfach schweigend sitzen und ein Gefühl der Dankbarkeit für das empfinden, was Sie haben. Falls Sie mit anderen essen, können Sie sich die Hände geben, sich gegenseitig anlächeln oder auf andere Weise Ihre Verbundenheit ausdrücken.

2. **Richten Sie Ihr Bewusstsein auf Ihre Hand, wenn Sie den ersten Bissen Ihrer Nahrung zu den Lippen führen.**

   Sie können das Verfahren ausprobieren, das in gewissen klösterlichen Traditionen geübt wird, und langsamer als normal essen. Sie können auch einfach mit Ihrer normalen Geschwindigkeit essen, aber dabei so achtsam sein, wie Sie können.

3. **Seien Sie voll bewusst, wenn der Krümel der Nahrung in Ihren Mund kommt und Ihre Geschmacksknospen mit Empfindungen überflutet.**

   Achten Sie auf die Neigung des Geistes, den Geschmack zu bewerten: »Ist es zu scharf oder zu salzig?« oder »Es ist nicht das, was ich erwartet habe.« Achten Sie auch auf die Gefühle, die möglicherweise ausgelöst werden: Enttäuschung, Erleichterung, Irritation, Freude. Nehmen Sie bewusst die Wellen der Freude oder Wärme oder anderer physischer Empfindungen wahr. Genießen Sie Ihre Nahrung!

4. **Falls Sie beim Essen reden, achten Sie darauf, welchen Einfluss das Reden auf Sie hat.**

   Verursachen gewisse Themen Ihnen Spannungen oder Magenverstimmungen? Stört das Reden Ihren Genuss der Mahlzeit, oder können Sie beides haben?

5. **Bleiben Sie mit Ihrer Achtsamkeit bei jedem Bissen, während Sie allmählich Ihre Mahlzeit essen.**

   Dieser Teil ist wahrscheinlich am schwersten zu erfüllen, weil die meisten Menschen dazu neigen abzuschweifen, nachdem sie gekostet haben, wie ihre Nahrung schmeckt. Aber Sie können den Geschmack weiter genießen, Biss für Biss. (Falls Sie abgelenkt werden, können Sie für einen Moment innehalten und atmen, bevor Sie weiteressen.)

6. **Um Ihre Achtsamkeit zu stärken, sollten Sie gelegentlich schweigend essen.**

   Vielleicht ist diese Situation für Sie anfangs unangenehm oder unbequem, aber möglicherweise stellen Sie im Laufe der Zeit fest, dass ein ruhiges Mahl Ihnen eine nährende Unterbrechung des permanenten Drucks des Lebens bietet.

Zu Ihrem Atem zurückkehren

Manchmal haben Sie das Gefühl, dass Sie sich einfach zu schnell bewegen und mit zu vielen Dingen auf einmal befassen, und Sie wissen nicht, wie (oder wo) Sie dabei auch noch achtsam bleiben sollen. Vielleicht fragen Sie sich, wo Sie Ihre Aufmerksamkeit unterbringen sollen, wenn die Dinge so schnell passieren. So wie Sie die formelle Übung der Achtsamkeits-Meditation beginnen können, indem Sie Ihren Atem zählen oder beobachten (siehe Kapitel 6), können Sie immer zu der direkten und einfachen Erfahrung des Atmens zurückkehren, selbst unter den kompliziertesten Umständen. Egal wie viele andere Dinge Sie möglicherweise tun, Sie atmen immer – und die körperliche Erfahrung des Einatmens und Ausatmens bietet Ihrer Aufmerksamkeit auch in stressreichen Zeiten einen verlässlichen Anker. Dann können Sie, wenn Sie begonnen haben, Ihre Aufmerksamkeit auf Ihren Atem zu richten, Ihr achtsames Bewusstsein allmählich auf Ihre anderen Aktivitäten ausweiten.

Wenn Sie Ihre achtsame Aufmerksamkeit sanft auf Ihren Atem richten, beruhigt sich außerdem allmählich Ihr Geist, indem das Bewusstsein von den Gedanken weggeht und sich Ihr Geist verlangsamt und sich an die Geschwindigkeit und die Rhythmen Ihres Körper anpasst. Wenn Ihr Geist und Körper synchron arbeiten, beginnen Sie eine natürliche Ruhe und eine innere Harmonie und einen Frieden zu fühlen, der durch externe Umstände nicht so leicht gestört werden kann.

Sie können damit anfangen, Ihre aktuelle Tätigkeit für ein oder zwei Momente zu unterbrechen und sich auf das Kommen und Gehen Ihres Atems zu konzentrieren. Sie können Ihre Aufmerksamkeit auf das Heben und Senken Ihres Unterleibs lenken, während Sie atmen. Sie können auch auf das Gefühl Ihres Atems achten, wie er durch Ihre Nasenlöcher ein- und ausströmt. Achten Sie vier oder fünf Atemzyklen lang auf diese Empfindungen, genießen Sie die Einfachheit und Direktheit der Erfahrung.

Wenn Sie mit Bewusstsein atmen, sind Sie im gegenwärtigen Augenblick bewusst wach und lebendig. Nehmen Sie dann Ihre normalen Aktivitäten wieder auf, während Sie weiter achtsam Ihren Atem beobachten. (Falls Sie dieses multidimensionale Bewusstsein zu verwirrend oder kompliziert finden, können Sie sich einfach daran erinnern, gelegentlich zu Ihrem Atem zurückzukehren.)

Sich von der Tyrannei der Zeit befreien

Viele Menschen haben das Gefühl, dass ihr Leben von ihren Terminkalendern gelenkt wird und ihnen keinen Raum lässt, um Verbindung mit sich selbst oder den Menschen aufzunehmen, die sie lieben. Aber Sie müssen Ihr Leben nicht von der Stechuhr lenken lassen. Möglicherweise können Sie Ihren Zeitplan nicht großzügiger gestalten, aber Sie können definitiv Ihre Beziehung zur Zeit freier gestalten.

Die folgenden Hinweise können Ihnen dabei helfen. Sie sind an das Buch *Full Catastrophe Living* von Jon Kabat-Zinn angelehnt:

✔ **Denken Sie daran, dass die Zeit eine nützliche Konvention ist, die von unserem Geist konstruiert wird, um uns zu helfen, unsere Erfahrungen zu organisieren.** Sie hat keine absolute Wirklichkeit, wie Einstein herausgefunden hat. Wenn Sie Spaß haben, fliegt die Zeit einfach vorbei. Wenn Sie gelangweilt sind oder Schmerzen haben, scheinen Minuten eine Ewigkeit zu dauern.

✔ **Leben Sie so weit wie möglich im gegenwärtigen Augenblick.** Da die Zeit durch Gedanken erzeugt wird, fallen Sie in eine zeitlose Dimension, wenn Sie den denkenden Geist umgehen und Ihre Aufmerksamkeit auf das Hier-und-Jetzt richten. Sobald Sie anfangen, für die Zukunft zu planen oder die Vergangenheit zu bedauern, sind Sie sofort wieder dem Druck der Zeit ausgesetzt.

✔ **Meditieren Sie jeden Tag eine Zeit lang.** Die Meditation lehrt Sie, wie Sie präsent sein können, und bildet den wirksamsten Eingang in den Bereich des Zeitlosen. Jon Kabat-Zinn drückt dies folgendermaßen aus: »Allein die Entscheidung, das Nicht-Tun zu üben, das Bemühen aufzugeben und nicht zu werten ... nährt die Zeitlosigkeit in Ihnen.«

✔ **Vereinfachen Sie Ihr Leben.** Wenn Sie Ihr Leben mit trivialen Beschäftigungen und Gewohnheiten füllen, die Zeit vergeuden, ist es kein Wunder, dass Sie nicht genug Zeit für die Dinge haben, die wirklich wichtig für Sie sind. Machen Sie eine Bestandsaufnahme Ihrer Tätigkeiten im Laufe eines Tages, und erwägen Sie, einige Aktivitäten aufzugeben, die Ihrer tieferen Absicht nicht dienlich sind, Ihre Hektik zu reduzieren und sich mit sich selbst zu verbinden.

✔ **Denken Sie daran, dass Ihr Leben Ihnen gehört.** Selbst wenn Sie sich möglicherweise um eine Familie kümmern müssen oder einen Job haben, der Ihre Aufmerksamkeit erfordert, vergessen Sie nicht, dass Sie das Recht haben, Ihre Zeit so zu verwenden, wie Sie es wollen. Sie betrügen andere Menschen in Ihrem Leben nicht, wenn Sie jeden Tag eine halbe Stunde für sich selbst reservieren, um zu meditieren.

Auf die Glocke des Bewusstseins hören

Klöster haben traditionell Glocken und Gongs verwendet, um die Mönche und Nonnen daran zu erinnern, ihre aktuelle Aktivität zu unterbrechen, ihre Gedanken und Tagträume loszulassen und mit ihrer Aufmerksamkeit sanft zu dem gegenwärtigen Augenblick zurückzukehren. Da die meisten Menschen keine Glocken in der Nähe haben, schlägt Thich Nhat Hanh vor, dass wir die wiederkehrenden Geräusche in unserer Umgebung dazu verwenden sollen, um uns ungezwungen daran zu erinnern, aufzuwachen und achtsam zu sein.

Zum Beispiel können Sie den Alarm Ihrer Digitaluhr jede volle Stunde ertönen lassen. Wenn er ertönt, können Sie Ihre aktuelle Aktivität unterbrechen, Ihre Atmung für einige Minuten genießen und dann Ihre normalen Aktivitäten (natürlich mit größerem Bewusstsein) wieder aufnehmen. Sie können die Glocke Ihres Bewusstseins auch im Läuten des Telefons oder im Geräusch Ihres Computers beim Hochfahren oder im Summer Ihres Autos hören, der Sie daran erinnert, die Sicherheitsgurte anzulegen. Erinnern Sie sich einfach daran innezuhalten, Ihre Atmung zu genießen und dann mit einem wacheren Bewusstsein und einer größeren Lebendigkeit fortzufahren.

Selbst nicht akustische Signale eignen sich sehr gut als Erinnerungsstützen. Beispielsweise können Sie sich, wenn Sie im Verkehr vor einer roten Ampel stehen, anstatt Ihrer Frustration oder Angst freien Lauf zu lassen, daran erinnern, sich einzustimmen, bewusst zu atmen und Ihre Spannung und Hektik loslassen. Sie können sich auch von Momenten der Schönheit helfen lassen aufzuwachen – von einer schönen Blume, von dem Lächeln auf dem Gesicht eines Kindes, von dem Sonnenlicht, das durch Ihr Fenster fällt oder von einer warmen Tasse Tee. Allerdings können Sie sich auch eine traditionelle Meditationsglocke kaufen und sie gelegentlich als besondere Erinnerung läuten.

Einen Ausdruck wiederholen, um die Achtsamkeit zu unterstützen

Die jüdische Tradition hat für praktisch jede Gelegenheit ein besonderes Gebet – vom Sehen eines Blitzes bis zum Essen eines Stückes Brot –, das den Gläubigen daran erinnern soll, dass Gott immer gegenwärtig ist. Buddhisten verwenden kurze Verse, die sie ermutigen, zu der unverfälschten Einfachheit des Seins in jedem Moment zurückzukehren. Christen sprechen vor den Mahlzeiten, vor dem Schlafengehen und bei anderen passenden Gelegenheiten ein Dankgebet. Im Gegensatz zu Mantras – Wörtern oder kurzen Ausdrücken, die laufend wiederholt werden (siehe in Kapitel 13) – unterscheiden sich diese Verse oder Gebete von einer Situation zur nächsten und haben eine einzigartige Botschaft zu verkünden.

Zum Beispiel empfiehlt Thich Nhat Hanh, die folgenden Verse schweigend zu intonieren, um Ihre Achtsamkeit zu verbessern und um aus Ihrem bewussten Atmen eine Gelegenheit zu machen, sich zu entspannen und Ihr Leben zu genießen:

Einatmend beruhige ich meinen Körper.
Ausatmend lächle ich.
Im gegenwärtigen Augenblick ruhend,
weiß ich, dass dies ein wundervoller Augenblick ist.

Koordinieren Sie die erste Zeile mit der Einatmung, die zweite Zeile mit der Ausatmung usw. – und führen Sie aus, was Sie sagen. Das heißt, beruhigen Sie Ihren Körper, lächeln Sie sich selbst zu (siehe den Einschub *Ein halbes Lächeln praktizieren* später in diesem Kapitel) und schätzen Sie diesen gegenwärtigen Augenblick. Wenn Sie diese Übung beherrschen, können Sie einfach sagen: »Beruhigen, Lächeln, gegenwärtiger Augenblick, wundervoller Moment.« Falls Ihnen die Ausdrucksweise von Thich Nhat Hanh nicht zusagt, formulieren Sie Ihre eigenen Verse für Alltagssituationen wie das Atmen, Essen, Baden, Arbeiten und sogar das Telefonieren oder den Besuch der Toilette.

Beachten Sie, wie Situationen Sie beeinflussen

Wenn Sie anfangen, Ihre formale Achtsamkeitsübung von Ihrer Atmung auf den vollen Bereich Ihrer sinnlichen Erfahrung zu erweitern (siehe Kapitel 6 und 11), können Sie dieses innere Bewusstsein auch auf Ihre anderen Aktivitäten übertragen. Anstatt den Kontakt mit selbst zu verlieren, wenn Sie Fernsehen gucken, Auto fahren oder an Ihrem Computer arbeiten, können Sie das aufrechterhalten, was einer meiner Lehrer als *duales Bewusstsein* bezeichnet – damit ist ein Zustand gemeint, in dem Sie sich gleichzeitig dessen bewusst sind, was um Sie herum vorgeht und wie die Situation oder Aktivität auf Sie wirkt.

 Allmählich fangen Sie möglicherweise an zu bemerken, wie ein zu schnelles Autofahren Sie anspannt, wie das Anschauen bestimmter Fersehsendungen Sie nervös oder erregt macht oder wie stundenlanges Telefonieren Ihnen die Energie abzieht, anstatt Sie zu beleben. Sie müssen Ihre Entdeckungen nicht beurteilen und brauchen sich keine Verbesserungen vorzunehmen. Nehmen Sie ganz einfach nur Notiz davon. Falls Sie hoch motiviert sind, die Vorteile der Meditation zu ernten, die Sie so gewissenhaft üben, werden Sie feststellen, dass Sie auf natürliche Weise Situationen (sowie Gewohnheiten, Freizeitbeschäftigungen, Menschen und Arbeitsumgebungen) meiden, die Ihnen Stress verursachen, und sich zu Situationen hingezogen fühlen, die es Ihnen erleichtern, sich ruhig, entspannt, harmonischer und mit sich selbst und anderen verbunden zu fühlen.

Wenn Ihre Leiden und Ihr Stress auf Ihren eigenen Verhaltensmustern und schwierigen Emotionen basieren (siehe Kapitel 11), können Sie das duale Bewusstsein benutzen, um Ihre Reaktionen zu registrieren und einen Raum in Ihrem Inneren zu schaffen, in dem Sie sie erfahren und sich mit ihnen anfreunden können, anstatt sie anderen gegenüber auszuagieren.

 Beim Arbeiten meditieren

Mit ihren engen Terminen, Personalbeurteilungen und Verschlankungen üben die heutigen wettbewerbsorientierten Arbeitsumgebungen einen außergewöhnlichen Druck auf Mitarbeiter und Manager aus. Selbst Menschen in traditionell stabilen Berufen, wie beispielsweise der Lehre und der Medizin, erleben einen noch nie dagewesenen Arbeitsstress, der durch größere Studentenzahlen und Budgetkürzungen ausgelöst wird. Doch egal in welcher Arbeitssituation Sie sich befinden mögen, Sie können Ihren Stress reduzieren, indem Sie die folgenden Tipps für das Meditieren bei der Arbeit befolgen:

✔ Bevor Sie morgens das Haus verlassen, können Sie Ihren Vorsatz verstärken, so ruhig und entspannt wie möglich zu bleiben. Falls Sie können, meditieren Sie kurz, bevor Sie aus dem Haus gehen, um die Stimmung des Tages festzulegen.

✔ Wenn Sie Ihre Erfahrungen achtsam beobachten, können Sie die Situationen entdecken, die Ihnen wirklich Stress verursachen – und sie dann vermeiden oder, so weit es in Ihrer Macht steht, ändern. Arbeit kann schwer genug sein, und Sie müssen sich nicht mehr aufladen, als Sie bewältigen können.

✔ Beachten Sie, wie Ihr Geist den Stress vermehrt – beispielsweise indem er Sie mit negativen Selbstbeurteilungen füttert, wie zum Beispiel »Ich bin ein Misserfolg« oder »Ich kann es nicht«, oder indem er Ihnen vorgaukelt, dass Sie entlassen werden sollen oder dass sich Ihr Chef und Ihre Kollegen gegen Sie verschworen haben. Schieben Sie diese Hirngespinste sanft beiseite, und gehen Sie mit Ihrer achtsamen Aufmerksamkeit zu Ihrer aktuellen Tätigkeit zurück.

✔ Anstatt am Kaffeeautomaten herumzulungern und Koffein auf Ihre lange Liste von Stressoren zu setzen, sollten Sie Ihre Pausen dazu verwenden, ruhig in Ihrem Büro oder in Ihrer Kabine zu meditieren. Sie werden sich hinterher entspannter und erfrischter fühlen.

✔ Essen Sie mit gleichgesinnten Menschen – oder nehmen Sie Ihr Mittagessen in Ruhe allein zu sich. Sie können auch spazieren gehen oder eine andere Art Übung während Ihrer Pause ausführen – eine großartige Methode, um Ihren Stress zu reduzieren.

✔ Nehmen Sie sich in jeder Stunde einige Momente Zeit, um Ihre aktuelle Tätigkeit zu unterbrechen, machen Sie einige tiefe Atemzüge, beobachten Sie Ihren Atem, und stehen Sie auf, strecken Sie sich oder gehen Sie herum.

✔ Üben Sie das halbe Lächeln, um sich selbst und Ihren Mitarbeitern gegenüber Wohlwollen auszustrahlen. Wenn Sie Kontakt mit anderen haben, tun Sie es mit einer warmen und freundlichen Einstellung. Ein Meditierender, den ich kenne, berichtete, dass er ganz allein die negative Stimmung in seinem Büro umkehrte, indem er absichtlich lächelte und Wohlwollen verströmte.

Meditation auf Ihre gewöhnlichen Aktivitäten anwenden

Alles, was Sie tun oder erfahren, kann Ihnen eine Gelegenheit geben, Ihre Achtsamkeit zu üben. Aber Sie sollten möglichst mit einigen normalen Aktivitäten beginnen – und zwar solchen, die Sie möglicherweise automatisch erledigen, während Sie tagträumen, abschweifen oder fixen Ideen nachhängen. Die Wahrheit ist: Selbst die routinemäßigsten Aufgaben können angenehm und belebend wirken, wenn Sie sie mit vorbehaltloser Sorgfalt und Aufmerksamkeit ausführen. Die folgende Liste nennt einige gewöhnliche Aktivitäten sowie Vorschläge, wie Sie sie mit Bewusstsein füllen können:

✔ **Geschirr spülen:** Wenn Sie Ihre Beurteilungen beiseite schieben, die besagen könnten, dass Sie mit Ihrer Zeit etwas Sinnvolleres oder Konstruktiveres anfangen sollten, und einfach nur das Geschirr spülen – oder den Fußboden aufwischen oder die Badewanne schrubben –, stellen Sie möglicherweise fest, dass Sie diese Aktivität tatsächlich genießen. Fühlen Sie die Umrisse der Teller und Schüsseln, während Sie sie reinigen. Beachten Sie den Geruch und die Schlüpfrigkeit der Seife, die Geräusche der Utensilien sowie das befriedigende Gefühl, alte Essensreste zu entfernen und das Geschirr sauber und gebrauchsfertig wegzustellen.

✔ **An Ihrem Computer arbeiten:** Wenn Sie von den Informationen gefesselt werden, die über Ihren Bildschirm flackern, stellen Sie möglicherweise fest, dass Sie den Kontakt zu Ihrem Körper und Ihrer Umgebung verlieren. Machen Sie gelegentlich eine Pause, um Ihren Atem zu beobachten und darauf zu achten, wie Sie sitzen. Falls Sie anfangen, sich zu verspannen und Ihren Kopf nach vorn zu beugen, richten Sie sanft Ihre Wirbelsäule auf (siehe Kapitel 7), und entspannen Sie Ihren Körper. Kehren Sie während der wiederkehrenden Unterbrechungen Ihres Arbeitsflusses zu Ihrem Körper zurück, atmen Sie durch, und entspannen Sie sich.

✔ **Auto fahren:** Was könnte stressreicher sein, als mit dem Auto durch dichten Verkehr zu fahren? Neben dem ständigen Stoppen und Fahren müssen Sie in allen Richtungen auf potenzielle Probleme achten, die Ihre Sicherheit bedrohen könnten. Und doch vermehren Sie den Stress des Fahrens, wenn Sie Ihr Ziel schneller erreichen wollen, als dies realistischerweise möglich ist, wobei Sie nur ärgerlich und ungeduldig werden.

Als Heilmittel gegen den Stress können Sie beim Fahren die Achtsamkeit üben. Atmen Sie einige Male tief durch, bevor Sie anfangen, und kehren Sie immer wieder zu Ihrer Atmung zurück, während Sie die Spannung und den Stress loslassen. Fühlen Sie das Lenkrad in Ihren Händen, den Druck Ihrer Füße auf den Pedalen, das Gewicht Ihres Körper auf dem Sitz. Achten Sie auf jede Neigung, andere Fahrer zu kritisieren, abzuschweifen sowie ärgerlich oder ungeduldig zu werden. Registrieren Sie, wie die Musik oder Talk-Shows, die Sie im Autoradio hören, Ihre Stimmung beim Fahren beeinflussen. Wenn Sie aufwachen und aufmerksam sind, erkennen Sie möglicherweise überrascht, dass Sie und die Menschen in Ihrer Umgebung tatsächlich mehrere Zenter schwere Maschinen aus Kunststoff und Metall mit kostbaren und verletzlichen Wesen im Inneren lenken. Möglicherweise verspüren Sie dann den Wunsch, achtsamer und sicherer zu fahren.

✔ **Telefonieren:** Bleiben Sie bei dem Gespräch mit Ihrem Atem verbunden, und achten Sie darauf, wie dies auf Sie wirkt. Lösen gewisse Themen Ärger, Furcht oder Traurigkeit aus? Erwecken andere Vergnügen oder Freude? Werden Sie reaktiv oder defensiv? Achten Sie auch darauf, was Sie veranlasst oder motiviert zu telefonieren. Versuchen Sie, Ihren Gesprächspartner in irgendeiner Weise zu beeinflussen oder von etwas zu überzeugen? Haben Sie verdeckte Gefühle der Eifersucht oder des Ärgers – oder möglicherweise ein Verlangen, geliebt oder geschätzt zu werden? Oder sind Sie einfach offen und aufnahmebereit für das, was im Moment gesagt wird, ohne es mit Vergangenem oder Zukünftigem zu überlagern?

✔ **Fernsehen gucken:** Beim Fernsehen können Sie genauso leicht vergessen, dass Sie einen Körper haben, wie bei Ihrer Arbeit am Computer. (Nähere Informationen über die Meditation und das Fernsehen finden Sie in Kapitel 8.) Machen Sie während der Werbung eine Pause, drehen Sie den Ton leise, beobachten Sie Ihren Atem, und richten Sie Ihr Bewusstsein auf den gegenwärtigen Augenblick. Gehen Sie herum, schauen Sie aus dem Fenster, oder stellen Sie eine Verbindung zu Ihren Familienmitgliedern her. (Viele Menschen essen, wenn sie Fernsehen gucken. Damit können Sie Ihren Körper aber nur dann erden, wenn Sie beim Essen achtsam beobachten, was Sie essen. Außerdem hat unachtsames Essen seinen Preis – man braucht sich nur die vielen Couch-Potatoes anzuschauen!)

✔ **Working out:** Körperliche Betätigung bietet Ihnen eine wundervolle Gelegenheit, Ihr Bewusstsein von Ihrem Geist auf die einfachen, wiederholten Bewegungen Ihres Körpers zu richten. Leider setzen viele Menschen einfach nur ihre Kopfhörer auf, schalten Ihren Walkman ein und schalten ab. Wenn Sie beim nächsten Mal die Trainingsgeräte in die Hand nehmen oder eine Aerobics-Stunde besuchen, beobachten Sie Ihren Atem, so gut Sie können. (Selbst wenn Sie ein schwieriges Übungsprogramm haben, können Sie immer noch zu Ihrem Atem zurückkehren.) Oder achten Sie einfach auf die Bewegungen Ihres Körpers – das Beugen der Muskeln, den Kontakt mit den Geräten (oder dem Fußboden), die Gefühle der Wärme, des Vergnügens oder der Spannung. Achten Sie auch darauf, was Sie ablenkt. Machen Sie sich Gedanken über Ihr Aussehen, oder sind Sie auf Ihr Gewicht fixiert? Fantasieren Sie über Ihre neue Figur und vergessen darüber, was gegenwärtig passiert? Nehmen Sie es einfach zur Kenntnis, und kehren Sie dann zu Ihrer Erfahrung zurück. Möglicherweise beginnen Sie, Ihren Körper so sehr zu genießen, dass Sie aufhören, sich darum zu sorgen, wie andere ihn sehen.

Aufmerksamkeit, Aufmerksamkeit, Aufmerksamkeit!

Bei ihrer Betonung der harten Arbeit und ihrer Wertschätzung des Gewöhnlichen enthält die Zen-Tradition viele Geschichten, welche die Vorteile des achtsamen Bewusstseins bei Alltagsaktivitäten rühmen. Hier sind zwei meiner Lieblingsgeschichten:

In der ersten besucht ein Geschäftsmann einen berühmten Meister und bittet ihn, ihm die japanischen Buchstaben zu malen, die am besten den Geist des Zen zum Ausdruck bringen. Der Meister malt einfach ein Wort: Aufmerksamkeit.

»Aber im Zen muss es mehr als das geben,« beschwert sich der Geschäftsmann.

»Ja, da haben Sie recht,« anwortet der Meister, und er malt denselben Buchstaben unter den ersten: Aufmerksamkeit, Aufmerksamkeit.

Jetzt wird der Geschäftsmann ärgerlich: »Sie nehmen mich einfach auf den Arm,« schnaubt er, und sein Gesicht wird rot.

Schweigend fügt der Meister einen dritten Buchstaben hinzu und zeigt seinem cholerischen Gast das Ergebnis. Jetzt zeigt das Blatt: Aufmerksamkeit, Aufmerksamkeit, Aufmerksamkeit.

In der zweiten Geschichte erreicht ein wandernder Mönch ein berühmtes Kloster und beginnt, den Pfad emporzusteigen, der den Berg hinauf führt. Da bemerkt er ein Salatblatt, das in dem Bergbach herunterschwimmt. »Hm«, sagt er zu sich selbst, »ein Meister, der es zulässt, dass seine Schüler die Nahrung so nachlässig zubereiten, verdient meine Zeit und Aufmerksamkeit nicht.«

Gerade als er sich umdrehen will, um zu gehen, sieht er den Chefkoch selbst, der mit flatternder Robe den Pfad herunter eilt, um das eigensinnige Blatt zurückzuholen.

»Ah«, denkt der besuchende Mönch, als er wieder die Richtung wechselt, »vielleicht sollte ich hier trotz allem einkehren und eine Zeit lang studieren!«

In der Familie meditieren: Partner, Kinder und andere geliebte Personen

Falls Sie sind ein angehender Meditierender sind, stellt das Familienleben eine doppelte Herausforderung dar. Auf der einen Seite neigen Sie möglicherweise dazu, Ihre Lieben einzuladen, zu ermutigen oder sogar zu nötigen, mit Ihnen zu meditieren. Andererseits stellen Sie möglicherweise fest, dass die Menschen, die Ihnen am nächsten stehen, Ihre fragile, neu gefundene Geistesruhe in einer Weise stören, wie es sonst niemand kann.

Zum Beispiel kennt möglicherweise nur Ihre Gattin, Ihr Gatte oder Ihr Partner genau die Worte, die Ihren Ärger wecken oder Sie verletzen. Und Ihre Kinder können eine einzigartige Fähigkeit haben, Ihre Geduld zu strapazieren oder die Neigung aus Ihnen herauszukitzeln, jede Situation kontrollieren zu wollen. (Falls Sie jemals versucht haben, sich zu entspannen und Ihren Atem zu beobachten, während Ihr Kleinkind einen Koller kriegt oder Ihr Teenager zu erklären versucht, warum er oder sie gestern erst um zwei Uhr nachts nach Hause gekommen ist, dann wissen Sie, wovon ich rede.)

Sie können definitiv einen Weg finden, die formelle Übung der Meditation in Ihre engsten Beziehungen einzubauen, solange Ihre lieben Angehörigen Ihre Bemühungen unterstützen. Aber egal ob sie sich für die Meditation interessieren oder nicht, bieten Ihnen Ihre Familienbande eine außergewöhnliche Gelegenheit, Ihre achtsame Aufmerksamkeit auf Ihre Verhaltens- und Reaktionsmuster zu richten. (Siehe Kapitel 11). Letztlich hat das Familienleben tatsächlich die Fähigkeit, Ihr Herz wie kein anderer Umstand zu öffnen.

Mit Kindern meditieren

Wenn Ihre Begeisterung für die Meditation wächst, verspüren Sie möglicherweise den Wunsch, ihre Vorteile an Ihre Kinder weiterzugeben (oder Enkel oder Patenkinder oder Neffen und Nichten). Vielleicht stellen diese auch einfach fest, dass Sie jeden Tag einige Zeit damit verbringen, ruhig zu sitzen, und möchten sich möglicherweise dazu gesellen. (Insbesondere jüngere Kinder imitieren einfach alles, was Ihre Eltern tun.) Falls Ihre Kinder ihre Neugier zum Ausdruck bringen, geben Sie Ihnen auf jeden Fall eine *kurze* Anweisung, und laden Sie sie ein, mit Ihnen zu meditieren – aber erwarten Sie nicht, dass sie dabeibleiben. Jüngere Kinder haben eine begrenzte Aufmerksamkeitsspanne, und ältere haben möglicherweise andere Interessen, die für sie attraktiver sind.

 Vielleicht haben Sie bemerkt, dass Kinder unter sechs oder sieben Jahren bereits viel Zeit in einem geänderten Zustand des Wunderns und der Freude verbracht haben (natürlich nur, wenn sie sich nicht die Lunge aus dem Hals schreien). Anstatt ihnen beizubringen zu meditieren, suchen Sie sie dort auf, wo sie sind, so weit Ihnen das möglich ist. Lenken Sie ihre Aufmerksamkeit auf die kleinen, wundervollen Details des Lebens und ermutigen Sie sie, diese zu beobachten, ohne sie zu interpretieren. Heben Sie ein Blatt auf, und betrachten Sie es genau mit ihnen, beobachten Sie die Ameisen auf der Erde, schauen Sie zusammen in den Nachthimmel. Um die Entwicklung ihrer natürlichen Meditationsfähigkeit zu schützen, begrenzen Sie ihren Fernseh- und Video-Konsum, der die Neugier und Fantasie erstickt, und drängen Sie sie nicht dazu, ihren Intellekt zu früh zu entwickeln.

Wenn ältere Kinder Interesse zeigen, können Sie sie in formelle Meditationspraktiken einführen – beispielsweise in die Beobachtung des Atems oder in das Rezitieren eines Mantras. Vermitteln Sie aber die Anweisungen so locker und spaßvoll wie möglich – und lassen Sie die Kinder nach ihrer Neigung entscheiden, ob sie die Übungen paktizieren wollen oder nicht. Meditation übt tatsächlich ihren größten Einfluss auf Ihre Kinder aus, indem sie *Sie* ruhiger, glücklicher, liebevoller und weniger reaktiv macht. Wenn sie Ihren Wandel zum Besseren beobachten, werden Ihre Kinden möglicherweise auf natürliche Weise zur Meditation hingezogen, weil sie dieselben Vorteile auch für sich selbst ernten wollen.

Mit Partnern und Familienmitgliedern meditieren

Die Meditation kann – wie das Gebet – eine Familie enger zusammenschließen. (Mit *Familie* meine ich auch Partner und Ehepartner.) Wenn Sie schweigend zusammensitzen, selbst nur für einige Minuten, stimmen Sie sich auf eine natürliche Weise auf eine tiefere Stufe des Seins ein, auf der Differenzen und Konflikte nicht so wichtig zu sein scheinen. Sie können auch spezielle Techniken praktizieren, indem Sie beispielsweise üben, Ihre Herzen zu öffnen und Liebe zu senden und zu empfangen (siehe den Einschub *Sich tiefer mit einem Partner oder Freund verbinden*). Falls Ihre Familienmitglieder gewillt sind, können Sie meditative Praktiken auch in Ihren normalen Tagesablauf aufnehmen – beispielsweise indem Sie einige Momente lang vor dem Essen ruhig zusammensitzen oder vor dem Schlafengehen über die guten Dinge reden, die während des Tages passiert sind.

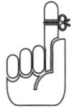 Familienrituale bieten eine wundervolle Gelegenheit, die Achtsamkeit zu üben und eine tiefere, mehr aus dem Herzen kommende Verbindung zu Ihren Lieben herzustellen. Wenn Sie Ihre Familienmitglieder dazu einladen, mit Ihnen zu kochen oder achtsam im Garten zu arbeiten, bemerken diese möglicherweise die Qualität Ihrer Aufmerksamkeit und folgen Ihrem Beispiel. Natürlich können Sie auch vorschlagen, auf eine neue, andere Weise zu kochen, zu essen oder zu arbeiten (vielleicht ziehen Sie es vor, Worte wie *Liebe* und *Fürsorge* anstelle von *Bewusstsein* zu verwenden), aber Ihr Beispiel wird einen größeren Einfluss ausüben als Anweisungen, die Sie geben. Sie können gelegentlich auch die Ess-Meditation mit Ihrer Familie praktizieren (siehe den Einschub *Genießen Sie Ihr Mahl durch achtsames Essen* weiter oben in diesem Kapitel) – achten Sie aber darauf, spielerisch, liebevoll und entspannt zu bleiben.)

Vorbehaltlos umarmen

Anstatt mit Ihren Kindern formell zu meditieren, können Sie den einfachen, alltäglichen Akt des Umarmens als Gelegenheit benutzen, zu atmen und gegenwärtig zu sein. Wenn Sie beim nächsten Mal Ihre Kinder umarmen, achten Sie darauf, wie Sie sie halten. Verspannen Sie sich, oder halten Sie sie auf Distanz? Halten Sie Ihren Atem an, schweifen Sie ab, oder halten Sie Ihre Liebe zurück, weil Sie irritiert oder verstimmt sind? Wollen Sie die Umarmung schnell hinter sich bringen, damit Sie mit anderen, »wichtigeren« Dingen weitermachen können? Möglicherweise überrascht Sie, was Sie entdecken. (Natürlich können Sie auch mit Ihrer Art Umarmung glücklich sein. Dann können Sie den Rest dieses Einschubs überspringen!)

Anstatt sich selbst zu beurteilen, sollten Sie einfach eine andere Art Umarmung üben. Wenn Sie beim nächsten Mal Ihre Kinder umarmen (oder Ihren Partner oder Freunde oder andere Familienmitglieder), halten Sie einen Moment inne, entspannen Sie Ihren Körper, und atmen Sie mit Bewusstsein drei- oder viermal ein und aus. Falls Sie wollen, können Sie mit Ihrem Bewusstsein in Ihrem Herzen verweilen und ihnen bewusst Ihre Liebe senden. (Nähere Informationen über das Öffnen Ihres Herzens und die Ausweitung Ihrer Liebe finden Sie in Kapitel 10.) Vielleicht stellen Sie fest, dass Sie das Umarmen mehr genießen – und dass sich Ihre Kinder dabei mehr geliebt und unterstützt fühlen.

Meditative körperliche Liebe

Vielleicht fragen Sie sich: »Warum sollte ich medieren wollen, während ich Liebe mache? Ich verstehe mich bereits jetzt bestens mit meinem Partner – was könnte es noch geben, um die Erfahrung zu bereichern?« Meine Antwort soll zugleich eine Einladung sein: Sie können Ihr körperliches Zusammensein mit Ihrem Partner erheblich verbessern, wenn Sie ihm Ihre vorbehaltlos und ungeteilte Aufmerksamkeit widmen. Viele Menschen lieben sich körperlich mit ihrem Geist – sie fantasieren nicht nur über Sex, wenn sie allein sind, sondern auch wenn Sie Sex mit ihrem Partner haben. Aber die echte Vereinigung findet im Hier-und-Jetzt statt, Berührung für Berührung, Empfindung für Empfindung. Wenn Sie abschweifen oder tagträumen, versäumen Sie den besten Teil – und verringern dabei Ihr Vergnügen und Ihre Befriedigung.

 Menschen, die sich meditativ geschlechtlich lieben, berichten eine größere Empfindsamkeit und intensivere und befriedigendere Ganzkörper-Orgasmen. Insbesondere Männer sagen, dass sie länger durchhalten können, und Frauen, dass sie den Orgasmus häufiger erreichen. Was vielleicht noch wichtiger ist: Ein vorbehaltloses achtsames Bewusstsein hilft Ihnen, den »Liebesakt« mit mehr Liebe zu durchdringen und einen tieferen oder engeren Kontakt zu Ihrem Partner oder Ihrer Partnerin herzustellen, der Sex tatsächlich in eine spirituelle Erfahrung transformieren kann.

 Die folgenden Richtlinien sollen Ihnen helfen, Ihre geschlechtliche Liebe meditativer zu gestalten. Sprechen Sie auf jeden Fall mit Ihrem Partner darüber, falls er oder sie Interesse daran hat – aber denken Sie daran, dass Sie einfach dadurch, dass Sie die Richtlinien so weit wie möglich selbst anwenden, die Qualität Ihrer sexuellen Verbindung verbessern und möglicherweise sogar Ihren Partner dazu verlocken können, Ihrem Beispiel zu folgen.

✔ **Vergegenwärtigen Sie sich das Gefühl der Liebe, die zwischen Ihnen besteht.** Verbringen Sie einige Minuten oder mehr damit, sich Ihr aus dem Herzen kommendes Gefühl Ihrer gegenseitigen Liebe zu vergegenwärtigen, bevor Sie sich körperlich lieben. Vielleicht schauen Sie einander seelenvoll in die Augen, oder Sie geben sich gegenseitig eine nährende Massage, oder Sie flüstern sich süße Worte der Liebe zu (oder Sie führen die Übung in dem Einschub *Sich tiefer mit einem Partner oder Freund verbinden* aus). Tun Sie, was immer Ihnen hilft, Ihre Abwehr fallen zu lassen und Ihr Herz zu öffnen.

✔ **Sehen Sie das Göttliche in Ihrem Partner.** In den traditionellen meditativen sexuellen Praktiken von Indien und Tibet visualisieren sich die Partner gegenseitig als Gott und Göttin, die Verkörperung des göttlichen Maskulinen und Femininen. Vielleicht sind Sie nicht bereit, so weit zu gehen, aber Sie können sich sicher wieder mit den Gefühlen der Verehrung und Hingabe verbinden, die Sie für Ihren Partner fühlten, als Sie sich in ihn/sie verliebten.

✔ **Seien Sie präsent – und kehren Sie zurück, wenn Sie abdriften.** Nachdem Sie die Verbindung zwischen Ihren Genitalien und Ihrem Herz hergestellt haben, können Sie beginnen, sich gegenseitig liebevoll, mit so viel Bewusstsein zu berühren, wie Sie aufbringen können. Wenn Sie anfangen zu fantasieren oder abzudriften, kehren Sie sanft zum gegenwärtigen Augenblick zurück. Wenn unaufgelöste Gefühle wie Ärger oder Verletzungen Sie davon abhalten, sich vorbehaltlos mit Ihrem Partner zu verbinden, täuschen Sie nichts vor – hören Sie einfach auf, und reden Sie über die Probleme, bis Sie bereit sind, sich wieder zu verbinden.

✔ **Schalten Sie zurück, und stimmen Sie sich ein.** Achten Sie auf jede Tendenz, in eine Verhaltensautomatik zu verfallen, insbesondere wenn die Leidenschaft wächst. Schalten Sie stattdessen einen Gang zurück, und stimmen Sie auf den vollen Bereich Ihrer Empfindungen ein, anstatt sich einfach auf Ihre Genitalien zu konzentrieren. Sie genießen Ihre körperliche Liebe mehr und werden feststellen, dass Sie eine größere Kontrolle über Ihre Energie haben. Achten Sie darauf, sich auch auf Ihren Partner einzustimmen – und haben Sie keine Hemmungen, Ihren Partner zu fragen, wie er oder sie berührt werden will.

✔ **Vergessen Sie nicht zu atmen.** In ihrer Leidenschaft neigen die meisten Menschen dazu, ihren Atem anzuhalten. Leider kann diese Reaktion Ihr Vergnügen unterdrücken und Ihren Höhepunkt schneller herbeiführen (falls Sie ein Mann sind) oder Ihren Orgasmus hemmen (falls Sie eine Frau sind). Ein bewusstes, achtsames Atmen kann Sie in dem gegenwärtigen Augenblick verankern, Ihren Körper entspannen und Ihr Vergnügen unermesslich vertiefen.

✔ **Wenn die Energie sich ihrem Höhepunkt nähert, halten Sie für einige Momente inne, atmen Sie zusammen, und entspannen Sie sich.** Dieser Schritt scheint der Intuition zu widersprechen (die meisten Menschen neigen dazu, schneller zu werden, wenn ihre Erregung steigt), aber tatsächlich ist er das geheime Tor zu einer neuen Welt der sexuellen Erfüllung. Indem Sie

Ihre aktive, zielgerichtete Ausrichtung loslassen und sich einfach entspannen und zusammen atmen, vertiefen Sie die Ihre Herzverbindung und öffnen sich selbst für eine höhere Frequenz des Vergnügens, die von den Mystikern als *Ekstase* bezeichnet wird. Wenn Sie fühlen, dass Ihre Leidenschaft anfängt nachzulassen, können Sie Ihre Liebe aktiv fortsetzen – aber Sie können nochmals anhalten und atmen, wenn Ihre Energie sich dem Höhepunkt nähert, und dann zu Ihrer aktiven Liebe zurückkehren.

Sich tiefer mit einem Partner oder Freund verbinden

Wenn Ihr Partner meditieren kann, haben Sie möglicherweise Freude daran, regelmäßig zusammen zu üben. Falls Sie danach die Abenteuerlust packt und Sie sich tiefer verbinden wollen, können Sie die folgende Übung ausprobieren. (Sie können sie auch mit einem engen Freund ausprobieren, wenn Sie wollen.) Falls Ihr Partner nicht meditiert, aber offen dafür ist, es zu lernen, eignet sich diese Übung als eine ausgezeichnete Einführung:

1. **Setzen Sie sich mit dem Gesicht voreinander hin, Ihre Knie eng beisammen. Legen Sie Ihre Hände vor sich hin, und berühren Sie die Hände Ihres Partner – die rechten Hände nach oben, linken Hände nach unten.**

2. **Schließen Sie die Augen, machen Sie einige tiefe Atemzüge, und entspannen Sie sich bei der Ausatmung so weit wie möglich.**

3. **Stimmen Sie sich selbst auf das Atmen Ihres Partners ein, und synchronisieren Sie Ihre Einatmung und Ausatmung mit seiner.**

   Anders ausgedrückt: Beginnen Sie, gemeinsam ein- und auszuatmen. Lassen Sie das Gefühl der tieferen Harmonie und Verbundenheit zu, die dieser gemeinsame Rhythmus hervorruft.

4. **Beginnen Sie nach mehreren Minuten, Ihre Einatmungen und Ausatmungen abzuwechseln.**

   Atmen Sie Liebe, Licht oder heilende Energie aus, und senden Sie sie zu Ihrem Partner. Atmen Sie die Liebe und Energie ein, die er an Sie sendet, und schließen Sie sie in Ihr Herz ein. Führen Sie diese Phase der Übung so lange fort, wie Sie beide wollen. Um die Verbindung zu verstärken, blicken Sie sich gegenseitig weich in die Augen, und lassen Sie die Liebe durch Ihren Blick hin- und zurückfließen.

5. **Wenn Sie fühlen, fertig zu sein, stellen Sie sich vor, dass sich die Liebe, die Sie zwischen sich erzeugt haben, ausdehnt und jeden einschließt, den Sie lieben – und letztlich alle Wesen überall einhüllt und belebt.**

6. **Beenden Sie die Meditation, indem Sie sich voreinander verbeugen oder sich umarmen.**

   Sie können sich danach gegenseitig massieren oder, falls Sie ein Liebespaar sind, gemeinsam ein heißes Bad nehmen, zusammen duschen oder sich meditativ körperlich lieben.

Ein halbes Lächeln praktizieren

Falls Sie sich die klassischen Statuen des Buddha oder die Gesichter der Renaissance-Madonnen genau anschauen, werden Sie ein halbes Lächeln bemerken, das eine Mischung aus Frieden und Freude zum Ausdruck bringt. Der vietnamesische buddhistische Lehrer Thich Nhat Hanh sagt, dass Sie tatsächlich Ihre Stimmung heben und Ihr angeborenes Glück durch ein Lächeln bewusst wiederherstellen können, selbst wenn Ihre Laune schlecht ist. »Ein winziges Lächeln auf unseren Lippen nährt das Bewusstsein und beruhigt uns auf wundersame Weise.« schreibt er in *Peace Is Every Step*, »Es bringt uns den Frieden zurück, den wir verloren geglaubt hatten.«

Die zeitgenössische wissenschaftliche Forschung stimmt dem zu. Sie hat festgestellt, dass das Lächeln die Muskeln im ganzen Körper entspannt und dieselbe Wirkung auf das Nervensystem hat wie echte Freude. Außerdem regt Lächeln andere zum Lächeln und Glücklichsein an.

Die folgenden kurzen Anweisungen sollen Ihnen helfen, das halbe Lächeln zu praktizieren, das Thich Nhat Hanh empfiehlt:

1. **Nehmen Sie sich genau jetzt einige Momente Zeit, Ihre Lippen zu einem halben Lächeln zu formen.**

   Achten Sie darauf, wie andere Teile Ihres Körpers reagieren. Entspannt sich Ihr Bauch? Richtet sich Ihr Rücken auf natürliche Weise ein wenig auf? Wandelt sich Ihre Stimmung auf subtile Weise? Achten Sie auch darauf, ob Sie irgendeinen Widerstand dagegen spüren zu lächeln, wenn »Ihnen nicht wirklich danach ist«.

2. **Behalten Sie dieses halbe Lächeln wenigstens zehn Minuten lang bei.**

   Bemerken Sie eine Änderung in Ihrem Handeln oder in Ihren Reaktionen auf andere? Reagieren andere auf Ihr Lächeln, indem sie zurücklächeln?

3. **Wenn Sie beim nächsten Mal spüren, wie Ihre Stimmung sinkt, praktizieren Sie dieses halbe Lächeln eine halbe Stunde lang, und achten Sie darauf, wie Sie sich fühlen.**

Heilung und Leistungsverbesserung durch Meditation

16

In diesem Kapitel

▶ Von den neuesten Fortschritten der psychosomatischen Medizin profitieren

▶ Die vielen Weisen erforschen, wie die Meditation Heilprozesse unterstützt

▶ Licht, Vorstellungen, Geräusche und den Atem zur Unterstützung des Heilens verwenden

▶ Die Meditationsfähigkeiten prüfen, die Ihnen helfen, Ihr persönliches Bestes zu tun

▶ Mit der Meditation erfolgreicher werden

*F*alls Sie die grundlegenden Meditationen praktizieren, die an anderer Stelle in diesem Buch gelehrt werden (insbesondere in Kapitel 6), beginnen Sie möglicherweise festzustellen, dass sich Ihre Gesundheit allmählich verbessert (selbst wenn Sie denken, dass Sie bereits gesund sind), dass sich Ihre Energie und Vitalität erhöhen und dass Sie Dinge einfacher, stressfreier und effizienter erledigen können, die Sie früher gestresst haben. Tatsächlich haben westliche Forscher bestätigt, was traditionelle Heiler und Lehrer herausgefunden haben, nämlich dass die Meditation eine außergewöhnliche Fähigkeit hat, die Stärkung und Heilung Ihres Körpers zu unterstützen und Ihre Leistung zu verbessern, indem sie Ihren Geist trainiert und Ihr Herz öffnet. (Falls Sie mir nicht glauben, prüfen Sie die detaillierte Liste der Vorteile der Meditation in Kapitel 2.)

Aber was können Sie machen, wenn Sie sich mit einem bestimmten Gesundheitsproblem beschäftigen, Ihr Tennisspiel verbessern oder mehr Erfolg bei Ihrer Arbeit haben wollen? Bietet die Meditation spezielle Techniken für diesen Zweck an? Auf jeden Fall! Sowohl alte als auch moderne Heiler haben einige großartige Meditationen entwickelt, um Heilungsprozesse zu unterstützen (die Sie in diesem Kapitel kennen lernen), und in den letzten Jahren haben Sportgurus und Firmentrainer die Prinzipien der Meditation angewendet, um die Leistung auf dem Sportplatz und im Büro zu verbessern.

Ich weiß, dass ich an anderer Stelle in diesem Buch gesagt habe, dass Sie nicht zielorientiert sein sollten, wenn Sie meditieren. Nun ja, hier müssen Sie ein wenig schummeln und die Fähigkeiten anwenden, die Sie in früheren Kapiteln gelernt haben – oder falls Sie keine anderen Kapitel gelesen haben, können Sie sie hier lernen!

Auch die Meditation hat die Macht, die Heilung Ihres Körpers zu unterstützen

 Die Verbindung zwischen Meditation und Heilung ist in der Tat Ehrfurcht einflößend. Nehmen Sie die großen spirituellen Lehrer der Welt – viele waren nicht nur wegen ihrer Weisheit und ihrem Mitgefühl, sondern auch für ihre heilenden Fähigkeiten berühmt. Beispielsweise zeigte Jesus seine spirituelle Reife zunächst dadurch, dass er dem Lahmen half zu gehen und dem Blinden zu sehen. Der jüdische Mystiker Baal Shem Tov hatte den Ruf eines Wunderwirkers und -heilers, und der historische Buddha wird traditionell mit einem Arzt verglichen, weil die Praktiken, die er lehrte, halfen, Leiden zu lindern. Sogar in der Sprache kommt die Verbindung der Dimensionen des Heiligen und des Heilens zum Ausdruck: Das Wort *heilen* hat dieselbe Wurzel wie das Wort *heilig*!

Für gewöhnliche Menschen wie Sie und mich ist es vielleicht noch wichtiger, dass diese Lehrer besondere Meditationstechniken vermittelt haben, die es den Praktizierenden ermöglichen, ihre Körperfunktionen in außergewöhnlichem Maße zu beeinflussen. Haben Sie schon von den Yogis gehört, die ihr Herz anhalten und stundenlang leben können, ohne zu atmen oder ohne einen messbaren Stoffwechsel zu haben? Es gibt tibetische Mönche, die so viel innere Hitze erzeugen können, dass sie bei Temperaturen unter null Grad nasse Decken auf ihrem Körper trocknen können. Diese Menschen existieren – und ihre außergewöhnlichen Fähigkeiten sind von westlichen Forschern gemessen worden.

 Tatsächlich nahm das Feld der psychosomatischen Medizin in den 70er Jahren einen erheblichen Aufschwung, als Wissenschaftler begannen, die Fähigkeiten von Personen, die östliche Meditationstechniken praktizierten, zu studieren und dabei erkannten, dass der Geist ganz außergewöhnliche Wirkungen auf den Körper haben kann – oder noch genauer, dass der Körper und der Geist untrennbar sind. (Natürlich wurden die Erkenntnisse über die Verbindung zwischen dem Typ-A-Verhalten und Herzkrankheiten bereits in den 60er Jahren gewonnen.) In neuerer Zeit haben Forscher, die die Immunreaktion studiert haben, gezeigt, dass das Immunsystem und das Nervensystem untrennbar verflochten sind und dass psychischer und emotionaler Stress die Funktion des Immunsystems unterdrücken und das Wachstum oder die Ausbreitung von Immunstörungen, wie beispielsweise Krebs, AIDS und Autoimmunkrankheiten, fördern kann. (Nähere Informationen über die Verbindung von Geist und Körper und die gesundheitlichen Vorteile der Meditation finden Sie in Kapitel 2.)

Heutzutage erkennen die meisten Ärzte die Relevanz von psychischen Faktoren und die Bedeutung von Entspannung und Stressreduzierung für die Aufrechterhaltung der Gesundheit an. Unter Ärzten gibt es einen Witz. Anstatt die alte Geschichte von den zwei Aspirin zu erzählen, sagt der zeitgenössische psychosomatische Arzt: »Nehmen Sie zwei Meditationen, und rufen Sie mich am Morgen an.«

Die gute Nachricht ist: Sie müssen nicht Ihren Herzschlag oder Ihren Stoffwechsel kontrollieren, um von der heilenden Macht der Meditation zu profitieren. Sie müssen einfach nur still sitzen,

Ihren Geist fokussieren und einige der Übungen praktizieren, die in diesem Abschnitt vorgestellt werden. Natürlich hilft es, wenn Sie Meditationserfahrung haben – die können Sie bekommen, wenn Sie sich mit Kapitel 6 beschäftigen –, aber Sie können auch hier beginnen, falls Sie stark motiviert sind, und bei Ihrer Übung lernen.

Was Heilung wirklich bedeutet

Wie ich zu Beginn dieses Abschnitts angedeutet habe, gehört es zum Heilen, zu einem innewohnenden Zustand der Ganzheit und des Wohlbefindens zurückzukehren, den unsere Sprache in ihrer Weisheit mit dem Heiligen in Verbindung bringt. Nehmen Sie beispielsweise eine Erkältung. Wenn Sie sich erholen, fühlen Sie sich nicht als andere Person – Sie sind einfach wieder so wie vor Ihrer Erkrankung. Deshalb sagen Menschen häufig, wenn die Erkältung weggeht: »Endlich fühle ich mich wieder wie mich selbst!«

Aufgrund ihrer ureigensten Natur bietet die Meditation Heilung der tiefsten Art. Die Krankheit, die sie heilen hilft, ist vielleicht die schmerzlichste von allen – eine epidemische menschliche Störung, die als *Getrenntheit* (oder sogar noch schlimmer als *Entfremdung*) von unserem eigenen Wesen und von den anderen Wesen und Dingen bezeichnet wird. (Nähere Informationen über diese »Krankheit« finden Sie in Kapitel 2.) Wenn Sie meditieren, heilen Sie diese Getrenntheit, indem Sie sich allmählich im Hier-und-Jetzt wieder mit Ihren Gefühlen, Ihren Sinneserfahrungen und anderen Aspekten verbinden, von denen Sie sich möglicherweise selbst in der Vergangenheit entfremdet haben. Das bedeutet, Sie werden wieder ganz!

Das vielleicht Wichtigste ist, dass Sie sich wieder mit Ihrer grundlegenden Natur, dem *reinen Sein* selbst verbinden, das, einfach so wie es ist, vollständig und perfekt ist. Stephen Levine, der mit seinen zahlreichen Büchern Pionierarbeit für die Anwendung der Meditation beim Heilen geleistet hat, bezeichnet dies als »das Heilen, dessentwegen wir geboren wurden.«

Je mehr Sie sich wieder mit Ihrer wesentlichen Ganzheit und Ihrem Wohlbefinden verbinden, desto mehr füllen Sie Ihren Körper-Geist mit Lebensenergie und Liebe. (Wie ich in Kapitel 5 erwähnt habe, ist die Quelle des Seins in Ihrem Inneren der Ursprung aller positiven, lebensbejahenden Qualitäten und Gefühle.) Wie Forscher immer wieder bewiesen haben, mobilisiert diese lebensspendende Energie die heilenden Ressourcen Ihres Körpers, stärkt Ihr Immunsystem und unterstützt auf natürliche Weise den Prozess der Reparatur und Erneuerung. Anders ausgedrückt: Wenn Sie Ihre Getrenntheit heilen, unterstützen Sie auch die Heilung Ihres Körpers.

Aber selbst wenn Sie ein chronisches Leiden haben und Ihren Körper niemals vollkommen heilen können, können Sie immer noch die Heilung bewirken, für die Sie geboren wurden. Sie müssen sich selbst nicht als Misserfolg einstufen, wenn Sie nicht gesund werden (wie es Ihnen einige alternative heilende Ansätze einreden wollen). Schließlich können Sie Ihre Heilung durch die Meditation unterstützen – aber Krankheit ist ein geheimnisvoller Prozess, den Sie und ich nicht wirklich verstehen. Wer weiß? Vielleicht sind Sie krank, weil Sie kürzer treten, Ihre Prioritäten ändern und sich wieder mit sich selbst verbinden müssen. Wie wenige andere Lebensumstände kann die Krankheit ein mächtiger Bote sein, der Sie drängt, Ihr Leben einschneidend zu ändern.

Wie die Meditation heilt

 Die grundlegenden Meditationspraktiken, die in diesem Buch vermittelt werden (insbesondere in den Kapiteln 6 und 10), überwinden nicht nur die Getrenntheit, sondern unterstützen den Heilungsprozess auf vielfältige Weise:

✔ **Liebe und Verbundenheit:** Dean Ornish enthüllt in seiner bahnbrechenden Forschung (siehe Kapitel 10), dass Liebe für den Heilungsprozess wichtiger als jeder andere Faktor ist, einschließlich Diät und Fitnesstraining. Er hat entdeckt, dass Sie, um Ihr Herz zu heilen, Ihr Herz öffnen müssen – und seine Entdeckungen wurden in Studien über Krebs, AIDS und andere lebensbedrohliche Krankheiten bestätigt. Die Meditation bringt Sie mit der Liebe in Ihrem Herzen in Kontakt (die, wie ich an anderer Stelle beschrieben habe, nicht einfach eine Emotion, sondern ein direkter Ausdruck des Seins selbst ist) und nährt dadurch nicht nur Ihre inneren Organe, sondern Ihren gesamten Körper-Geist-Organismus.

✔ **Erleichterung von Spannung und Stress:** Die Meditation bringt Ihnen bei, wie Sie den Körper entspannen und Ihren Geist beruhigen können (siehe Kapitel 6) und hilft Ihnen damit, das Kranksein überhaupt zu vermeiden, indem sie den Stress mildert, der eine der Hauptursachen vieler Leiden, von Herzkrankheiten und -infarkten über Verdauungsbeschwerden bis hin zu Spannungskopfschmerzen ist. Insbesondere Jon Kabat-Zinn (Autor des Bestsellers *Wherever You There You Are*) hat ein Stressreduktionsprogramm entwickelt, das auf der buddhistischen Achtsamkeits-Meditation basiert und den Teilnehmern nicht nur beibringt, wie sie ihren Stress bei der Meditation reduzieren können, sondern auch, wie sie die Vorteile der Achtsamkeit auf jeden Bereich ihres Lebens ausdehnen können. (Nähere Informationen über die Arbeit von Kabat-Zinn finden Sie in Kapitel 2.)

✔ **Wiederherstellung von Ausrichtung und Gleichgewicht:** Traditionelle heilende Praktiken, wie beispielsweise *Ayurveda* (die traditionelle Medizin Indiens, die mit Kräutern und Diät arbeitet), die chinesische Medizin oder eher herkömmliche Ansätze wie Chiropraktik und Osteopathie, sind der Auffassung, dass der Körper krank wird, wenn er aus dem Gleichgewicht gerät oder seine Ausgeglichenheit verliert. Die Meditation verlangsamt den Geist auf die Geschwindigkeit des Atems, wodurch die Balance und Harmonie des Körpers wiederhergestellt und die Heilung unterstützt wird. Außerdem bringt das aufrechte Sitzen (siehe Kapitel 7) die Wirbelsäule ins Lot und regt den ungehinderten Fluss der lebensspendenden Energie durch den Körper an, die sowohl das körperliche als auch das seelische Wohlbefinden fördert.

✔ **Öffnung und Entspannung:** Die meisten Menschen neigen dazu, ungeduldig oder unzufrieden mit sich selbst zu werden, wenn sie krank sind oder sich verletzt haben. Möglicherweise verurteilen Sie sich sogar, als ob es schlecht oder tadelnswert wäre, krank zu sein. Leider können diese negativen Emotionen Ihre Leiden vergrößern – und sogar Ihre Krankheit verstärken – indem Sie der Grund dafür sind, dass Sie sich verspannen und zusammenziehen. Wenn Sie regelmäßig meditieren, entwickeln Sie die Fähigkeit, sich selbst für Ihre unangenehmsten Erfahrungen zu öffnen und sie entspannt zu akzeptieren, anstatt sie zu beurteilen oder zu verdrängen.

✔ **Einen Raum für all Ihre Emotionen schaffen:** Wenn Sie Ihre Erfahrung in der Meditation akzeptieren, schaffen Sie einen Aufnahmebereich, in dem Ihre Gefühle emporsteigen und sich auflösen können, anstatt unterdrückt oder ausagiert zu werden. (Nähere Informationen über das Meditieren mit Emotionen finden Sie in Kapitel 11.) Die Forschung legt nahe, dass nicht ausgedrückte Gefühle, die im Körper gefangen sind, einen Brennpunkt von Spannungen und Stress bilden, der im Laufe der Zeit zur Entwicklung von lebensbedrohlichen Krankheiten wie Krebs und Herzkrankheiten beitragen kann. Außerdem fühlen Sie sich auf natürliche Weise lebendiger – und deshalb gesünder –, wenn Sie Ihre Gefühle vollkommen fühlen können.

✔ **Harmonie, Freude und Wohlbefinden:** Positive Qualitäten wie Glück, Freude, Frieden und Wohlbefinden entstehen nicht außerhalb von Ihnen, in einer anderen Person oder in einem Ding. Stattdessen steigen sie in Ihrem Inneren auf natürliche Weise und spontan empor wie Wasser, das aus einer Quelle sprudelt – Sie müssen einfach nur – so wie bei der Meditation – die richtige interne Umgebung schaffen. (Natürlich können Sie immer positive Emotionen wie Liebe und Mitgefühl kultivieren, wie ich es in Kapitel 10 beschrieben habe.) Westliche Forscher haben gezeigt, dass diese positiven Qualitäten mit einer Reihe lebensfördernder Körperreaktionen korrelieren, von niedrigerem Blutdruck und einer verbesserten Immunreaktion bis zur Ausschüttung von natürlichen Schmerzkillern, so genannten *Betaendorphinen*. (Nähere Informationen über die gesundheitlichen Vorteile der Meditation finden Sie in Kapitel 2.) Die *New Jerusalem Bible* drückt dies folgendermaßen aus:»Frohsein des Herzens spendet Leben für jedermann; Freude ist die Quelle eines langen Lebens.« (Eccles. 30:5)

✔ **Freiheit von der Selbstverhaftung und von Verhaltensmustern:** Letztlich ist es die Illusion (die wir alle teilen), ein getrenntes, isoliertes Individuum zu sein, das von anderen und dem Rest des Lebens abgesondert ist, die im Kern aller Leiden liegt und die Ursache des Stresses bildet. Der tibetische Gelehrte und Meditationsmeister Tulku Thondup, Autor von *The Healing Power of Mind* (dt. *Die heilende Kraft des Geistes*) sagt:»In Frieden zu leben, frei von emotionalen Beschwerden, und unser Festhalten des ‚Selbst' zu lockern ist die ultimative Medizin sowohl für die mentale als auch für die körperliche Gesundheit.« Wenn Sie allmählich beginnen, Verhaltensmuster (die tiefe Wurzeln im Körper und im Geist haben) zu erkennen und loszulassen, lässt Ihre emotionale Reaktivität nach (wodurch Ihr Stress reduziert wird). Sie stellen sich dem Leben positiver (sogar freudvoller), während es sich entfaltet. (Nähere Informationen über das Arbeiten mit Verhaltensmustern finden Sie in Kapitel 11.)

✔ **Erwachen zu einer spirituellen Dimension:** Herbert Benson, Professor an der Harvard Medical School, hat eine Technik entwickelt, die als *Entspannungsreaktion* (siehe Kapitel 2) bezeichnet wird. Die Technik basiert auf Studien von Menschen, die ein einfaches Wort oder einen Ausdruck, ein so genanntes *Mantra*, wiederholen. Im Laufe der Jahre hat Benson Folgendes herausgefunden: Je sinntragender das Mantra ist, desto wirksamer ist die Technik beim Entspannen des Körpers und der Förderung der Heilung. »Falls Sie wirklich an Ihre persönliche Philosophie oder an Ihre religiöse Richtung glauben,« berichtete er in *Beyond the Relaxation Response* (*Jenseits der Entspannungsreaktion*), »können Sie möglicherweise bemerkenswerte Leistungen des Geistes und des Körpers vollbringen, über die wir nur spekulieren können.« Anders ausgedrückt: Sie verbessern die heilenden Kräfte der Meditation, wenn Sie Ihr Bewusstsein erweitern, um eine spirituelle Dimension des Seins einzuschließen.

Meditation an der Grenze von Leben und Tod

Viele Lehrer haben über die mächtige Rolle geschrieben, die die Meditation dabei spielen kann, Menschen zu helfen, den Abgrund zwischen Leben und Tod zu überbrücken. Tatsächlich lehren einige Traditionen, wie beispielsweise der Zen-Buddhismus, dass einer der Hauptzwecke der Meditationsübungen darin besteht, sich auf diesen ultimativen Übergang vorzubereiten.

Sicher würden die meisten Traditionen darin übereinstimmen, dass die Art, wie Sie leben, einen Einfluss darauf hat, wie Sie sterben. (Falls Sie beispielsweise im Leben dazu neigen ängstlich oder ärgerlich zu sein, werden Sie wahrscheinlich mit Angst oder Ärger erfüllt sein, wenn Sie sterben. Und falls Sie dazu neigen, ruhig, liebevoll oder freudvoll zu sein, werden diese Qualitäten wahrscheinlich Ihr Wesen auch im Tod durchdringen.) Viele Traditionen glauben, dass der Moment des Todes selbst ein entscheidender Faktor sein kann, der bestimmt, was danach passiert. (Natürlich gehen ihre Meinungen darüber auseinander, wie es weitergeht!)

Wenn Sie sich Gedanken darüber machen, wie Sie sterben, können Sie sich auf den Tod vorbereiten, indem Sie die Meditation dazu verwenden, mehr Frieden und Harmonie in Ihr jetziges Leben zu bringen. Außerdem lehren die Meditationen, die in diesem Buch vermittelt werden, Fähigkeiten, die ganz bestimmt hilfreich sein werden, wenn Sie sich der Grenze zwischen Leben und Tod nähern.

Die folgenden Hinweise zeigen Ihnen, wie die Meditation Ihnen (und Ihren Lieben) helfen kann, einen liebevolleren, bewussteren Tod zu sterben. (**Erinnerung:** Die Meditation kann Ihnen helfen, den Tod erträglicher und weniger Furcht erregend zu machen, aber es gibt keinen richtigen oder falschen Weg zu sterben. Jeder lebt und stirbt auf seine eigene einzigartige Weise.)

✔ **Gegenwärtig bleiben:** Ich brauche nicht zu sagen, dass Furcht, Bedauern und andere negative Gefühle in tausendfacher Weise verstärkt werden können, wenn Sie sich dem ultimativen Unbekannten nähern. Indem Sie Ihr Bewusstsein zurück zu Ihrem Atem oder einem anderen Objekt bringen, können Sie Ihren Geist beruhigen und ihn davon abhalten, in die Negativität abzugleiten.

✔ **Alles willkommen heißen, was auftaucht:** Die Wochen, Tage und Momente, die zum Tod führen, können mit schmerzlichen Empfindungen und schwierigen Emotionen und Geisteszuständen erfüllt sein. Wenn Sie die Fähigkeit entwickelt haben, durch Meditation bei Ihrer Erfahrung zu bleiben, eagl worin sie bestehen mag, sind Sie besser auf diese schwierige Zeit vorbereitet.

✔ **Ihr Herz öffnen:** Falls Sie üben, Ihr Herz sich selbst und anderen gegenüber zu öffnen (siehe Kapitel 10), können Sie auf die Liebe zurückgreifen, wenn Sie sie benötigen – und wann schon könnten Sie sie mehr gebrauchen! Viele Traditionen lehren, dass Liebe hilft, den Abgrund zwischen diesem Leben und dem nächsten zu überbrücken. Außerdem hinterlassen Menschen, die in Liebe sterben, das unschätzbare Vermächtnis der Liebe denen, die sie zurücklassen.

✔ **Loslassen:** Wenn Sie immer wieder zu Ihrem Atem oder einem anderen Objekt der Meditation zurückkehren, gewöhnen Sie sich daran, Ihre Gedanken, Emotionen, Beschäftigungen, Neigungen und Abneigungen loszulassen – und letztlich vielleicht sogar Ihre Vorstellung darüber loslassen, wer Sie sind. Im Zen sagt man, dass der richtige Tod überhaupt kein Problem darstellt, wenn Sie auf diese Weise das Sterben auf Ihrem Meditationskissen gemeistert haben. Stephen Levine drückt dies in *Healing in Life and Death* (dt. *Sein Lassen. Heilung im Leben und im Sterben*) folgendermaßen aus: »Den letzten Moment loszulassen und vorbehaltlos zum nächsten zu schreiten, heißt, in das Leben zu sterben und in den Tod zu heilen.«

✔ **Dem Todlosen vertrauen:** Wenn Sie durch die Meditation Ihre Verbindung mit dem *Sein* vertiefen (im Gegensatz zum Denken oder Tun), erwachen Sie möglicherweise zu einer spirituelleren oder heiligeren Dimension, die Ihr Leben mit Bedeutung füllt, gleichzeitig aber darüber hinausgeht (transzendiert). Egal wie Sie diese Dimension nennen – das wahre Selbst, die wesentliche Natur, Gott, die geistige Kraft oder einfach das Eine –, Sie wissen jetzt (anstatt es einfach zu glauben), dass etwas weit Größeres als Ihre getrennte Existenz Ihr Leben erfüllt und Ihren Tod überlebt. Wie Sie sich vorstellen können, macht es diese Erkenntnis viel einfacher, sich dem Tod zu stellen.

Die Meditation bereitet Sie nicht nur darauf vor, sich Ihrem eigenen Hinweggehen zu stellen, sondern sie kann auch eine Quelle der Unterstützung für Ihre Lieben und Freunde sein, wenn der Tod sich nähert. Wenden Sie einfach die hier genannten Prinzipien auf die Zeit an, die Sie mit ihnen verbringen, indem Sie ihnen entweder mitteilen, was Sie beim Meditieren herausgefunden haben (falls sie dafür aufnahmebereit sind) oder indem Sie bei Ihnen mit so viel Liebe, Bewusstsein, Vertrauen, Offenheit und Loslassen verweilen, wie Sie aufbringen können. (Sie können auch ihr Loslassen erleichtern, indem Sie den »Ahh-Atem« (siehe weiter unten) mit ihnen üben. Wenn Sie mehr über die Meditation und den Prozess des Sterbens herauszufinden wollen, lesen Sie *Sein Lassen. Heilung im Leben und im Sterben* von Stephen Levine oder *Das tibetische Buch vom Leben und Sterben* von Sogyal Rinpoche.)

Die heilende Kraft der Vorstellung

In ihrem Buch *Staying Well with Guided Imagery* (*Mit geführtem Bilderleben gesund bleiben*) zitiert die Psychotherapeutin und Pionierin des geführten Bilderlebens, Belleruth Naparstek, umfangreiche Forschungsarbeiten, die drei grundlegende Prinzipien hinter der heilenden Kraft der Vorstellungen herausgearbeitet haben. Diese Prinzipien helfen, die Wirksamkeit der Meditationen zu erklären, die in diesem Kapitel beschrieben werden und die sehr stark mit dem Vorstellungsvermögen arbeiten. (Nebenbei bemerkt: Die Vorstellung kann, muss aber nicht visuelle Bilder umfassen. Falls Sie eher kinästhetisch oder auditorisch veranlagt sind, hören oder fühlen Sie die »Bilder« möglicherweise, anstatt sie zu sehen.)

✔ **Ihr Körper reagiert auf sensorische Bilder so, als wären sie real.** Falls Sie nicht sicher sind, was ich meine, rufen Sie sich einfach das letzte Mal in Erinnerung, als Sie eine sexuelle Fantasie hatten oder an einen Urlaub zurückdachten und alle Emotionen und Empfindungen des tatsächlichen Ereignisses spürten. In einer Studie, die in Naparsteks Buch zitiert wird, zeigten beispielsweise 84 Prozent der Probanden, die mit giftigem Efeu in Kontakt gekommen waren, keine Reaktion, wenn sie sich unter Hypnose vorstellten, dass die Pfanze harmlos sei. Anders ausgedrückt: Ihr Körper glaubte den Bildern, die Ihr Geist hervorbrachte, und sie bekamen keinen Ausschlag! Andere Studien haben gezeigt, dass Patienten positive Bilder dazu verwenden können, um die Anzahl der Abwehrzellen (beispielsweise der weißen Blutkörperchen und Neutrophilen) in ihrem Blut zu steigern.

✔ **Im meditativen Zustand können Sie schneller gesund werden, sich schneller ändern und schneller wachsen.** Naparstek verwendet für diesen ruhigen, entspannten, aber fokussierten Geisteszustand die Bezeichnung *geänderter Zustand*. Dabei handelt es sich genau um den Zustand, den Sie in der Meditation kultivieren. Dieses Prinzip gilt auch für das Problemlösen und die Leistungssteigerung: In einem meditativen Zustand können Sie viel leichter neue Verhaltensweisen erforschen, vorhandene verbessern und taktische Durchbrüche erzielen als im normalen Geisteszustand. (Nähere Informationen über den Einsatz der Meditation zur Leistungssteigerung finden Sie im Abschnitt *Meditation kann Ihre Leistung bei Arbeit und Spiel verbessern* später in diesem Kapitel.)

✔ **Die Vorstellung vermittelt Ihnen ein Empfinden der Meisterschaft in schwierigen Umständen, das Ihren Stress reduziert und Ihr Selbstvertrauen stärkt.** Wenn Sie mit einem gesundheitlichen Problem oder einer schwierigen Aufgabe bei der Arbeit kämpfen, fühlen Sie sich möglicherweise nervös und hilflos, falls Sie glauben, dass Sie nichts tun können, um das Ergebnis zu beeinflussen. Aber falls Sie wissen, dass Sie mit Ihren Vorstellungen dazu beitragen können, Ihren Körper zu heilen oder Ihre Leistung zu verbessern, können Sie Ihr Selbstvertrauen und Ihre Hoffnung auf die Zukunft wiedergewinnen. Zahlreiche Studien haben gezeigt, dass Menschen sich besser fühlen und effizienter arbeiten, wenn sie glauben, ein gewisses Maß an Kontrolle über ihr Leben zu haben.

Zusätzlich zu diesen Prinzipien schreibt Naparstek, dass Gefühle die Macht der Vorstellungen verstärken. Wenn Sie zulassen, dass Sie die Bilder genauso intensiv fühlen, wie Sie sie mit allen Sinnen wahrnehmen, geben Sie ihnen mehr Kraft, Sie zu heilen und zu transformieren.

Sechs heilende Meditationen

Wie ich am Anfang dieses Kapitels angemerkt habe, müssen Sie keine besonderen Übungen praktizieren, um die gesundheitlichen Vorteile der Meditation zu ernten – führen Sie einfach eine Übung anhand der Anweisungen konsequent durch, die Sie an anderer Stelle in diesem Buch finden. Aber falls Sie mit einem chronischen Gesundheitsproblem kämpfen (oder einfach Ihre Gesundheit insgesamt verbessern wollen), sollten Sie eine oder mehrere der folgenden Meditationen ausprobieren. Sie können sie zu Ihrem regelmäßigen Übungsprogramm hinzufügen oder sie für eine gewisse Zeitspanne ausschließlich praktizieren. Mit einer Ausnahme arbeiten sie mit dem geführten Bilderleben, um Ihnen zu helfen, Ihren Körper zu entspannen, Ihren Stress zu reduzieren, Ihre Leiden zu lindern, Ihr Gefühl der Selbstkontrolle zu steigern und Ihre Heilungsressourcen zu aktivieren. (Wenn Sie mehr über den Einsatz der Meditation bei der Heilung wissen wollen, lesen Sie *Sein Lassen. Heilung im Leben und im Sterben* von Stephen Levine oder *Die heilende Kraft des Geistes* von Tulku Thondup.)

Friedvoller Ort

Weil diese Meditation den Körper schnell und leicht entspannt, kann sie als eigenständige Heilungsübung oder als vorbereitende Übung für die anderen heilenden Visualisierungen in diesem Abschnitt eingesetzt werden.

1. **Setzen Sie sich bequem hin, schließen Sie die Augen, und atmen Sie einige Male tief durch.**

2. **Stellen Sie sich vor, dass Sie sich an einem sicheren, geschützten, friedlichen Ort befinden.**

   Dabei kann es sich um einen Ort handeln, den Sie gut kennen (einen Ort in der Natur, beispielsweise eine Wiese, ein Wald oder einen Strand), um einen Ort, den Sie besucht haben, oder einfach um einen Ort in Ihrer Vorstellungskraft.

3. **Nehmen Sie sich so viel Zeit, wie Sie brauchen, um sich diesen Ort so lebhaft wie möglich mit all Ihren Sinnen vorzustellen.**

   Achten Sie auf die Farben, die Formen, die Geräusche, das Licht, die Empfindungen, die die Luft auf Ihrer Haut hervorruft, den Kontakt Ihrer Füße mit dem Boden. Erkunden Sie diesen besonderen Ort nach Herzenslust.

4. **Geben Sie sich Gelegenheit, in den Gefühlen der Geborgenheit, der Sicherheit und der Ruhe zu verweilen, die dieser besondere Ort hervorruft.**

5. **Verbringen Sie so viel Zeit hier, wie Sie wollen.**

   Wenn Sie fertig sind, kehren Sie allmählich zum gegenwärtigen Augenblick zurück, und öffnen Sie die Augen, während Sie die angenehmen, positiven Gefühle weiterhin genießen, die diese Übung ausgelöst hat.

Inneres Lächeln

Indem Sie in Ihre inneren Organe hineinlächeln, können Sie die heilende Energie der Liebe in sie hineinlenken. Mantak Chia schreibt in seinem Buch *Tao Yoga des Heilens*: »Im alten China lehrten die Taoisten, dass ein ständiges inneres Lächeln, ein Lächeln zu sich selbst, Gesundheit, Glück und ein langes Leben garantiert. Sich selbst anzulächeln ist wie das Baden in der Liebe: Sie werden Ihr eigener bester Freund.« Probieren Sie die folgende Meditation aus, die an das Buch von Chia angelehnt ist.

1. **Schließen Sie die Augen, formen Sie mit Ihren Lippen ein halbes Lächeln, und lachen Sie mit Ihren Augen.**

   Fühlen Sie, wie das Lächeln durch Ihre Augen scheint. Die Taoisten glauben, dass die Entspannung der Augen das gesamte Nervensystem beruhigt.

2. **Wenn Sie fühlen, dass Ihre Augen mit der vibrierenden Energie Ihres Lächelns gefüllt sind, können Sie anfangen, diese Energie hinunter durch Ihren Körper zu senden.**

   Machen Sie sich keine Gedanken, falls Sie sich nicht sicher sind, wie die Energie »gesendet« wird. Wenn Sie sich einfach vorstellen, dass sich die Energie bewegt, dann bewegt sie sich auch!

(Nebenbei bemerkt: Die Taoisten nennen diese Energie _Chi_, die Japaner _Ki_. Sie spielt bei den bekannten Kampfkünsten _Tai Chi_ und _Chi Kung_ oder _Qi Gong_ eine große Rolle und wird mit der Lebenskraft gleichgesetzt.)

3. **Lächeln Sie in Ihren Unterkiefer und in Ihre Zunge hinein.**

   Bei den meisten Menschen ist der Unterkiefer chronisch angespannt – und wenn sich Ihr Unterkiefer entspannt, stellen Sie möglicherweise fest, dass sich Ihr ganzer Körper ebenfalls entspannt.

4. **Lächeln Sie in den Nacken und in die Kehle hinein, und lösen Sie dort die Spannungen auf.**

5. **Lassen Sie die entspannende Energie Ihres Lächelns in Ihr Herz hinunterfließen und es mit Liebe füllen.**

6. **Lassen Sie die Liebe von Ihrem Herzen in der folgenden Reihenfolge in Ihre anderen inneren Organe fließen und sie sich dabei entspannen, weich werden und verjüngen:**

   Lunge, Leber (unter Ihrem Brustkorb auf der rechten Seite), Nieren (direkt unter dem Brustkorb auf dem Rücken, auf jeder Seite der Wirbelsäule), Bauchspeicheldrüse und Milz (im Zentrum Ihres Unterleibs).

   Wenn Sie damit fertig sind, Liebe in diese Organe zu senden, verweilen Sie mit Ihrem Lächeln in Ihrem _T'an T'ien_ (einem Punkt etwa fünf Zentimeter unter Ihrem Nabel und etwa vier Zentimeter innerhalb Ihres Körpers).

7. **Lächeln Sie wieder in Ihre Augen und dann in Ihren Mund.**

8. **Sammeln Sie etwas Speichel, schlucken Sie ihn, und folgen Sie ihm mit Ihrem Lächeln durch Ihr Verdauungssystem. Verbreiten Sie dabei die Entspannung auf Ihre Speiseröhre, Ihren Magen, Ihren Dünndarm und Ihren Dickdarm.**

9. **Kehren Sie mit Ihrem Lächeln noch einmal zu Ihren Augen zurück, und gehen Sie mit dem Lächeln Wirbel für Wirbel im Zentrum Ihrer Wirbelsäule hinab, bis Sie Ihr Steißbein erreichen.**

   Achten Sie darauf, dass Ihr Rücken gerade ist, wenn Sie diese Übung ausführen.

10. **Wenn Sie mit Ihrer Wirbelsäule fertig sind, verweilen Sie wieder mit Ihrem Lächeln in Ihrem T'an T'ien, und achten Sie darauf, wie Ihr Körper sich jetzt fühlt.**

    Verweilen Sie einige Minuten lang in diesem Gefühl, bevor Sie Ihre normalen Aktivitäten wieder aufnehmen. Wenn Sie diese Übung beherrschen, können Sie sie einfach in einigen Minuten ausführen, wenn Sie wollen.

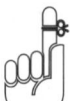

Mit Schmerzen arbeiten

Der Schmerz ist – wie der Tod – ein komplexes Thema, das eigentlich ein eigenes Kapitel (oder sogar ein Buch) verdient. Die meisten Menschen erfahren körperlichen Schmerz niemals einfach so, wie er ist – als eine Gruppe intensiver physischer Empfindungen. Stattdessen reagieren sie auf den Schmerz, indem sie sich an der Stelle des Schmerzes anspannen und zusammenziehen, indem sie darum kämpfen, ihn loszuwerden, und indem sie die Erfahrung in eine Geschichte einspinnen: »Warum gerade ich? Was habe ich getan, um das zu verdienen? Das halte ich nicht aus. Ich schaffe es nicht, damit zurechtzukommen.« Dabei verlängern wir unseren Schmerz und wandeln ihn in Leiden um. (Nähere Informationen über den Unterschied zwischen Schmerz und Leiden finden Sie in Kapitel 5.)

Das Geheimnis im Umgang mit dem Schmerz besteht darin, sich ihm gegenüber weich zu machen, anstatt ihm Widerstand zu leisten, und das eigene Bewusstsein (und Herz) zu erweitern, um ihn einzuschließen, anstatt sich anzuspannen und zusammenzuziehen. Schließlich können Sie den Schmerz, falls es Ihnen tatsächlich nicht gelingt, ihn loszuwerden oder ihn aus Ihrem Geist zu verdrängen, ebensogut willkommen heißen – und sich sogar (darf ich das sagen?) mit ihm anfreunden. Aber dies schaffen Sie nicht ohne beträchtliche Übung. Deshalb sind die Meditationen, die in diesem Buch gelehrt werden, die beste Vorbereitung für das Arbeiten mit dem Schmerz. (Sie können mit der tiefen Entspannung beginnen, die in Kapitel 6 beschrieben wird. Weitere Vorschläge für den Umgang mit Schmerz finden Sie in Kapitel 7.)

Sie können damit beginnen, sich für die kleinen unangenehmen Empfindungen und Schmerzen zu öffnen und weich zu machen, die Sie bei Ihren Meditationssitzungen erfahren, und sich allmählich an stärkere Schmerzen heranarbeiten, wie beispielsweise einen starken Kopfschmerz, eine wunde Kehle oder einen verspannten Rücken.

Sie können auch von Moment zu Moment mit Ihrer Achtsamkeit bei der reinen Empfindung des Schmerzes selbst bleiben und damit die Geschichte untergraben, in die Ihr Geist die Erfahrung einspinnt – was auf jeden Fall erträglicher ist als das Szenario des schlimmstmöglichen Ausgangs, das Ihnen Ihr Geist dauernd ausmalt. In seinem Buch *Full Catastrophe Living* rät Jon Kabat-Zinn, der an der Stress-Reduction Clinic des Medizinischen Zentrums an der Universität von Massachusetts mit chronisch schmerzkranken Menschen arbeitet, direkt in die Empfindungen des Schmerzes hineinzugehen und sich die Frage zu stellen: »Wie schlimm ist es jetzt, genau in diesem Moment?« Meistens, so sagt er, werden Sie feststellen, dass der Schmerz doch auszuhalten ist.

Intensiver Schmerz hat auch die Tendenz, unaufgelöste Probleme und ungefühlte Emotionen eines ganzen Lebens an die Oberfläche zu spülen. Deshalb sollten Sie nicht überrascht sein, wenn Sie sich mit Kapitel 11 beschäftigen müssen, um Hinweise zu erhalten, wie Sie mit schwierigen Geisteszuständen arbeiten können. Letztlich kann Schmerz ein machtvoller Lehrer sein, der Sie zwingt, Ihre Meditation zu vertiefen und sich für den gegenwärtigen Augenblick wie niemals zuvor zu öffnen.

Gute Medizin

 Falls Sie eine Krankheit haben, welche die Einnahme von Medikamenten erforderlich macht, haben Sie möglicherweise eine gewisse Abneigung gegen die Einnahme der Pillen und eine negative Einstellung oder Aversion gegen die Krankheit überhaupt, als ob Sie irgendwie mangelhaft oder schuldig seien, dass Sie das Leiden Ihres Körper

zulassen. Wenn Sie Ihre Pillen mit Bewusstsein nehmen (oder Ihre Spritze bekommen oder operiert werden), können Sie Ihrem Körper zusammen mit dem Heilmittel Liebe senden und unermesslich zu ihrer heilenden Wirkung beitragen. (Selbst wenn Sie sind nicht krank sind, können Sie Ihre Vitamine oder Kräuter mit derselben Einstellung einnehmen.) Die Sioux wissen dies genau: Sie bezeichnen jeden Akt der Liebe als »gute Medizin«. (Die folgende Meditation ist dem Buch *Sein lassen. Heilung im Leben und im Sterben* von Stephen Levine entlehnt.)

1. **Schließen Sie die Augen, und halten Sie die Pillen einige Momente lang in Ihrer Hand.**

   Beachten Sie, wie sie sich anfühlen – ihr Gewicht, ihre Textur.

2. **Vergegenwärtigen Sie sich, dass diese Pillen die Macht haben, die Heilung Ihres Körpers zu unterstützen.**

   Vielleicht fühlen Sie Dankbarkeit in Ihrem Herzen aufwallen. Sie gehören zu den Glücklichen: Sie haben Zugang zu medizinischer Versorgung und zu einem Arzt, der Ihnen diese Pillen verschreibt.

3. **Achten Sie darauf, ob Sie Widerstand dagegen fühlen, diese Pillen einzunehmen – Furcht oder Scham oder Selbstvorwürfe.**

   Lassen Sie diese Gefühle in Ihrem Bewusstsein entstehen, und begrüßen Sie sie mit Freundlichkeit und Mitgefühl.

4. **Entspannen Sie sich, und lockern Sie Ihren Körper, während Sie sich darauf vorbereiten, diese Pillen einzunehmen.**

5. **Stecken Sie die Pillen sanft und mit Bewusstsein in den Mund, und spülen Sie sie mit Flüssigkeit hinunter.**

   Fühlen Sie, wie sie Ihre Speiseröhre hinabrutschen und dort ihr heilendes Potenzial wie die Glut eines warmen Feuers ausstrahlen. Öffnen Sie Ihren Körper, um Sie zu empfangen.

6. **Stellen Sie sich vor, wie die Medizin in Ihren Blutstrom übergeht und die Bereiche erreicht, die nach Heilung schreien.**

   Senden Sie zusammen mit der Medizin Liebe und Mitgefühl in diese Bereiche.

7. **Fühlen Sie, wie die Liebe und die Medizin in diese Bereiche eindringen und sie heilen.**

   Stellen Sie sich vor, wie sich die Krankheit und der Widerstand auflösen. Lassen Sie zu, geheilt zu werden.

8. **Bleiben Sie ruhig einige Minuten lang sitzen, während Sie zulassen, dass die Medizin und die Liebe Ihre Heilung unterstützen.**

Mit Licht heilen

So wie Sie helfen können, Verhaltensmuster zu lockern und aufzulösen, indem Sie die Macht spiritueller Wesen oder Energien anrufen (siehe Kapitel 11), können Sie sich an dieselbe Quelle der Macht und des Lichts wenden, um die Heilung Ihres Körpers zu unterstützen. Schließlich sind körperliche Krankheiten und emotionale Leiden einfach andere Facetten desselben grundlegenden Problems – einfach andere Weisen, von Ihrer wesentlichen Ganzheit und Gesundheit abzuweichen. Die folgende Übung dient dazu, Licht auf die Stellen innerhalb Ihres Körpers zu lenken, die nach Heilung schreien.

1. **Setzen Sie sich hin, und meditieren Sie wie gewohnt für mehrere Minuten.**

   Falls Sie keine normale Technik kennen, können Sie in Kapitel 6 eine Methode finden – oder setzen Sie sich einfach ruhig hin, schließen Sie die Augen, atmen Sie einige Male tief durch, und entspannen Sie sich bei jeder Ausatmung ein wenig mehr.

2. **Stellen Sie sich eine leuchtende Kugel aus weißem Licht vor, die etwa dreißig Zentimeter über Ihrem Kopf und etwas vor Ihnen schwebt.**

   Wenn Sie näher hinschauen, bemerken Sie möglicherweise, dass diese Kugel die Form eines Wesens annimmt, das alle positiven, heilenden Energien verkörpert, die Sie benötigen. Vielleicht ist eine spirituelle Person, wie Jesus oder die Mutter Maria oder der Dalai Lama. Möglicherweise handelt es sich auch um ein Wesen oder ein Objekt der Natur, wie beispielsweise die Sonne, den Mond, den Ozean, einen Baum, eine Blume oder einen Berg.

3. **Stellen Sie sich vor, wie diese Kugel ihr Licht in alle Richtungen in die fernsten Winkel des Universums ausstrahlt.**

   Dabei zieht die Kugel die Energie aller wohlwollenden Kräfte zur Unterstützung Ihrer Heilung sich hinein.

4. **Stellen Sie sich vor, wie diese positive, heilende Energie von der Kugel wie das Licht von tausend strahlenden Sonnen abstrahlt und durch Ihren Körper strömt.**

   Stellen Sie sich vor, wie das Licht alle Giftstoffe und allen Stress, alle Disharmonie und Krankheit entfernt und diese durch Strahlen, Vitalität und Gesundheit ersetzt. Insbesondere können Sie sich vorstellen, dieses Licht wie einen Strahl zu allen Stellen zu lenken, die Ihres Wissens nach mit Ihrer Krankheit oder Ihren Beschwerden zu tun haben. Stellen Sie sich vor, wie das Licht alle Verspannungen löst und durch Offenheit und Ruhe ersetzt sowie alle Schwachstellen mit Kraft und Stärke durchflutet.

5. **Halten Sie das Bild dieses mächtigen, heilenden Lichts fest, das jede Zelle und jedes Molekül Ihres Wesens durchdringt und Sie gesund, friedvoll und stark zurücklässt.**

6. **Visualisieren Sie, wie diese leuchtende Kugel allmählich in Ihr Herz hinabsteigt, wo sie fortfährt, dieses mächtige Licht auszustrahlen.**

7. **Stellen Sie sich selbst als leuchtendes Wesen mit einer Kugel aus Licht in Ihrem Herzen vor, das laufend Klarheit, Harmonie und Reinheit ausstrahlt – erst zu jeder Zelle und jedem Partikel Ihres eigenen Wesens und dann durch Sie zu jedem anderen Wesen in jeder Richtung.**

Sie können die Gefühle und Bilder, die diese Übung hervorruft, den für den Rest Ihres Tages mit sich herumtragen.

Ahhh-Atem

Falls Sie nach einer Möglichkeit suchen, eine geliebte Person bei der Heilung zu unterstützen, und nicht nur Blumen kaufen, Essen kochen oder Hausarbeiten erledigen wollen, können Sie die folgende Partnermeditation ausprobieren, die an die Arbeit von Stephen Levine angelehnt ist, dessen viele Bücher Tausenden von Menschen geholfen haben, mit größerer Liebe und Bewusstheit zu leben (und zu sterben). In *Sein Lassen. Heilung im Leben und im Sterben* schreibt er: »Dies ist eine der einfachsten und mächtigsten Übungen, die wir kennen, um Ihnen das Vertrauen zu vermitteln, dass das Immer-Heile niemals weit entfernt ist – und um das Herz zu spüren, das wir alle teilen, den einen Geist des Seins.« Sie können mit dieser Übung auch die Intimität Ihrer Beziehungen zu Eltern, Kindern, Partnern und Freunden verbessern. (Falls die andere Person geneigt ist, nehmen Sie sich die Zeit, den Ahhh-Atem auch zu empfangen und nicht nur zu geben.)

1. **Bevor Sie anfangen, beschreiben Sie Ihrem Partner die Übung, und vergewissern Sie sich, dass er/sie sich dabei wohlfühlt, diese Übung mit Ihnen durchzuführen.**

Geben Sie Ihrem Partner zu verstehen, dass er die Übung jederzeit durch Heben eines Armes abbrechen kann.

2. **Beginnen Sie damit, dass die Person, die den Ahhh-Atem empfangen soll, sich auf den Fußboden oder ein Bett legt.**

Sie sitzen an ihrer Seite, nahe beim Rumpf, ohne sie zu berühren.

3. **Ermutigen Sie die andere Person, sich zu entspannen und bequem zu atmen, während Sie das Kommen und Gehen ihres Atems beobachten.**

Verzichten Sie jetzt auf jede verbale Kommunikation, bis die Übung vorüber ist.

4. **Beginnen Sie, Ihrem Atem mit dem Atem der Person zu synchronisieren.**

Wenn sie einatmet, atmen Sie ebenfalls ein. Wenn sie ausatmet, atmen Sie ebenfalls aus. Halten Sie die Abstimmung mit ihrem dauernd wechselnden Atemrhythmus bei, indem Sie Ihren eigenen Rhythmus entsprechend anpassen.

5. **Nachdem Sie auf diese Weise acht bis zehn Atemzüge geatmet haben, beginnen Sie, beim Ausatmen den Laut *Ahhh* zu machen, weich und sanft, aber hörbar.**

Lassen Sie bei jeder Wiederholung den Ton aus einer immer tieferen Stelle in Ihrem Körper aufsteigen, bis das Ahhh aus dem Boden Ihres Bauches emporsteigt. Atmen Sie zusammen schweigend ein, und intonieren Sie dann das Ahhh beim Ausatmen. (Ihr Partner braucht den Ton nicht zu wiederholen.)

6. **Führen Sie diese gemeinsame Meditation so lange fort, wie Sie sich beide wohl dabei fühlen.**

Wenn Sie fertig sind, reden Sie einige Momente mit Ihrem Partner über Ihre Erfahrungen. Diese gemeinsame Übung kann vielfältige Reaktionen auslösen. Einige Menschen entspannen sich tiefer als jemals zuvor. Andere bemerken Angst vor dem Loslassen oder vor dieser großen Nähe zu einer anderen Person. Wieder andere erhaschen einen Blick auf einen tiefen Frieden unter all dem normalen Wirbel und der Geschäftigkeit. Egal welche Erfahrungen Sie oder Ihr Partner machen, Sie können sie (so weit Ihnen das möglich ist) mit Offenheit und nicht wertender Akzeptanz willkommen heißen.

Große Mutter

Viele meditative Traditionen verehren eine archetypische weibliche Person, die nährt und heilt und den Schmerz anderer trägt. In der christlichen Tradition ist es Maria, die Schmerzensreiche. Im Buddhismus heißt sie *Kuan Yin*, die die Schreie der Welt hört und auf sie reagiert. Sie können die Große Mutter nach dem Vorbild der guten Mutter, die Ihre Kinder bedingungslos liebt, in der Form anrufen, die Ihnen am meisten behagt. Sie hat die Fähigkeit, Ihren Schmerz mit ihrem Mitgefühl zu lindern und Ihnen dabei zu helfen, Sie zu heilen und Ihre Ganzheit wiederherzustellen.

1. **Setzen Sie sich bequem hin, schließen Sie die Augen, atmen Sie einige Male tief durch, und entspannen Sie sich mit jeder Ausatmung ein wenig mehr.**

Lassen Sie Ihren Bauch locker werden.

2. **Richten Sie Ihre Aufmerksamkeit auf Ihr Herz, und achten Sie auf Schmerzen oder Leiden, die Sie möglicherweise dort festhalten.**

Atmen Sie sanft mit Bewusstsein in diese schmerzvolle Stelle in Ihrem Herzen hinein.

3. **Stellen Sie sich die Gegenwart einer unendlich mitfühlenden weiblichen Person vor – der Großen Mutter.**

Fühlen Sie, wie ihre Arme Sie umschließen und sie Sie in ihrer warmen, unterstützenden, nährenden Umarmung hält. Sie können vollkommen loslassen und sich in ihren Armen entspannen. Es gibt keinen Grund mehr, sich selbst zurückzuhalten.

4. **Mit jeder Einatmung, atmen Sie ihre Liebe in Form eines warmen, flüssigen Lichts in Ihr Herz.**

Mit jeder Ausatmung atmen Sie Ihr Leiden und Ihre Krankheit in Form eines schwarzen Rußes aus, den sie auf natürliche Weise entgegennimmt und in Licht transformiert.

5. **Falls Sie den Wunsch verspüren, ihr Ihren Schmerz in Form von Worten oder Tränen mitzuteilen, dann tun Sie das.**

Ihr ungegrenztes Herz ist mit Mitgefühl gefüllt, und sie heißt Ihr Leiden willkommen, als wäre es ihr eigenes.

6. **Fahren Sie fort, sich selbst in ihren Armen hinzugeben und ihre Liebe in Ihrem Herzen zu empfangen, während Sie Ihr Leiden und Ihren Kummer loslassen.**

Fühlen Sie sich mit jedem Atemzug vollständiger, ganzer und geheilter. Fühlen Sie, wie sich Ihr eigenes Herz allmählich in ihrem auflöst.

7. **Verbringen Sie so viel Zeit, wie Sie brauchen, in der Gegenwart der Großen Mutter.**

Wenn Sie fertig sind, stellen Sie sich vor, wie sie in Sie eindringt und Sie mit ihrer Gegenwart füllt. Sie sind die Große Mutter (egal ob Sie ein Mann oder eine Frau sind) – ihr Herz ist Ihr Herz. Von diesem Herzen aus können Sie das warme Licht des Mitgefühls und der Heilung zu allen Wesen überall ausstrahlen. Mögen alle Wesen glücklich, friedvoll und frei von Leiden sein.

 ### Große Wellen machen

Als ich einen alten Zen-Text durchblätterte, stieß ich auf eine wahre Geschichte, welche die Macht der Meditation für die Leistungssteigerung beispielhaft zeigt. Es schien, dass ein Sumo-Ringer namens *Große Wellen* so stark und geschickt war, dass er sogar seine Lehrer besiegen konnte, aber in der Öffentlichkeit verlor er sowohl sein Selbstvertrauen als auch seine Ringkämpfe. Er beschloss, einen lokalen Zen-Meister um Rat zu fragen.

Nachdem er sich die Geschichte des Ringers angehört hatte, sagte ihm der Meister, er solle eine Nacht im Tempel meditieren und sich dabei vorzustellen, die »Großen Wellen« seines Namens zu verkörpern. »Stell dir vor, alles, was vor dir steht, mit deiner Kraft hinwegzufegen,« riet ihm der Meister, »Dann wirst du der große Ringer sein, zu dem du vom Schicksal berufen bist.«

Während der ganzen Nacht fokussierte Große Wellen seine Aufmerksamkeit auf das Bild des mächtigen Wassers. Allmählich wurde sein Geist einspitzig, und am Morgen war er selbst zu dem unbezähmbaren Ozean geworden. Von da an, so endet die Geschichte, konnte ihn kein Ringer in ganz Japan besiegen.

Meditation kann Ihre Leistung bei Arbeit und Spiel verbessern

Dieselben Gründe, aus denen die Meditation die Heilung unterstützt, können auch Ihre Leistung verbessern. Die Meditation entspannt Ihren Körper und reduziert Stress und Angst, wodurch Sie effizienter funktionieren können. Die Meditation fördert positive Geisteszustände, wie beispielsweise Liebe, Freude und Wohlbefinden und regt den Fluss der Lebensenergie durch den Körper an, was wiederum das Selbstvertrauen und ein Empfinden von Kraft und Effektivität steigert. Außerdem weckt sie eine tiefere Verbindung mit einer Quelle des Sinns und des Zwecks, die Sie bei allem, was Sie tun, inspiriert und unterstützt.

Die Meditation lehrt Sie auch, gewisse andere Qualitäten und Fähigkeiten zu kultivieren, die auf natürliche Weise dazu beitragen, Ihre Leistungen bei Ihren Lieblingsbeschäftigungen zu verbessern, sei es Sport, Arbeit, Gärtnern, Studieren oder einfach nur Geschirrspülen oder Aufwischen des Fußbodens. Hier ist eine kurze Liste – falls Ihnen noch mehr einfällt, teilen Sie es mir bitte mit:

✔ **Gesteigerter Fokus und bessere Konzentration:** Dies ist trivial: Wenn Sie durch die Beobachtung Ihres Atems oder die Rezitation Ihres Mantras gelernt haben, bei einer Aufgabe zu bleiben, können Sie diese Fähigkeit leicht auf die Arbeit am Computer oder das Ballspielen mit Freunden übertragen. Um die Vorteile des Fokussierens zu erkennen, müssen Sie sich einfach große Sportler wie Michael Jordan, Mark McGwire oder Steffi Graf anschauen!

✔ **Minimale Ablenkungen:** Dieser kleine Vorteil ist die Kehrseite des vorangegangenen: Je regelmäßiger Sie meditieren, desto schneller verblassen Ablenkungen im Hintergrund, wenn sich Ihr Geist beruhigt und einspitzig wird. Es versteht sich von selbst, dass effizienter arbeiten oder spielen, wenn nicht laufend eine Million irrelevanter Gedanken in Ihrem Kopf herumschwirren. Wie können Sie schließlich beim Tennis gleichzeitig den Ball treffen und dabei denken?

✔ **In der Gegenwart, frei von Erwartungen sein:** Selbst wenn Ihnen möglicherweise ein bestimmtes Ziel vorschwebt – beispielsweise ein Rennen gewinnen, ein Projekt abschließen, den Ball in einer winzigen Blechdose in 300 Meter Entfernung versenken – ist das Paradoxe dabei, dass Sie wahrscheinlich eher Erfolg haben werden, wenn es Ihnen gelingt, Ihre Erwartungen beiseite zu schieben und Ihre Aufmerksamkeit auf die genauen Bewegungen oder Tätigkeiten zu konzentrieren, die Sie in diesem Moment ausführen müssen. Der frühere Trainer der Chicago Bulls (Basketball) Phil Jackson bezeichnet dies als das »Vertrauen in den Augenblick«.

✔ **Gesteigerte Klarheit des Denkens und der Wahrnehmung:** Eine der zufälligen Nebenwirkungen davon, den Geist auf den Augenblick zu fokussieren, ist eine Verschärfung der Sinne und eine Beschleunigung des Denkens. Ihre Fähigkeit, feine Einzelheiten wahrzunehmen und zu unterscheiden, verbessert sich, was sehr nützlich ist, wenn Sie versuchen, eine Aufgabe besonders gut zu erledigen.

✔ **Größere Ausdauer und längere Aufmerksamkeitsspanne:** Wenn Sie allmählich die Dauer Ihrer Meditationen von 10 auf 15 bis 20 Minuten oder mehr verlängern, steigern Sie allmählich Ihre Fähigkeit, länger aufmerksam zu bleiben. Als Folge davon stellen Sie möglicherweise fest, dass Sie nicht mehr so leicht »ausbrennen« oder den Mut verlieren, wenn Sie Ihre Aufmerksamkeit auf ein längeres Arbeitsprojekt oder eine andere anstrengende Aktivität richten.

✔ **Fluss-Erfahrung:** Im Sport wird dieser Bereich als »die Zone« bezeichnet: Momente oder erweiterte Perioden, in denen Sie sich vollkommen eins mit Ihrem Körper und Ihrer Umgebung fühlen. Die Zeit scheint sich zu verlangsamen, Gefühle des Wohlbefindens und der Freude nehmen zu, Sie sehen alles ganz klar, während (oder sogar bevor) es passiert, und Sie wissen genau, was Sie als Nächstes tun müssen. Indem Sie Ihre Konzentrationskraft bei der Meditation entwickeln, steigern Sie Ihre Fähigkeit, den Fluss-Zustand in jeder Situation leichter zu erreichen. (Nähere Informationen über den Fluss finden Sie in Kapitel 1.)

✔ **Die Fähigkeit, Dinge mehrdimensional zu sehen:** Bei der Meditation üben Sie es, Ihre Erfahrung zu beobachten, ohne sich in den Einzelheiten zu verlieren. Diese erweiterte, globale Bewusstheit ermöglicht es Ihnen auf natürliche Weise, einen Schritt zurückzutreten und das ganze Bild zu sehen. Dies kann außergewöhnlich nützlich sein, wenn Sie versuchen, ein Problem zu lösen, ein gegnerisches Team (im Sport oder im Geschäftsleben) zu überlisten oder einfach Ihre Leistung zu beurteilen und zu verbessern. Einige große Sportler berichten sogar, dass sie das ganze Spiel wie von oben sehen können, während sie spielen.

✔ **Bewusstsein des selbstzerstörerischen Verhaltens:** Wenn Sie Ihr Bewusstsein beim Meditieren auf Empfindungen und mentale Prozesse ausweiten, beginnen Sie, wiederkehrende Muster des Denkens und Fühlens zu erkennen, die Ihnen Stress verursachen oder Ihren vollkommenen Selbstausdruck hemmen (siehe Kapitel 12). Indem Sie Ihre Achtsamkeit auf Ihre Leistung (bei der Arbeit oder beim Spiel) ausdehnen, können Sie selbstzerstörerische Muster entdecken und dann durch produktivere, wirksamere Alternativen ersetzen.

✔ **Selbstakzeptanz und Freiheit von Selbstkritik:** Nichts dämpft Enthusiasmus und hindert eine wirksame Leistung mehr als die Tendenz der meisten Menschen, sich selbst – insbesondere unter Druck – schlecht zu machen. Durch regelmäßige Meditation lernen Sie, sich selbst so zu akzeptieren, wie Sie sind, und die Beurteilungen zu bemerken, wenn sie auftauchen. Dann können Sie, wenn die Gangart rauer wird, Ihre Meditationsfähigkeiten dazu verwenden, sanft Ihre Selbstkritik zu entschärfen, wenn Sie sich darauf konzentrieren, Ihr persönliches Bestes zu tun.

✔ **Mitgefühl und Teamwork:** In seinem Bestseller *Sacred Hoops* beschreibt Phil Jackson (ein Basketball-Trainer), wie er ein Basketball-Team der Weltklasse schuf, indem er die Prinzipien und Lektionen anwendete, die er bei seinem Studium der Zen-Meditation gelernt hatte. Zusätzlich zum Fokussieren, zur Achtsamkeit und den anderen hier aufgeführten Faktoren betont Jackson die Rolle des Mitgefühls (das willentlich beim Meditieren kultiviert werden kann, siehe Kapitel 10). Jackson schreibt: »Als ich bei meinen [Meditations-]Übungen Fortschritte machte, begann ich zu erkennen, wie wichtig es ist, mit einem offnen Herzen zu spielen. Liebe ist die Kraft, die den Geist entflammt und Teams zusammenschweißt.«

Neben den hier genannten Vorteilen einer regelmäßigen Meditationspraxis können Sie auch Meditationen ausführen, die speziell der Leistungsverbesserung dienen. Insbesondere können Sie das geführte Bilderleben benutzen, um sich in einen positiveren Geisteszustand zu versetzen und Leistungen zu üben, bevor sie fällig sind. (Nähere Informationen über das geführte Bilderleben finden Sie im vorangegangenen Abschnitt.)

In Ihrem Buch *Staying Well with Guided Imagery* bezeichnet Belleruth Naparstek die erste Art des geführten Bilderlebens als *Bilderleben des Gefühlszustands* und die zweite Art als *Bilderleben des Zielzustands*. (Im Einschub *Große Wellen machen* weiter oben in diesem Kapitel verwendet der Sumo-Ringer eine dritte Art, das *Metaphorische Bilderleben*, das tatsächlich Elemente der anderen beiden Arten umfasst.)

Zweifellos haben Sie über olympische und professionelle Athleten gelesen, die sowohl Vorstellungen des Gefühlszustands als auch Vorstellungen des Zielzustands in ihrem Trainingsprogramm verwenden. In den beiden folgenden Abschnitten können Sie zuerst eine allgemeine Meditation praktizieren, die mit der Vorstellung des Gefühlszustands arbeitet, und dann eine Meditation, die Ihnen helfen soll, Ihre Leistung erfolgreich auszuführen.

 ### Ihre Kreativität ermutigen

Kreative Menschen berichten häufig, dass sie in einen geänderten oder meditativen Zustand wechseln, wenn sie sich etwas vorstellen oder etwas schaffen. Die Meditation unterstützt auf natürliche Weise die Kreativität, indem Sie Ihnen hilft, Ihren analytischen Geist zu umgehen und einen tieferen Brunnen von Energie, Vitalität und Intuition anzuzapfen. Bei der Meditation können spontan Ideen und Bilder emporsteigen, als ob sie aus einer kollektiven Quelle stammten.

Zusätzlich zur Ausführung der grundlegenden Meditationen, die an anderer Stelle in diesem Buch beschrieben werden, können Sie den Fluss Ihrer Kreativität anregen, indem Sie eine Meditation namens _Morgenseiten_ ausführen, die dem Buch _The Artist's Way_ (_Der Weg des Künstlers_) von Julia Cameron entlehnt ist. Die Übung dient dazu, den von Cameron so genannten _Geist des Künstlers_ – den spielerischen, kreativen, holistischen Teil Ihres Geistes – zu aktivieren und den _Zensor_ – den inneren Kritiker, der Ihre kreativen Impulse dämpft oder sogar lächerlich macht – zu umgehen.

Die Meditation selbst ist tatsächlich ziemlich einfach: Setzen Sie sich morgens zuallererst, am besten direkt nach dem Aufstehen, hin, und schreiben Sie per Hand auf drei Seiten alles auf, was Ihnen ins Bewusstsein kommt. Es braucht nicht gut oder grammatisch korrekt zu sein. Es muss nicht einmal sinnvoll sein – es muss einfach nur drei Seiten füllen. Indem Sie schreiben, ohne das Geschriebene zu überprüfen oder zu versuchen, logisch oder klug zu sein, umgehen Sie den Zensor, während Sie Ihren Geist von allen Spinnweben befreien, die sich über Nacht angesammelt haben. Außerdem beweisen Sie sich auch, dass Sie sich nicht gut fühlen oder in einer großartigen Stimmung sein müssen, um etwas zu schaffen. Sie können Beschwerden, Träume oder Dinge aufschreiben, die Sie erledigen müssen. Was immer es ist – Sie können nichts falsch machen. Schreiben Sie einfach!

Cameron gibt einige Hinweise, um das meiste aus Ihren Morgenseiten herauszuholen:

✔ **Füllen Sie sie jeden Tag ohne Ausnahme.** Sie können vorher festlegen, wie viele Wochen Sie diese Übung durchführen wollen. Führen Sie dann Ihre Absicht durch. Wie die Meditation selbst werden die Morgenseiten möglicherweise zu einer Gewohnheit, die Sie nicht unterbrechen wollen.

✔ **Zeigen Sie die Seiten niemandem sonst – und lesen Sie sie selbst zumindest in den ersten paar Wochen nicht.** Tatsächlich rät Cameron, die Seiten während der ersten acht Wochen nicht zu lesen, aber machen Sie sich keine Gedanken, wenn die Neugier Sie überwältigt.

✔ **Denken Sie daran, dass die negativen Meinungen Ihres Zensors nicht wahr sind.** Sie können die Beurteilungen Ihres Zensors in Ihre Morgenseiten aufnehmen, wenn Sie wollen – aber glauben Sie nicht daran!

Vergangene Erfolge genießen

 Die folgende Meditation entspannt den Körper, hebt die Stimmung und versetzt Sie in eine positive Grundeinstellung für die Ausführung einer anstehenden Leistung. Falls möglich, sollten Sie sie mehrere Tage oder eine Woche oder länger üben, bevor die Leistung fällig ist, so dass Sie reichlich Zeit haben, um sich vorzubereiten.

1. **Führen Sie zu Beginn die Friedlicher-Ort-Meditation aus, die im vorangegangenen Abschnitt beschrieben wurde.**

   Sie können sich auch einfach bequem hinsetzen, die Augen schließen, einige Male tief durchatmen und sich bei jeder Ausatmung ein wenig mehr entspannen. Atmen und entspannen Sie sich mehrere Minuten lang auf diese Weise.

2. **Rufen Sie sich eine Zeit in Erinnerung, als Sie dieselbe oder eine ähnliche Leistung erfolgreich vollbracht haben.**

   Wenn Sie noch niemals etwas Gleichartiges getan haben, denken Sie einfach an eine Gelegenheit, bei der Sie etwas besonders gut und erfolgreich erledigt haben.

3. **Nehmen Sie sich einige Zeit, um sich an diese erfolgreiche Leistung so lebhaft und mit so viel sinnlichen Einzelheiten wie möglich zu erinnern.**

   Wo waren Sie? Welche Kleidung haben Sie getragen? Was genau haben Sie getan? Wie fühlte sich Ihr Körper? Wer war sonst noch da? Welche Art Gefühle hat diese erfolgreiche Leistung ausgelöst?

4. **Wenn Sie voll in die Erinnerung eingetaucht sind und Ihre positiven Gefühle ihren Gipfel erreichen, finden Sie eine physische Geste, die diese Gefühle unterstreicht.**

   Beispielsweise können Sie zwei Finger zusammenführen oder Ihre Hand auf Ihren Bauch legen.

5. **Lassen Sie die Erinnerung allmählich verblassen, kehren Sie zu Ihrem normalen Bewusstsein zurück, und öffnen Sie die Augen.**

6. **Praktizieren Sie diese Meditation mehrere Male zwischen dem jetzigen Zeitpunkt und der tatsächlichen Leistung, und wiederholen Sie dabei jedes Mal die physische Geste.**

7. **Bevor Sie die tatsächliche Leistung erbringen, schließen Sie für einen Moment die Augen, und wiederholen Sie die physische Geste.**

   Sie werden erstaunt sein zu entdecken, dass die positiven Gefühle wie ein Blitz zurückkehren.

Spitzenleistungen üben

Es ist eine Sache, eine positive Grundeinstellung zu haben, wenn Sie etwas tun, aber es ist etwas ganz anderes, genau zu wissen, was Sie tun. Wenn Sie sich entspannt fühlen, können Sie die Prinzipien der Meditation anwenden, um Ihren Leistungen vorher den Feinschliff zu geben, so dass Sie Ihre Spitzenleistung erreichen, wenn Sie auf die sprichwörtliche Bühne treten.

 Die folgende Meditation ähnelt den Übungen, die Sportler praktizieren. Jack Nicklaus, ein Spitzen-Golfspieler, schreibt in seinem Buch *Golf my Way:* »Ich schlage niemals einen Ball, selbst beim Üben nicht, ohne ein sehr scharfes, konzentriertes Bild von ihm in meinem Kopf zu haben.« Noch einmal: Lassen Sie sich viel Zeit zum Üben, bevor Sie die Leistung tatsächlich erbringen.

1. **Beginnen Sie mit der Friedlicher-Ort-Meditation, die in dem vorangegangenen Abschnitt beschrieben wurde.**

Sie können sich auch einfach bequem hinsetzen, die Augen schließen, einige Male tief durchatmen und sich bei jeder Ausatmung ein wenig mehr entspannen. Atmen und entspannen Sie sich mehrere Minuten lang auf diese Weise.

2. **Stellen Sie sich vor, wie Sie Ihre Leistung perfekt von Anfang bis Ende durchführen.**

Stellen Sie sich die Leistung so lebhaft und mit so vielen sinnlichen Einzelheiten vor, wie es Ihnen möglich ist. Falls Sie ein Tennisspiel üben, fühlen Sie beispielsweise den Schläger in Ihrer Hand und Ihre Schuhe auf dem Spielplatz. Fühlen Sie, wie Sie den Arm heben, sich nach hinten strecken und nach vorn beugen, während Sie aufschlagen. Fühlen Sie den Kontakt des Balls mit dem Schläger usw.

Studien haben gezeigt, dass kinästhetische Übungen (bei denen Sie fühlen, wie Ihr Körper die Bewegungen durchläuft) fast genauso wirksam sind wie tatsächliche Übungen, um Leistungen beim Sport und bei anderen körperlichen Aktivitäten zu verbessern. Falls Sie eine Präsentation bei der Arbeit üben, stellen Sie sich vor, dass Sie vor der Gruppe stehen, deutlich und verständlich sprechen, die wichtigen Punkte herausarbeiten usw.

3. **Schließen Sie die Dimension Ihres Gefühlszustands mit ein, indem Sie registrieren, wie gut Sie sich fühlen, während Sie die Leistung erbringen.**

Vielleicht fühlen Sie heitere Gelassenheit, Aufregung, Macht oder Vergnügen. Falls Sie Furcht oder Sorgen feststellen, halten Sie einfach für einen Moment inne, machen Sie einige tiefe Atemzüge, tun Sie, was Sie normalerweise auch sonst tun, um Ihre Furcht zu verringern, und nehmen Sie dann Ihre Übung wieder auf.

4. **Nehmen Sie sich so viel Zeit, wie Sie brauchen, um sich selbst vorzustellen, wie Sie die Leistung perfekt ausführen.**

Falls Sie Fehler bemerken, halten Sie inne, korrigieren Sie sie, und wiederholen Sie dann die Leistung korrekt. Zuerst kann Ihre Übung so lange dauern wie die eigentliche Leistung selbst. Nachdem Sie alle Einzelheiten geklärt haben, können Sie weitere Übungen abkürzen, falls Sie nur begrenzt Zeit haben.

5. **Sie sollten diese Übung wenigstens mehrere Male praktizieren, bevor Sie die Leistung selbst ausführen wollen.**

Unmittelbar bevor Sie die Leistung erbringen, halten Sie für einen Moment inne, schließen Sie die Augen, und gehen Sie eine abgekürzte Version der Übung in Ihrer Vorstellung durch.

Den Tanz des Ja genießen

Achten Sie für die nächsten zehn Minuten auf die subtilen (und nicht so subtilen) Weisen, wie Ihr Geist laufend *Nein* zum Leben sagt, Ihre Gefühle und Impulse unterdrückt, andere Menschen bewertet oder sogar zurückweist und sich weigert, die Dinge so zu akzeptieren, wie sie tatsächlich sind. Beispielsweise fühlen Sie möglicherweise Traurigkeit emporsteigen, aber Sie verdrängen sie und weigern sich, sie zu fühlen. Möglicherweise schauen Sie in den Spiegel, aber editieren, was Sie sehen, entweder indem Sie sich selbst wegen Ihres Aussehens kritisieren oder sich weigern, Ihre Unvollkommenheiten zu sehen. Vielleicht schließen Sie auch Ihr Herz Ihren Lieben gegenüber, weil diese Ihre Erwartungen nicht erfüllen.

Sie werden vielleicht erstaunt sein zu entdecken, wie viel Energie Ihr Geist dadurch verbraucht, dass er sich weigert zu akzeptieren, was direkt vor Ihnen tatsächlich passiert.

Stattdessen sagen Sie die nächsten zehn Minuten lang einfach *Ja*. Was immer Sie erfahren, wen immer Sie treffen, wie immer sich das Leben Ihnen darbietet, achten Sie auf Ihre Tendenz, Widerstand zu leisten oder zu verneinen, und sagen Sie stattdessen *Ja*. Ja zu Ihren Gefühlen, ja zu Ihrem Partner oder zu Ihren Kindern, ja zu Ihrem Körper und zu Ihrem Gesicht, ja zu Ihrem Leben. Halten Sie Ihren Geist so offen, weiträumig und aufmerksam wie möglich. Natürlich können Sie ändern, was Ihnen nicht gefällt, aber nehmen Sie sich einen Moment Zeit, zuerst *Ja* zu sagen.

Vielleicht haben Sie sich so sehr daran gewöhnt, *Nein* zu sagen, dass Sie zunächst nicht wissen, wie man *Ja* sagt. Fühlen Sie sich frei zu experimentieren. Indem Sie sich das Wort *Ja* immer wieder vorsagen, können Sie einen Anfang finden. Vielleicht gefällt Ihnen der Tanz des Ja so gut, dass Sie ihn auf jeden Bereich Ihres Lebens ausdehnen. Ja, ja, ja!

Teil V

Die Top Ten

The 5th Wave By Rich Tennant

»Ich weiß, es ist nicht so aufregend wie Bungee-Jumping, aber vielleicht solltest du jetzt mal daran denken, in deiner Freizeit lieber zu meditieren.«

In diesem Teil...

In diesem Teil finden Sie schnelle Antworten und kurze Meditationen. Wenn Sie beim nächsten Mal überfragt sind, wenn Tante Frieda oder Vetter Franz eine Frage über die Meditation stellt, oder wenn Sie selbst eine Frage haben, wenn Sie in der Stimmung sind zu meditieren, aber nicht den Rest dieses Buches durchlesen wollen – überfliegen Sie die Perlen in diesem Teil.

Antworten auf zehn übliche Fragen über Meditation

Die meisten Menschen, die sich überlegen, ob Sie anfangen sollen zu meditieren, haben normalerweise einige Fragen über die Meditation – und wenn sie mit dem Meditieren angefangen haben, stellen sich weitere Fragen ein. Hier sind einige kurze Antworten auf zehn der häufigsten Fragen. Ausführlichere Antworten finden Sie im Rest dieses Buches.

Entspannt mich die Meditation nicht zu sehr, oder lenkt sie mich zu weit von meiner Arbeit oder meinem Studium ab?

Viele Menschen verbinden die Meditation immer noch mit praxisfernen, alternativen Lebensstilen und haben Angst, sie könnten sich in einen Hippie oder einen Yogis verwandeln, der den Tag mit dem Beschauen seines Nabels verbringt, falls sie sich darauf einlassen, einige Minuten lang ruhig zu sitzen. In Wahrheit lehrt Sie die Meditation jedoch, wie Sie Ihren Geist fokussieren und Ablenkungen minimieren können, um Ihre Aufgaben effizienter zu erledigen. Außerdem können Sie, wenn Sie angespannt sind, keine Aufgabe besonders gut erledigen – und die Meditation hilft Ihnen, Ihren Körper zu entspannen und Ihren Stress zu reduzieren, so dass Sie Ihre Zeit besser nutzen (und mehr genießen) können.

Wie ich ausführlicher in Kapitel 1 beschrieben habe, sind die meisten Meditationspraktiken eine Mischung aus Konzentration und rezeptivem Bewusstsein. Bei der Konzentration richten Sie Ihre Aufmerksamkeit konstant auf ein bestimmtes Objekt, wie beispielsweise Ihren Atem oder eine andere Körperempfindung. Schließlich können Sie diese Konzentration auf Ihre Arbeit, Ihren Sport oder andere Aktivitäten ausweiten. Psychologen haben für die totale Absorption, die mit einer intensiven Konzentration verbunden ist, ein spezielles Wort geprägt: *Fluss* (engl. Flow). Damit ist ein Geisteszustand gemeint, in dem die Zeit sich verlangsamt, Ablenkungen wegfallen, und die Aktivität mühelos und höchst vergnüglich wird.

Mit dem rezeptiven Bewusstsein üben Sie die Ausweitung Ihrer Aufmerksamkeit auf den vollen Bereich Ihrer Erfahrungen, sowohl innerer als auch äußerer. In Kombination schaffen die beiden – Konzentration und rezeptives Bewusstsein – zusammen die Art entspannter Wachheit, die man bei großen Schauspielern, Athleten und Kampfsportlern findet. Und die würden Sie doch sicher nicht als abgehoben oder unfähig bezeichnen, oder?

Wie finde ich bei meinem engen Zeitplan Zeit zum Meditieren?

Ach ja, das ewige Thema: Zeit! Nun ja, die Meditation hat unter anderem die großartige Eigenschaft, dass Sie wirklich nicht sehr viel Zeit benötigen. Wenn Sie sich die Grundlagen angeeignet haben (durch Lesen dieses Buches natürlich), können Sie anfangen, fünf oder zehn Minuten pro Tag zu üben. Der Morgen ist im Allgemeinen am besten geeignet, wenigstens am Anfang. Möglicherweise können Sie zwischen dem Zähneputzen und der Duschen einige ruhige Minuten einschieben. Falls Sie Frühaufsteher sind, können Sie auch die kostbaren Momente der Ruhe genießen, bevor der Rest der Familie wach wird.

Doch egal, welcher Zeitpunkt Ihnen am besten passt, das Wichtigste ist, dass Sie regelmäßig meditieren – möglichst jeden Tag. Seltene, gelegentliche Ausnahmen (und Zeit, um sonntags auszuschlafen) sind erlaubt. Der Grund für diese Empfehlung liegt nicht darin, aus Ihnen einen Automaten zu machen, sondern Sie dahin zu führen, die wundervollen Vorteile der Meditation, wie beispielsweise verringerten Stress und bessere Konzentration, zu genießen. Wie das Gewichtheben oder das Üben eines Musikinstruments entfaltet das Praktizieren der Meditation seine Wirkung nur, wenn Sie es regelmäßig über längere Zeit hinweg tatsächlich tun.

Wenn Sie mehrere Tage und Wochen regelmäßig meditieren, beginnen Sie möglicherweise, kleinere Änderungen in Ihrem Leben zu bemerken – Augenblicke der Ruhe, des Friedens oder der Harmonie, die Sie – möglicherweise seit Ihrer Kindheit nicht mehr oder vielleicht noch nie – erlebt haben. Und je mehr Sie von Ihrer Meditationsübung profitieren, desto größer wird Ihr Anreiz, die Zeit dafür zu finden – und vielleicht dehnen Sie sogar die Zeitspanne von fünf oder zehn Minuten auf fünfzehn oder zwanzig aus.

Wenn ich nicht auf dem Fußboden sitzen und meine Beine kreuzen kann, kann ich dann auf einem Stuhl oder im Liegen meditieren?

Ja, absolut. Tatsächlich umfassen die traditionellen Meditationshaltungen mehrere Positionen: Sitzen, Stehen, Gehen, Liegen und rhythmische Bewegungen (beispielsweise Tai Chi oder Sufi-Tanz). Im Grunde ist jede Position, die Sie bequem für längere Zeit beibehalten können, für die Meditation geeignet. (In Kapitel 7 wird beschrieben, wie Sie die Haltung finden, die zu Ihnen passt.) Doch speziell das Liegen hat gewichtige Nachteile: Die Wahrscheinlichkeit, dass Sie einschlafen, ist viel größer. Deshalb müssen Sie sich möglicherweise sehr viel stärker anstrengen (natürlich ohne sich dabei zu verspannen), um wach zu bleiben und Ihre Konzentration zu bewahren. Außerdem ist es besser, auf einer Matte oder einem Teppich als in Ihrem Bett zu liegen – aus naheliegenden Gründen!

Noch wichtiger als die Frage, ob Sie beim Meditieren sitzen, liegen oder stehen, ist die Frage, was Sie mit Ihrem Rücken tun. Wenn Sie vornüber hängen oder sich zur Seite neigen, so dass Ihr Körper gegen die Schwerkraft kämpft, können auf Dauer Schmerzen ausgelöst werden, so dass es schwierig für Sie wird, die Übung über Wochen und Monate aufrechtzuerhalten. Stattdessen können Sie sich angewöhnen, Ihre Wirbelsäule aufzurichten (siehe Kapitel 7), was auch bei Ihren anderen Aktivitäten zu einer guten Haltung beiträgt.

Was kann ich gegen die Unruhe oder das Unbehagen tun, das ich fühle, wenn ich versuche zu meditieren?

Zunächst einmal ist es vielleicht ein kleiner Trost für Sie zu erfahren, dass Sie nicht allein sind. Jeder erfährt bei seiner Meditation von Zeit zu Zeit – oder sogar oft – Unruhe oder Unbehagen. Tatsächlich funktioniert die Meditation wie ein Spiegel, der Ihnen Ihren Zustand zeigt. Ob Sie es glauben oder nicht, dies ist einer der Vorzüge der Meditation. Wenn Sie Ihr geschäftiges Leben einige Minuten lang unterbrechen und sich ruhig hinsetzen, bemerken Sie möglicherweise plötzlich die ganze nervöse Energie und das hektische Denken, durch die Sie die ganze Zeit über gestresst worden sind. Willkommen in der Welt der Meditation!

Anfänglich konzentrieren Sie bei der Meditation Ihre Aufmerksamkeit auf ein Objekt (beispielsweise Ihren Atem oder ein Wort oder einen Ausdruck, ein so genanntes *Mantra*) und bringen Ihre Aufmerksamkeit wie einen mutwilligen jungen Hund sanft zurück, wann immer sie abschweift. (Grundlegende Meditationsunterweisungen finden Sie in Kapitel 6.) Allmählich stellen Sie möglicherweise fest, dass sich Ihre Unruhe und Ihr Unbehagen ganz von selbst zu beruhigen beginnen.

Nachdem sich Ihre Konzentration vertieft hat, können Sie Ihr Bewusstsein ausweiten und zunächst Ihre Empfindungen und dann Ihre Gedanken und Emotionen einschließen. Auf dieser Stufe können Sie beginnen, Ihre Unruhe und Ihr Unbehagen zu erforschen, sich mit ihnen anzufreunden und sie letztlich sogar zu akzeptieren. Obwohl dieser Prozess nicht leicht sein mag, hat er weitreichende Konsequenzen, weil Sie dabei Widerstandskraft und Geistesruhe lernen, um unvermeidliche Schwierigkeiten in jedem Bereich Ihres Lebens zu akzeptieren. (Nähere Informationen darüber, sich mit seinen Erfahrungen anzufreunden, finden Sie in Kapitel 11.)

Was sollte ich tun, wenn ich beim Meditieren immer wieder einschlafe?

Schläfrigkeit ist wie die Unruhe ein häufig auftretendes Hindernis auf der Reise der Meditation. (Nähere Informationen über Hindernisse finden Sie in Kapitel 12.) Selbst die großen Meditierenden des Vergangenheit berichten von Ihrem Kampf gegen den Schlaf – und einige von ihnen trafen extreme Maßnahmen, um sich wach zu halten, indem sie beispielsweise ihr Haar an der Decke festbanden oder am Rande einer Klippe meditierten. Daran kann man sehen, was Entschlossenheit bedeutet!

Gewöhnliche Menschen können zu sanfteren Mitteln greifen, um sich beim Meditieren wach zu halten. Zuerst können Sie die Schläfrigkeit etwas näher untersuchen. Wo erfahren Sie sie in Ihrem Körper? Handelt es sich einfach um eine mentale Dumpfheit, oder sind Sie auch körperlich müde? Vielleicht sollten Sie besser schlafen als meditieren!

Falls Sie sich entschließen weiterzumachen, können Sie versuchen, die Augen weit zu öffnen und so gerade wie möglich zu sitzen, um Ihre Energie zu wecken. Falls Sie sich immer noch schläfrig fühlen, stehen Sie auf, und gehen Sie herum, oder spritzen Sie sich kaltes Wasser ins Gesicht. In jedem Fall braucht Sie die Schläfrigkeit nicht unbedingt vom Meditieren abzuhalten – schließlich ist es besser, schläfrig als überhaupt nicht zu meditieren.

Wie kann ich feststellen, ob ich richtig meditiere? Woher weiß ich, dass meine Meditation funktioniert?

Diese beiden Fragen (tatsächlich die beiden Seiten derselben Frage) sind Ausdruck des zielorientierten Perfektionisten in uns, der unsere Aktivitäten überwacht, um sicherzustellen, dass wir sie richtig ausführen. Das Großartige an der Meditation ist, dass Sie sie nur dann falsch ausführen, wenn Sie sie überhaupt nicht ausführen. (Tatsächlich ist es der Perfektionist, der für den größten Teil Ihres Stresses verantwortlich ist – und bei der Meditation geht es darum, den Stress zu reduzieren, nicht darum, ihn zu verstärken.)

Wenn Sie meditieren, vergessen Sie einfach (so weit wie möglich) den Perfektionisten, und kehren Sie mit Ihrem Fokus immer wieder sanft zum Hier-und-Jetzt zurück. (Ausführliche Meditationsunterweisungen finden Sie in anderen Kapiteln dieses Buches, insbesondere in Kapitel 6.)

Die Erfahrungen, die Sie beim Meditieren machen können – Schläfrigkeit, geschäftige Gedanken, körperliches Unbehagen, Unruhe, tiefe Emotionen – sind kein Zeichen dafür, dass Sie vom Weg abkommen. Ganz im Gegenteil, sie sind das Futter für die Mühle Ihrer Meditation, die alten Gewohnheiten und Muster, die transformiert werden, wenn Sie Ihre Übung vertiefen. (Nähere Informationen über die Transformation alter Muster finden Sie in Kapitel 11.)

Was das Wissen angeht, ob Ihre Meditation »funktioniert«: Sie werden wahrscheinlich keine blinkenden Lichter oder plötzlichen Energieschübe erleben. Stattdessen erkennen Sie möglicherweise subtilere Veränderungen – beispielsweise bemerken Ihre Freunde oder Lieben, dass Sie weniger reizbar oder gestresst als früher zu sein scheinen, oder Sie stellen fest, dass Sie sich ohne ersichtlichen Grund immer wieder einmal glücklich oder friedvoll fühlen. Auch hier gilt: Warten Sie nicht auf Ergebnisse, und beobachten Sie nicht den sprichwörtlichen Kochtopf – Ihre Meditation kocht niemals über. Vertrauen Sie einfach auf den Prozess, und lassen Sie die Änderungen für sich selbst sorgen.

Kann ich meditieren, während ich Auto fahre oder an meinem Computer sitze?

Obwohl Sie während Ihrer normalen Aktivitäten keine formelle Meditation praktizieren können, können Sie diese meditativ ausführen. (Nähere Informationen über die Meditation im Alltag finden Sie in Kapitel 15.) Während Ihrer täglichen Phasen der schweigenden Meditation, lernen Sie, wie Sie in der Flut ablenkender Gedanken, Emotionen und Empfindungen so weit wie möglich in der Gegenwart bleiben können. Dann können Sie, wenn Sie hinter das Lenkrad Ihres Autos schlüpfen oder sich an Ihren Computer setzen, wenigstens einen Teil der achtsamen, aufmerksamen Gegenwart verwenden, um den Berufsverkehr zu bewältigen oder einen Bericht zu erstellen. Sie werden feststellen, dass Sie die Aktivität mit weniger Energieaufwand und Anstrengung durchführen und mehr Spaß dabei haben.

Es ist wie beim Üben einer Sportart – beispielsweise Tennis. Zuerst müssen Sie immer wieder an Ihrer Rückhand arbeiten. Wenn Sie dann ein Spiel mit einem Freund machen, wissen Sie genau, was Sie tun müssen, selbst wenn die Situation schwieriger und komplexer ist.

Muss ich meine religiösen Glaubenssätze aufgeben, um zu meditieren?

Definitiv nicht. Tatsächlich können Sie, wie viele zeitgenössische Praktizierende der christlichen und jüdischen Kontemplation festgestellt haben, die grundlegenden Prinzipien und Techniken der Meditation (wie sie in diesem Buch gelehrt werden) in jeder spirituellen oder religiösen Tradition oder Orientierung anwenden. Zu meditieren bedeutet einfach, Ihr geschäftiges Leben zu unterbrechen, einige Male tief durchzuatmen, ruhig zu sitzen und Ihre Aufmerksamkeit nach innen zu wenden. Was Sie entdecken, ist nicht Zen oder Sufi oder TM (Transzendentale Meditation), sondern *Sie* selbst – inklusive all Ihrer Glaubenssätze, Zugehörigkeiten und Persönlichkeitszüge!

Wie William Johnston in seinem Buch *Christian Zen* (Christlicher Zen) stellen viele Menschen fest, dass die Meditationsmethoden, die östlichen Traditionen entstammen, tatsächlich ihre Verbindung zu ihrem eigenen westlichen Glauben vertiefen, indem sie Gebet und Glauben durch eine direkte Erfahrung der Liebe und Gegenwart Gottes ersetzen.

Was soll ich tun, wenn mein Partner oder andere Familienmitglieder meine Meditationsübung nicht unterstützen?

Ich muss zugeben, dass ich auf diese Frage keine einfache Antwort habe, insbesondere wenn Ihre Lieben offen dagegen opponieren. Aber wenn sie einfach nur hinderlich sind oder dazu neigen, Sie bei unpassender Gelegenheit zu unterbrechen oder Ihre Aufmerksamkeit verlangen, wenn Sie sich gerade ruhig zurückziehen wollen, sollten Sie möglicherweise mit ihnen reden und ihnen Ihr Interesse an der Meditation erklären. Versichern Sie ihnen, dass Sie sie nicht weniger lieben, einfach weil Sie jeden Tag fünf oder zehn Minuten schweigend verbringen. Zeigen Sie ihnen dieses Buch – oder schenken Sie Ihnen eine Kopie, damit sie sich selbst über die Meditation informieren können.

Nachdem Sie eine Zeit lang geübt haben, beginnen sie möglicherweise festzustellen, dass Sie umgänglicher sind – entspannter, aufmerksamer, weniger zerstreut und gestresst – und ihr Widerstand wird sich allmählich verflüchtigen. Wer weiß? Eines Tages entscheiden sie sich möglicherweise dafür, sich zu Ihnen zu gesellen und die Meditation selbst auszuprobieren.

Kann die Meditation tatsächlich meine Gesundheit verbessern?

Ja, das kann sie. Forscher haben Hunderte von Studien veröffentlicht, um die gesundheitlichen Vorteile der Meditation zu untersuchen. Die Ergebnisse zeigen immer, dass Menschen, die regelmäßig meditieren, eine bessere Gesundheit haben als Menschen, die nicht meditieren. Insbesondere haben Meditierende einen niedrigeren Blutdruck, einen niedrigeren Cholesterinspiegel und eine niedrigere Herzfrequenz, langsamere Gehirnwellen (die mit einer größeren Entspannung korrelieren), einen tieferen, langsameren Atmen, erholen sich schneller von Stress und haben weniger Schmerzen. (Nähere Informationen über die gesundheitlichen Vorteile der Meditation finden Sie in Kapitel 2.)

Indem sie Geist und Körper harmonisiert und Ihren Frieden, Ihre Entspannung und Ihr Wohlbefinden steigert, erleichtert eine regelmäßige Meditation die Freisetzung lebensfördernder Substanzen in Ihren Blutstrom und stärkt das Immunsystem. Sie können spezielle Techniken praktizieren, die im Laufe der Jahrhunderte von den großen Meditierenden der Vergangenheit entwickelt worden sind (und für zeitgenössische Westler angepasst wurden) und die speziell zur Anregung von Heilungsprozessen dienen. (Weitere Informationen über Meditation und Heilung finden Sie in Kapitel 16.)

Zehn beliebte Allzweck-Meditationen (plus zwei)

18

Hier finden Sie zehn meiner beliebtesten Meditationen, die aus den Seiten dieses Buches abgeleitet sind. Ich habe sie nicht nur gewählt, weil sie mir gefallen, sondern auch um Ihnen Gelegenheit zu geben, Praktiken aus verschiedenen Bereichen auszuprobieren, von umfangreichen Visualisierungen bis zu grundlegenden Achtsamkeitstechniken. (Nähere Informationen über die Achtsamkeit finden Sie in Kapitel 6.) Sie können diese Meditationen nach Anleitung ausführen, wenn Sie wollen. Bei regelmäßiger Übung vermitteln sie Ihnen einen Eindruck von der meditativen Erfahrung. Falls Sie Appetit auf das ganze Mahl bekommen – nun, dann sind Sie eingeladen, den Rest des Buches durchzublättern.

Sich entspannen

Um Ihren Stress zu reduzieren und die anderen Vorteile der Entspannung zu ernten, praktizieren Sie die folgende einfache Übung jeden Tag für 15 oder 20 Minuten. Sie ist unter dem Namen *Entspannungsreaktion* bekannt und wurde in den 70er Jahren von Dr. Herbert Benson, einem Professor an der Harvard Medical School entwickelt. Sie basiert auf der Erforschung der Vorteile der Transzendentalen Meditation (TM).

1. **Suchen Sie sich einen Platz, wo Sie ruhig und ungestört sitzen können.**

    Wie Sie sich eine Umgebung schaffen können, welche die Meditation fördert, wird in Kapitel 8 beschrieben.

2. **Nehmen Sie eine Haltung ein, die Sie bequem für die Dauer Ihrer Meditation beibehalten können.**

    Eine vollständige Diskussion der Sitzhaltungen beim Meditieren, einschließlich Abbildungen, finden Sie in Kapitel 7.

3. **Wählen Sie ein Objekt, auf das Sie sich konzentrieren wollen.**

    Bei diesem »Objekt« kann es sich um ein visuelles Symbol (beispielsweise eine geometrische Form) oder ein so genanntes *Mantra* handeln, eine besondere Silbe, ein Wort oder einen Ausdruck, die/das/den Sie immer wieder wiederholen. (Nähere Informationen über Mantras finden Sie in den Kapiteln 3 und 13.) Objekte mit einer tiefen persönlichen oder spirituellen Bedeutung sind besonders wirksam. Halten Sie Ihre Aufmerksamkeit so weit wie möglich auf dieses Objekt fokussiert. Wenn Sie abgelenkt werden, kehren Sie zu Ihrem Fokus zurück. (Wenn es sich um ein internes Objekt handelt, schließen Sie die Augen.)

4. **Bewahren Sie eine aufnahmebereite Einstellung.**

    Lassen Sie Gedanken, Bilder und Gefühle durchziehen, ohne zu versuchen, sie festzuhalten oder zu interpretieren. Widerstehen Sie der Versuchung, Ihren Fortschritt zu bewerten. Bringen Sie Ihre Aufmerksamkeit einfach sanft zurück, wenn sie wandert.

Bei regelmäßiger Übung beginnen Sie möglicherweise allmählich festzustellen, dass Ihr Körper entspannter und Ihr Geist friedvoller ist – einfach einer der vielen Vorteile der Meditation.

Ihren Atem beobachten

Diese grundlegende Meditationsübung stammt aus der Bewusstseinstradition des Buddhismus. Sie entwickelt die Konzentration und benutzt den Atem, um Sie zu lehren, wie Sie von Moment zu Moment gegenwärtig bleiben können, egal wo Sie sind oder was Sie möglicherweise tun. Vollständigere Anweisungen (und mehr Informationen über das Bewusstsein) finden Sie in Kapitel 6.

1. **Suchen Sie sich eine bequeme Sitzhaltung, die Sie für 10 oder 15 Minuten beibehalten können.**

    Atmen Sie dann einige Male tief durch, und atmen Sie langsam aus. Ohne zu versuchen, Ihren Atem in irgendeiner Weise zu kontrollieren, lassen Sie es zu , dass er seine eigene natürliche Tiefe und seinen Rhythmus findet. Atmen Sie immer durch Ihre Nase, außer Sie können dies aus irgendeinem Grund nicht.

2. **Beobachten Sie Ihren Atem, und fokussieren Sie Ihre Aufmerksamkeit entweder auf die Empfindungen in Ihren Nasenlöchern, die mit dem Kommen und Gehen Ihres Atems verbunden sind, oder auf das Heben und Senken Ihres Bauches.**

    Obwohl Sie Ihren Fokus von einer Sitzung zur nächsten wechseln können, sollten Sie im Laufe einer Sitzung bei einem einzigen Fokus bleiben – und langfristig ist es auch besser, wenn Sie bei jeder Meditation denselben Fokus verwenden.

3. **Richten Sie Ihre volle Aufmerksamkeit auf das Kommen und Gehen Ihres Atems.**

    Tun Sie es wie eine Mutter, die die Bewegungen ihres kleinen Kindes beobachtet – liebevoll, doch beharrlich, weich, doch genau, mit einem entspannten, doch fokussierten Bewusstsein.

4. **Wenn Sie erkennen, dass Ihr Geist abgeschweift ist und Sie gedanklich in Ihre Pläne, Ideen oder Tagträume verwickelt sind, bringen Sie Ihren Geist sanft, aber fest zu Ihrem Atem zurück.**

    Sie müssen damit rechnen, dass fast mit Sicherheit immer wieder Gedanken und Bilder auftauchen und durch Ihren Geist wirbeln werden, wenn Sie meditieren, aber machen Sie sich keine Sorgen. Kehren Sie einfach geduldig und beharrlich zu Ihrem Atem zurück. Falls Sie es praktisch unmöglich finden, Ihren Atem zu beobachten, sollten Sie versuchen, Ihre Atemzüge zu zählen (siehe Kapitel 6).

5. **Führen Sie diese einfache (aber nicht leichte!) Übung während der gesamten Meditation fort.**

Wenn Sie wiederholt üben, werden Sie feststellen, dass sich Ihr Geist schneller beruhigt – und dass Sie auch in anderen Bereichen Ihres Lebens gegenwärtiger und konzentrierter sind.

Gehmeditation

Falls Sie das Stillsitzen nicht mögen, können Sie versuchen, beim Gehen zu meditieren. Diese althergebrachte Technik wird in Klöstern und Meditationszentren auf der ganzen Welt praktiziert. Sie ist eine großartige Methode, um zu lernen, die Konzentration, die Sie beim Sitzen auf Ihrem Kissen oder Stuhl entwickeln, auf die gewöhnliche Welt der Bewegung und Aktivität zu übertragen. Wenn es das Wetter erlaubt, sollten Sie möglichst im Freien gehen. Natürlich können Sie auch in Ihrem Haus oder Zimmer auf und ab gehen.

1. **Gehen Sie mit Ihrer normalen Geschwindigkeit, und beobachten Sie dabei Ihren Atem.**

2. **Koordinieren Sie Ihre Atmung mit dem Gehen.**

Zum Beispiel können Sie drei Schritte für jede Einatmung und drei Schritte für jede Ausatmung machen – dies ist, wie Sie möglicherweise bemerken, beträchtlich langsamer, als die meisten Menschen gehen. Falls Sie die Geschwindigkeit Ihres Gehens ändern wollen, variieren Sie einfach die Anzahl der Schritte pro Atemzug. Aber behalten Sie während einer Übung dieselbe Geschwindigkeit bei. (Wenn Ihre Einatmung und Ausatmung unterschiedlich lang sind, passen Sie einfach Ihr Gehen entsprechend an.)

3. **Beobachten Sie neben Ihrer Atmung auch, wie Sie Ihre Füße und Beine heben, bewegen und senken.**

Achten Sie auf den Kontakt Ihrer Füße mit dem Boden. Schauen Sie vor sich. Ihr Blick sollte in einem Winkel von etwa 45 Grad nach unten gerichtet sein. Falls es für Sie zu kompliziert ist, den Atmen zu beobachten und gleichzeitig die Achtsamkeit auf die Füße zu lenken, wählen Sie einfach einen Fokus und bleiben dabei. Seien Sie beim Gehen entspannt, locker und bequem.

4. **Genießen Sie Ihr gleichmäßiges, achtsames Gehen so lange Sie wollen.**

Falls Ihre Aufmerksamkeit wandert, oder Sie anfangen zu eilen, lenken Sie Ihre Aufmerksamkeit sanft zum Ihrem Gehen zurück.

Achtsam essen

Haben Sie jemals eine Mahlzeit beendet und sich hinterher gefragt, was mit der Nahrung passiert ist? Die folgende Meditation dient dazu, Ihre Aufmerksamkeit auf das zu lenken, was Sie in den Mund stecken. Sie werden Ihr Essen nicht nur mehr genießen wie niemals zuvor, sondern das achtsame Essen wird auch Ihre Verdauung verbessern, indem es die Spannung oder den Stress reduziert, mit der bzw. dem Sie sich zum Essen hinsetzen. (Sie werden wahrscheinlich nicht immer auf diese Weise meditativ essen wollen, aber Sie können immer mit ein wenig mehr Achtsamkeit – egal wie formlos – essen.)

1. **Bevor Sie anfangen zu essen, nehmen Sie sich einige Momente Zeit, um Ihre Nahrung zu schätzen.**

   Sie können an die Erde und den Sonnenschein denken, die dieser Nahrung Leben gaben, und an die Menschen und Anstrengungen, die sie auf Ihren Tisch gebracht haben. Sie können auch Ihren Dank Gott oder der geistigen Kraft gegenüber zum Ausdruck bringen – oder einfach schweigend sitzen und ein Gefühl der Dankbarkeit für das empfinden, was Sie haben. Falls Sie mit anderen essen, können Sie sich die Hände geben, sich gegenseitig anlächeln oder auf andere Weise Ihre Verbundenheit ausdrücken.

2. **Richten Sie Ihr Bewusstsein auf Ihre Hand, wenn Sie den ersten Bissen Ihrer Nahrung zu den Lippen führen.**

   Sie können die Praxis ausprobieren, die in gewissen klösterlichen Traditionen geübt wird, und langsamer als normal essen. Sie können auch einfach mit Ihrer normalen Geschwindigkeit essen, aber dabei so achtsam sein, wie Sie können.

3. **Seien Sie voll bewusst, wenn der erste Krümel der Nahrung in Ihren Mund kommt und Ihre Geschmacksknospen mit Empfindungen überflutet.**

   Achten Sie auf die Neigung des Geistes, den Geschmack zu bewertet: »Ist es zu scharf oder zu salzig?« oder »Es ist nicht das, was ich erwartet habe.« Achten Sie auch auf die Gefühle, die möglicherweise ausgelöst werden: Enttäuschungen, Erleichterung, Irritation, Freude. Nehmen Sie bewusst die Wellen der Freude oder Wärme oder anderer körperlicher Empfindungen wahr. Genießen Sie Ihre Nahrung!

4. **Falls Sie beim Essen reden, achten Sie darauf, welchen Einfluss das Reden auf Sie hat.**

   Verursachen gewisse Themen Ihnen Spannungen oder Magenverstimmungen? Stört das Reden Ihren Genuss der Mahlzeit, oder können Sie beides haben?

5. **Bleiben Sie mit Ihrer Achtsamkeit bei jedem Bissen, während Sie allmählich Ihre Mahlzeit essen.**

   Dieser Teil ist wahrscheinlich am schwersten zu erfüllen, weil die meisten Menschen dazu neigen abzuschweifen, nachdem sie gekostet haben, wie ihre Nahrung schmeckt. Aber Sie können den Geschmack weiter genießen, Biss für Biss. (Falls Sie abgelenkt werden, können Sie für einen Moment innehalten und atmen, bevor Sie weiteressen.)

Schönheit finden

Selbst in den chaotischsten und unangenehmsten Situationen können Sie sich auf eine Qualität oder Dimension der Schönheit einstimmen, wenn Sie dies versuchen. Es ist wie bei einem Vexierbild: Zuerst erkennen Sie nicht einmal die Form im Hintergrund. Aber nachdem Sie sie einmal gesehen haben, müssen Sie einfach nur Ihre Achtsamkeit verschieben, um sie wiederzufinden.

Wenn Sie sich also beim nächsten Mal an einem unangenehmen Ort oder in ebensolchen Umständen befinden, führen Sie die folgende Meditation aus.

1. **Nehmen Sie sich einen Moment Zeit, um nach Schönheit zu suchen.**

   Vielleicht bemerken Sie einen Fleck mit grünem Gras in der Ferne oder einen Strauß Blumen auf einem Tisch oder das Lachen eines Kindes oder ein ästhetisch ansprechendes Möbelstück. Oder Sie bemerken einfach ein warmes Gefühl im Ihrem Bauch oder Herz.

2. **Atmen Sie tief durch, beachten Sie Ihren Stress und Ihr Unbehagen nicht weiter, und genießen Sie die Schönheit.**

   Stimmen Sie sich für einige Momente darauf ein wie auf ein Musikstück, das Sie lieben, oder wie auf die Atmosphäre bei einer Wanderung in den Wäldern.

3. **Richten Sie Ihren Fokus zurück auf die gegenwärtige Situation, und achten Sie darauf, ob sich Ihre Einstellung in irgendeiner Weise geändert hat.**

   Nehmen Sie aus dieser Übung mit, dass Sie Ihr Bewusstsein auf diese Weise verlagern können, wann immer Sie das Verlangen danach verspüren.

Liebende Güte kultivieren

Die folgende Meditation hilft Ihnen, Ihr Herz zu öffnen und einen Fluss der vorbehaltlosen Liebe (auch *liebende Güte* genannt) zu sich selbst und anderen in Gang zu bringen. Beginnen Sie mit fünf oder zehn Minuten einer grundlegenden Meditation, wie beispielsweise mit der Entspannungsreaktion oder der Atembeobachtung, um Ihre Konzentration zu vertiefen und zu stabilisieren. (Eine vollständige Version dieser Meditation finden Sie in Kapitel 10.)

1. **Schließen Sie die Augen, atmen Sie einige Male tief durch, und entspannen Sie den Körper bei jeder Ausatmung ein wenig mehr.**

2. **Erinnern Sie sich an eine Zeit, als Sie sich zutiefst geliebt fühlten.**

   Bleiben Sie einige Minuten bei dieser Erinnerung, und geben Sie Ihrem Herzen Gelegenheit zu reagieren. Beachten Sie, wie Dankbarkeit und Liebe für die Person entstehen, die Sie liebte.

3. **Lassen Sie es zu, dass diese liebevollen Gefühle überfließen und allmählich Ihr ganzes Wesen durchdringen.**

   Lassen Sie es zu, dass Sie ganz mit Liebe gefüllt werden. Möglicherweise möchten Sie auch die Wünsche und Absichten ausdrücken, die dieser Liebe zugrunde liegen. Beispielsweise können Sie wie die Buddhisten zu sich selbst sagen: »Möge ich glücklich sein. Möge ich friedvoll sein. Möge ich frei von Leiden sein.« Benutzen Sie die Worte, die Ihnen passend erscheinen. Als Empfänger sollten Sie die Liebe genauso annehmen, wie Sie sie geben.

4. **Wenn Sie fühlen, dass Sie im Moment für sich selbst genug haben, dehnen Sie diese liebende Güte auf eine geliebte Person oder einen lieben Freund aus, und verwenden Sie dabei ähnliche Worte, um Ihre Absichten auszudrücken.**

    Führen Sie die Übung nicht im Eiltempo durch. Geben Sie sich die Gelegenheit, die Liebe so weit wie möglich zu fühlen, anstatt sie sich einfach nur vorzustellen.

5. **Dehnen Sie diese liebende Güte von Ihrem Herzen auf alle geliebten Personen und Freunde aus.**

    Nehmen Sie sich auch hier Zeit.

6. **Dehnen Sie diese liebende Güte auf alle Menschen und alle Wesen überall aus.**

    Mögen alle Wesen glücklich sein. Mögen alle Wesen friedvoll sein. Mögen alle Wesen frei von Leiden sein.

Den Bauch entspannen

Stephen Levine, ein amerikanischer Meditationslehrer, der ausführlich über das Heilen und Sterben geschrieben hat, sagt, dass der Zustand Ihres Bauches den Zustand Ihres Herzens widerspiegelt. Indem Sie bewusst immer wieder Ihren Bauch entspannen, können Sie loslassen und Ihr Herz für zarte Gefühle öffnen. (Die folgende Meditation ist an sein Buch _Guided Meditations, Explorations and Healings_, dt. _Geleitete Meditationen. Orientierung und Heilung_, angelehnt.)

1. **Setzen Sie sich bequem hin, und atmen Sie einige Male tief durch.**

2. **Richten Sie Ihr Bewusstsein auf Ihren Körper.**

3. **Gehen Sie mit Ihrem Bewusstsein hinunter zu Ihrem Bauch, und entspannen Sie sanft diesen Bereich Ihres Körpers.**

    Lassen Sie bewusst jede Spannung oder Verhaltenheit los.

4. **Lassen Sie Ihren Atem in Ihren Bauch fließen.**

    Wenn Sie einatmen, hebt sich Ihr Bauch. Wenn Sie ausatmen, senkt sich Ihr Bauch.

5. **Entspannen Sie mit jedem Atemzug Ihren Bauch ein wenig mehr.**

    Lassen Sie Ärger, Furcht, Schmerz oder unaufgelösten Kummer los, den Sie möglicherweise in Ihrem Bauch festhalten.

6. **Achten Sie, während Sie fortfahren, Ihren Bauch zu entspannen, darauf, wie Ihr Herz reagiert.**

7. **Führen Sie diese Meditation zur Bauchentspannung fünf Minuten oder länger durch. Öffnen Sie dann die Augen, und gehen Sie Ihrem Tagewerk nach.**

    Prüfen Sie gelegentlich die Spannung in Ihrem Bauch. Falls Sie feststellen, dass Sie sich wieder anspannen, atmen Sie sanft, und entspannen Sie den Bauch.

Mit Licht heilen

Viele Meditationstraditionen vertreten die Auffassung, dass körperliche Krankheiten und emotionale Leiden einfach verschiedene Facetten derselben grundlegenden Probleme sind – einfach verschiedene Weisen, wie wir uns von unser wesensmäßigen Ganzheit und Gesundheit entfernen. Die folgende Übung soll die Leben spendende Macht des Lichtes auf Stellen innerhalb Ihres Körpers und Geistes lenken, die nach Heilung schreien.

1. **Setzen Sie sich hin, und meditieren Sie wie gewohnt für mehrere Minuten.**

   Falls Sie keine normale Technik kennen, können Sie in Kapitel 6 eine Methode finden – oder setzen Sie sich einfach ruhig hin, schließen Sie die Augen, atmen Sie einige Male tief durch, und entspannen Sie sich bei jeder Ausatmung ein wenig mehr.

2. **Stellen Sie sich eine leuchtende Kugel aus weißem Licht vor, die etwa dreißig Zentimeter über Ihrem Kopf und etwas vor Ihnen schwebt.**

   Diese Kugel verkörpert und verströmt alle positiven, heilenden, harmonisierenden Qualitäten, die die meisten Menschen in ihrem Leben manifestieren wollen. (Anfangs sollten Sie sich spezielle Qualitäten vorstellen – Stärke, Klarheit, Frieden, Liebe. Später können Sie sich einfach auf das Licht konzentrieren.) Falls es Ihnen hilft, können Sie sich anstelle (oder innerhalb) der Kugel auch ein spirituelles Wesen, wie beispielsweise Jesus oder Buddha vorstellen.

3. **Stellen Sie sich vor, wie Sie diese Qualitäten mit dem heilenden Licht aufsaugen, als würden Sie ein Sonnenbad nehmen.**

4. **Stellen Sie sich vor, wie dieses Licht in alle Richtungen in die fernsten Ecken des Universums ausstrahlt und die Energien aller wohlwollenden Kräfte, die Ihr Wachstum und Ihre Entwicklung unterstützen, zurück in die Kugel zieht.**

5. **Stellen Sie sich vor, wie die Kugel wie das Licht von tausend Sonnen scheint und diese positive, heilende Energie durch Ihren Körper und Geist strömt.**

   Stellen Sie sich vor, wie sie alle Negativität und Spannung, Dunkelheit und Depression, Sorge und Angst verjagt und sie durch Strahlen, Vitalität, Frieden und die anderen positiven Qualitäten ersetzt, die Sie erwerben oder verstärken wollen.

6. **Halten Sie das Bild dieses mächtigen, heilenden Lichts fest, das jede Zelle und jedes Molekül Ihres Wesen durchdringt, alle Verspannungen und Blockaden auflöst, die Ihnen bewusst sind, und Sie sauber, klar und ruhig zurücklässt.**

7. **Stellen Sie sich vor, wie diese leuchtende Kugel allmählich in Ihr Herz hinabsteigt, wo sie fortfährt, dieses mächtige Licht auszustrahlen.**

8. **Stellen Sie sich selbst als leuchtendes Wesen mit einer Kugel aus Licht in Ihrem Herzen vor, das laufend Klarheit, Harmonie und Reinheit ausstrahlt – erst zu jeder Zelle und jedem Partikel Ihres eigenen Wesens und dann durch Sie hindurch zu jedem anderen Wesen in jeder Richtung.**

Sie können die Gefühle und Bilder, die diese Übung hervorruft, den für den Rest Ihres Tages mit sich herumtragen.

Sich erden

Wenn Sie zerstreut oder abgelenkt sind oder wenn Sie das Gefühl haben, Ihre Verbindung mit der irdischen Ebene der Existenz verloren zu haben, kann Ihnen möglicherweise die folgende Meditation helfen, sich zu erden.

1. **Setzen Sie sich ruhig hin, schließen Sie die Augen, und atmen Sie einige Male tief durch.**

   Falls möglich, setzen Sie sich auf den Boden, und halten Sie Ihren Rücken relativ gerade (in Kapitel 7 finden Sie weitere Informationen über Sitzhaltungen).

2. **Fokussieren Sie Ihr Bewusstsein auf Ihren unteren Unterleib und dort auf einen Punkt, der etwa fünf Zentimeter unter Ihrem Nabel und etwa vier Zentimeter innerhalb Ihres Körpers liegt.**

   Kampfkünstler bezeichnen diesen Bereich als _T'an T'ien_. Sie glauben, dass dieser Punkt ein Fokus der Lebensenergie, des _Chi_, ist. Untersuchen Sie diesen Bereich mit achtsamer Aufmerksamkeit, und nehmen Sie zur Kenntnis, wie er sich anfühlt.

3. **Lenken Sie Ihren Atem in diesen Bereich, dehnen Sie ihn aus, wenn Sie einatmen, und ziehen Sie ihn zusammen, wenn Sie ausatmen.**

   Atmen Sie bewusst und absichtlich fünf Minuten oder länger in Ihren T'an T'ien, und lassen Sie es zu, dass sich Ihr Bewusstsein und Ihre Energie dort konzentrieren. Beachten Sie, wie sich Ihr Zentrum der Schwerkraft vom oberen Teil Ihres Körpers in Ihren T'an T'ien verlagert.

4. **Fahren Sie fort, in Ihren T'an T'ien zu atmen, stellen Sie sich vor, dass Sie ein Baum sind, dessen Wurzeln tiefer in die Erde reichen.**

   Fühlen Sie und stellen Sie sich vor, wie diese Wurzeln Ihrem T'an T'ien entspringen und durch die Basis Ihrer Wirbelsäule in den Boden und so tief in die Erde wachsen, wie Sie sich vorstellen können.

5. **Fühlen Sie und stellen Sie sich vor, wie diese Wurzeln bei der Einatmung Energie aus der Erde in Ihren T'an T'ien emporziehen, und fühlen Sie, wie sich die Energie bei der Ausatmung durch die Wurzeln ausbreitet.**

   Fahren Sie für fünf oder zehn Minuten fort, diese Zirkulation der Energie zu fühlen und zu visualisieren – empor beim Einatmen, hinunter beim Ausatmen.

6. **Wenn sich Ihr T'an T'ien geladen und stark anfühlt, können Sie aufstehen und Ihrem Tagewerk nachgehen.**

   Dann und wann können Sie für einen oder zwei Momente innehalten und sich Ihre Wurzeln noch einmal vergegenwärtigen.

Der Himmel des Geistes

Die folgende kurze Meditation, die Sie jederzeit draußen durchführen können, gibt Ihnen einen Eindruck von der Weite Ihrer eigenen wesentlichen Natur, die im Zen mit dem passenden Ausdruck *großer Geist* bezeichnet wird.

1. **Setzen oder legen Sie sich an einem möglichst klaren Tag nieder, und schauen Sie in den Himmel.**

   Schieben Sie Ihren analytischen Geist und alles, was Sie über den Himmel wissen und denken, für den Augenblick beiseite.

2. **Nehmen Sie sich einige Minuten Zeit, um die Weite des Himmels zu betrachten, der sich endlos in alle Richtungen zu erstrecken scheint.**

3. **Lassen Sie zu, dass sich Ihr Geist allmählich erweitert, um den Himmel zu füllen – nach oben und unten, Norden und Süden, Osten und Westen.**

   Lassen Sie alles Empfinden von persönlichen Grenzen los, während Sie den Himmel mit Ihrem Bewusstsein füllen.

4. **Werden Sie vollkommen zum Himmel, und verweilen Sie einige Minuten lang in dieser Erfahrung.**

5. **Kehren Sie allmählich zu Ihrem gewöhnlichen Empfinden von sich selbst zurück.**

   Wie fühlen Sie sich? Hat sich Ihr Bewusstsein in irgendeiner Weise verändert?

   Wenn Sie diese Übung beherrschen, können Sie sie jederzeit am Tag für kurze Momente ausführen, um sich daran zu erinnern, wer Sie sind – beispielsweise wenn Sie morgens mit Ihrem Hund spazieren gehen oder bei einer Arbeitspause aus dem Fenster schauen.

Ein halbes Lächeln praktizieren

Der vietnamesische buddhistische Lehrer Thich Nhat Hanh sagt, dass Sie tatsächlich Ihre Stimmung heben und Ihr angeborenes Glück durch ein Lächeln bewusst wiederherstellen können, selbst wenn Ihre Laune schlecht ist. Die zeitgenössische wissenschaftliche Forschung stimmt dem zu. Sie hat festgestllt, dass das Lächeln die Muskeln im ganzen Körper entspannt und dieselbe Wirkung auf das Nervensystem hat wie echte Freude. Außerdem regt Lächeln andere zum Lächeln und Glücklichsein an.

1. **Nehmen Sie sich genau jetzt einige Momente Zeit, um Ihre Lippen zu einem halben Lächeln zu formen.**

   Achten Sie darauf, wie andere Teile Ihres Körpers reagieren. Entspannt sich Ihr Bauch? Richtet sich Ihr Rücken auf natürliche Weise ein wenig auf? Wandelt sich Ihre Stimmung auf subtile Weise? Achten Sie auch darauf, ob Sie irgendeinen Widerstand dagegen spüren zu lächeln, wenn »Ihnen nicht wirklich danach ist«.

2. **Halten Sie dieses halbe Lächeln wenigstens zehn Minuten lang bei.**

    Bemerken Sie eine Änderung in Ihrem Handeln oder in Ihren Reaktionen auf andere? Reagieren andere auf Ihr Lächeln, indem sie zurücklächeln?

3. **Wenn Sie beim nächsten Mal spüren, wie Ihre Stimmung sinkt, praktizieren Sie dieses halbe Lächeln eine halbe Stunde lang, und achten Sie darauf, wie Sie sich fühlen.**

Der Ort des Friedens

Diese einfache Meditation entspannt den Körper schnell und leicht und kann auch zur Unterstützung von Heilungsprozessen verwendet werden. Sie stellen eine Art inneres Kloster oder Refugium her, in das Sie sich zurückziehen können, wenn Sie sich bedroht, unsicher oder gestresst fühlen.

1. **Setzen Sie sich bequem hin, schließen Sie die Augen, und atmen Sie einige Male tief durch.**

2. **Stellen Sie sich vor, dass Sie sich an einem sicheren, geschützten, friedlichen Ort befinden.**

    Dabei kann es sich um einen Ort handeln, den Sie gut kennen (einen Ort in der Natur, beispielsweise eine Wiese, einen Wald oder einen Strand), um einen Ort, den Sie besucht haben, oder einfach um einen Ort in Ihrer Vorstellungskraft.

3. **Nehmen Sie sich so viel Zeit, wie Sie brauchen, um sich diesen Ort so lebhaft wie möglich mit all Ihren Sinnen vorzustellen.**

    Achten Sie auf die Farben, die Formen, die Geräusche, das Licht, die Empfindungen, die die Luft auf Ihrer Haut hervorruft, den Kontakt Ihrer Füße mit dem Boden. Erkunden Sie diesen besonderen Ort nach Herzenslust.

4. **Geben Sie sich Gelegenheit, in den Gefühlen der Geborgenheit, der Sicherheit und der Ruhe zu verweilen, die dieser besondere Ort hervorruft.**

5. **Verbringen Sie so viel Zeit hier, wie Sie wollen.**

    Wenn Sie fertig sind, kehren Sie allmählich zum gegenwärtigen Augenblick zurück, und öffnen Sie die Augen, während Sie die angenehmen, positiven Gefühle weiterhin genießen, die diese Übung ausgelöst hat.

Teil VI

Anhang

In diesem Teil...

Falls dieses Buch Ihren Appetit auf weitere Inspirationen und Instruktionen geweckt hat, finden Sie in diesem Teil ein kommentiertes Verzeichnis von einschlägigen Informationsquellen. Dieser Teil nennt Ihnen Organisationen, die sich auf diverse Techniken und spirituelle Pfade spezialisiert haben, sowie Bücher von einigen der besten zeitgenössischen Meditationslehrer aus dem Osten und dem Westen.

Meditationsressourcen

Wenn Sie dieses Buch gelesen haben, möchten Sie möglicherweise Kontakt mit anderen Leuten aufnehmen, die ebenfalls meditieren, sich einem eingehenderen Training unterziehen, um andere Stile und Ansätze kennen zu lernen, oder Bücher über bestimmte Aspekte der Meditation lesen. Deshalb enthält der folgende Abschnitt Hinweise zur Kontaktaufnahme mit einschlägigen Organisationen sowie eine teilweise kommentierte Bibliographie einiger guter Meditationsbücher, die dieses Buch ergänzen.

Organisationen und Zentren

Mit der schnellen Verbreitung der Meditation im Westen sind in praktisch allen größeren und vielen kleineren Städten Zentren und Organisationen entstanden, die Übungsmöglichkeiten anbieten. Bei der Vielzahl der Zentren ist es unmöglich, alle hier aufzuführen.

Die Achtsamkeits-Meditation (Vipassana), die in diesem Buch beschrieben wird, wird in Deutschland u.a. angeboten von:

Vipassana-Meditationshaus
Kirchenweg 2
76332 Bad Herrenalb
Tel. 07083/51169
Fax 07083/51328
E-Mail: dhammageha@aol.com

Falls Sie nur ein Zentrum in Ihrer Nähe suchen und keinen besonderen Wert auf einen bestimmten Stil oder eine Gruppierung legen, sollten Sie lokale Esoterik-Buchläden, alternative Zeitungen, New-Age-Fachzeitschriften oder das örtliche Telefonbuch konsultieren.

Andere Meditationsrichtungen finden Sie am besten über das Internet, indem Sie über eine der einschlägigen Suchmaschinen oder Portale (Google, Yahoo, Lycos, Fireball usw.) nach dem Stichwort *Meditation* (im deutschen Sprachgebiet) suchen.

Eine gute Anlaufstelle im Internet ist auch die New-Age-Zeitschrift *Connection*: www.connection-medien.de

Bücher

Falls Sie einen esoterischen Buchladen (oder einen der Megastores im Internet, wie beispielsweise *amazon.de*) besuchen, werden Sie entdecken, dass es zahlreiche Meditationsbücher gibt – obwohl keins, meiner bescheidenen Meinung nach, so umfassend oder benutzerfreundlich ist wie dieses. Die folgende kurze Liste soll Sie auf einige weitere Titel hinweisen:

✔ Ornish, Dean: *Revolution in der Herztherapie*.
ISBN: 3783111978

Obwohl die Meditation nur ein Aspekt des Ornish-Programms ist (zusammen mit Yoga, Fitnesstraining, fettarmer vegetarischer Diät und Gruppenarbeit), ist dieses bahnbrechende Buch eine Pflichtlektüre für Herzpatienten und ihre Familien. Seine Botschaft ist einfach: Um Ihr Herz zu heilen, müssen Sie Ihr Herz öffnen.

✔ Kabat-Zinn, Jon: *Gesund durch Meditation. Das große Buch der Selbstheilung*.
ISBN: 3502623325.

✔ Levine, Stephen: *Sich öffnen ins Leben*.
ISBN: 3451261340

✔ Salzberg, Shaorn: *Geborgen im Sein. Die Kraft der Metta-Meditationen*.
ISBN: 3596144612.

✔ Kornfield, Jack und Goldstein, Joseph: *Einsicht durch Meditation*. Scherz Verlag, Bern 1989

✔ Thich Nhat Hanh: *Das Wunder der Achtsamkeit. Einführung in die Meditation*.
ISBN: 3896200879.

✔ Rinpoche, Sogyal: Das tibetische Buch vom Leben und Sterben.

✔ Feuerstein, Georg und Payne, Larry: *Yoga für Dummies*. MITP-Verlag, Bonn 2000

Falls Ihnen die Yoga-Stellungen in Kapitel 7 gefallen und Sie Lust auf mehr haben, lesen Sie dieses Buch. Sie finden fachmännische Unterweisungen in Dutzenden von Haltungen, von leicht bis zu schwierigen, die dazu dienen, Ihren Körper und Geist flexibel und fit zu halten, sowie erleuchtende Einsichten in den Geist des Yoga von Georg Feuerstein, einem der führenden Yoga-Gelehrten Amerikas.

✔ Anonymus: *Der Weg eines Pilgers*.
ISBN: 3426860570.

Dieses kleine Buch erzählt die wahre Geschichte eines einfachen russischen Bauern, der im 19. Jahrhundert durch das Land wanderte, dabei das Jesus-Gebet (»Herr Jesus Christus, erbarme dich meiner!«) rezitierte und überall, wo er hinkam, Liebe und Freude entdeckte. Eine inspirierende Erzählung über die Macht der christlichen Mantra-Meditation.

✔ Suzuki, Shunryu: *Zen-Geist, Anfängergeist*.
ISBN: 3896200844.

Stichwortverzeichnis

A

Ablehnung 87, 165
Absorption 33
Achaan Chaa 43
Achtsamkeit 26, 36, 58, 111
Affengeist 33
Affirmationen 37
Akzeptieren 117, 164
Alkohol 148
Alltag 271
Altar 152
Anfängergeist 72, 73, 78
Angst 43, 197, 213
Anhaften 80, 87, 165, 169, 217
Anonyme Alkoholiker 163
Anstrengung 155, 159
Antroposophie 66
Arbeit 277
Ärger 169, 196
    auflösen 183
Asanas 57, 135
    Heuschrecke 138
    Katze 136
    Kobra 137
    Schmetterling 140
    Wiegenstreckung 141
Atem 26, 113
    Atemzüge zählen 113
    beobachten 113, 114, 318
    fokussieren 112
Atmen 65
Aufmerksamkeit 26, 31, 32, 97
Aufschieben 215
Augen 132
Ausagieren 206
Ausdauer 80
Ausgeglichenheit 53
Außersinnliche Wahrneh-
    mung 238
Ayurveda 290

B

Bauchatmung 166
Bauchentspannung 322
Bauchentspannungs-
    Meditation 188
Beat Zen 27
Beatles 68
Becken 125
Befreiung 27, 246
    spontane 98, 99
Beharrliche Besucher 200
Benson, Herbert 51, 57, 317
Beobachtung des Atems 114
Beobachtung des Körpers 115
Beten 37, 62
Beurteilen 164
Bewerten 164
Bewusstheit 32
Bewusstsein 31
    duales 277
    rezeptives 33, 34
Beziehungen 52
Bilderleben 293, 304
Blavatsky 66
Blockaden 203
Blutdruck 28
Bodhichitta 78, 80
Bodhidharma 247
Bodhisattva 59
Bon 61
Bön 61
Brahman 65
Buddha 58
Buddha-Natur 60
Buddhismus 36, 60
Burmesische Haltung 127

C

Cameron, Julia 305
Chakren 59, 222, 224
Chan-Buddhismus 60

Chanten 55, 244
Chi 296
Chi Kung 296
China 34, 60, 61
Cholesterinwerte 28
Chopra, Deepak 69
Christentum, Meditation 62
Csikszentmihalyi, Mihaly 34,
    53, 99

D

Dakinis 61
Dämonen, eigene 203
Dankbarkeit 183, 185
Darood 64
Dauer der Meditation 146
Denken 37, 90
Depression 44, 198
Dharma 66
Dialog, innerer 88
Disziplin 155
Dossey, Larry 81
Drogen 67, 148
Duales Bewusstsein 277
Durchdringende Einsicht 98
Durchhalten 157

E

Ego 236, 237
Eifersucht 169
Eine, das 27
Einheit 27
Einsamkeit 44
Einsicht 100
    durchdringende 98
Einsichts-Meditation 251
Emerson, Ralph 65
Emotionen 85, 91
    heilende 26
    negative 96, 180
    schwierige 222

Emotivität 91
Empfindungen 86, 116
 gefühlte 207
Energie 230
 heilende 26
Energiekörper 237, 239
Energiezentren 59, 230
Engel 238
Entfremdung 44, 289
Entspannung 109, 110, 317
Entspannungsdusche 111
Entspannungsreaktion 28, 51,
 111, 317
Entspannungsübung 48
Entstressen 191
Entzücken 220
Erdung 223, 324
Erfahrung, innere 84
Erleuchtung 27, 78, 246
Ernsthaftigkeit 160
Ersatzmeditationen 36
Erwachen 27
Erwachte, der 58
Erwachtes Herz 78
Erwartungen, aufgeben 112
Esoterik 67
ESP 238
Essen und trinken 148
Essmeditation 38, 273, 319
Ewige Philosophie 232

F

Familie 281, 282, 315
Festlegung 156
Filter 87
Fliehen 218
Fließen 34
Flow 34, 53, 99
Fluss-Erfahrung 303
Fokussieren 98, 206, 208
Freiheit 27
Freizeitdrogen 148
Freundschaft 52
Frieden 326
Friedvoller Ort 111
Fromm, Erich 66

Fundamentalismus 46
Furcht 168, 197

G

Gebete 37, 62
Gedanken 86
 erforschen 192
Gedankenstrom 37
Geduld 80, 170
Gefühle 86
 ausagieren 206
 erforschen 192
 fühlen 201
 negative 180
Gefühlte Empfindung 207
Gehen 135
Gehmeditation 146, 319
Geist
 anhalten 104
 Funktionsweise 83
Geist des Künstlers 305
Gendlin, Eugene 206
Geometrische Formen 26
Geschichte, ändern 102
Geschichte der Meditation 55
Geschichten, innere 100
Gesundheit 287, 316
Getrenntheit 289
Getrenntsein 87
Gewohnheiten 54
Gewohnheitsmäßige Muster 199
Glaubenssätze 87, 95
Gleichmut 175
Gnosis 246
Gott 238, 240, 241
Göttliches 26
Große Fahrzeug, das 60
Gurus 27, 251, 252, 253

H

Halber Lotus 128
Halbes Lächeln 286, 325
Haltung
 bewahren 142
 burmesische Haltung 127

Haltungen 125
 auf einem Stuhl sitzen 126
 Knien 126
 leichte Haltung 127
Hände 133
Hara 131
Hatha-Yoga 57
Heilende Emotionen 26
Heilende Energien 26
Heilige Schriften 26
Heiliges Mysterium 27
Heilung 288, 289
Hellsehen 48
Herz
 negative Gefühle 168
 öffnen 168
 schließen 168
Herz und Geist 93
Herz-Chakra 225
Herzkrankheiten 51
Heuschrecke 138
Hindernisse 211
Höheres Selbst 27, 54
Höhlenmalereien 56
Honigbehandlung 111
Horney, Karen 66
Huxley, Aldous 66

I

Indianer, Meditation 68
Innere Erfahrung 84
Innere Geschichten 100
Innerer Dialog 88
Innerer Lehrer 253
Innerer Meister 54
Inneres Kind 210
Isherwood, Christopher 66
Isolation 44

J

Jackson, Phil 77
James, William 231
Jordan, Michael 33
Joyce, James 48
Judentum, Meditation 63

K

Kabat-Zinn, Jon 51, 251, 275
Kaffee 148
Kalu Rinpoche 242
Kaplan, Aryeh 64
Karma 66
Katze 136
Keating, Thomas 62
Kehlkopf-Chakra 226
Kensho 238
Kerouac, Jack 66
Ki 296
Kinder 281
Kleidung 144
Klein, Jean 90, 91
Koans 60
Kobra 137
Konsequenz 156, 157
Konsumieren 46
Kontemplation 33, 35
Kontemplatives Gebet 62
Konzentration 28, 33, 84,
    98, 311
Kornfield, Jack 75, 193,
    200, 219
Körper
    auf das Sitzen
        vorbereiten 135
    physischer 237
Körperbeobachtung 111, 115
Körperfunktionen 48
Kostbarkeit des Lebens 79
Krankheiten 45
Kreativität 28, 305
Krishnamurti 66
Kronen-Chakra 226
Kuan Yin 301
Kultivierung 33, 35
Kummer 169, 198
Kundalini 222, 224
Kundalini Shakti 59

L

Lächeln 286
Langeweile 213

Lebenskraft 296
Lebensskripte 87, 95
Lehrer
    im Inneren 253
    spiritueller 250
    suchen 251
Leiden 96
    Scheinlösungen 45
Leistung verbessern 302
Levine, Stephen 188, 322
Lewis, Samuel 64
Lichtheilung 323
Liebe 28, 171
    Formen 174
    wecken 173
Liebende Güte 26, 170, 174,
    321
Liegen 135
Loslassen 155, 163, 164, 292
Lotus 128
LSD 67

M

Mahayana 60
Mahayana-Buddhismus 60
Mantras 26, 57, 241, 317
Maria 301
Marihuana 148
Masken ablegen 164
Meditation
    Altar 152
    andere Techniken 36
    Arbeit 277
    Begriff 23
    Christentum 62
    Dauer 146
    Essen und trinken 148
    Essmeditation 38
    Fähigkeiten 47
    Familie 282, 315
    Geschichte 55, 65
    Gesundheit 316
    Gewohnheiten 54
    Gründe für die
        Meditation 39
    Heilung 288

    im Alltag 271
    in der Natur 150
    in Gruppen 264
    Indianer 68
    Indien 56
    Judentum 63
    Kinder 281
    Kleidung 144
    Leben 36
    Leistung verbessern 302
    Motivation 74
    Motive 71
    Musik 145
    Ort 150
    Partner 282
    physiologische Vorteile 50
    physische Umgebung 143
    psychologische Vorteile 50
    Religion 315
    Retreats 265
    schwierige Emotionen 191,
        194
    Sex 283
    Spiritualität 27
    Stufen 31
    Sufismus 65
    Topographie 121
    Übungen 317
    Übungsprogramm 257
    Vorteile 28, 50, 52
    Zeit 312
    Zeitpunkt 144
    Ziele 36
Meditationsbänke 134
Meditationshaltungen 123
Meditationskrieger 80
Meditationstechniken 26
Meditieren
    Augen 132
    Hände 133
    Mund 133
Mindfulness 26
Mitfreude 175
Mitgefühl 26, 175, 178
Mobilität 44
Mohammed 65
Motivation 74

Motive für die Meditation 71
Mudra 131
Mund 133
Musik 145

N

Naparstek, Belleruth 293
Natur und Meditation 150
Nebenwirkungen 219
Negative Glaubenssätze 87
Neugeist-Bewegung 66
Nicht-Anhaften 80
Niederwerfungen 62

O

Öffnen des Herzens 71
Orison 37
Ornish, Dean 51, 69, 180, 264, 290
Ort der Meditation 150
Oversoul 65

P

Padmasambhava 61
Paramananda 66
Partner 282
Patanjali 57
Persona 237
Persönliches Wachstum 69
Persönlichkeit 236
Philosophie, ewige 232
Plappern des Geistes 85
Pop-Musik 68
Positives Denken 37
Postmoderne 43
Probleme, emotionale 28
Psychotherapie 68, 202, 208

Q

Qi Gong 296
Quelle des Seins 85

R

Religion 315
Religionen 61
  organisierte 67
Retreat 102, 265
Rezeptives Bewusstsein 33, 34, 311
Rinpoche, Sogyal 178, 243
Rumi 94

S

Sadhus 56
Samadhi 33, 57, 99
Satori 60, 66, 78
Schamanen 56, 68
Scheinlösungen 45
Schlaf 37, 228
Schläfrigkeit 212, 313
Schmerz 95, 96, 169
Schmerzen 125, 296
Schmetterling 140
Schönheit 154
Schriften, heilige 26
Schweigen des Geistes 104
Schwerkraftübung 69
Schwierige Emotionen 191, 194, 222
Seele 27
Sehenswürdigkeiten 219
Sein 28
Selbst 58, 236
  auflösen 235
  erweitern 237
  getrenntes 97
  höheres 27
Selbstakzeptanz 28
Selbstbeherrschung 156, 158
Selbstbewertung 216
Selbstbild 236
Selbstdisziplin 156
Selbsterkenntnis 28
Selbsthypnose 37
Selbstverhaftung 236
Selbstverwirklichung 78
Selbzentriertheit 169

T

Self-Realization Fellowship 66
Sex 283
Shapiro, Rami 63
Sitzen 122, 135
  Körper vorbereiten 134
Sitzkissen 134
Snyder, Gary 66
Soyen Shaku 66
Spirit 27
Spiritualität 54, 67, 210, 229
  Meditation 27
Spirituelle Traditionen 33
Spirituelle Wege 239
Spitzenleistungen 306
Spontane Befreiung 98, 99
Spontaneität 28
Stehen 135
Steiner, Ruldolf 66
Sterben 292
Still Sitzen 122
Stolz 217, 236
Streep, Meryl 33
Stress 43, 45, 92
  abbauen 28
  reduzieren 98
Stress-Reaktion 97
Stressverminderung 51
Stufen der Meditation 31
Sucht 46
Suchtverhalten 28
Sufis 64
Sufismus, Meditation 65
Suggestibilität 37
Suzuki 66
Suzuki, Shunryu 72

T

Tabak 148
Tagträumen 37
Tai Chi 296
Tan Tien 224, 324
Tantra 59
Tantriker 59
Tanz des Ja 308
Tao 60
Taoismus 60, 296

Telekinese 48
Theosophie 66
Therapeuten
  Spiritualität 210
  suchen 209
Theravada 59
Thich Nhat Hanh 271, 276, 286, 325
Thoreau, David 65
Tibet 60, 61
Tiefentspannung 110
TM 68
Tod 79, 292
Topographie der Meditation 121
Traditionen, spirituelle 33
Trance 37, 55
Transpersonale Dimension 219, 238
Transzendentale Meditation 68, 191
Traurigkeit 198
Turbulenzen 88

U

Übereifer 215
Überseele 65
Übungsprogramm 257
Ultimative Wahrheit 27
Umgang mit Schmerzen 125
Umgehen 218
Umprogrammierung 71
Unbehagen 313
Unruhe 213, 313

Unterbrechung des Gedankenstroms 37
Unterhaltung 46

V

Vajrayana-Buddhismus 60
Vedanta Society 66
Veden 56
Verbeugungen 244, 245
Vergangenheit 94
Vergänglichkeit 79
Vergebung 26, 183
Vergebungs-Meditation 184
Verhaltensmuster 108, 208
Verlangen 217
Verzückung 220
Via Negativa 245
Viertellotus 128
Visionen 221
Vivekananda 66
Voller Lotus 128
Vorteile der Meditation 50
Vorzeit 55

W

Wahre Natur 27
Wahres Wesen 78
Wahrheit 27
Wandel 94
Wasser des Seins 29
Watts, Alan 67, 230
Weg der Einsicht 245
Weg der Hingabe 240

Weltparlament der Religionen 66
Wertschätzung 186
Wesen 27
Widerstände 94, 201
Wiederholung von Affirmationen 37
Wiegenstreckung 141
Wirbelsäule 130

Y

Ying und Yang 34
Yoga 57, 135
Yogananda 66
Yogis 27, 56

Z

Zafu 134
Zarter Punkt 172
Zeit 312
Zeitpunkt der Meditation 144
Zen 45, 60
Zen-Meistern 60
Zen-Mudra 131
Zensor 305
Zentrierendes Gebet 62
Zersplitterung 44
Ziele der Meditation 36
Zikr 65
Zukunft 94
Zum Atem werden 118
Zweifel 214
Zweiundsiebzig Mühen 186